Die Spuren der Zehn Gebote in der Landesverfassung Nordrhein-Westfalens

Europäische Hochschulschriften Recht

European University Studies in Law

Publications Universitaires Européennes de Droit

Band/Volume 6246

Laura Schwarz

Die Spuren der Zehn Gebote in der Landesverfassung Nordrhein-Westfalens

PETER LANG

Bibliografische Information der Deutschen Nationalbibliothek
Die Deutsche Nationalbibliothek verzeichnet diese Publikation in der Deutschen Nationalbibliografie; detaillierte bibliografische Daten sind im Internet über http://dnb.d-nb.de abrufbar.

Zugl.: Münster (Westfalen), Univ., Diss., 2020.

D 6
ISSN 0531-7312
ISBN 978-3-631-84684-1 (Print)
E-ISBN 978-3-631-85275-0 (E-PDF)
E-ISBN 978-3-631-85276-7 (EPUB)
E-ISBN 978-3-631-85277-4 (MOBI)
DOI 10.3726/b18320

Peter Lang – Berlin · Bern · Bruxelles · New York · Oxford · Warszawa · Wien

Diese Publikation wurde begutachtet.

www.peterlang.com

Meinen Eltern

Vorwort

Die vorliegende Arbeit wurde im Wintersemester 2020 von der Rechtswissenschaftlichen Fakultät der Westfälischen Wilhelms-Universität Münster als Dissertation angenommen.

Meinem sehr geschätzten und geehrten Doktorvater, Herrn Professor Dr. Fabian Wittreck, bin ich in Dankbarkeit verbunden für die sachkundige Beratung und die wertvollen Anmerkungen, die ich bei der Überarbeitung berücksichtigen konnte.

Herrn Professor Dr. Gernot Sydow, M.A. danke ich herzlich für die umgehende Erstellung des Zweitgutachtens.

Danken möchte ich zudem Herrn Professor Dr. Johannes Schnocks an der Theologischen Fakultät für die ansteckende Begeisterung und die wertvollen Hinweise zu der Arbeit.

Meinem Freund Franz von Schönborn-Wiesentheid danke ich für das aufgebrachte Verständnis und seine Unterstützung, insbesondere während der Fertigstellung dieser Arbeit.

Besonderer Dank gebührt den Menschen, die in zahlreichen Diskussionen und Gesprächen zu dem Gelingen dieser Dissertation beigetragen haben.

Schließlich und zuletzt danke ich von Herzen meinen beiden Eltern: Ohne ihre Unterstützung wäre weder das Studium noch diese Promotion möglich gewesen.

Düsseldorf, im Oktober 2020 *Laura Schwarz*

Inhaltsverzeichnis

Abkürzungsverzeichnis

a. A.	andere(r) Ansicht
ebda.	ebenda
abgedr.	abgedruckt
ABl.	Amtsblätter
Abs.	Absatz
a. F.	alte Fassung
Alt.	Alternative
Am	Amos
Anm.	Anmerkung
AöR	Archiv des öffentlichen Rechts
Apg	Apostelgeschichte
Art.	Artikel
Beschl.	Beschluss
BGB	Bürgerliches Gesetzbuch
BT	Bundestag
BVerfG	Bundesverfassungsgericht
BVerfGE	Entscheidung des Bundesverfassungsgerichts
BVerwGE	Entscheidung des Bundesverwaltungsgerichts
bzgl.	bezüglich
bzw.	beziehungsweise
Capit.	Capitularia regum Francorum
CDU	Christliche Demokratische Union Deutschlands
CIC	Codex Iuris Canonici, 1983
CSU	Christliche-Soziale Union in Bayern
d. h.	das heißt
DP	Deutsche Partei
Drs.	Drucksache
Dtn	Deuteronomium
DZP	Deutsche Zentrumspartei
etc.	et cetera
Ex	Exodus
f.	folgend(e)
FeiertagsG NW	Feiertagsgesetz Nordrhein-Westfalen
ff.	folgende
Fn.	Fußnote

Gen	Genesis
GG	Grundgesetz für die Bundesrepublik Deutschland vom 23. Mai 1949
ggfs.	gegebenenfalls
Hos	Hosea
Hrsg.	Herausgeber
i. V. m.	in Verbindung mit
JA	Juristische Arbeitsblätter
Jes	Jesaja
JöR	Jahrbuch des öffentlichen Rechts der Gegenwart
Jos	Josua
Jura	Juristische Ausbildung
JZ	Juristenzeitung
KJ	Kritische Justiz
Klgl	Klagelieder
KPD	Kommunistische Partei Deutschlands
KritV	Kritische Vierteljahresschrift für Gesetzgebung und Rechtswissenschaft
KuR	Kirche und Recht
Lev	Levitikus
LÖG	Ladenöffnungsgesetz
LV NW	Landesverfassung Nordrhein-Westfalen
MedR	Medizinrecht
MGH	Monumenta Germaniae Historica
Mk	Markus
m. w. N	mit weiteren Nachweisen
NJW	Neue Juristische Wochenzeitschrift
n. F.	neue Fassung
Nr.	Nummer
NRW	Nordrhein-Westfalen
Num	Numeri
NVwZ	Neue Zeitschrift für Verwaltungsrecht
NWVBl.	Nordrhein-Westfälische Verwaltungsblätter. Zeitschrift für öffentliches Recht und öffentliche Verwaltung
n. F.	neue Fassung
OVG	Oberverwaltungsgericht
Prv	Sprichwörter (Proverbia)
Ps	Psalm(en)
RGBl.	Reichsgesetzblatt

RGZ	Entscheidungen des Reichsgerichts in Zivilsachen
Ri	Richter
Rn.	Randnummer
S.	Satz, Sätze, Seite(n)
Sir	Sirach
sog.	sogenannte(n)
Sp.	Spalte
SPD	Sozialdemokratische Partei Deutschlands
st.	strittige Rechtsprechung
std. Rspr.	ständige Rechtsprechung
StGB	Strafgesetzbuch
u. a.	unter anderem
U. S.	United States (Court of Appeals for the Fifth Circuit)
v.	vom
v. a.	vor allem
v. Chr.	vor Christus
VG	Verwaltungsgericht
vgl.	vergleiche
WRV	Verfassung des Deutschen Reiches vom 11.8.1819 (Weimarer Reichsverfassung)
ZAR	Zeitschrift für Altorientalische und Biblische Rechtsgeschichte
ZATW	Zeitschrift für die Alttestamentliche Wissenschaft
z. B.	zum Beispiel
ZevKR	Zeitschrift für evangelisches Kirchenrecht
zit.	zitiert
ZNR	Zeitschrift für neuere Rechtsgeschichte
ZThK	Zeitschrift für Theologie und Kirche
2 Kön	2. Könige

A. Einführung

Das Thema drängt sich zunächst nicht auf. Zwischen dem Landesverfassungstext Nordrhein-Westfalens und den Zehn Geboten des Dekalogs liegen Jahrtausende menschlicher Zivilisation und Erfahrung. Und doch sind bei genauerer Betrachtung Verbindungslinien zwischen der Landesverfassung und den Zehn Geboten erkennbar, die zum Teil sehr nah an Probleme unseres Zeitalters heranführen.

Die Migrationsdebatte in Deutschland hat nicht unwesentlich dazu beigetragen[1], dass das Thema Religion, vor allem in puncto Kulturbegriff, in das Zentrum öffentlicher Wahrnehmung zurückgekehrt ist[2]. Dabei gewann das Thema nicht nur im politischen Kontext an Bedeutung. Auch in der Rechtswissenschaft stellte sich die jahrhundertealte Frage nach dem Verhältnis von Recht und Religion erneut.

Herangezogen wird im Rahmen der nachstehenden Untersuchung eine Landesverfassung, deren Entstehungsprozess sich über fast vier Jahre hinzog. Ein Land, dessen Bestand auch über den Zusammenschluss durch die britische Besatzungsmacht hinaus recht ungewiss war[3]. Auf Grund des spannenden Verfassunggebungsprozesses und des Umstands, dass das Land Nordrhein-Westfalen heutzutage in der politischen Farbenlehre nicht selten dem linken Lager zugeordnet oder auch als „SPD-Stammland" bezeichnet wird[4], wurde diese Landesverfassung als Gegenstand der Untersuchung ausgewählt. Ein Landesverfassungstext, der diejenigen, die das Land Nordrhein-Westfalen irrtümlicherweise in das politische linke Lage verorten[5], dahingehend überraschen wird, in welcher Dichte er die Religion überhaupt behandelt[6] und wie positiv der Text namentlich die Zehn Gebote konnotiert.

---

1 Als eines von vielen Beispielen in den gedruckten Medien *Rainer Hermann*: Religion sichtbar lassen, FAZ vom 22. Juli 2016, S. 1.

2 *Markus Wehner* und *Eckart Lohse*, Betrifft: Abendland, FAZ vom 29. Mai 2016, S. 6; *Matthias Heine*, Karneval der Antiwestler, Die Welt vom 8. August 2016, S. 21; *Alexander Haneke*: Religion oder Tradition?, FAZ vom 30. April 2018, S. 8.

3 Siehe hierzu die Ausführungen bei Fn 133.

4 *Fabian Wittreck*: Verfassungsrecht, in: Sabine Schlacke/Fabian Wittreck (Hrsg.), Landesrecht Nordrhein-Westfalen: Studienbuch, Münster 2017, § 1 Rn. 61.

5 Im Gegensatz zu CDU und DP hat sich die SPD in dem Verfassunggebungsprozess von der Durchsetzung kirchlicher Forderungen stark distanziert; siehe hierzu die Ausführungen unten unter B. II.

6 *Fabian Wittreck*: Verfassungsrecht, in: Sabine Schlacke/Fabian Wittreck (Hrsg.), Landesrecht Nordrhein-Westfalen: Studienbuch, Münster 2017, § 1 Rn. 61; siehe auch

Vor dem Hintergrund, dass die in der nordrhein-westfälischen Landesverfassung verankerte abendländische Kultur durch die Zehn Gebote des Dekalogs so stark geprägt wurde, wie durch kaum eine andere jüdisch-christliche Überlieferung[7], ist Ziel dieser Arbeit die Suche nach Spuren der Zehn Gebote im Text der Landesverfassung. Die Zehn Gebote des Dekalogs dürften einer der prominentesten Texte der Bibel sein, auch wenn wohl immer weniger Menschen weder ihren Wortlaut kennen oder gar noch ihren ursprünglichen Sinn wiedergeben können. „Im kulturellen Gedächtnis der Gegenwart ist am wirksamsten die äußere Form geworden, die Zehnzahl und die Anreihung von Verboten und Geboten in bunter Mischung."[8]

I. Gegenstand der Arbeit

Gegenstand der vorliegenden Arbeit ist die Frage, ob und in welchem Maße die nordrhein-westfälische Landesverfassung in ihrer heutigen Form noch Spuren der Zehn Gebote aufweist. Gleichzeitig wird analysiert, an welchen Stellen sich die nordrhein-westfälische Landesverfassung in kritischer Dissonanz zu den Zehn Geboten wiederfindet.

Die Untersuchungen werden zu dem Ergebnis kommen, dass in der Landesverfassung Spuren der Zehn Gebote zu finden sind und namentlich das Sabbatgebot, das Elterngebot sowie das Ehebruchverbot in der nordrhein-westfälischen Landesverfassung bis heute fortwirken. Die Begründung dieses Ergebnisses erfolgt dabei anhand folgender Fragestellungen: Wie war das Verhältnis von Staat und Kirche im Zeitpunkt der Entstehung der Landesverfassung? Welchen Einfluss hatte die Kirche im Entstehungsprozess der Landesverfassung Nordrhein-Westfalens im 20. Jahrhundert und was bewirkte sie? Welchen historischen Kontext haben die Zehn Gebote des Dekalogs? Finden sich im Landesverfassungstext noch Spuren dieser Zehn Gebote oder steht der Text den Dekaloggeboten eher kontrovers gegenüber? Werden die Zehn Gebote als christlich geprägte Kulturwerte auch in Zukunft noch in die landesverfassungsrechtliche Ordnung einbezogen werden?

Martin Stuttmann, in: Andreas Heusch/Klaus Schönenbroicher (Hrsg.), Die Landesverfassung Nordrhein-Westfalen. Kommentar, 2. Auflage, Siegburg 2020, Art. 22 Rn. 2.

7 *Matthias Köckert*: Die zehn Gebote, 2. Auflage, München 2013, S. 7.

8 *Matthias Köckert*: Die zehn Gebote, 2. Auflage, München 2013, S. 10.

II. Gang der Untersuchung

Hauptziel der Arbeit ist es, zu überprüfen, ob und in welchem Maße der Landesverfassungstext noch Spuren des Dekalogs aufweist oder sich umgekehrt in kritischer Dissonanz zu den Zehn Geboten wiederfindet. Der Text weist dann noch Spuren der Zehn Gebote auf, wenn er diese entweder explizit oder implizit positiv konnotiert. Um dies zu beurteilen, ist zunächst ein Grundverständnis des Verfassunggebungsprozesses, insbesondere die Einflussnahme der wesentlichen Akteure auf den Entstehungsprozess einerseits sowie der Zehn Gebote andererseits zu ermitteln. Die Untersuchung gliedert sich insgesamt in fünf Abschnitte.

1. Historischer Kontext der nordrhein-westfälischen Landesverfassung

Zunächst wird der Verfassunggebungsprozess in seinen historischen Kontext eingeordnet. Dabei wird die jahrhundertelange Verflechtung von Staat und Kirche bis hin zur Trennung der beiden Institutionen im 20. Jahrhundert beleuchtet [B. I.]. Allein vor diesem historischen Hintergrund lässt sich erklären, weshalb an unterschiedlichen Stellen im Landesverfassungstext Spuren des Dekalogs zu finden sind. In diesem Zusammenhang wird auch der fast vier Jahre währende Verfassunggebungsprozess erläutert und die nicht unerhebliche Rolle der Kirche bei den Entstehungsarbeiten der Landesverfassung skizziert, die letztlich zu einer kirchen- und religionsfreundlichen Akzentuierung des Religionsverfassungsrechts führte [B. II.].

2. Historischer Kontext der Zehn Gebote

Der Dekalog wird nicht selten als Erbe unserer Kultur gesehen [C. I.]. Um die positive Konnotation der Zehn Gebote des Dekalogs im Text der Landesverfassung abschließend beurteilen zu können, wird die Entstehungsgeschichte der Zehn Gebote überblicksartig dargestellt [C. II.].

3. Spuren der Zehn Gebote in der nordrhein-westfälischen Landesverfassung

Die Suche nach Spuren der Zehn Gebote im Landesverfassungstext bildet das Herzstück der Arbeit. Dieser Teil gliedert sich in drei Abschnitte. In dem ersten Abschnitt unter [D. I.] wird die eingangs erwähnte These begründet, dass Spuren des Sabbatgebotes, des Elterngebotes sowie des Ehebruchverbotes in der Landesverfassung (ohne Anspruch auf Vollständigkeit) – namentlich in dem Sonn- und Feiertagsschutz (Art. 25 LV NW), dem Verfassungsrang der Eltern

(Art. 5 Abs. 1 LV NW, Art. 8 Abs. 1 S. 2 LV NW und Art. 6 GG i. V. m. Art. 4 Abs. 1 LV NW) sowie dem Schutz der Ehe (Art. 5 Abs. 1 LV NW) – zu finden sind. Sodann werden in einem zweiten Abschnitt diejenigen Gebote untersucht, die durch die über Art. 4 LV NW rezipierten Grundrechte zumindest implizit konnotiert wurden [D. II.]. Den Abschluss bildet die Suche nach denjenigen Geboten, die sich in kritischer Dissonanz zum Landesverfassungstext befinden [D. III.].

Dabei wird bei der Suche nach Spuren jedes einzelnen Gebots wie folgt vorgegangen: In einem ersten Schritt wird das jeweilige Ge- oder Verbot aus dem Kontext des übrigen Dekalogs herausgelöst und dessen ursprünglicher Sinn analysiert. Dabei wird standardmäßig die Dtn-Fassung herangezogen. Sofern es auf einen Vergleich der beiden biblischen Kompositionen im Einzelfall ankommt, wird Ex 20 vereinzelt hinzugezogen. Sodann wird in einem zweiten Schritt unabhängig hiervon die Entwicklung des (entsprechenden) staatlichen Rechts bis hin zum landesverfassungsrechtlichen Schutz des jeweiligen Rechtsguts beleuchtet. In einem dritten Schritt wird im Rahmen einer sog. Synopse abschließend untersucht, inwieweit der Landesverfassungstext selbst oder die über Art. 4 Abs. 1 LV NW rezipierten Grundrechte das jeweilige Dekaloggebot entweder explizit oder implizit positiv konnotieren oder sich von diesem kritisch distanzieren.

Nachdem sich die Begehrensverbote, die neben dem Grundbesitz auch die Ehefrau und die bewegliche Habe des Nächsten vor Zugriffen schützen möchten, mit dem Ehebruchs- und dem Diebstahlverbot überschneiden[9], werden diese nicht gesondert geprüft. Die Suche nach den Spuren der Begehrensverbote im Text der Landesverfassung wird insofern in der Suche nach Spuren der Ehebruch- und Diebststahlverbote aufgehen.

4. Ausblick

Abschließend soll ein Ausblick auf die Einbeziehung der Zehn Gebote als christlich geprägte Kulturwerte in die landesverfassungsrechtliche Ordnung gegeben werden [E.].

5. Zusammenfassung in Thesen

Am Ende der Arbeit folgt eine Zusammenfassung der Ergebnisse in Thesen [F.].

---

9 *Werner H. Schmidt/Holger Delkurt/Axel Graupner*: Die Zehn Gebote im Rahmen alttestamentlicher Ethik, Darmstadt 1993, S. 30.

III. Klärung von Begriffen

Wenn in dieser Arbeit von den „Zehn Worten", den „Zehn Geboten" oder dem „Dekalog" gesprochen wird, so ist damit eine Reihe von Geboten und Verboten im Alten Testament gemeint. Das Alte Testament enthält im 2. Buch Mose (Ex 20) und im 5. Buch Mose (Dtn 5) dabei zwei leicht unterschiedliche Fassungen.

Eine zusammenfassende Bezeichnung oder so etwas wie einen Titel dieser Reihe von Geboten und Verboten ist weder in Ex 20 noch in Dtn 5 zu finden[10]. Die Bezeichnung „Zehn Gebote" widerspricht in zweifacher Weise der biblischen Überlieferung: Zum einen handelt es sich in den meisten Fällen nicht um Gebote, sondern um Verbote, zum anderen kommt man nicht auf zehn, sondern auf vierzehn, wenn man die einzelnen Gebote und Verbote zusammenzählt[11].

Der Begriff „Dekalog" geht auf die griechische Übersetzung der Septuaginta (250 v. Chr.) zurück, die Dtn 4,13 und 10,4 mit „*hoi deka logoi*" wiedergibt[12]. Seither hat sich über die Latinisierung *decalogus* (das „Zehnwort") die Bezeichnung „Dekalog" für die Zehn Gebote eingebürgert[13]. Die Bezeichnung „Dekalog" ist vom Deuteronomium ins Buch Exodus gelangt[14]. So identifiziert Ex 34,28 „die Worte des Bundes" mit den Worten auf den steinernen Tafeln und diese mit den „Zehn Worten"[15].

---

10 *Bo Reicke*: Die zehn Worte in Geschichte und Gegenwart. Zählung und Bedeutung der Gebote in den verschiedenen Konfessionen, Tübingen 1973, S. 1; *Matthias Köckert*: Die zehn Gebote, 2. Auflage, München 2013, S. 14.

11 Dabei ist entsprechend der talmudischen Tradition der Prolog als erstes Gebot mitgezählt; vgl. hierzu *Matthias Köckert*: Die zehn Gebote, 2. Auflage, München 2013, S. 14; siehe auch *Bo Reicke*: Die zehn Worte in Geschichte und Gegenwart. Zählung und Bedeutung der Gebote in den verschiedenen Konfessionen, Tübingen 1973, S. 1 f.; *Markus Vogt/Peter Marinkovic*: Die Gliederungsbedeutung des Dekalogs in Ansehnung der Tora, in: Markus Vogt/Wilhelm Korff (Hrsg.), Gliederungssysteme angewandter Ethik: Ein Handbuch. Nach einem Projekt von Wilhelm Korff, Freiburg im Breisgau 2016, S. 117 (142).

12 *Matthias Köckert*: Die zehn Gebote, 2. Auflage, München 2013, S. 14; *Markus Vogt/Peter Marinkovic*: Die Gliederungsbedeutung des Dekalogs in Ansehnung der Tora, in: Markus Vogt/Wilhelm Korff (Hrsg.), Gliederungssysteme angewandter Ethik: Ein Handbuch. Nach einem Projekt von Wilhelm Korff, Freiburg im Breisgau 2016, S. 117 (142).

13 *Matthias Köckert*: Die zehn Gebote, 2. Auflage, München 2013, S. 14.

14 *Matthias Köckert*: Die zehn Gebote, 2. Auflage, München 2013, S. 14; *Markus Vogt/Peter Marinkovic*: Die Gliederungsbedeutung des Dekalogs in Ansehnung der Tora, in: Markus Vogt/Wilhelm Korff (Hrsg.), Gliederungssysteme angewandter Ethik: Ein Handbuch. Nach einem Projekt von Wilhelm Korff, Freiburg im Breisgau 2016, S. 117 (142).

15 *Matthias Köckert*: Die zehn Gebote, 2. Auflage, München 2013, S. 14.

Im deutschsprachigen Judentum wird häufig noch der Singular „das Zehnwort“ verwendet[16].

Die „Zehn Worte“, der „Dekalog“ und die „Zehn Gebote“ bezeichnen somit alle dasselbe[17].

IV. Themenbegrenzung

Die Weite des Themas, die unzähligen Akteure, die auf die Entstehungsarbeiten der Landesverfassung Einfluss nahmen, ebenso wie die unterschiedlichen Auslegungsmöglichkeiten des Dekalogs, gebieten eine Themenbegrenzung.

Der rechtshistorische Teil der Arbeit wird sich, mit Ausnahme eines Rückblicks auf das Verhältnis von Staat und Religion, auf den Verfassunggebungsprozess der nordrhein-westfälischen Landesverfassung begrenzen. Hierbei wird insbesondere die Rolle der Kirche als nicht unwichtiger Akteur bei den Entstehungsarbeiten kritisch beleuchtet.

Angesichts der Vielfalt der Auslegungsmöglichkeiten der Zehn Gebote beschränkt sich die Arbeit vorrangig auf die Auslegung der hebräischen Interpretation. Die Auslegung *Martin Luthers* wird lediglich im Einzelfall herangezogen. Bei der Zählweise der Zehn Gebote orientiert sich die Arbeit an der römisch-katholischen Tradition, die insofern mit der lutherischen Tradition gleichlaufend ist.

Die Arbeit erhebt nicht den Anspruch, eine vollständige und abschließende Auflistung sämtlicher Bestimmungen zu geben, in denen die Zehn Gebote Eingang finden. Es wird lediglich beispielhaft eine Auswahl von landesverfassungsrechtlichen Regelungen untersucht, die den Dekalog positiv konnotiert oder sich umgekehrt mit ihm in kritische Dissonanz begibt.

---

16 *Markus Vogt/Peter Marinkovic:* Die Gliederungsbedeutung des Dekalogs in Ansehnung der Tora, in: Markus Vogt/Wilhelm Korff (Hrsg.), Gliederungssysteme angewandter Ethik: Ein Handbuch. Nach einem Projekt von Wilhelm Korff, Freiburg im Breisgau 2016, S. 117 (142).

17 *Bo Reicke*: Die zehn Worte in Geschichte und Gegenwart. Zählung und Bedeutung der Gebote in den verschiedenen Konfessionen, Tübingen 1973, S. 1; *Matthias Köckert*: Die zehn Gebote, 2. Auflage, München 2013, S. 14.

B. Historischer Kontext der nordrhein-westfälischen Landesverfassung

Vorab ist der historische Kontext der nordrhein-westfälischen Landesverfassung mit besonderer Rücksicht auf das Verhältnis von Recht und Religion zu beleuchten. Hierzu wird zunächst das Verhältnis von Staat und Kirche zur Zeit der Entstehung der Landesverfassung Nordrhein-Westfalens dargestellt [I.]. Im Anschluss daran wird die Entstehung der Landesverfassung Nordrhein-Westfalens [II.] unter besonderer Berücksichtigung der Rolle der Kirche im Entstehungsprozess erläutert. Zuletzt wird die kirchen- und religionsfreundliche Akzentuierung des Religionsverfassungsrechts in Nordrhein-Westfalen näher entfaltet [III.].

I. Rückblick: Verhältnis von Staat und Kirche

Staat und Kirche sind zwei manchmal im Widerstreit liegende mit der Geschichte der Menschheit aber untrennbar verbundene Institutionen.

Da das Verhältnis von geistlicher Sphäre und weltlicher Herrschaft die Verfassunggebungsarbeiten der nordrhein-westfälischen Landesverfassung maßgeblich beeinflussten, ist die Beleuchtung des historischen Hintergrunds dieses komplexen Verhältnisses im Rahmen eines Rückblicks unerlässlich. Im Folgenden wird daher die historische Entwicklung des Verhältnisses dieser beiden Institutionen von einer christlichen Staatsreligion hin zu einer Trennung von Staat und Kirche aufgezeigt. Der Rückblick setzt bei der Erhebung des Christentums zur Staatsreligion an und endet mit der endgültigen Trennung von Staat und Kirche durch die Weimarer Reichsverfassung[18].

---

18 Die WRV kennzeichnet den Abschluss einer Entwicklung zur Trennung von Kirche und Staat, wie er im Folgenden skizziert wird. Die Ausgangslage der WRV findet über Art. 140 GG i. V. m. Art. 4 Abs. 1 LV NW bis heute Geltung. Zur Inkorporation der staatskirchenrechtlichen Vorschriften der Weimarer Reichsverfassung in das Grundgesetz (Art. 140 GG) *Bernd Jeand'Heur/Stefan Korioth*: Grundzüge des Staatskirchenrechts, Stuttgart u. a. 2000, Rn. 41.

1. Von der Staatsreligion zur Trennung von Staat und Religion

Zur abendländischen Geschichte gehört seit jeher das Verhältnis von Recht zu Religion, verankert durch Staat und Kirche[19]. Das Nebeneinander von Staat und Kirche erscheint dem modernen Europäer als selbstverständlich. Doch ist dies erst das Ergebnis eines über 1500 Jahre währenden Konkurrenzkampfes von Staat und Kirche[20].

a) Erhebung des Christentums zur Staatsreligion

In der gesamten vorchristlichen Kulturwelt gehörten weltliche Herrschaft und geistliche Sphäre unlösbar zusammen[21]. Die Selbstverständlichkeit dieses Zusammenklangs stellte erst das Christentum mit der Ausschließlichkeit des Glaubens (vgl. dazu auch das erste Dekaloggebot[22]) und der Lehre, dass man Gott mehr als den Menschen gehorchen müsse (Apg 5,29) in Frage[23]. So verzichteten die Christen auf die Teilnahme am Staatskult, auf den Wehrdienst sowie auf die Wahrnehmung öffentlicher Ämter[24]. Zur Rettung des Kaiserkults reagierte

---

19 So *Bernd Jeand'Heur/Stefan Korioth*: Grundzüge des Staatskirchenrechts, Stuttgart u. a. 2000, Rn. 5; *Peter Unruh*: Religionsverfassungsrecht, 4. Auflage, Baden-Baden 2018, § 2 Rn. 14; *Clara zu Löwenstein*: Christliche Werte im Bürgerlichen Recht, Berlin 2018, S. 43.

20 Dazu *Axel von Campenhausen*: Christentum und Recht, in: Peter Antes (Hrsg.), Christentum und europäische Kultur, Freiburg im Breisgau u. a. 2002, S. 96 (101).

21 *Axel von Campenhausen:* Christentum und Recht, in: Peter Antes (Hrsg.), Christentum und europäische Kultur, Freiburg im Breisgau u. a. 2002, S. 96 (98); *Axel von Campenhausen/Heinrich de Wall*: Staatskirchenrecht, 4. Auflage, München 2006, § 2 S. 3; *Clara zu Löwenstein*: Christliche Werte im Bürgerlichen Recht, Berlin 2018, S. 43; *Peter Unruh*: Religionsverfassungsrecht, 4. Auflage, Baden-Baden 2018, § 2 Rn. 15.

22 Hierzu wird auf die Ausführungen unter D. II. 1. Fremdgötterverbot (1. Gebot) verwiesen.

23 Eingehend *Axel von Campenhausen:* Christentum und Recht, in: Peter Antes (Hrsg.), Christentum und europäische Kultur, Freiburg im Breisgau u. a. 2002, S. 96 (96 ff.); *Axel von Campenhausen/Heinrich de Wall*: Staatskirchenrecht, 4. Auflage, München 2006, § 2 S. 4 mit Fn. 2; *Clara zu Löwenstein*: Christliche Werte im Bürgerlichen Recht, Berlin 2018, S. 43; *Peter Unruh*: Religionsverfassungsrecht, 4. Auflage, Baden-Baden 2018, § 2 Rn. 15; vgl. auch *Ino Augsberg*: Landesbericht Deutschland: Religiöses Recht und religiöse Gerichte als Herausforderung des Staates, in: Uwe Kischel (Hrsg.), Religiöses Recht und religiöse Gerichte als Herausforderung des Staates, Tübingen 2016, S. 1 (17).

24 *Peter Unruh*: Religionsverfassungsrecht, 4. Auflage, Baden-Baden 2018, § 2 Rn. 15; vgl. auch *Claus Dieter Classen*: Religionsrecht, 2. Auflage, Tübingen 2015, § 2 Rn. 6.

der Staat mit massiven Verfolgungen der Christen[25]. Versuche einer dauerhafte Unterdrückung der „staatsfeindlichen“ Ströme des Christentums scheiterten jedoch[26]. Im Gegenteil: Die zunehmende Instabilität des spätrömischen Reiches ließen den „Aufstieg“ des Christentums zur Staatsreligion zu[27].

Das Toleranzedikt des *Galerius* aus dem Jahre 311, das durch das Mailänder Abkommen von 313 reichsweit durchgesetzt wurde, stellte sodann den Wendepunkt dar: Es sorgte für die Gleichstellung des Christentums mit anderen Religionen[28]. Die Bestrebungen *Konstantin I.* das Christentum zur Staatsreligion zu erheben, wurden schließlich durch Kaiser *Theodosius* mit dem Edikt vom 28. Februar 380 verwirklicht[29]. So wurde der Vorstellung von der Einheit zwischen weltlicher Herrschaft und Religion zu neuem Leben verholfen[30]. Mit der Erhebung des Christentum zur Staatsreligion galt der herkömmliche Verfassungsgrundsatz auch für die christliche Kirche, sodass das heilige Recht *ius sacrum* Teil des öffentlichen Rechts *ius publicum* wurde[31]. Damit wurde zugleich

---

25 *Axel von Campenhausen/Heinrich de Wall*: Staatskirchenrecht, 4. Auflage, München 2006, § 2 S. 4; *Peter Unruh*: Religionsverfassungsrecht, 4. Auflage, Baden-Baden 2018, § 2 Rn. 15.

26 *Peter Unruh*: Religionsverfassungsrecht, 4. Auflage, Baden-Baden 2018, § 2 Rn. 15.

27 *Peter Unruh*: Religionsverfassungsrecht, 4. Auflage, Baden-Baden 2018, § 2 Rn. 15.

28 *Axel von Campenhausen*: Christentum und Recht, in: Peter Antes (Hrsg.), Christentum und europäische Kultur, Freiburg im Breisgau u. a. 2002, S. 96 (100); *Axel von Campenhausen/Heinrich de Wall*: Staatskirchenrecht, 4. Auflage, München 2006, § 2 S. 4 f. mit Fn. 3; *Axel von Campenhausen*: Religion, Kirche, Gewissen, in: Josef Isensee/Paul Kirchhof (Hrsg.), Handbuch des Staatsrechts der Bundesrepublik Deutschland, Band 7, 3. Auflage, Heidelberg 2009, § 157 Rn. 6 mit Fn. 12; *Claus Dieter Classen*: Religionsrecht, 2. Auflage, Tübingen 2015, § 2 Rn. 6; *Clara zu Löwenstein*: Christliche Werte im Bürgerlichen Recht, Berlin 2018, S. 43 f.; *Peter Unruh*: Religionsverfassungsrecht, 4. Auflage, Baden-Baden 2018, § 2 Rn. 16.

29 Eingehend hierzu *Bernd Jeand'Heur/Stefan Korioth*: Grundzüge des Staatskirchenrechts, Stuttgart u. a. 2000, Rn. 6; *Axel von Campenhausen*: Christentum und Recht, in: Peter Antes (Hrsg.), Christentum und europäische Kultur, Freiburg im Breisgau u. a. 2002, S. 96 (100); *Axel von Campenhausen/Heinrich de Wall*: Staatskirchenrecht, 4. Auflage, München 2006, § 2 S. 5; *Peter Unruh*: Religionsverfassungsrecht, 4. Auflage, Baden-Baden 2018, § 2 Rn. 16.

30 Dazu *Axel von Campenhausen/Heinrich de Wall*: Staatskirchenrecht, 4. Auflage, München 2006, § 2 S. 5; *Peter Unruh*: Religionsverfassungsrecht, 4. Auflage, Baden-Baden 2018, § 2 Rn. 16.

31 Eingehend *Bernd Jeand'Heur/Stefan Korioth*: Grundzüge des Staatskirchenrechts, Stuttgart u. a. 2000, Rn. 6; *Axel von Campenhausen*: Christentum und Recht, in: Peter Antes (Hrsg.), Christentum und europäische Kultur, Freiburg im Breisgau u. a. 2002,

das für Jahrhunderte maßgebliche Bündnis von „Thron und Alter", d. h. die – bei gleichzeitiger institutioneller Trennung von Staat und Kirche – rechtliche Verbundenheit der beiden Institutionen zementiert[32]. Das Spannungsfeld von Kirche und Staat war damit für die folgenden 1500 Jahr angelegt.

Während die neu eingeführte Staatskirche zwar mit weitreichenden Rechten ausgestattet wurde, stand sie aber zugleich in äußerer Abhängigkeit von der weltlichen Gewalt[33]. Die Geschichte des Mittelalters bestimmten in der Folge Bestrebungen der Kirche sich von der staatlichen Bevormundung zu befreien[34]. Art und Umfang der Herrschaft wurden in einem 1500jährigen Konflikt zwischen Kaiser und Papst austariert[35]. In dem ungelösten Konflikt des sich gegenseitig ausschließenden päpstlichen und weltlichen Herrschaftsanspruchs existierte bis zur Reformation nur eine Religion, „verkörpert in und durch eine Kirche"[36].

S. 96 (101); *Axel von Campenhausen/Heinrich de Wall*: Staatskirchenrecht, 4. Auflage, München 2006, § 2 S. 5; *Clara zu Löwenstein*: Christliche Werte im Bürgerlichen Recht, Berlin 2018, S. 44; *Peter Unruh*: Religionsverfassungsrecht, 4. Auflage, Baden-Baden 2018, § 2 Rn. 16.

32 *Axel von Campenhausen:* Christentum und Recht, in: Peter Antes (Hrsg.), Christentum und europäische Kultur, Freiburg im Breisgau u. a. 2002, S. 96 (101 f.); *Axel von Campenhausen/Heinrich de Wall*: Staatskirchenrecht, 4. Auflage, München 2006, § 2 S. 5; *Clara zu Löwenstein*: Christliche Werte im Bürgerlichen Recht, Berlin 2018, S. 44; *Peter Unruh*: Religionsverfassungsrecht, 4. Auflage, Baden-Baden 2018, § 2 Rn. 16.

33 *Axel von Campenhausen/Heinrich de Wall*: Staatskirchenrecht, 4. Auflage, München 2006, § 2 S. 6; *Clara zu Löwenstein*: Christliche Werte im Bürgerlichen Recht, Berlin 2018, S. 43; ferner *Peter Unruh*: Religionsverfassungsrecht, 4. Auflage, Baden-Baden 2018, § 2 Rn. 18.

34 *Axel von Campenhausen:* Christentum und Recht, in: Peter Antes (Hrsg.), Christentum und europäische Kultur, Freiburg im Breisgau u. a. 2002, S. 96 (101 f.); *Axel von Campenhausen/Heinrich de Wall*: Staatskirchenrecht, 4. Auflage, München 2006, § 2 S. 6; *Claus Dieter Classen*: Religionsrecht, 2. Auflage, Tübingen 2015, § 2 Rn. 7; *Clara zu Löwenstein*: Christliche Werte im Bürgerlichen Recht, Berlin 2018, S. 44; *Peter Unruh*: Religionsverfassungsrecht, 4. Auflage, Baden-Baden 2018, § 2 Rn. 18 m. w. N.

35 Eingehend *Axel von Campenhausen/Heinrich de Wall*: Staatskirchenrecht, 4. Auflage, München 2006, § 2 S. 6; *Clara zu Löwenstein*: Christliche Werte im Bürgerlichen Recht, Berlin 2018, S. 44; *Peter Unruh*: Religionsverfassungsrecht, 4. Auflage, Baden-Baden 2018, § 2 Rn. 17 ff.; vgl. auch *Bernd Jeand'Heur/Stefan Korioth*: Grundzüge des Staatskirchenrechts, Stuttgart u. a. 2000, Rn. 6 ff.

36 So *Peter Unruh*: Religionsverfassungsrecht, 4. Auflage, Baden-Baden 2018, § 2 Rn. 19; vgl. auch *Christian Waldhoff*: Die Zukunft des Staatskirchenrechts, in: Essener Gespräche zum Thema Staat und Kirche 42 (2008), S. 55 (60); *Axel von Campenhausen/Heinrich de Wall*: Staatskirchenrecht, 4. Auflage, München 2006, § 3 S. 9.

Die enge Verbindung des Staates mit der (namentlich christlichen) Kirche rührt demzufolge aus einer jahrhundertelangen institutionellen Verflechtung der beiden Institutionen[37].

b) Staat und Kirche im 19. Jahrhundert

Eine Entflechtung von Staat und Kirche bis an die Schwelle der vollständigen Trennung beider Gewalten erfolgte erst im 19. Jahrhundert[38]. Eingeleitet durch den Reichsdeputationsbeschluss vom 25. Februar 1803, fand diese neue Entwicklungsstufe ihren Höhepunkt in der Paulskirchenverfassung von 1849 und der revidierten Preußischen Verfassung von 1850[39]. Der Reichsdeputationshauptschluss ordnete das Reichsgebiet territorial neu und entschädigte jene weltliche Reichsfürsten, die im Zuge der napoleonischen Eroberung linksrheinische Gebiete verloren hatten[40]. Die Entschädigung erfolgte im Rahmen der Säkularisation insbesondere durch die Annexion rechtsrheinischer geistlicher Reichsfürstentümer[41]. Sie führte letztlich zu einer Beseitigung der geistlichen Territorialhoheit der katholischer Reichsbischöfe[42]. Der aus der Neuordnung

---

37 *Ino Augsberg*: Landesbericht Deutschland: Religiöses Recht und religiöse Gerichte als Herausforderung des Staates, in: Uwe Kischel (Hrsg.), Religiöses Recht und religiöse Gerichte als Herausforderung des Staates, Tübingen 2016, S. 1 (16 ff.); *Clara zu Löwenstein*: Christliche Werte im Bürgerlichen Recht, Berlin 2018, S. 44.

38 *Peter Unruh*: Religionsverfassungsrecht, 4. Auflage, Baden-Baden 2018, § 2 Rn. 33.

39 Zwar erlangte die Paulskirchenverfassung von 1849 keine Geltung, doch diente sie jedenfalls als Vorbild für eine der wichtigsten Landesverfassungen der Folgezeit: die Verfassung von Preußen. Eingehend zu diesen Entwicklungen *Axel von Campenhausen/Heinrich de Wall*: Staatskirchenrecht, 4. Auflage, München 2006, § 2 S. 23; *Bernd Jeand'Heur/Stefan Korioth*: Grundzüge des Staatskirchenrechts, Stuttgart u. a. 2000, Rn. 23; *Peter Unruh*: Religionsverfassungsrecht, 4. Auflage, Baden-Baden 2018, § 2 Rn. 33.

40 *Axel von Campenhausen/Heinrich de Wall*: Staatskirchenrecht, 4. Auflage, München 2006, § 2 S. 23; *Claus Dieter Classen*: Religionsrecht, 2. Auflage, Tübingen 2015, § 2 Rn. 32; *Peter Unruh*: Religionsverfassungsrecht, 4. Auflage, Baden-Baden 2018, § 2 Rn. 31 f.

41 Insgesamt wurden rund 10.000 km^2 geistliches Staatsgebiet mit 3.1 Millionen geistlichen Staatsuntertanen aufgehoben. Dazu *Axel von Campenhausen/Heinrich de Wall*: Staatskirchenrecht, 4. Auflage, München 2006, § 2 Rn. 23; so auch *Claus Dieter Classen*: Religionsrecht, 2. Auflage, Tübingen 2015, § 2 Rn. 32; *Gerhard Czermak*: Religions- und Weltanschauungsrecht, 2. Auflage, Berlin u. a. 2018, § 1 Rn. 10; *Peter Unruh*: Religionsverfassungsrecht, 4. Auflage, Baden-Baden 2018, § 2 Rn. 31 f.

42 *Bernd Jeand'Heur/Stefan Korioth*: Grundzüge des Staatskirchenrechts, Stuttgart u. a. 2000, Rn. 23; *Gerhard Czermak*: Religions- und Weltanschauungsrecht, 2. Auflage,

resultierende Verlust der konfessionellen Geschlossenheit der Territorien machte eine grundlegende Umwälzung des Religionsverfassungsrechts und damit des Verhältnisses von Staat und Kirche erforderlich[43].

Angetrieben wurde diese Entflechtung zugleich durch die gestärkte Autorität der katholischen Kirche[44]. Der Wegfall der katholischen Reichfürstentümer verschaffte der katholischen Kirche und in ihr der Stellung des Papsttums im Verhältnis zu den nationalen Kirchen wieder stärkeres Gewicht[45]. Das sich zugleich neu entwickelte katholische Selbstverständnis kulminierte mit der Verkündung des Dogmas der „Unfehlbarkeit" des Papstes in Glaubensfragen auf dem ersten Vatikanischen Konzil (1870/71)[46].

Die so gestärkte katholischen Kirche empfand *Bismarck* jedoch als Bedrohung für die gerade gewonnene staatliche Einheit und leitete den „Kulturkampf" (1871-1887) ein[47]. In diesem Zusammenhang erließ der Staat eine Vielzahl von

---

Berlin u. a. 2018, § 1 Rn. 10; *Clara zu Löwenstein*: Christliche Werte im Bürgerlichen Recht, Berlin 2018, S. 45.

43 *Bernd Jeand'Heur/Stefan Korioth*: Grundzüge des Staatskirchenrechts, Stuttgart u. a. 2000, Rn. 23; *Axel von Campenhausen/Heinrich de Wall*: Staatskirchenrecht, 4. Auflage, München 2006, § 2 S. 26; *Claus Dieter Classen*: Religionsrecht, 2. Auflage, Tübingen 2015, § 2 Rn. 20; *Clara zu Löwenstein*: Christliche Werte im Bürgerlichen Recht, Berlin 2018, S. 45.

44 Diese Position bei *Clara zu Löwenstein*: Christliche Werte im Bürgerlichen Recht, Berlin 2018, S. 45; vgl. auch *Peter Unruh*: Religionsverfassungsrecht, 4. Auflage, Baden-Baden 2018, § 2 Rn. 34.

45 *Claus Dieter Classen*: Religionsrecht, 2. Auflage, Tübingen 2015, § 2 Rn. 21; *Peter Unruh*: Religionsverfassungsrecht, 4. Auflage, Baden-Baden 2018, § 2 Rn. 34.

46 *Christian Waldhoff*: Art. Kulturkampf, in: Hans Michael Heinig/Hendrik Munsonius (Hrsg.), 100 Begriffe aus dem Staatskirchenrecht, Tübingen 2012, S. 148 (149); *Michael Stolleis*: Art. Kulturkampf, in: Albrecht Cordes/Hans-Peter Haferkamp/Heiner Lück u. a. (Hrsg.), Handwörterbuch zur deutschen Rechtsgeschichte, Band 3, 2. Auflage, 2016, Sp. 311 (312); *Claus Dieter Classen*: Religionsrecht, 2. Auflage, Tübingen 2015, § 2 Rn. 21; *Clara zu Löwenstein*: Christliche Werte im Bürgerlichen Recht, Berlin 2018, S. 46; *Peter Unruh*: Religionsverfassungsrecht, 4. Auflage, Baden-Baden 2018, § 2 Rn. 34.

47 Eingehend zum Kulturkampf *Volker Henning Drecoll*: Art. Kulturkampf, in: Werner Heun/Martin Honecker/Martin Morlok u. a. (Hrsg.), Evangelisches Staatslexikon, Stuttgart 1966 (Neudruck 2006), Sp. 1363 ff.; *Christoph Link*: Kirchliche Rechtsgeschichte, 2. Auflage, München 2010, § 22 Rn. 13 ff.; *Christian Waldhoff*: Art. Kulturkampf, in: Hans Michael Heinig/Hendrik Munsonius (Hrsg.), 100 Begriffe aus dem Staatskirchenrecht, Tübingen 2012, S. 148 (148 ff.); *Michael Stolleis*: Art. Kulturkampf, in: Albrecht Cordes/Hans-Peter Haferkamp/Heiner Lück u. a. (Hrsg.),

„Kampfgesetzen" zur Einschränkung der kirchlichen Autonomie[48], darunter den gegen den politischen Missbrauch gerichteten „Kanzelparagraph" (§ 130a StGB), der jeden Geistlichen mit Strafe bedrohte, der staatliche Angelegenheiten in „den öffentlichen Frieden gefährdender Weise zum Gegenstand einer Verkündung" machte[49]. Nachdem *Bismarck* erkannte, dass der Staat keinen eindeutigen Sieg werde erringen können und an neuen innenpolitischen Bündnisses interessiert war, für die er aber die Unterstützung der katholischen DZP[50] benötigte, beendete *Bismarck* v. a. durch Verhandlungen mit der Kurie unter dem neuen Papst *Leo XIII.* die aktiven Auseinandersetzungen[51]. In der Folge wurden die meisten „Kampfgesetze" aufgehoben[52]. Über den Kulturkampf hinaus bedeutsam blieben

---

Handwörterbuch zur deutschen Rechtsgeschichte, Band 3, 2. Auflage, 2016, Sp. 311 (311 ff.); *Peter Unruh*: Religionsverfassungsrecht, 4. Auflage, Baden-Baden 2018, § 2 Rn. 35.

48 Bismarcks Kultusminister *von Mühler* deklarierte als kirchenpolitische Zielvorgabe dieser Gesetze den „Kampf gegen die ultramontane Partei" sowie die „Trennung von Kirche und Staat", vgl. *Harald Rainer Derschka*: Art. Kulturkampf, in: Axel von Campenhausen/Ilona Riedel-Spangenberger/P. Reinhold Sebott SJ (Hrsg.), Lexikon für Kirchen- und Staatskirchenrecht, Band 2, Paderborn u. a. 2002, S. 656 (656); vgl. auch *Bernd Jeand'Heur/Stefan Korioth*: Grundzüge des Staatskirchenrechts, Stuttgart u. a. 2000, Rn. 25; *Clara zu Löwenstein*: Christliche Werte im Bürgerlichen Recht, Berlin 2018, S. 46 mit Fn. 31.

49 *Bernd Jeand'Heur/Stefan Korioth*: Grundzüge des Staatskirchenrechts, Stuttgart u. a. 2000, S. 38 f. Rn. 25; vgl. zu den sog. Kampfgesetzen im Einzelnen *Christian Waldhoff*: Art. Kulturkampf, in: Hans Michael Heinig/Hendrik Munsonius (Hrsg.), 100 Begriffe aus dem Staatskirchenrecht, Tübingen 2012, S. 148 (149 f.); *Michael Stolleis*: Art. Kulturkampf, in: Albrecht Cordes/Hans-Peter Haferkamp/Heiner Lück u. a. (Hrsg.), Handwörterbuch zur deutschen Rechtsgeschichte, Band 3, 2. Auflage, 2016, Sp. 311 (313); *Peter Unruh*: Religionsverfassungsrecht, 4. Auflage, Baden-Baden 2018, § 2 Rn. 35.

50 Die DZP hat zwischen 1871 und 1881 seine Reichstagsmandate fast verdoppelt, vgl. *Michael Stolleis*: Art. Kulturkampf, in: Albrecht Cordes/Hans-Peter Haferkamp/Heiner Lück u. a. (Hrsg.), Handwörterbuch zur deutschen Rechtsgeschichte, Band 3, 2. Auflage, 2016, Sp. 311 (313).

51 Hierzu *Christian Waldhoff*: Art. Kulturkampf, in: Hans Michael Heinig/Hendrik Munsonius (Hrsg.), 100 Begriffe aus dem Staatskirchenrecht, Tübingen 2012, S. 148 (150); *Michael Stolleis*: Art. Kulturkampf, in: Albrecht Cordes/Hans-Peter Haferkamp/Heiner Lück u. a. (Hrsg.), Handwörterbuch zur deutschen Rechtsgeschichte, Band 3, 2. Auflage, 2016, Sp. 311 (313).

52 Dazu *Axel von Campenhausen/Heinrich de Wall*: Staatskirchenrecht, 4. Auflage, München 2006, § 9 S. 28; *Michael Stolleis*: Art. Kulturkampf, in: Albrecht Cordes/Hans-Peter Haferkamp/Heiner Lück u. a. (Hrsg.), Handwörterbuch zur deutschen Rechtsgeschichte, Band 3, 2. Auflage, 2016, Sp. 311 (313); *Peter Unruh*: Religionsverfassungsrecht,

bis heute das Kirchenaustrittgesetz[53], die Einführung der obligatorischen Zivilehe[54] und die Zurückdränung der geistlichen Schulaufsicht[55].

Parallel hierzu lässt sich (auch) auf evangelischer Seite die Geschichte des 19. Jahrhunderts als „Prozess der fortschreitenden organisatorischen Verselbstständigung" beschreiben[56]. So führte der staatliche Erlass von Kirchenverfassungen und die Einrichtung von Synoden auch in der evangelischen Kirche zu einer „konstitutionellen Machtbeschränkung" des Summus Episkopus[57].

Damit war die institutionelle Trennung von Staat und Kirche durch die „säkularisierenden Gesetze" aus katholischer Sicht und die organisatorische Verselbstständigung aus evangelischer Sicht bereits gegen Ende des 19. Jahrhunderts weitestgehend erreicht[58].

---

4. Auflage, Baden-Baden 2018, § 2 Rn. 35; ferner *Bernd Jeand'Heur/Stefan Korioth*: Grundzüge des Staatskirchenrechts, Stuttgart u. a. 2000, S. 38 f. Rn. 25.

53 § 1 des Kirchenaustrittsgesetz von 1873 ordnete u. a. an, dass Kirchenaustritte bei staatlichen Gerichten angezeigt werden mussten; vgl. *Harald Rainer Derschka:* Art. Kulturkampf, in: Axel von Campenhausen/Ilona Riedel-Spangenberger/P. Reinhold Sebott SJ (Hrsg.), Lexikon für Kirchen- und Staatskirchenrecht, Band 2, Paderborn u. a. 2002, S. 656 (656).

54 In Preußen wurde 1875 die Zivilehe als allein gültige Form der Ehe eingeführt. Zuvor hatte eine kirchliche Eheschließung ausgereicht, vgl. *Hans-Peter Hübner*: Art. Zivilehe, in: Axel von Campenhausen/Ilona Riedel-Spangenberger/P. Reinhold Sebott SJ (Hrsg.), Lexikon für Kirchen- und Staatskirchenrecht, Band 3, Paderborn u. a. 2004, S. 906 f.; *Clara zu Löwenstein*: Christliche Werte im Bürgerlichen Recht, Berlin 2018, S. 46 mit Fn. 33.

55 Gemäß § 1 des Gesetzes betreffend die Beaufsichtigung des Unterrichts- und Erziehungswesens von 1872 wurden alle Schulen in Preußen unter staatliche Kontrolle gestellt. Allen Kirchen wurde damit die geistliche Aufsicht über die Schulen entzogen. Vgl. dazu *Harald Rainer Derschka:* Art. Kulturkampf, in: Axel von Campenhausen/Ilona Riedel-Spangenberger/P. Reinhold Sebott SJ (Hrsg.), Lexikon für Kirchen- und Staatskirchenrecht, Band 2, Paderborn u. a. 2002, S. 656 (656); *Clara zu Löwenstein*: Christliche Werte im Bürgerlichen Recht, Berlin 2018, S. 46 mit Fn. 34;

56 *Axel von Campenhausen/Heinrich de Wall*: Staatskirchenrecht, 4. Auflage, München 2006, § 9 S. 29; *Peter Unruh*: Religionsverfassungsrecht, 4. Auflage, Baden-Baden 2018, § 2 Rn. 36.

57 Eingehend *Axel von Campenhausen/Heinrich de Wall*: Staatskirchenrecht, 4. Auflage, München 2006, § 9 S. 29; *Peter Unruh*: Religionsverfassungsrecht, 4. Auflage, Baden-Baden 2018, § 2 Rn. 36.

58 So *Clara zu Löwenstein*: Christliche Werte im Bürgerlichen Recht, Berlin 2018, S. 46; *Peter Unruh*: Religionsverfassungsrecht, 4. Auflage, Baden-Baden 2018, § 2 Rn. 36.

Diese Entwicklung zeichnete sich auch auf verfassungsrechtlicher Ebene ab: Hervorzuheben sind neben der Beseitigung der kirchlichen Gerichtsbarkeit *in temporalibus*, vor allem die Erweiterung des kirchlichen Selbstbestimmungsrechts sowie die sukzessive Durchsetzung der uneingeschränkten individuellen Religionsfreiheit über §§ 144-151 der Reichsverfassung der Paulskirche von 1848/49 und Art. 12, 15 der revidierten Preußischen Verfassung von 1850[59]. Die Paulskirchenverfassung gewährte allen Religionsgemeinschaften das Recht der „Glaubens- und Gewissensfreiheit" und das Recht der freien öffentlichen Religionsausübung unabhängig von ihrem religiösen Bekenntnis (§§ 144 ff.)[60]. Ferner proklamierte die Reichsverfassung mit dem Verbot einer Staatskirche (§ 147 Abs. 2) die grundsätzliche Trennung von Staat und Kirche[61]. Um diesen Grundsatz zu verwirklichen, wurden Schulaufsicht und Ehe nach §§ 150, 153 der Paulskirchenverfassung in den staatlichen Zuständigkeitsbereich verwiesen[62]. Obwohl die Paulskirchenverfassung von 1849 nie Geltung erlangte, setzte sie normative Impulse für die spätere rechtliche Trennung von Staat und Kirche und wurde für die nachfolgenden Landesverfassungen – insbesondere für die in Preußen – und die Weimarer Reichsverfassung traditionsbildend[63].

Der berühmte Art. 14 der (revidierten) Preußischen Verfassung fügte die staatskirchenrechtlich-institutionellen Gewährleistungen der Preußischen Verfassung in einen christlichen Rahmen ein: So sollte „denjenigen Einrichtungen des Staats, welche mit der Religionsausübung in Zusammenhang stehen", unbeschadet der Religionsfreiheit, die christliche Religion zugrunde gelegt werden[64].

---

59 Näher dazu *Bernd Jeand'Heur/Stefan Korioth*: Grundzüge des Staatskirchenrechts, Stuttgart u. a. 2000, Rn. 27 ff.; vgl. auch *Axel von Campenhausen/Heinrich de Wall*: Staatskirchenrecht, 4. Auflage, München 2006, § 9 S. 26; *Clara zu Löwenstein*: Christliche Werte im Bürgerlichen Recht, Berlin 2018, S. 47; *Peter Unruh*: Religionsverfassungsrecht, 4. Auflage, Baden-Baden 2018, § 2 Rn. 33.

60 *Christoph Link*: Kirchliche Rechtsgeschichte, 2. Auflage, München 2010, § 20 Rn. 2. Vgl. hierzu auch die Ausführungen unter D. III. 1. b) aa) (4) Religionsfreiheit im 19. und im frühen 20. Jahrhundert.

61 Gemäß § 147 Abs. 2 der Paulskirchenverfassung genießt keine Religionsgesellschaft vor andern Vorrechte durch den Staat; es besteht keine Staatskirche.

62 *Christoph Link*: Kirchliche Rechtsgeschichte, 2. Auflage, München 2010, § 20 Rn. 2; *Clara zu Löwenstein*: Christliche Werte im Bürgerlichen Recht, Berlin 2018, S. 47.

63 *Christoph Link*: Kirchliche Rechtsgeschichte, 2. Auflage, München 2010, § 20 Rn. 6; *Clara zu Löwenstein*: Christliche Werte im Bürgerlichen Recht, Berlin 2018, S. 47.

64 Eingehend zu der Idee des „christlichen Staats" *Christoph Link*: Kirchliche Rechtsgeschichte, 2. Auflage, München 2010, § 20 Rn. 6; *Horst Dreier*: Staat ohne Gott, München 2018, S. 86 ff.; *Clara zu Löwenstein*: Christliche Werte im Bürgerlichen Recht, Berlin 2018, S. 47.

Er begründete damit einen Vorrang der großen christlichen Kirchen[65]. Praktisch hatte dies die christlichen Prägung der Ehe und Schule, der staatlichen Feiertage, des Religionsunterrichts sowie des Eides zur Folge[66]. Die Vorstellung eines „christlichen Staates" prägte in der Folge die Vorbilder der Weimarer Reichsverfassung[67].

Die selbstverständliche Anerkennung des christlichen Rahmens, trotz der Trennung von Kirche und Staat, kann als mittelbare oder unmittelbare Folge des „Kulturkampfs" erklärt werden. Denn der „Kulturkampf" lehrte seitens des Staates „religiöse Autonomie zu wahren und zu schützen, Religion auch als Institution ernst zu nehmen und den Mehrwert, den Kirchen und Religion dem Gemeinwesen zu stiften in der Lage sind, zu nutzen, ohne auf staatliche Letztbestimmung verzichten zu müssen"[68]. Dabei spielte das Bekenntnis zum Christentum in Zeiten des „Kulturkampfs" und des hierdurch ausgelösten Jahrzehnte währenden Misstrauens der christlichen, insbesondere der katholischen Bevölkerung gegenüber dem Staat eine besondere Rolle[69].

c) Weimarer Zeit: Trennung von Staat und Religion

„Weimar bedeutete für das deutsche Staatskirchenrecht (bzw. das Religionsverfassungsrecht) die entscheidende Epochenwende."[70] Art. 137 Abs. 1 WRV[71]

---

65 *Christoph Link*: Kirchliche Rechtsgeschichte, 2. Auflage, München 2010, § 20 Rn. 6.

66 *Gerhard Anschütz*: Die Verfassungsurkunde für den Preußischen Staat vom 31. Januar 1850, Band 1, Berlin 1912, S. 276; *Christoph Link*: Kirchliche Rechtsgeschichte, 2. Auflage, München 2010, § 20 Rn. 6 mit Fn. 12; *Clara zu Löwenstein*: Christliche Werte im Bürgerlichen Recht, Berlin 2018, S. 47.

67 *Christoph Link*: Kirchliche Rechtsgeschichte, 2. Auflage, München 2010, § 20 Rn. 6; *Clara zu Löwenstein*: Christliche Werte im Bürgerlichen Recht, Berlin 2018, S. 47.

68 So *Christian Waldhoff*: Art. Kulturkampf, in: Hans Michael Heinig/Hendrik Munsonius (Hrsg.), 100 Begriffe aus dem Staatskirchenrecht, Tübingen 2012, S. 148 (151).

69 *Peter Unruh*: Religionsverfassungsrecht, 4. Auflage, Baden-Baden 2018, § 2 Rn. 35.

70 So *Martin Heckel*: Kontinuität und Wandlung des deutschen Staatskirchenrechts unter den Herausforderungen der Moderne, in: ZevKR 44 (1999), S. 340 (347); *Peter Unruh*: Religionsverfassungsrecht, 4. Auflage, Baden-Baden 2018, § 2 Rn. 36; zustimmend auch *Gerhard Czermak*: Religions- und Weltanschauungsrecht, 2. Auflage, Berlin u. a. 2018, § 1 Rn. 38.

71 Art. 137 Abs. 1 WRV: „Es besteht keine Staatskirche."; abgedr. in Fabian Wittreck (Hrsg.): Weimarer Landesverfassungen. Die Verfassungsurkunden der deutschen Freistaaten 1918-1933, Tübingen 2004, S. 753.

beendete das über Jahrhunderte bestehende Bündnis von „Thron und Altar“[72]. Damit verwirklichte er den Grundsatz der Trennung von Staat und Kirche, soweit Restbestände eines originären Staatskirchenwesens das 19. Jahrhundert überlebt hatten[73] oder – aus evangelischer Sicht – das Verhältnis von Staat und Religion noch prägten[74]. Den Grundsatz von Trennung von Staat und Kirche, wie ihn bereits die Paulskirchenverfassung[75] enthalten hatte, verwirklichte die Reichsverfassung jedoch in modifizierter Form[76]. Sie beseitigte das „landesherrliche Kirchenregiment als solches“ und untersagte damit die Wiedereinführung eines Landeskirchentums[77]. Insofern entspricht die Weimarer Reichsverfassung ihrer Vorgängerin. Die Modifikation gegenüber der Paulskirchenverfassung liegt in dem von der damals kirchenkritischen SPD und der katholischen DZP geschlossenen „Kulturkompromiss“[78]. Entgegen dem Vorbild aus Frankfurt entschied

---

72 Hierzu *Gerhard Anschütz*: Die Verfassung des Deutschen Reichs vom 11. August 1919, 14. Auflage, Berlin 1933, Art. 137 Anm. 1; *Martin Heckel*: Kontinuität und Wandlung des deutschen Staatskirchenrechts unter den Herausforderungen der Moderne, in: ZevKR 44 (1999), S. 340 (347); *Axel von Campenhausen/Heinrich de Wall*: Staatskirchenrecht, 4. Auflage, München 2006, § 10 S. 32. Das Bündnis von „Thron und Altar“ wurde mit der konstantinischen Wende eingeführt, vgl. dazu die Ausführungen oben A. B. I. 1. a) Erhebung des Christentums zur Staatsreligion.

73 *Axel von Campenhausen/Heinrich de Wall*: Staatskirchenrecht, 4. Auflage, München 2006, § 10 S. 40.

74 *Bernd Jeand'Heur/Stefan Korioth*: Grundzüge des Staatskirchenrechts, Stuttgart u. a. 2000, Rn. 30.

75 § 147 der Paulskirchenverfassung hatte bereits festgelegt, dass „keine Staatskirche“ bestehen soll. In Preußen war das Staatskirchentum insoweit bereits durch die Verfassung von 1848 und 1850 im Laufe des 19. Jahrhunderts beseitigt worden; siehe dazu *Axel von Campenhausen/Heinrich de Wall*: Staatskirchenrecht, 4. Auflage, München 2006, § 10 S. 31 f.

76 *Axel von Campenhausen/Heinrich de Wall*: Staatskirchenrecht, 4. Auflage, München 2006, § 10 S. 32; *Clara zu Löwenstein*: Christliche Werte im Bürgerlichen Recht, Berlin 2018, S. 49; ferner *Christoph Link*: Kirchliche Rechtsgeschichte, 2. Auflage, München 2010, § 26 Rn. 10.

77 *Bernd Jeand'Heur/Stefan Korioth*: Grundzüge des Staatskirchenrechts, Stuttgart u. a. 2000, Rn. 30; *Axel von Campenhausen/Heinrich de Wall*: Staatskirchenrecht, 4. Auflage, München 2006, § 10 S. 32; *Clara zu Löwenstein*: Christliche Werte im Bürgerlichen Recht, Berlin 2018, S. 49; *Peter Unruh*: Religionsverfassungsrecht, 4. Auflage, Baden-Baden 2018, S. 39 Rn. 38;

78 Eingehend zum Kulturkompromiss der Weimarer Verfassung *Fabian Wittreck*: Bonn ist doch Weimar. Die Religionsfreiheit im Grundgesetz als Resultat von Konflikt und Kontroverse, in: Astrid Reuter/Hans G. Kippenberg (Hrsg.), Religionskonflikte im Verfassungsstaat, Göttingen 2009, S. 66 (S. 66 ff.) sowie *Axel von Campenhausen/*

man sich nicht für eine radikale Trennung von Staat und Kirche im Sinne des Laizismus, sondern für eine abgeschwächte Form: Statt die Kirchen auf privatrechtliche Ebene herabzudrücken, sicherte man ihnen ihren Status als Körperschaften des Öffentlichen Rechts im bisherigen Umfang zu[79]. Art. 137 Abs. 5 WRV zementierte damit die Stellung der Kirchen als „Faktor des öffentlichen Lebens" und hatte den Kirchen insofern eine weiterreichende Bedeutung eingeräumt[80]. Diese weiterreichende Bedeutung äußert sich insbesondere in dem durch Art. 137 Abs. 6 WRV eigens gewährleisteten Recht zur Steuererhebung[81]. Ferner wurde mit Art. 137 Abs. 3 WRV das kirchliche Selbstbestimmungsrecht gewährleistet, wodurch alle Sondergesetze, die die Freiheit einzelner Religionsgemeinschaften einschränkten, verfassungswidrig wurden[82].

Heinrich de Wall: Staatskirchenrecht, 4. Auflage, München 2006, § 10 S. 32; ferner *Christoph Link*: Kirchliche Rechtsgeschichte, 2. Auflage, München 2010, § 26 Rn. 10; *Gerhard Czermak*: Religions- und Weltanschauungsrecht, 2. Auflage, Berlin u. a. 2018, § 9 Rn. 147; *Clara zu Löwenstein*: Christliche Werte im Bürgerlichen Recht, Berlin 2018, S. 49; *Peter Unruh*: Religionsverfassungsrecht, 4. Auflage, Baden-Baden 2018, § 2 Rn. 37 mit Fn. 35.

79 Eingehend dazu *Gerhard Anschütz*: Die Verfassung des Deutschen Reichs vom 11. August 1919, 14. Auflage, Berlin 1933, Art. 137 Anm. 1, 8, 9; *Bernd Jeand'Heur/Stefan Korioth*: Grundzüge des Staatskirchenrechts, Stuttgart u. a. 2000, Rn. 30; *Axel von Campenhausen/Heinrich de Wall*: Staatskirchenrecht, 4. Auflage, München 2006, § 10 S. 32; *Christoph Link*: Kirchliche Rechtsgeschichte, 2. Auflage, München 2010, § 26 Rn. 13 mit Fn. 27; *Claus Dieter Classen*: Religionsrecht, 2. Auflage, Tübingen 2015, § 2 Rn. 24; *Clara zu Löwenstein*: Christliche Werte im Bürgerlichen Recht, Berlin 2018, S. 49; *Peter Unruh*: Religionsverfassungsrecht, 4. Auflage, Baden-Baden 2018, S. 39 Rn. 37 f.

80 *Axel von Campenhausen/Heinrich de Wall*: Staatskirchenrecht, 4. Auflage, München 2006, § 10 S. 32; *Christoph Link*: Kirchliche Rechtsgeschichte, 2. Auflage, München 2010, § 26 Rn. 13 mit Fn. 28; *Clara zu Löwenstein*: Christliche Werte im Bürgerlichen Recht, Berlin 2018, S. 49; *Peter Unruh*: Religionsverfassungsrecht, 4. Auflage, Baden-Baden 2018, § 2 Rn. 38.

81 *Christoph Link*: Kirchliche Rechtsgeschichte, 2. Auflage, München 2010, § 26 Rn. 13 mit Fn. 28; *Gerhard Czermak*: Religions- und Weltanschauungsrecht, 2. Auflage, Berlin u. a. 2018, § 9 Rn. 147; *Clara zu Löwenstein*: Christliche Werte im Bürgerlichen Recht, Berlin 2018, S. 49 f.

82 Nach Art. 137 Abs. 3 S. 1 WRV ordnet und verwaltet jede Religionsgemeinschaft ihre Angelegenheiten selbstständig innerhalb der Schranken des für alle geltenden Gesetzes; abgedr. in Fabian Wittreck (Hrsg.): Weimarer Landesverfassungen. Die Verfassungsurkunden der deutschen Freistaaten 1918-1933, Tübingen 2004, S. 753. Vgl. dazu *Christoph Link*: Kirchliche Rechtsgeschichte, 2. Auflage, München 2010, § 26 Rn. 11; *Clara zu Löwenstein*: Christliche Werte im Bürgerlichen Recht, Berlin 2018, S. 50.

Gleichwohl bleibt zu konstatieren, dass die Trennung für beide Institutionen befreienden Charakter hatte: Sie brachte dem Staat die Freiheit von der Kirche seine Neutralität und Parität gegenüber allen Religionsgemeinschaften[83]. Umgekehrt gewährleistete sie den Religionsgesellschaften[84] aber auch die Freiheit vom Staat, die sich insbesondere in ihrem Selbstbestimmungsrecht in allen eigenen Angelegenheiten ausdrückte[85]. Die religiöse Gestaltungs- und Entfaltungsfreiheit aller Religionsgesellschaften hat der Staat dabei bis heute zu schützen und zu ermöglichen[86]. Insoweit wird die religiös-weltanschauliche Neutralität des Staates seither als „positiv" verstanden[87].

2. Zwischenergebnis: Eine „freundschaftliche Trennung" von Staat und Kirche

Die Geschichte des Religionsverfassungsrechts im 20. Jahrhundert ist geprägt von der endgültigen Lösung, der ohnehin schon gelockerten institutionellen Verbindung von Staat und Kirche[88]. Eine Gesamtschau der staatskirchenrechtlichen

---

83 *Bernd Jeand'Heur/Stefan Korioth*: Grundzüge des Staatskirchenrechts, Stuttgart u. a. 2000, Rn. 31; *Axel von Campenhausen/Heinrich de Wall*: Staatskirchenrecht, 4. Auflage, München 2006, § 10 S. 32; *Peter Unruh*: Religionsverfassungsrecht, 4. Auflage, Baden-Baden 2018, § 2 Rn. 38.

84 Die Kirchen sollten mit allen anderen Religions- und Weltanschauungsgemeinschaften als „Religionsgesellschaften" rechtlich gleichgestellt werden, vgl. dazu *Axel von Campenhausen/Heinrich de Wall*: Staatskirchenrecht, 4. Auflage, München 2006,

85 *Bernd Jeand'Heur/Stefan Korioth*: Grundzüge des Staatskirchenrechts, Stuttgart u. a. 2000, Rn. 31; *Axel von Campenhausen/Heinrich de Wall*: Staatskirchenrecht, 4. Auflage, München 2006, § 10 S. 32; *Peter Unruh*: Religionsverfassungsrecht, 4. Auflage, Baden-Baden 2018, § 2 Rn. 38.

86 So bereits *Otto Mayer*: Die Trennung von Kirche und Staat. Was sie bedeutet und was sie zur Folge hat, Leipzig u. a. 1919, S. 4 f.; *Clara zu Löwenstein*: Christliche Werte im Bürgerlichen Recht, Berlin 2018, S. 51.

87 Zur „positiven Neutralität" des Staates *Alexander Hollerbach*: Neutralität, Pluralismus und Toleranz in der heutigen Verfassung, in: Joseph Sauer (Hrsg.), Zum Verhältnis von Staat und Kirche, Karlsruhe 1976, S. 9 (15 ff.); *Martin Heckel*: Gleichheit oder Privilegien?, Tübingen 1993, S. 69 ff.; *Konrad Hesse*: Grundzüge des Verfassungsrechts der Bundesrepublik Deutschland, 20. Auflage, Heidelberg 1995 (Neudruck 1999), S. 147 f. Nach *Hans Michael Heinig*: Verschärfung oder Abschied von der Neutralität?, in: JZ 2009, S. 1136 (1137) ermöglicht die positiv verstandene Neutralität die Förderung religiöser Aktivität durch den Staat.

88 *Bernd Jeand'Heur/Stefan Korioth*: Grundzüge des Staatskirchenrechts, Stuttgart u. a. 2000, Rn. 30; *Gerhard Czermak*: Religions- und Weltanschauungsrecht, 2. Auflage,

Vorschriften der Weimarer Reichsverfassung von 1919 zeigt jedoch, dass die Zentralnorm des Art. 137 Abs. 1 WRV („Es besteht keine Staatskirche“[89]) auf eine „freundschaftliche Trennung“ von Staat und Religion zielte[90]. Im Vergleich zur Radikalität der Paulskirchenverfassung führten die religionsverfassungsrechtlichen Normen der Weimarer Reichsverfassung – anders als von den SPD-Abgeordneten in der Weimarer Nationalversammlung erwünscht – nicht zu einer feindseligen laizistischen Trennung von Staat und Kirche[91]. Vom Geiste einer „freundschaftlichen Trennung“ geleitet, ermöglichten die weiteren religionsverfassungsrechtlichen Normen eine Verbindung von Staat und Kirche in vielfältiger Weise[92]. Bezeichnend für diese Verbindung war zunächst die Regelung des Art. 137 Abs. 5 WRV, wonach den bereits etablierten Kirchen ihr Status als Körperschaft des öffentlichen Rechts erhalten blieb[93]. Ferner machte sich der Staat den besonderen Wert, den Kirchen und Religion dem Gemeinwesen zu stiften in der Lage waren, zu Nutze. In diesem Sinne gestattete Art. 141 WRV den Religionsgesellschaften, bei bestehendem Bedürfnis Gottesdienste und Seelsorge im Heer, in Krankenhäusern und Strafanstalten vorzunehmen[94]. Kooperative

---

Berlin u. a. 2018, § 9 Rn. 147; *Peter Unruh*: Religionsverfassungsrecht, 4. Auflage, Baden-Baden 2018, § 2 Rn. 37.

89 Art. 137 Abs. 1 WRV abgedr. in Fabian Wittreck (Hrsg.): Weimarer Landesverfassungen. Die Verfassungsurkunden der deutschen Freistaaten 1918-1933, Tübingen 2004, S. 753.

90 *Peter Unruh*: Religionsverfassungsrecht, 4. Auflage, Baden-Baden 2018, § 2 Rn. 37; gleich gesinnt *Bernd Jeand'Heur/Stefan Korioth*: Grundzüge des Staatskirchenrechts, Stuttgart u. a. 2000, Rn. 30; *Axel von Campenhausen/Heinrich de Wall*: Staatskirchenrecht, 4. Auflage, München 2006, § 10 S. 32; *Claus Dieter Classen*: Religionsrecht, 2. Auflage, Tübingen 2015, § 2 Rn. 24; vgl. auch *Gerhard Anschütz*: Die Verfassung des Deutschen Reichs vom 11. August 1919, 14. Auflage, Berlin 1933, Art. 137 Anm. 1.

91 *Bernd Jeand'Heur/Stefan Korioth*: Grundzüge des Staatskirchenrechts, Stuttgart u. a. 2000, S. 42 Rn. 30.

92 So *Bernd Jeand'Heur/Stefan Korioth*: Grundzüge des Staatskirchenrechts, Stuttgart u. a. 2000, S. 42 Rn. 30; *Clara zu Löwenstein*: Christliche Werte im Bürgerlichen Recht, Berlin 2018, S. 51; in diesem Sinne auch *Peter Unruh*: Religionsverfassungsrecht, 4. Auflage, Baden-Baden 2018, § 2 Rn. 38.

93 *Gerhard Anschütz*: Die Verfassung des Deutschen Reichs vom 11. August 1919, 14. Auflage, Berlin 1933, Art. 137 Anm. 1, 8, 9; *Claus Dieter Classen*: Religionsrecht, 2. Auflage, Tübingen 2015, § 2 Rn. 24; *Peter Unruh*: Religionsverfassungsrecht, 4. Auflage, Baden-Baden 2018, § 2 Rn. 39.

94 Vgl. hierzu *Gerhard Anschütz*: Die Verfassung des Deutschen Reichs vom 11. August 1919, 14. Auflage, Berlin 1933, Art. 141 Anm. 1; *Christoph Link*: Kirchliche

Strukturen blieben auch im Bereich des Schulwesens erhalten: Die Reichsverfassung stellte zwar das gesamte Schulwesen unter die Aufsicht des Staates (Art. 144 WRV), garantierte aber in Art. 149 WRV den Religionsunterricht als ordentliches Lehrfach an Schulen[95]. Die (abgeschwächte) Trennung unter Aufrechterhaltung des öffentlich-rechtlichen Status der Kirchen, war also Ausdruck der Anerkennung des gewachsenen Wertes der Kirche für die Gesellschaft[96].

Die Trennung in abgeschwächter Form war dabei von Anfang an beabsichtigt: Nachdem der Staat erkannte, welchen besonderen Einfluss die Kirche und ihre Tätigkeit auf seine Macht und auf seine Kultur seines Volkes hatte, versuchte der Staat „eine Art Bündnis herzustellen, nach welchem [die Kirche, L. S.] sich in die ihr zugedachte Rolle fügt, er aber ihr eine besondere Fürsorge widmet“[97]. Somit zielte die Trennung nicht auf eine Verdrängung der Kirchen aus dem öffentlichen Leben ab[98], sondern schaffte gleichermaßen Distanz und Kooperation beider Institutionen. Die „Errungenschaft“ einer nicht im strengen, eigentlichen Sinne des Wortes erfolgten Trennung von Staat und Kirche, wurde später in einem viel zitierten Diktum des Kirchenrechtlers *Stutz* als „hinkende Trennung“ bezeichnet[99].

Aufgrund der Übernahme der Kirchenartikel der Reichsverfassung durch den rezipierten Art. 140 GG bestimmen die Regelungen der Weimarer

---

Rechtsgeschichte, 2. Auflage, München 2010, § 26 Rn. 20; *Clara zu Löwenstein*: Christliche Werte im Bürgerlichen Recht, Berlin 2018, S. 50.

95 Eingehend *Gerhard Anschütz*: Die Verfassung des Deutschen Reichs vom 11. August 1919, 14. Auflage, Berlin 1933, Art. 149 Anm. 1 ff.; *Christoph Link*: Kirchliche Rechtsgeschichte, 2. Auflage, München 2010, § 26 Rn. 20; *Claus Dieter Classen*: Religionsrecht, 2. Auflage, Tübingen 2015, § 2 Rn. 24; *Clara zu Löwenstein*: Christliche Werte im Bürgerlichen Recht, Berlin 2018, S. 50.

96 *Christoph Link*: Kirchliche Rechtsgeschichte, 2. Auflage, München 2010, § 26 Rn. 13; *Clara zu Löwenstein*: Christliche Werte im Bürgerlichen Recht, Berlin 2018, S. 51.

97 *Otto Mayer*: Die Trennung von Kirche und Staat. Was sie bedeutet und was sie zur Folge hat, Leipzig u. a. 1919, S. 4; zit. in *Clara zu Löwenstein*: Christliche Werte im Bürgerlichen Recht, Berlin 2018, S. 50.

98 So etwa in Frankreich nach den politischen Entwicklungen der Revolution, vgl. dazu *Otto Mayer*: Die Trennung von Kirche und Staat. Was sie bedeutet und was sie zur Folge hat, Leipzig u. a. 1919, S. 7; vgl. auch *Claus Dieter Classen*: Religionsrecht, 2. Auflage, Tübingen 2015, § 2 Rn. 24.

99 *Ulrich Stutz*: Die päpstliche Diplomatie unter Leo XIII. nach den Denkwürdigkeiten des Kardinals Domenico Ferrata, Berlin 1926, S. 54 mit Fn. 2; zit. etwa bei *Claus Dieter Classen*: Religionsrecht, 2. Auflage, Tübingen 2015, § 2 Rn. 24; *Peter Unruh*: Religionsverfassungsrecht, 4. Auflage, Baden-Baden 2018, § 2 Rn. 38.

Reichsverfassung das Religionsverfassungsrecht bis heute[100]. Sie statuieren zusammen mit der durch Art. 4 Abs. 1 und 2 GG i. V. m. Art. 4 Abs. 1 LV NW gewährleisteten Religionsfreiheit eine „positiv" verstandene religiös-weltanschauliche Neutralität des Staates[101]. Das Verhältnis von Staat und Religion, gleichermaßen geprägt von Distanz und Kooperation, macht somit auch heute noch eine „freundschaftliche" kooperative Struktur beider Institutionen erforderlich[102].

Nach vorgenannten Ausführungen lässt sich vermuten, dass auch heute noch Spuren der dekalogischen Gebote in der Landesverfassung bzw. den über Art. 4 Abs. 1 LV NW rezipierten Grundrechten zu finden sind.

II. Entstehung der Landesverfassung Nordrhein-Westfalens

Nachfolgend wird der Entstehung der Landesverfassung Nordrhein-Westfalens unter besonderer Berücksichtigung der Rolle der Kirche im Verfassunggebungsprozess beleuchtet.

1. Verfassungsstaatlichkeit in Nordrhein-Westfalen

Während die süddeutschen Länder – etwa Bayern und Baden-Württemberg – schon im frühen 19. Jahrhundert moderne Verfassungsurkunden erließen[103] und auch im Verlauf die Entwicklung in Richtung Verfassungsstaatlichkeit

---

100 *Axel von Campenhausen/Heinrich de Wall*: Staatskirchenrecht, 4. Auflage, München 2006, § 10 S. 31, 34; *Clara zu Löwenstein*: Christliche Werte im Bürgerlichen Recht, Berlin 2018, S. 51.

101 Siehe dazu *Hans Michael Heinig*: Verschärfung oder Abschied von der Neutralität?, in: JZ 2009, S. 1136 (1137 mit Fn. 16-18) sowie *Clara zu Löwenstein*: Christliche Werte im Bürgerlichen Recht, Berlin 2018, S. 51.

102 Dazu *Ino Augsberg*: Landesbericht Deutschland: Religiöses Recht und religiöse Gerichte als Herausforderung des Staates, in: Uwe Kischel (Hrsg.), Religiöses Recht und religiöse Gerichte als Herausforderung des Staates, Tübingen 2016, S. 1 (16); *Axel von Campenhausen/Heinrich de Wall*: Staatskirchenrecht, 4. Auflage, München 2006, § 13 S. 93 f.; *Clara zu Löwenstein*: Christliche Werte im Bürgerlichen Recht, Berlin 2018, S. 52.

103 Die Verfassungen von Bayern, Baden und Württemberg (1818/1819) garantierten bereits insbesondere subjektive Rechte der „Untertanen"; vgl. dazu *Fabian Wittreck*: Zur Bedeutung einzelstaatlicher Grundrechte für die deutsche Grundrechtsentwicklung. Vom Frühkonstitutionalismus bis zur Gründung der Bundesrepublik Deutschland, in: Detlef Merten/Hans-Jürgen Papier (Hrsg.), Handbuch der Grundrechte in Deutschland und Europa, Band 8, Heidelberg 2017, § 231 Rn. 20 ff. m. w. N.

antrieben, ist Nordrhein-Westfalen ein „Land ohne eigene Verfassungstradition"[104]. Im Heiligen Römischen Reich kennzeichnete das Gebiet des heutigen Nordrhein-Westfalens eine Vielzahl von kleinen Herrschaften, unter denen die geistlichen Fürstentümer Köln, Münster und Paderborn eine prominente Stellung einnahmen[105].

Nach der Neuordnung Mitteleuropas unter *Napoleon* bildeten das rechtsrheinische Rheinland[106], das Ruhrgebiet und das Münsterland ab 1806 das zunächst von Napoleons Schwager *Joachim Murat* geführte Großherzogtum Berg (Landeshauptstadt Düsseldorf); östlich davon entstand das Königreich Westphalen (Hauptstadt Kassel) unter Napoleons Bruder *Jérôme*[107]. Als napoleonischer „Modellstaat", erhielt letztgenanntes Königreich im Jahre 1807 die erste moderne geschriebene Verfassungsurkunde in Deutschland nach Auflösung des Alten Reichs[108].

Nach dem Rückzug Napoleons und der territorialen Neuordnung durch den Wiener Kongress (1815) wurde das Gebiet praktisch gänzlich Preußen zugeordnet, das den westlichen Teil des neu erlangten rheinischen Gebiets als

104 *Fabian Wittreck*: Verfassungsrecht, in: Sabine Schlacke/Fabian Wittreck (Hrsg.), Landesrecht Nordrhein-Westfalen: Studienbuch, Münster 2017, § 1 Rn. 6.

105 *Fabian Wittreck*: Verfassungsrecht, in: Sabine Schlacke/Fabian Wittreck (Hrsg.), Landesrecht Nordrhein-Westfalen: Studienbuch, Münster 2017, § 1 Rn. 6.

106 Das linksrheinische Rheinland wurde bereits 1795 von Napoleon annektiert, vgl. *Jörg Menzel*, in: Wolfgang Löwer/Peter J. Tettinger (Hrsg.), Kommentar zur Verfassung des Landes Nordrhein-Westfalen, Stuttgart u. a. 2002, Einführung Rn. 3.

107 Der Name ist insofern missverständlich, als dass das Königreich Westphalen lediglich das heutige (Ost-) Westfalen umfasste, sein Schwerpunkt aber vielmehr im heutigen Nordhessen, Südniedersachsen und Sachsen-Anhalt lag; vgl. dazu *Hermann Conrad*: Historische Einleitung, in: Wilhelm Loschelder/Jürgen Salzwedel (Hrsg.), Verfassungs- und Verwaltungsrecht des Landes Nordrhein-Westfalen, Köln u. a. 1964, S. 3 (17 ff.); *Jörg Menzel*, in: Wolfgang Löwer/Peter J. Tettinger (Hrsg.), Kommentar zur Verfassung des Landes Nordrhein-Westfalen, Stuttgart u. a. 2002, Einführung Rn. 3 mit Fn. 5; *Fabian Wittreck*: Verfassungsrecht, in: Sabine Schlacke/Fabian Wittreck (Hrsg.), Landesrecht Nordrhein-Westfalen: Studienbuch, Münster 2017, § 1 Rn. 6.

108 Siehe *Jörg Menzel*, in: Wolfgang Löwer/Peter J. Tettinger (Hrsg.), Kommentar zur Verfassung des Landes Nordrhein-Westfalen, Stuttgart u. a. 2002, Einführung Rn. 3; *Fabian Wittreck*: Verfassungsrecht, in: Sabine Schlacke/Fabian Wittreck (Hrsg.), Landesrecht Nordrhein-Westfalen: Studienbuch, Münster 2017, § 1 Rn. 6; umfassend *Rüdiger Ham*: Die Constitution für das Königreich Westphalen von 1807, in: ZNR 26 (2004), S. 227 (227 ff.).

Rheinprovinz und den östlichen Teil als Provinz Westfalen organisierte[109]. Mit der administrativen Trennung von Rheinland und Westfalen prägte Preußen maßgeblich die Verwaltungsstruktur des heutigen Bundeslandes[110]. Bemerkenswert an dieser Stelle ist, dass die beiden preußischen Westprovinzen so schon im 19. Jahrhundert einiges verband: Über die territoriale Nachbarschaft hinausgehend, teilten sie die intensiven französischen Einflüsse zu Beginn des 19. Jahrhunderts, die religiöse Randstellung als überwiegend katholische Gebiete im protestantischen Preußen und damit auch die Erfahrungen des Kulturkampfes[111].

Neben Preußen war als selbstständige Herrschaft darüber hinaus nur noch das Fürstentum Lippe (Hauptstadt Detmold) zu verzeichnen. Während Preußen erst in der Revolution von 1848 eine schriftliche Verfassung erhielt, die allerdings 1850 revidiert wurde[112], scheiterten in Lippe zunächst verschiedene Versuche einer Verfassunggebung[113]. In der Zeit zwischen dem Ersten und dem Zweiten Weltkrieg galten danach auf dem Gebiet des heutigen Bundeslandes Nordrhein-Westfalens die Verfassungen der Freistaaten Preußen[114] und Lippe[115]

---

109 *Fabian Wittreck*: Verfassungsrecht, in: Sabine Schlacke/Fabian Wittreck (Hrsg.), Landesrecht Nordrhein-Westfalen: Studienbuch, Münster 2017, § 1 Rn. 6. Zum Kontext siehe auch *Wilhelm Ribhegge*: Preußen im Westen. Kampf um den Parlamentarismus in Rheinland und Westfalen 1789-1947 Münster 2008, S. 57 ff.

110 *Jörg Menzel*, in: Wolfgang Löwer/Peter J. Tettinger (Hrsg.), Kommentar zur Verfassung des Landes Nordrhein-Westfalen, Stuttgart u. a. 2002, Einführung Rn. 4 f.; *Fabian Wittreck*: Verfassungsrecht, in: Sabine Schlacke/Fabian Wittreck (Hrsg.), Landesrecht Nordrhein-Westfalen: Studienbuch, Münster 2017, § 1 Rn. 6, 51 f.

111 Zum Kulturkampf wird auf die oben genannten Ausführungen unter B. I. 1. b) Staat und Kirche im 19. Jahrhundert verwiesen; vgl. darüber hinaus *Jörg Menzel*, in: Wolfgang Löwer/Peter J. Tettinger (Hrsg.), Kommentar zur Verfassung des Landes Nordrhein-Westfalen, Stuttgart u. a. 2002, Einführung Rn. 5.

112 Umfassend *Markus Lotzenburger*: Die Grundrechte in den deutschen Verfassungen des 19. Jahrhunderts Düsseldorf 2015, S. 183 ff. Zur Entstehungsgeschichte der preußischen Verfassungen von 1848 und 1850 im Allgemeinen vgl. auch *Gerhard Anschütz*: Die Verfassungsurkunde für den Preußischen Staat vom 31. Januar 1850, Band 1, Berlin 1912, S. 1 ff.; *Michael Kotulla*: Das konstitutionelle Verfassungswerk Preußens (1848-1918), Berlin 2003, S. 1 ff.

113 *August Falkmann*: Das Staatsrecht des Fürstentums Lippe, in: Heinrich Marquardsen (Hrsg.), Handbuch des oeffentlichen Rechts der Gegenwart in Monographie, Band 3, Halbband 2, Abtheilung 1, Freiburg im Breisgau 1884, S. 177 (182 ff.); *Fabian Wittreck*: Verfassungsrecht, in: Sabine Schlacke/Fabian Wittreck (Hrsg.), Landesrecht Nordrhein-Westfalen: Studienbuch, Münster 2017, § 1 Rn. 6.

114 Der Freistaat Preußen ging im Zuge der Novemberrevolution von 1918 hervor.

115 Der Freistaat Lippe trat 1919 an die Stelle des Fürstentums Lippe.

(jeweils datiert auf das Jahr 1920)[116]. Insbesondere die erstgenannte erscheint als historisches Fundament der Verfassunggebung in Nordrhein-Westfalen[117].

2. Entstehung der Landesverfassung

Das Land Nordrhein-Westfalens hat seine Entstehung sowie seine Verfassung der Anordnung der britischen Besatzungsmacht zu verdanken[118]. Eine nicht unwesentliche Rolle spielte dabei die Abwehr französischer Begehrlichkeiten auf das linke Rheinufer und das Ruhrgebiet[119]. Vor diesem Hintergrund versuchte Großbritannien, mit der Bildung eines starken einheitlichen Flächenstaates,

---

116 *Fabian Wittreck*: Verfassungsrecht, in: Sabine Schlacke/Fabian Wittreck (Hrsg.), Landesrecht Nordrhein-Westfalen: Studienbuch, Münster 2017, § 1 Rn. 6. Zur Entstehung der preußischen Verfassung von 1920 *Fabian Wittreck*: Verfassunggebende Landesversammlung und Preußische Verfassung von 1920, in: Detlef Lehnert (Hrsg.), Hugo Preuß 1860-1925. Genealogie eines modernen Preußen, Köln u. a. 2011, S. 317 (317 ff.). Für Lippe maßgeblich *Anika Schaletzki*: Pragmatismus und Beständigkeit. Die Verfassung des Freistaates Lippe, Diss. jur. Würzburg 2008, S. 47 ff.

117 *Jörg Menzel*, in: Wolfgang Löwer/Peter J. Tettinger (Hrsg.), Kommentar zur Verfassung des Landes Nordrhein-Westfalen, Stuttgart u. a. 2002, Einführung Rn. 5 mit Fn. 19.

118 *Kurt Kleinrahm*, in: Gregor Geller/Kurt Kleinrahm/Alfred Dickersbach u. a. (Hrsg.), Die Verfassung des Landes Nordrhein-Westfalen. Kommentar, 3. Auflage, Göttingen, Einführung (1994), S. 1; *Fabian Wittreck*: Verfassungsrecht, in: Sabine Schlacke/Fabian Wittreck (Hrsg.), Landesrecht Nordrhein-Westfalen: Studienbuch, Münster 2017, § 1 Rn. 7. Maßgebend zum Folgenden *Wolfgang Kringe*: Machtfragen. Die Entstehung der Verfassung für das Land Nordrhein-Westfalen 1946-1950, Frankfurt am Main u. a. 1988, S. 18 ff.; 28 ff. sowie *Rolf Steininger*: Ein neues Land an Rhein und Ruhr. Die Entstehungsgeschichte Nordrhein-Westfalens 1945/46, Stuttgart 2016, S. 223 ff.

119 So *Fabian Wittreck*: Verfassungsrecht, in: Sabine Schlacke/Fabian Wittreck (Hrsg.), Landesrecht Nordrhein-Westfalen: Studienbuch, Münster 2017, § 1 Rn. 7; vgl. ferner *Klaus Schönenbroicher*, in: Andreas Heusch/Klaus Schönenbroicher (Hrsg.), Die Landesverfassung Nordrhein-Westfalen. Kommentar, 2. Auflage, Siegburg 2020, Art. 1 Rn. 6. Das linke Rheinufer sowie das Ruhrgebiet waren Gegenstand ständiger Auseinandersetzungen. So auch erneut in der Rede *de Gaulles* in der Londoner „Times" im Dezember 1945, vgl. dazu *Christoph Kleßmann*: Die doppelte Staatsgründung. Deutsche Geschichte 1945-1955, 5. Auflage, Göttingen 1991, S. 103 f., 350. Nach *Peter Hüttenberger*: Nordrhein-Westfalen und die Entstehung seiner parlamentarischen Demokratie, Bonn 1973, S. 199 habe Frankreich gefordert, Deutschlands wichtigstes Rüstungspotential zu neutralisieren und äußerte daraufhin Begehren in Hinblick auf die Ruhrkohle. In dem „Bidaultplan" vom April 1946 habe Frankreich aus Gründen der Besorgnis um die Sicherheit die Abtrennung des Ruhrgebiets, des Rheinlands, und der Saar verlangt.

einer eventuell kommunistisch beeinflussten Zentralregierung entgegenzutreten[120]. Die Zusammenführung des rheinisch-westfälischen Industriegebietes mit den stärker agrarisch geprägten Gebiete wie dem Münster- oder Sauerland sollte die Versorgung der Ballungsräume sichern[121]. Da hierdurch das nach der politischen Farbenlehre „rote" Ruhrgebiet von „schwarz bis tiefschwarz[en]" Regionen umfasst wurde, wurde die von den Briten betriebene Gründung des Landes von den Sozialdemokraten zunächst massiv bekämpft[122].

„Geburtsurkunde" des Landes ist die Verordnung Nr. 46 der britischen Militärregierung vom 23. August 1946 über die „Auflösung der Provinzen des ehemaligen Preußen in der britischen Zone und ihre Neubildung als selbstständige Länder"[123], die – noch vor der formellen Auflösung Preußens[124] – den Zusammenschluss des Nordteils der Rheinprovinz[125] und der Provinz Westfalen zum Land Nordrhein-Westfalen anordnete[126]. Die verfassungsrechtliche

---

120 *Christian Dästner*: Die Verfassung des Landes Nordrhein-Westfalen. Kommentar, 2. Auflage, Stuttgart 2002, Einführung Rn. 3.

121 So *Fabian Wittreck*: Verfassungsrecht, in: Sabine Schlacke/Fabian Wittreck (Hrsg.), Landesrecht Nordrhein-Westfalen: Studienbuch, Münster 2017, § 1 Rn. 7.

122 *Fabian Wittreck*: Verfassungsrecht, in: Sabine Schlacke/Fabian Wittreck (Hrsg.), Landesrecht Nordrhein-Westfalen: Studienbuch, Münster 2017, § 1 Rn. 7; siehe ferner *Christian Dästner*: Die Verfassung des Landes Nordrhein-Westfalen. Kommentar, 2. Auflage, Stuttgart 2002, Einführung Rn. 3. Nordrhein-Westfalen wurde bis 1966 von der CDU regiert; siehe *Fabian Wittreck*: Verfassungsrecht, ebda., § 1 Rn. 7.

123 ABl. der britischen Militärregierung Nr. 13, S. 305.

124 Die formelle Auflösung Preußens erfolgte erst durch das Gesetz Nr. 46 des Kontrollrats vom 25. Februar 1947 (ABl. des Kontrollrats S. 262).

125 Der Südteil der Rheinprovinz lag in der französischen Besatzungszone. Nachdem die Franzosen eine konstruktive Zusammenarbeit aber ablehnten, wurde die frühere Süd-Rheinprovinz abgetrennt. Heute zählt das Gebiet zu Rheinland-Pfalz; siehe dazu *Fabian Wittreck*: Verfassungsrecht, in: Sabine Schlacke/Fabian Wittreck (Hrsg.), Landesrecht Nordrhein-Westfalen: Studienbuch, Münster 2017, § 1 Rn. 7; *Klaus Schönenbroicher*, in: Andreas Heusch/Klaus Schönenbroicher (Hrsg.), Die Landesverfassung Nordrhein-Westfalen. Kommentar, 2. Auflage, Siegburg 2020, Art. 1 Rn. 5.

126 *Kurt Kleinrahm*, in: Gregor Geller/Kurt Kleinrahm/Alfred Dickersbach u. a. (Hrsg.), Die Verfassung des Landes Nordrhein-Westfalen. Kommentar, 3. Auflage, Göttingen, Einführung (1994), S. 2; *Jörg Menzel*, in: Wolfgang Löwer/Peter J. Tettinger (Hrsg.), Kommentar zur Verfassung des Landes Nordrhein-Westfalen, Stuttgart u. a. 2002, Einführung Rn. 10; *Klaus Schönenbroicher*, in: Andreas Heusch/Klaus Schönenbroicher (Hrsg.), Die Landesverfassung Nordrhein-Westfalen. Kommentar, 2. Auflage, Siegburg 2020, Art. 1 Rn. 1; siehe auch *Fabian Wittreck*: Verfassungsrecht, in: Sabine

Grundlage des neu gebildeten Landes bildete sodann die Verordnung Nr. 57 vom 1. Dezember 1946[127] mit den dazu ergangenen Änderungsverordnungen Nr. 81[128] und Nr. 161[129]. Durch die Verordnung Nr. 57 wurde dem Landtag die gesetzgebende Gewalt übertragen[130]; die Landesregierung erhielt weitreichende Exekutivbefugnisse[131].

Dabei brauchte es aber fast vier Jahre, bis das neue Land eine Verfassung bekam[132]: Die ersten offiziellen Bemühungen, die verfassungsmäßigen Verhältnisse nach Erlass der Verordnung Nr. 57 auch aus deutscher Sicht durch die

---

Schlacke/Fabian Wittreck (Hrsg.), Landesrecht Nordrhein-Westfalen: Studienbuch, Münster 2017, § 1 Rn. 7 in Fn. 23.

127 ABl. der britischen Militärregierung Nr. 15, S. 344.

128 ABl. der britischen Militärregierung Nr. 18, S. 497.

129 ABl. der britischen Militärregierung Nr. 15, S. 835.

130 Dem Landtag wurde die Legislativgewalt „ausschließlich", aber vorbehaltlich der in einem Katalog aufgeführten legislativen Zuständigkeiten der Militärregierung übertragen; vgl. dazu *Kurt Kleinrahm*, in: Gregor Geller/Kurt Kleinrahm/Alfred Dickersbach u. a. (Hrsg.), Die Verfassung des Landes Nordrhein-Westfalen. Kommentar, 3. Auflage, Göttingen, Einführung (1994), S. 4; *Christian Dästner*: Die Verfassung des Landes Nordrhein-Westfalen. Kommentar, 2. Auflage, Stuttgart 2002, Einführung Rn. 7; *Klaus Schönenbroicher*, in: Andreas Heusch/Klaus Schönenbroicher (Hrsg.), Die Landesverfassung Nordrhein-Westfalen. Kommentar, 2. Auflage, Siegburg 2020, Art. 1 Rn. 3.

131 Bis zum Erlass der Verordnung Nr. 57 vom 1. Dezember 1946 konnte noch nicht wirklich von einer rechtsstaatlich-demokratischen Ordnung gesprochen werden. So konnte der ernannte Landtag der Militärregierung zwar Gesetze vorschlagen, konnte diese aber nicht selbst erlassen. Die Landesregierung hatte zwar Exekutivbefugnisse, konnte diese aber nur auf Anordnung der Militärregierung ausüben. Vgl. dazu insgesamt *Kurt Kleinrahm*, in: Gregor Geller/Kurt Kleinrahm/Alfred Dickersbach u. a. (Hrsg.), Die Verfassung des Landes Nordrhein-Westfalen. Kommentar, 3. Auflage, Göttingen, Einführung (1994), S. 4 sowie *Christian Dästner*: Die Verfassung des Landes Nordrhein-Westfalen. Kommentar, 2. Auflage, Stuttgart 2002, Einführung Rn. 5.

132 Ausschlaggebend für die auffallende Zurückhaltung im Verfassunggebungsprozess gegenüber den süddeutschen Ländern war einerseits die Ungewissheit über den verbleibenden Bestand der neugeschaffenen Länder, die kein echtes Staatsbewusstsein entstehen ließ, andererseits die Rechtsunsicherheit gegenüber der britischen Besatzungsmacht. Angesichts der Mitte 1948 begonnenen Vorbereitungen zur Schaffung einer Bundesverfassung, erschien ein Abwarten der Verfassungsentwicklung oberhalb der Landesebene schließlich als zweckdienlich und notwendig; siehe dazu *Christian Dästner*: Die Verfassung des Landes Nordrhein-Westfalen. Kommentar, 2. Auflage, Stuttgart 2002, Einführung Rn. 5.

Schaffung eines vorläufigen Landesgrundgesetzes zu regeln, kamen im Winter 1946/1947 zunächst nicht über das Entwurfsstadium hinaus[133]. Auch die eigentlichen Verfassungsberatungen stellten sich als äußerst langwierig heraus: Sie begannen Ende 1947 mit einer Vielzahl von Entwürfen und wurden unter dem Eindruck der parallelen Entwicklung des Grundgesetzes zuletzt „eingefroren"[134]. Nach Inkrafttreten des Grundgesetzes im Mai 1949, nahm man den Verfassunggebungsprozess wieder auf[135]. Rasch stellte sich aber heraus, dass innerhalb der Regierung kein Konsens zu erzielen war; in der Schlussabstimmung wurde die Landesverfassung im Landtag dann mit der knappen Mehrheit von 110 Stimmen der CDU und der DZP gegen 97 Stimmen der SPD, FDP

---

133 Abgedr. in Landtags-Drucksache 0/50; vgl. dazu umfassend *Wolfgang Kringe*: Machtfragen. Die Entstehung der Verfassung für das Land Nordrhein-Westfalen 1946-1950, Frankfurt am Main u. a. 1988, S. 175 ff.; *Kurt Kleinrahm*, in: Gregor Geller/Kurt Kleinrahm/Alfred Dickersbach u. a. (Hrsg.), Die Verfassung des Landes Nordrhein-Westfalen. Kommentar, 3. Auflage, Göttingen, Einführung (1982), S. 5 f.; *Christian Dästner*: Die Verfassung des Landes Nordrhein-Westfalen. Kommentar, 2. Auflage, Stuttgart 2002, Einführung Rn. 8; *Jörg Menzel*, in: Wolfgang Löwer/Peter J. Tettinger (Hrsg.), Kommentar zur Verfassung des Landes Nordrhein-Westfalen, Stuttgart u. a. 2002, Einführung Rn. 16; *Fabian Wittreck*: Verfassungsrecht, in: Sabine Schlacke/Fabian Wittreck (Hrsg.), Landesrecht Nordrhein-Westfalen: Studienbuch, Münster 2017, § 1 Rn. 7; *Klaus Schönenbroicher*, in: Andreas Heusch/Klaus Schönenbroicher (Hrsg.), Die Landesverfassung Nordrhein-Westfalen. Kommentar, 2. Auflage, Siegburg 2020, Art. 1 Rn. 8.

134 So *Fabian Wittreck*: Verfassungsrecht, in: Sabine Schlacke/Fabian Wittreck (Hrsg.), Landesrecht Nordrhein-Westfalen: Studienbuch, Münster 2017, § 1 Rn. 7; siehe auch *Christian Dästner*: Die Verfassung des Landes Nordrhein-Westfalen. Kommentar, 2. Auflage, Stuttgart 2002, Einführung Rn. 9 f.; *Jörg Menzel*, in: Wolfgang Löwer/Peter J. Tettinger (Hrsg.), Kommentar zur Verfassung des Landes Nordrhein-Westfalen, Stuttgart u. a. 2002, Einführung Rn. 17; *Klaus Schönenbroicher*, in: Andreas Heusch/Klaus Schönenbroicher (Hrsg.), Die Landesverfassung Nordrhein-Westfalen. Kommentar, 2. Auflage, Siegburg 2020, Art. 1 Rn. 9. Die Mitte 1948 begonnen Vorbereitungen für eine Bundesverfassung, ließen ein Abwarten der künftigen verfassungsrechtlichen Entscheidung in der kommenden Bundesrepublik als zweckdienlich und notwendig erscheinen; vgl. dazu *Kurt Kleinrahm*, in: Gregor Geller/Kurt Kleinrahm/Alfred Dickersbach u. a. (Hrsg.), Die Verfassung des Landes Nordrhein-Westfalen. Kommentar, 3. Auflage, Göttingen, Einführung (1982), S. 7 f.

135 Zu den einzelnen Entwürfen siehe *Jörg Menzel*, in: Wolfgang Löwer/Peter J. Tettinger (Hrsg.), Kommentar zur Verfassung des Landes Nordrhein-Westfalen, Stuttgart u. a. 2002, Einführung Rn. 18.

und KPD angenommen[136]. Grund für den Unmut der Überstimmten war insbesondere der offengebliebene Dissens zu den aus ihrer Sicht einseitig christlich-weltanschaulich geprägten Bestimmungen zur Schulfrage und zum Verhältnis von Staat und Kirche, die in einer „Kampfabstimmung“ von CDU und DZP gegen SPD und FDP durchgesetzt wurde[137].

Tatsächlich weist die Landesverfassung ungeachtet ihrer Verabschiedung 1950 nahe Verwandtschaft zu den früheren Nachkriegslandesverfassungen des südwestdeutschen Typs auf, die vor dem Grundgesetz erlassen worden sind und von der katholischen Soziallehre bzw. der sog. Naturrechtsrenaissance stark geprägt worden sind[138].

Mit der Verordnung Nr. 77 der britischen Militärregierung vom 21. Januar 1947 wurde das Land Lippe Nordrhein-Westfalen zugeordnet[139]. Infolgedessen

---

136 *Kurt Kleinrahm*, in: Gregor Geller/Kurt Kleinrahm/Alfred Dickersbach u. a. (Hrsg.), Die Verfassung des Landes Nordrhein-Westfalen. Kommentar, 3. Auflage, Göttingen, Einführung (1982), S. 7; *Jörg Menzel*, in: Wolfgang Löwer/Peter J. Tettinger (Hrsg.), Kommentar zur Verfassung des Landes Nordrhein-Westfalen, Stuttgart u. a. 2002, Einführung Rn. 21; *Fabian Wittreck*: Verfassungsrecht, in: Sabine Schlacke/Fabian Wittreck (Hrsg.), Landesrecht Nordrhein-Westfalen: Studienbuch, Münster 2017, § 1 Rn. 7.

137 Umfassend dazu *Fabian Wittreck*: Verfassungsrecht, in: Sabine Schlacke/Fabian Wittreck (Hrsg.), Landesrecht Nordrhein-Westfalen: Studienbuch, Münster 2017, § 1 Rn. 7, 56 ff.; siehe auch *Christian Dästner*: Die Verfassung des Landes Nordrhein-Westfalen. Kommentar, 2. Auflage, Stuttgart 2002, Einführung Rn. 13 ff.; *Jörg Ennuschat*, in: Wolfgang Löwer/Peter J. Tettinger (Hrsg.), Kommentar zur Verfassung des Landes Nordrhein-Westfalen, Stuttgart u. a. 2002, Art. 22 Rn. 1 ff.; *Jörg Menzel*, in: Wolfgang Löwer/Peter J. Tettinger (Hrsg.), Kommentar zur Verfassung des Landes Nordrhein-Westfalen, Stuttgart u. a. 2002, Einführung Rn. 18, 21.

138 *Fabian Wittreck*: Verfassungsrecht, in: Sabine Schlacke/Fabian Wittreck (Hrsg.), Landesrecht Nordrhein-Westfalen: Studienbuch, Münster 2017, § 1 Rn. 7. Zum Kontext *Fabian Wittreck*: Die „Ordnung der Wirtschaft“ in den früheren Landesverfassungen: Weimarer Reminiszenz oder neuscholastisches Naturrecht?, in: Matthias Casper/Karl Gabriel/Hans-Richard Reuter (Hrsg.), Kapitalismuskritik im Christentum. Positionen und Diskurse in der Weimarer Republik und der frühen Bundesrepublik, Frankfurt am Main u. a. 2016, S. 300 (300 ff.).

139 ABl. der britischen Militärregierung Nr. 16, S. 411; siehe *Jörg Menzel*, in: Wolfgang Löwer/Peter J. Tettinger (Hrsg.), Kommentar zur Verfassung des Landes Nordrhein-Westfalen, Stuttgart u. a. 2002, Einführung Rn. 12; *Christian Dästner*: Die Verfassung des Landes Nordrhein-Westfalen. Kommentar, 2. Auflage, Stuttgart 2002, Einführung Rn. 3; *Fabian Wittreck*: Verfassungsrecht, in: Sabine Schlacke/Fabian Wittreck (Hrsg.), Landesrecht Nordrhein-Westfalen: Studienbuch, Münster 2017, § 1 Rn. 8. Zu den Einzelheiten der Vereinigung mit dem Freistaat Lippe *Peter*

hat das Land Nordrhein-Westfalen im Wesentlichen seine endgültige territoriale Struktur erhalten.

3. Die Rolle der Kirche in der Verfassungsentstehung

Im politischen Prozess der Gründungszeit des Landes und seiner Verfassung spielten aber auch die Kirchen eine besondere Rolle. Als relativ funktionsfähige und intakte Organisationen hatten die Kirchen den Untergang des Dritten Reichs und das Ende des Krieges überstanden[140]. So war es den Kirchen im Vergleich zu den politischen Parteien bereits frühzeitig möglich, sich überregional zu treffen und interzonal zu organisieren.

Indem es beiden großen Kirchen möglich war, breite Bevölkerungsschichten zu erreichen und politische Impulse zu geben, gebührten ihnen soziale und politische Funktionen, was die Frage des staatlichen Wiederaufbaus und der Neuordnung des Alltagslebens betraf[141]. Als wichtiger Ansprechpartner der britischen Besatzungsmacht, berieten die Kirchen insbesondere bei Personalentscheidungen für Verwaltungsposten und erlangten auf diese Weise einen beträchtlichen Einfluss insbesondere in der Kultur- und Schulpolitik[142].

Durch die Sinn- und Wertkrise nach dem Zusammenbruch des Dritten Reichs verstärkte sich die Rolle der Kirche innerhalb der Gesellschaft als „Integrations- und Ordnungsfaktor"[143]: Der Anteil der Kirchenmitglieder lag im Jahr 1946 in

---

Hüttenberger: Nordrhein-Westfalen und die Entstehung seiner parlamentarischen Demokratie, Bonn 1973, S. 310 ff.

140 Die im Vergleich zur evangelischen Kirche früheren und stärkeren Einflussversuche der katholischen Kirche auf die Öffentlichkeit rührten aus der kirchlich-politischen Tradition. So war der Katholizismus schon zu Weimarer Zeit durch die DZP maßgeblich an der politischen Willensbildung beteiligt, vgl. dazu *Helga Grebing/Peter Pozorski/Rainer Schulze*: Die Nachkriegsentwicklung in Westdeutschland 1945-1949. Politik und Gesellschaft, Band 2, Stuttgart 1980, S. 118 ff.; *Wolfgang Kringe*: Machtfragen. Die Entstehung der Verfassung für das Land Nordrhein-Westfalen 1946-1950, Frankfurt am Main u. a. 1988, S. 73, 75.

141 *Wolfgang Kringe*: Machtfragen. Die Entstehung der Verfassung für das Land Nordrhein-Westfalen 1946-1950, Frankfurt am Main u. a. 1988, S. 74.

142 *Wolfgang Kringe*: Machtfragen. Die Entstehung der Verfassung für das Land Nordrhein-Westfalen 1946-1950, Frankfurt am Main u. a. 1988, S. 74; *Jörg Menzel*, in: Wolfgang Löwer/Peter J. Tettinger (Hrsg.), Kommentar zur Verfassung des Landes Nordrhein-Westfalen, Stuttgart u. a. 2002, Einführung Rn. 8.

143 *Helga Grebing/Peter Pozorski/Rainer Schulze*: Die Nachkriegsentwicklung in Westdeutschland 1945-1949. Politik und Gesellschaft, Band 2, Stuttgart 1980, S. 116.

Nordrhein-Westfalen bei 96,4%, darunter 56,2% Katholiken, 39,0% Protestanten und 1,2% sonstige Religionsangehörige[144]. Auf den Zusammenbruch des totalitären „gottlosen“ Regimes reagierten die Kirchen mit einem Bekenntnis zur christlichen-abendländischen Tradition. Sie forderten die Verfassunggeber zu einer Selbstbindung an bestimmte ethische, moralische und religiöse Werte auf und verlangten, den totalitären Staatsideologen sowie einem entleerten Gesetzespositivismus eine Absage zu erteilen[145]. Die christlichen Norm- und Wertvorstellungen der beiden großen Kirchen standen als Gegenbild zur nazistischen Rassenideologie zunächst auch im Zeichen einer konsequenten Entnazifizierungspolitik der amerikanischen und dann der britischen Besatzungsmacht[146].

Auf dem Gebiet des heutigen Nordrhein-Westfalens war es vorwiegend die katholische Kirche, die frühzeitig ihre Ziele über eine entsprechende Einflussnahme auf die Verfassunggeber durchzusetzen versuchte[147]. Doch stellte sich im Verfassunggebungsprozess heraus, dass die evangelische und die katholische Kirche im Wesentlichen die gleichen verfassungspolitischen Absichten verfolgten, sodass es zu gemeinsamen Absprachen und Formulierungen kam[148]. Da die verfassungspolitischen Ziele der katholischen Kirche insofern dem Grunde nach auch für die evangelische Kirche gelten, beschränken sich die Ausführung im Folgenden auf die der katholischen Kirche.

Die mit der Einflussnahme der katholischen Soziallehre beauftragten Personen, darunter der Kölner Domkapitular *Wilhelm Böhler* und der im Kölner Generalvikariat tätige Jurist *Paul Westhoff*, konnten auf ihre Erfahrungen und Beziehungen aus der Zeit vor 1933 zurückgreifen[149]. Beide machten sich bereits

---

144 *Wolfgang Kringe*: Machtfragen. Die Entstehung der Verfassung für das Land Nordrhein-Westfalen 1946-1950, Frankfurt am Main u. a. 1988, S. 74 f.

145 *Jörg Ennuschat*, in: Wolfgang Löwer/Peter J. Tettinger (Hrsg.), Kommentar zur Verfassung des Landes Nordrhein-Westfalen, Stuttgart u. a. 2002, Präambel Rn. 6; *Andreas Heusch*, in: Andreas Heusch/Klaus Schönenbroicher (Hrsg.), Die Landesverfassung Nordrhein-Westfalen. Kommentar, 2. Auflage, Siegburg 2020, Präambel Rn. 11.

146 Dazu *Wolfgang Kringe*: Machtfragen. Die Entstehung der Verfassung für das Land Nordrhein-Westfalen 1946-1950, Frankfurt am Main u. a. 1988, S. 74 f.; *Jörg Menzel*, in: Wolfgang Löwer/Peter J. Tettinger (Hrsg.), Kommentar zur Verfassung des Landes Nordrhein-Westfalen, Stuttgart u. a. 2002, Einführung Rn. 8.

147 *Wolfgang Kringe*: Machtfragen. Die Entstehung der Verfassung für das Land Nordrhein-Westfalen 1946-1950, Frankfurt am Main u. a. 1988, S. 75.

148 *Wolfgang Kringe*: Machtfragen. Die Entstehung der Verfassung für das Land Nordrhein-Westfalen 1946-1950, Frankfurt am Main u. a. 1988, S. 75 mit Fn. 130.

149 *Burkhard van Schewick*: Die katholische Kirche und die Entstehung der Verfassungen in Westdeutschland 1945-1950, Mainz 1980, S. 32 f.; *Wolfgang Kringe*: Machtfragen.

1946, als sich der Beginn der Arbeiten an der Landesverfassung abzeichnete, Gedanken über die Gestaltung des Schulwesens, die Sozial- und Eigentumsordnung und die Rechtsstellung der Kirche[150]. Ihre Vorarbeiten insbesondere in Hinblick auf das Schulwesen fanden jedoch zunächst stärkere Berücksichtigung im Verfassunggebungsprozess der rheinland-pfälzischen Verfassung[151]. Die Vorbereitungen zu einer Landesverfassung Nordrhein-Westfalens stellten sie ein, als im Januar 1947 deutlich wurde, dass zunächst keine Verfassung nach dem Vorbild süddeutscher Länder ausgearbeitet werden sollte, sondern lediglich ein vorübergehendes Landesgrundgesetz[152].

Die Arbeiten im Verfassunggebungsprozess wurden seitens der katholischen Kirche wieder aufgenommen, als sich Mitte des Jahres 1947 abzeichnete, dass Nordrhein-Westfalen eine vollgültige Landesverfassung erhalten sollte[153]. Die vier nordrhein-westfälischen Ordinarien – die Erzbischöfe von Köln und Paderborn, der Bischof von Aachen und der Kapitularvikar von Münster – formulierten daraufhin im Oktober 1947 die ersten offiziell-kirchlichen Forderungen, die nach Ansicht der Kirche bei der Verfassunggebung Nordrhein-Westfalens zu berücksichtigen seien[154]. Vorausgegangen waren Kontakte zwischen *Böhler* und dem damaligen Kultusminister *Konen* (CDU), die zu einer vertraulichen Stellungnahme *Böhlers* zu dem Entwurf des Innenministeriums führten[155]. Die

---

Die Entstehung der Verfassung für das Land Nordrhein-Westfalen 1946-1950, Frankfurt am Main u. a. 1988, S. 75 f.

150 *Burkhard van Schewick*: Die katholische Kirche und die Entstehung der Verfassungen in Westdeutschland 1945-1950, Mainz 1980, S. 32 f.; *Wolfgang Kringe*: Machtfragen. Die Entstehung der Verfassung für das Land Nordrhein-Westfalen 1946-1950, Frankfurt am Main u. a. 1988, S. 76.

151 Hierzu *Burkhard van Schewick*: Die katholische Kirche und die Entstehung der Verfassungen in Westdeutschland 1945-1950, Mainz 1980, S. 33.

152 *Burkhard van Schewick*: Die katholische Kirche und die Entstehung der Verfassungen in Westdeutschland 1945-1950, Mainz 1980, S. 34; *Wolfgang Kringe*: Machtfragen. Die Entstehung der Verfassung für das Land Nordrhein-Westfalen 1946-1950, Frankfurt am Main u. a. 1988, S. 76.

153 *Wolfgang Kringe*: Machtfragen. Die Entstehung der Verfassung für das Land Nordrhein-Westfalen 1946-1950, Frankfurt am Main u. a. 1988, S. 76.

154 Grundsätzliche Darlegungen und Forderungen der Erzbischöfe von Köln und Paderborn, des Bischofs von Aachen und des Kapitularvikars von Münster zur Verfassung des Landes Nordrhein-Westfalen, 7. Oktober 1947 abgedr. in *Burkhard van Schewick*: Die katholische Kirche und die Entstehung der Verfassungen in Westdeutschland 1945-1950, Mainz 1980, S. 146 ff.

155 Siehe *Burkhard van Schewick*: Die katholische Kirche und die Entstehung der Verfassungen in Westdeutschland 1945-1950, Mainz 1980, S. 38 ff. sowie *Wolfgang*

Darstellungen und Forderungen der vier Ordinarien zielten auf die Durchsetzung christlicher Werte in der Verfassung unter Berücksichtigung religiöser Toleranz ab. Ihr Augenmerk richteten sie vor allem auf Bestimmungen über Ehe und Familie, die Ausgestaltung des Schulwesens sowie auf das Verhältnis von Kirche und Staat[156]. Sie forderten den Schutz der Ehe – im Sinne einer „dauernde[n] Vereinigung von Mann und Frau“[157] – und der Familie, die ihnen als „natürliche und sittliche Grundlage der Gesellschaft“[158] galten. In Hinblick auf die Ausgestaltung der Schulverfassung, sollte der staatliche Einfluss auf das Schulwesen möglichst geringgehalten werden. Die Erziehung der Kinder sollte dem Recht der Eltern obliegen. Ein Mitwirkungsrecht bei der Erziehung sollte der katholischen Kirche in der Verfassung allerdings anerkannt werden. Darüber hinaus forderten sie, den Status der Kirche als Körperschaft des öffentlichen Rechts beizubehalten und ihre eigenen Angelegenheiten selbstständig zu ordnen und zu verwalten. Der Schutz der Sonntage und kirchlichen Feiertage als „Tage der religiösen Erbauung und seelischen Erhebung“[159] sowie der Schutz der Gottesdienste durch das Land hatten in ihrem Forderungskatalog einen ebenso wichtigen Stellenwert wie die Sicherung ihres Eigentums und anderer erworbener Rechte.

Der Forderungskatalog entsprach den allgemeinen verfassungspolitischen Zielsetzungen der katholischen Kirche, wie er für die Verfassungsberatungen in Nordrhein-Westfalen für die nächsten Jahre bestimmend blieb[160]. Zwar versuchte ein Gremium kirchlicher Repräsentanten unter der Leitung *Böhlers* zwischen März und Mai 1948, seine Forderungen mit den Zielsetzungen der beiden christlich geprägten Parteien CDU und DZP im Rahmen eines neuen Entwurfs abzustimmen[161]. Doch wurde die Ausarbeitung des neuen Entwurfs eingestellt,

---

Kringe: Machtfragen. Die Entstehung der Verfassung für das Land Nordrhein-Westfalen 1946-1950, Frankfurt am Main u. a. 1988, S. 76.

156 *Wolfgang Kringe*: Machtfragen. Die Entstehung der Verfassung für das Land Nordrhein-Westfalen 1946-1950, Frankfurt am Main u. a. 1988, S. 76 f.

157 *Burkhard van Schewick*: Die katholische Kirche und die Entstehung der Verfassungen in Westdeutschland 1945-1950, Mainz 1980, S. 147.

158 *Burkhard van Schewick*: Die katholische Kirche und die Entstehung der Verfassungen in Westdeutschland 1945-1950, Mainz 1980, S. 147.

159 *Burkhard van Schewick*: Die katholische Kirche und die Entstehung der Verfassungen in Westdeutschland 1945-1950, Mainz 1980, S. 150.

160 So auch *Wolfgang Kringe*: Machtfragen. Die Entstehung der Verfassung für das Land Nordrhein-Westfalen 1946-1950, Frankfurt am Main u. a. 1988, S. 78.

161 Siehe *Burkhard van Schewick*: Die katholische Kirche und die Entstehung der Verfassungen in Westdeutschland 1945-1950, Mainz 1980, S. 46 ff.

als deutlich wurde, dass die Arbeiten an der Landesverfassung bis zur Verabschiedung des Grundgesetzes auf Bundesebene ausgesetzt werden sollten[162].

Nach der Wiederaufnahme der Verfassungsarbeiten 1949 erkannte der Landtagsabgeordnete *Josef Hofmann* (CDU)[163], dass zur Durchsetzung der eigenen Vorstellungen einer Verfassung Interessensidentität unerlässlich ist[164]. Von diesem Gedanken geleitet, suchte er den Kontakt zur DZP, um die eigenen Forderungen mit denen der Kirche abzustimmen[165]. In der Folge arbeiteten Abgeordnete der CDU und der DZP an der Durchsetzung der kirchlichen Forderungen in wichtigen Verfassungsfragen[166]. Dabei vertraten die evangelischen und die katholischen Kirchen im Wesentlichen die gleichen verfassungsrechtlichen Forderungen, sodass ein gemeinsames Vorgehen möglich war[167]. Ein Versuch, Ministerpräsident Arnold dazu zu bewegen, seinen Entwurf mit den Forderungen der katholischen Kirche abzustimmen und diese zu übernehmen, scheiterte[168]. Allerdings fanden die kirchlichen

162 *Burkhard van Schewick*: Die katholische Kirche und die Entstehung der Verfassungen in Westdeutschland 1945-1950, Mainz 1980, S. 48 mit Fn. 133; *Wolfgang Kringe*: Machtfragen. Die Entstehung der Verfassung für das Land Nordrhein-Westfalen 1946-1950, Frankfurt am Main u. a. 1988, S. 78.

163 Der überzeugte Katholik *Hofmann* nahm im Verlauf der Verhandlungen eine gewisse Schlüsselrolle ein und wurde für *Böhler* einer der wichtigsten Ansprechpartner im politischen Bereich *Burkhard van Schewick*: Die katholische Kirche und die Entstehung der Verfassungen in Westdeutschland 1945-1950, Mainz 1980, S. 51 mit Fn. 152.

164 *Burkhard van Schewick*: Die katholische Kirche und die Entstehung der Verfassungen in Westdeutschland 1945-1950, Mainz 1980, S. 50.

165 *Burkhard van Schewick*: Die katholische Kirche und die Entstehung der Verfassungen in Westdeutschland 1945-1950, Mainz 1980, S. 50.

166 Eingehend *Burkhard van Schewick*: Die katholische Kirche und die Entstehung der Verfassungen in Westdeutschland 1945-1950, Mainz 1980, S. 50 ff.; vgl. auch *Wolfgang Kringe*: Machtfragen. Die Entstehung der Verfassung für das Land Nordrhein-Westfalen 1946-1950, Frankfurt am Main u. a. 1988, S. 78.

167 Hierzu siehe *Burkhard van Schewick*: Die katholische Kirche und die Entstehung der Verfassungen in Westdeutschland 1945-1950, Mainz 1980, S. 56; *Wolfgang Kringe*: Machtfragen. Die Entstehung der Verfassung für das Land Nordrhein-Westfalen 1946-1950, Frankfurt am Main u. a. 1988, S. 78.

168 *Burkhard van Schewick*: Die katholische Kirche und die Entstehung der Verfassungen in Westdeutschland 1945-1950, Mainz 1980, S. 53; *Wolfgang Kringe*: Machtfragen. Die Entstehung der Verfassung für das Land Nordrhein-Westfalen 1946-1950, Frankfurt am Main u. a. 1988, S. 78 f.

Forderungen auch ohne diese Abstimmung größtenteils im Kabinettsentwurf ihre Berücksichtigung[169].

Im Verlauf der letzten und entscheidenden Phase der Verfassungsberatungen im Landtag wurden einzelne Verfassunggeber in den Gremien Adressaten der kirchlichen Einflussbemühungen: Durch Stellungnahmen und informelle Gespräche versuchten beide Kirchen, auf das Entscheidungsverhalten in den Gremien dahingehend einzuwirken, dass sie bei der Ausarbeitung der einzelnen Artikel ihre Interessen berücksichtigten[170].

Parallel zu den Einflussbemühungen auf die verfassunggebenden Gremien waren Vertreter der katholischen Kirche sowie einige katholische Politiker zu dem Konsens gekommen, auch die breite Öffentlichkeit zu motivieren, aktiv zu werden und Druck auf die Beratungen in den Gremien auszuüben[171].

III. Kirchen- und religionsfreundliche Akzentuierung des Religionsverfassungsrechts

Durch den nicht unerheblichen Einfluss der Kirche auf die Entstehung der Landesverfassung erfuhr das Religionsverfassungsrecht in Nordrhein-Westfalen eine kirchen- und religionsfreundliche Akzentuierung. Zu unterscheiden ist dabei an dieser Stelle zwischen Religionsverfassungsrecht im engeren und im weiteren Sinne. Unter Religionsverfassungsrecht im engeren Sinne sind die Art. 19-23 LV NW zu verstehen, da sie unmittelbar das Verhältnis des Landes Nordrhein-Westfalens zu den Religionsgemeinschaften regeln[172]. Unter

---

169 *Wolfgang Kringe*: Machtfragen. Die Entstehung der Verfassung für das Land Nordrhein-Westfalen 1946-1950, Frankfurt am Main u. a. 1988, S. 79.

170 Vor allem CDU und DZP waren Fürsprecher der kirchlichen Zielsetzungen; siehe dazu *Wolfgang Kringe*: Machtfragen. Die Entstehung der Verfassung für das Land Nordrhein-Westfalen 1946-1950, Frankfurt am Main u. a. 1988, S. 79.

171 *Wolfgang Kringe*: Machtfragen. Die Entstehung der Verfassung für das Land Nordrhein-Westfalen 1946-1950, Frankfurt am Main u. a. 1988, S. 79; vgl. dazu auch *Burkhard van Schewick*: Die katholische Kirche und die Entstehung der Verfassungen in Westdeutschland 1945-1950, Mainz 1980, S. 63 f.

172 *Fabian Wittreck*: Verfassungsrecht, in: Sabine Schlacke/Fabian Wittreck (Hrsg.), Landesrecht Nordrhein-Westfalen: Studienbuch, Münster 2017, § 1 Rn. 61; vgl. auch *Stefan Korioth*: Religiöse und weltanschauliche Freiheiten, in: Detlef Merten/Hans-Jürgen Papier (Hrsg.), Handbuch der Grundrechte in Deutschland und Europa, Band 8, Heidelberg 2017, § 236 sowie *Johannes Dietlein*: Landesgrundrechte in Nordrhein-Westfalen, in: Detlef Merten/Hans-Jürgen Papier (Hrsg.), Handbuch der Grundrechte in Deutschland und Europa, Band 8, Heidelberg 2017, § 254 Rn. 37 f.

Religionsverfassungsrecht im weiteren Sinne sind solche Bestimmungen zu verstehen, die explizit oder implizit die (christliche) Religion positiv konnotieren; dazu zählen insbesondere der Gottesbezug in der Präambel („In Verantwortung vor Gott"), das „Mitwirkungsrecht der Kirchen und Religionsgemeinschaften [...] in den Angelegenheiten der Familienförderung" (Art. 6 Abs. 4 LV NW), das Erzielungsziel „Ehrfurcht vor Gott" (Art. 7 Abs. 1 LV NW), die Einrichtung von Gemeinschafts- und Bekenntnisschulen (Art. 12 LV NW), die Bestimmungen zum religiösen Diskriminierungsverbot (Art. 13 LV NW), zum Religionsunterricht (Art. 14, 15 S. 3 LV NW), zu kirchlichen Hochschulen (Art. 16 Abs. 2 LV NW), zur Erwachsenenbildung (Art. 17 S. 2 LV NW) und zum Sonn- und Feiertagsschutz (Art. 25 Abs. 1 LV NW) sowie die religiöse Beteuerung der Amtseide („So wahr mir Gott helfe"; Art. 53, 80 S. 3 LV NW)[173]. Im Folgenden wird zunächst die kirchen- und religionsfreundliche Akzentuierung des Religionsverfassungsrechts im engeren Sinne beleuchtet.

Indem die Landesverfassung „[i]m Übrigen" Art. 140 GG mitsamt seinem Verweis auf Art. 136-139, 140 WRV als unmittelbar geltendes Landesrecht übernimmt (Art. 22 LV NW), ergibt sich, dass die Landesverfassunggeber im Grundsatz an das Weimarer und Bonner Verhältnis von Staat und Kirche anknüpfen wollten[174]. Dennoch entschieden sie sich, auch eigenständige Regelungen aufzunehmen[175]. Hintergrund war einerseits die Absicht, die in Weimarer Reichsverfassung und Bonner Grundgesetz erlangten Rechtspositionen der Kirchen dauerhaft und für den Fall zu sichern, dass das Grundgesetz außer Kraft tritt[176]. Andererseits strebten die Verfassunggeber eine kirchen- und religionsfreundliche Betonung des ohnehin bereits erlangten Rechtszustandes der Kirchen innerhalb der Landesverfassung an[177]. Vergleicht man die religionsverfassungsrechtlichen Bestimmungen des Landes mit denen des Bundes, zeichnen sich

---

173 Siehe *Fabian Wittreck*: Verfassungsrecht, in: Sabine Schlacke/Fabian Wittreck (Hrsg.), Landesrecht Nordrhein-Westfalen: Studienbuch, Münster 2017, § 1 Rn. 61.

174 *Jörg Ennuschat*, in: Wolfgang Löwer/Peter J. Tettinger (Hrsg.), Kommentar zur Verfassung des Landes Nordrhein-Westfalen, Stuttgart u. a. 2002, Art. 22 Rn. 4.

175 Zu den gesondert aufgenommenen Gewährleistungen siehe *Fabian Wittreck*: Verfassungsrecht, in: Sabine Schlacke/Fabian Wittreck (Hrsg.), Landesrecht Nordrhein-Westfalen: Studienbuch, Münster 2017, § 1 Rn. 61.

176 *Jörg Ennuschat*, in: Wolfgang Löwer/Peter J. Tettinger (Hrsg.), Kommentar zur Verfassung des Landes Nordrhein-Westfalen, Stuttgart u. a. 2002, Art. 22 Rn. 4.

177 *Jörg Ennuschat*, in: Wolfgang Löwer/Peter J. Tettinger (Hrsg.), Kommentar zur Verfassung des Landes Nordrhein-Westfalen, Stuttgart u. a. 2002, Art. 22 Rn. 3 f.

Erstgenannte durch eine besondere Kirchenfreundlichkeit aus[178]. Die ausdrückliche Nennung der (namentlich christlichen) Kirchen ist ein beredtes Beispiel dafür[179]. Soweit die grundgesetzliche Kompetenzordnung den Ländern religionsverfassungsrechtliche Regelungsspielräume gewährt hat, haben die Landesverfassunggeber diese stets im Sinne der Kirchen genutzt[180].

Auch das Religionsverfassungsrecht im weiteren Sinne weist eine kirchen- und religionsfreundliche Prägung auf. Die Nennung der *nominatio Dei*[181] in der Präambel ist ein Zeichen dafür. Zwar betont die Literatur ganz überwiegend, dass „Gott" grundsätzlich als Chiffre für alle Transzendenzvorstellungen fungiert bzw. fungieren muss[182]. Doch ist die Formulierung unzweifelhaft religionsfreundlich

---

178 Hierzu *Jörg Ennuschat*, in: Wolfgang Löwer/Peter J. Tettinger (Hrsg.), Kommentar zur Verfassung des Landes Nordrhein-Westfalen, Stuttgart u. a. 2002, Art. 22 Rn. 6; *Martin Stuttmann*, in: Andreas Heusch/Klaus Schönenbroicher (Hrsg.), Die Landesverfassung Nordrhein-Westfalen. Kommentar, 2. Auflage, Siegburg 2020, Art. 22 Rn. 2.

179 Vgl. Art. 19, 20 LV NW.

180 Vgl. Art. 6 Abs. 4, 7 Abs. 1, 12 Abs. 6, 14, 16 Abs. 2, 17 S. 2 LV NW. Siehe dazu *Jörg Ennuschat*, in: Wolfgang Löwer/Peter J. Tettinger (Hrsg.), Kommentar zur Verfassung des Landes Nordrhein-Westfalen, Stuttgart u. a. 2002, Art. 22 Rn. 7 sowie *Martin Stuttmann*, in: Andreas Heusch/Klaus Schönenbroicher (Hrsg.), Die Landesverfassung Nordrhein-Westfalen. Kommentar, 2. Auflage, Siegburg 2020, Art. 22 Rn. 2.

181 Diese Einstufung bei *Matthias Herdegen*, in: Theodor Maunz/Günter Dürig (Begr.), Grundgesetz. Kommentar, München, Präambel (2015), Rn. 33 sowie bei *Fabian Wittreck*: Das Christentum als Fundament des Grundgesetzes?, in: Fabian Wittreck (Hrsg.), Grundlagen des Grundgesetzes: Geburtstagssymposium für Horst Dreier, Berlin 2018, S. 13 (46 mit Fn. 77).

182 *Jörg Ennuschat*, in: Wolfgang Löwer/Peter J. Tettinger (Hrsg.), Kommentar zur Verfassung des Landes Nordrhein-Westfalen, Stuttgart u. a. 2002, Präambel Rn. 8; gleichgesinnt *Josef Isensee*: Legitimation des Grundgesetzes, in: Josef Isensee/Paul Kirchhof (Hrsg.), Handbuch des Staatsrechts der Bundesrepublik Deutschland, Band 12, 3. Auflage, Heidelberg 2014, § 254 Rn. 42 sowie *Fabian Wittreck:* Das Christentum als Fundament des Grundgesetzes?, in: Fabian Wittreck (Hrsg.), Grundlagen des Grundgesetzes: Geburtstagssymposium für Horst Dreier, Berlin 2018, S. 13 (46). Nach *Peter M. Huber*, in: Michael Sachs (Hrsg.), Grundgesetz-Kommentar, 8. Auflage, München 2018, Präambel Rn. 38; *Andreas Heusch*, in: Andreas Heusch/Klaus Schönenbroicher (Hrsg.), Die Landesverfassung Nordrhein-Westfalen. Kommentar, 2. Auflage, Siegburg 2020, Präambel Rn. 9 sowie *Alexander Hollerbach*: Grundlagen des Staatskirchenrechts, in: Josef Isensee/Paul Kirchhof (Hrsg.), Handbuch des Staatsrechts der Bundesrepublik Deutschland, Band 6, 3. Auflage, Heidelberg 2009, § 138 Rn. 83 steht der Gottesbegriff in der christlich-abendländischen Tradition.

geprägt[183]. Während ein klassischer Atheist sich mit seinen Transzendenzvorstellungen hier jedenfalls nicht symbolisch „aufgehoben" fühlt[184], ist der Text für einen Christen jedenfalls leichter zugänglich[185]. Exemplarisch für die kirchen- und religionsfreundliche Akzentuierung ist neben der Nennung der *nominatio Dei* in der Präambel auch der Verfassungsrang des Religionsunterrichts. So ist der Religionsunterricht an allen Schulen, mit Ausnahme der Weltanschauungsschulen (bekenntnisfreien Schulen), ordentliches Lehrfach (vgl. Art. 14 Abs. 1 S. 1 LV NW), obgleich „kein Lehrer gezwungen werden [darf], Religionsunterricht zu erteilen"[186] und die Erziehungsberechtigten bis zur Vollendung des 14. Lebensjahrs des Kindes (Religionsmündigkeit) über dessen Teilnahme am Religionsunterricht bestimmen können[187]. Ferner können an dieser Stelle auch das Erzielungsziel „Ehrfurcht vor Gott" (Art. 7 Abs. 1 LV NW) sowie die Amts- und Diensteide (Art. 53, 80 LV NW) angeführt werden. Zwar können die vorgeschriebenen Amts- und Diensteide „auch ohne die religiöse Beteuerung geleistet werden", doch verhält sich der Text auch an dieser Stelle unzweifelhaft affirmativ zur Religion an sich[188].

---

183 Diese Position bei *Fabian Wittreck:* Das Christentum als Fundament des Grundgesetzes?, in: Fabian Wittreck (Hrsg.), Grundlagen des Grundgesetzes: Geburtstagssymposium für Horst Dreier, Berlin 2018, S. 13 (46 mit Fn. 79).

184 *Alexander Hollerbach*: Grundlagen des Staatskirchenrechts, in: Josef Isensee/Paul Kirchhof (Hrsg.), Handbuch des Staatsrechts der Bundesrepublik Deutschland, Band 6, 3. Auflage, Heidelberg 2009, § 138 Rn. 84; nach *Matthias Herdegen*, in: Theodor Maunz/Günter Dürig (Begr.), Grundgesetz. Kommentar, München, Präambel (2015), Rn. 35 wollte der Parlamentarische Rat zwar kein dezidiert christliches Gottesbild in der Verfassung verankern, nach den Vorstellungen im Parlamentarischen Rat beziehe sich die Verantwortungsformel aber eindeutig auf den Gott im Alten und Neuen Testament; kritisch *Gerhard Czermak*: Religions- und Weltanschauungsrecht, 2. Auflage, Berlin u. a. 2018, Rn. 164.

185 So *Fabian Wittreck:* Das Christentum als Fundament des Grundgesetzes?, in: Fabian Wittreck (Hrsg.), Grundlagen des Grundgesetzes: Geburtstagssymposium für Horst Dreier, Berlin 2018, S. 13 (47).

186 Art. 14 Abs. 1 S. 3 LV NW.

187 Vgl. Art. 14 Abs. 4 LV NW.

188 *Matthias Roßbach*, in: Andreas Heusch/Klaus Schönenbroicher (Hrsg.), Die Landesverfassung Nordrhein-Westfalen. Kommentar, 2. Auflage, Siegburg 2020, Art. 53 Rn. 24; ähnlich *Jörg Ennuschat*, in: Wolfgang Löwer/Peter J. Tettinger (Hrsg.), Kommentar zur Verfassung des Landes Nordrhein-Westfalen, Stuttgart u. a. 2002, Art. 53 Rn. 12.

IV. Ergebnis

Das Verhältnis von Staat und Kirche zur Zeit der Entstehung der Landesverfassung Nordrhein-Westfalens ist geprägt von Kooperation und Distanz gleichermaßen. Vom Geiste einer „freundschaftlichen Trennung“ geleitet, ermöglichte bereits das Religionsverfassungsrecht in der Weimarer Reichsverfassung eine Verbindung von Staat und Kirche in vielfältiger Weise[189].

Aufgrund ihrer Übernahme durch den rezipierten Art. 140 GG bestimmen die Regelungen der Weimarer Reichsverfassung das Religionsverfassungsrecht in Nordrhein-Westfalen bis heute[190]. Zusammen mit der durch Art. 4 Abs. 1 und 2 GG i. V. m. Art. 4 Abs. 1 LV NW garantierten Religionsfreiheit statuieren sie eine „positiv“ verstandene religiös-weltanschauliche Neutralität des Staates[191]. Die kirchen- und religionsfreundliche Akzentuation[192] des Religionsverfassungsrechts des Landes Nordrhein-Westfalen ist insbesondere der nicht unerheblichen Rolle der katholischen Kirche im Verfassunggebungsprozess geschuldet.

Ungeachtet der Verabschiedung der Landesverfassung erst im Jahre 1950 begannen die ersten offiziellen Verfassunggebungsarbeiten bereits im Winter 1946/1947. Ähnlich wie die früheren Nachkriegslandesverfassungen des süddeutschen Typs waren die Verfassungsarbeiten daher von der Naturrechtsrenaissance der ersten Nachkriegsjahre sowie der katholischen Soziallehre geprägt[193]. Die dabei nicht unerhebliche Rolle der Kirche war dem Umstand geschuldet, dass sie den Untergang des nationalsozialistischen Regimes und das Kriegsende als funktionsfähige und intakte Organisation überstanden hatte. So konnte sie breite Bevölkerungsschichten erreichen und politische Impulse geben, was den staatlichen Wiederaufbau und die Neuordnung des Alltagslebens betraf[194]. Der in der Folge von den vier nordrhein-westfälischen Ordinarien ausformulierte Forderungskatalog[195], darunter insbesondere die Forderung nach Schutz der Sonn- und Feiertage als „Tage der religiösen Erbauung und seelischen

---

189 → Fn. 92. Siehe dazu im Einzelnen die Ausführungen unter B. I. 2. Zwischenergebnis: Eine „freundschaftliche Trennung“ von Staat und Kirche.

190 → Fn. 100.

191 → Fn. 101.

192 Zur kirchen- und religionsfreundlichen Prägung der Landeverfassung siehe oben B. II. 4. Kirchen- und religionsfreundliche Akzentuierung des Religionsverfassungsrechts.

193 → Fn. 139.

194 → Fn. 142.

195 Dazu B. II. 3. Die Rolle der Kirche in der Verfassungsentstehung.

Erhebung" sowie nach Schutz der Ehe und der Familie als „natürliche und sittliche Grundlage der Gesellschaft", entsprach den allgemeinen verfassungspolitischen Zielsetzungen der katholischen Kirche während der Verfassungsarbeiten. Nach dem Zusammenbruch des nationalsozialistischen Regimes und der hinterlassenen Sinn- und Wertkrise in der Bevölkerung zielten die vier Ordinarien mit ihrem Forderungskatalog auf die Durchsetzung christlicher Werte in der Verfassung – selbstverständlich unter Berücksichtigung religiöser Toleranz – ab[196]. Um der totalitären Staatsideologie und dem wertentleerten Gesetzespositivismus eine Absage zu erteilen[197], setzten vor allem die Abgeordneten der CDU und der DZP – letztlich auch um mit Hilfe von Interessensidentität ihre eigenen Forderungen durchsetzen – in wichtigen Verfassungsfragen jene kirchliche Forderungen durch, die bereits die vier Ordinarien in ihrem Forderungskatalog formuliert hatten. Auf diese Weise erhielt die Landesverfassung eine kirchen- und religionsfreundliche Akzentuierung.

196 → Fn. 155.
197 → Fn. 146.

C. Historischer Kontext der Zehn Gebote

Für die Suche nach den Spuren der Zehn Gebote des Dekalogs im Landesverfassungstext ist die Beleuchtung des historischen Kontextes der Dekaloggebote unverzichtbar. Im Folgenden widmet sich die Arbeit daher dem historischen Kontext der Zehn Gebote, die nicht selten als Erbe unserer Kultur verstanden werden [I.]. In diesem Zusammenhang wird die Entstehungsgeschichte des Dekalogs überblicksartig dargestellt [II.]. Dabei werden zunächst der narrative Kontext des Dekalogs skizziert [II. 1.] und sodann die Unterschiede zwischen den beiden biblischen Kompositionen Ex 5 und Ex 20 benannt [II. 2.]. Im Anschluss daran wird auf die in dieser Arbeit verwendete Zählweise der römisch-katholischen und lutherischen Kirche in Abgrenzung zu den Zählweisen des Judentums sowie der Orthodoxen und Reformierten eingegangen [II. 3.] und als Abschluss die Funktion der Zehn Gebote [II. 4.] erläutert.

I. Die Zehn Gebote als unser Kulturerbe

Die heftigste Renitenz und Widerspenstigkeit haben die Zehn Gebote wohl im Nationalsozialismus erfahren. *Hermann Rauschning*, der zunächst zum Kreis um *Hitler* gehörte, sich aber schon 1934 lossagte und im Ausland viel beachtete aufklärende Bücher über das Wesen des Nationalsozialismus schrieb, berichtete von einer Unterhaltung *Hitlers* mit dessen engsten Vertrauten Goebbels in der Reichskanzlei aus dem Jahr 1933, in deren Verlauf man unter anderem auf die Zehn Gebote zu sprechen kam[198]. *Hitler* und *Goebbels* sollen gegen die Zehn Gebote getobt haben: „Dieses teuflische ‚Du sollst, du sollst!'. Und dieses dumme ‚Du sollst nicht!'"[199]. Er soll sie als „Perversion unserer gesundesten Instinkte"[200] wahrgenommen haben: „Er muss heraus aus unserem Blut, dieser Fluch vom Berg Sinai! Dieses Gift, mit dem sowohl Juden wie Christen die freien, wunderbaren Instinkte des Menschen verdorben und beschmutzt und auf sie auf das

198 Siehe *Matthias Köckert*: Die zehn Gebote, 2. Auflage, München 2013, S. 7; zum Kontext *Käte Hamburger*: Thomas Mann: Das Gesetz. Dichtung und Wirklichkeit, Frankfurt am Main u. a. 1964, S. 198 ff.

199 *Käte Hamburger*: Thomas Mann: Das Gesetz. Dichtung und Wirklichkeit, Frankfurt am Main u. a. 1964, S. 201.

200 *Käte Hamburger*: Thomas Mann: Das Gesetz. Dichtung und Wirklichkeit, Frankfurt am Main u. a. 1964, S. 201.

Niveau hündischer Furcht herabgedrückt haben"[201]. Schließlich soll *Hitler* die Abschaffung der Zehn Gebote mit den Worten angekündigt haben: „Der Tag wird kommen, an dem ich gegen diese Gebote die Tafeln eines neuen Gesetzes aufrichten werde. Und die Geschichte wird unsere Bewegung als die große Schlacht für die Befreiung der Menschheit erkennen, Befreiung vom Fluche des Sinai [...]. Dagegen kämpfen wir: gegen den masochistischen Geist der Selbstquälerei, gegen den Fluch der sogenannten Moral, die man zum Idol gemacht hat, um die Schwachen vor den Starken zu schützen, angesichts des ewigen Gesetzes des Kampfes, des großen Gesetzes der göttlichen Natur. Gegen die sogenannten Zehn Gebote kämpfen wir."[202]

Die Zehn Gebote sind jedoch weit mehr als lediglich die Sondermoral einer Randgesellschaft. Sie gelten als universales „Sittengesetz der Humanität"[203]. Das haben die Nationalsozialisten erkannt und sie gerade deshalb auf das geringste verachtet[204].

Thomas Mann verstand *Hitlers* Verachtung der Zehn Gebote als „Schändung" der Humanität[205]. Deshalb nahm er das Angebot, dass er 1942 im amerikanischen Exil erhielt, an einem Buch mitzuwirken, in dem zehn geachtete Autoren unter dem Titel *The Ten Commandments. Ten Short Novels of Hitler's War Against the Moral Code* („Zehn Kurzgeschichten über Hitlers Krieg gegen das Sittengesetz") zu jeweils einem der Zehn Gebote schreiben sollten, an[206]. Er wählte das erste Gebot und schrieb jene Novelle unter dem Titel *Thou Shalt Have No Other Gods before Me* („Du sollst keine anderen Götter haben neben mir"), die ein

201 *Käte Hamburger*: Thomas Mann: Das Gesetz. Dichtung und Wirklichkeit, Frankfurt am Main u. a. 1964, S. 201; zit. bei *Matthias Köckert*: Die zehn Gebote, 2. Auflage, München 2013, S. 7.

202 *Käte Hamburger*: Thomas Mann: Das Gesetz. Dichtung und Wirklichkeit, Frankfurt am Main u. a. 1964, S. 201 f.

203 Diese Position bei *Thomas Mann*: Politische Schriften und Reden, Band 3, Frankfurt am Main 1968, S. 251; siehe auch *Matthias Köckert*: Die zehn Gebote, 2. Auflage, München 2013, S. 8.

204 Diese Position bei *Matthias Köckert*: Die zehn Gebote, 2. Auflage, München 2013, S. 8.

205 *Thomas Mann*: Politische Schriften und Reden, Band 3, Frankfurt am Main 1968, S. 251; siehe auch *Eberhard Hilscher*: Thomas Mann, 4. Auflage, Berlin 1971, S. 158; *Eckart Otto*: Mose. Geschichte und Legende, München 2006, S. 7; *Matthias Köckert*: Die zehn Gebote, 2. Auflage, München 2013, S. 8.

206 Das Buch über die Zehn Gebote sollte zur literarischen Anklage der Missachtung der Menschenwürde und des universellen Sittengesetzes durch die Nazis werden; siehe dazu *Eckart Otto*: Mose. Geschichte und Legende, München 2006, S. 7; *Matthias Köckert*: Die zehn Gebote, 2. Auflage, München 2013, S. 8.

Jahre später in der deutschsprachigen Fassung unter dem Titel „Das Gesetz“[207] erschien[208]. Im Kern der Novelle von *Thomas Mann* geht es um den Auszug der Israeliten aus dem ägyptischen Exil auf dessen Weg Mose das Volk zur Humanität und Sittlichkeit erzieht[209].

Auch heute sind die Zehn Gebote keineswegs unumstritten, wenn auch aus ganz anderen Gründen. Der Konflikt lodert weniger in der Frage ihrer Herkunft oder gar ihres Inhalts, sondern an der Möglichkeit, sie als religiöse Symbole zu deuten[210]. In der religiös-weltanschaulichen Neutralität des Staates scheinen sie keinen Platz zu haben[211]. In diesem Sinne wurde auch nach einer lebhaften Debatte mit knapper Mehrheit entschieden, dass die in den sechziger Jahren vor dem Parlamentsgebäude in Austin, Texas, aufgestellten Dekalog-Stelen stehen bleiben dürfen[212]. Die Richter des *Supreme Court* begründeten ihre Entscheidung damit, dass die Zehn Gebote keineswegs nur ein Religionssymbol seien, sondern darüber hinaus auch eine allgemeine historische Bedeutung hätten[213]. Dieses Argument konnte hingegen nicht verhindern, dass in Kentucky der

---

207 *Thomas Mann*: Das Gesetz, Stockholm 1944, S. 1 ff.

208 *Eckart Otto*: Mose. Geschichte und Legende, München 2006, S. 7; *Matthias Köckert*: Die zehn Gebote, 2. Auflage, München 2013, S. 8.

209 In der Schlusspredigt Moses an sein Volk spielt *Thomas Mann* auf die von *Rauschning* überlieferten blasphemischen Äußerungen *Hitlers* an und endete mit der Erklärung Moses: „In den Stein des Berges […] metze ich das ABC des Menschenbenehmens, aber auch in dein Fleisch und Blut soll es gemetzt sein, Israel, so daß jeder, der ein Wort bricht von den zehn Geboten, heimlich erschrecken soll vor sich selbst und vor Gott, und soll ihm kalt werden ums Herz, weil er aus Gottes Schranken trat. […] Aber Fluch dem Menschen, der da aufsteht und spricht: ‚Sie gelten nicht mehr.‘ Fluch ihm, der euch lehrt: ‚Auf, und seid ihrer ledig! Lügt, mordet und raubt, hurt, schändet und liefert Vater und Mutter ans Messer, denn so steht‘s dem Menschen an, und sollt meinen Namen preisen, weil ich euch Freiheit verkündete.‘“; siehe *Thomas Mann*: Politische Schriften und Reden, Band 3, Frankfurt am Main 1968, S. 251; ferner *Eckart Otto*: Mose. Geschichte und Legende, München 2006, S. 8; *Matthias Köckert*: Die zehn Gebote, 2. Auflage, München 2013, S. 8.

210 So *Matthias Köckert*: Die zehn Gebote, 2. Auflage, München 2013, S. 10.

211 *Matthias Köckert*: Die zehn Gebote, 2. Auflage, München 2013, S. 10.

212 Zu den Dekalogtafeln in staatlichen Kontexten *Friedrich Wilhelm Graf*: Moses Vermächtnis. Über göttliche und menschliche Gesetze, München 2006, S. 62 ff.; *Matthias Köckert*: Die zehn Gebote, 2. Auflage, München 2013, S. 10.

213 *Friedrich Wilhelm Graf*: Moses Vermächtnis. Über göttliche und menschliche Gesetze, München 2006, S. 62 ff.; *Matthias Köckert*: Die zehn Gebote, 2. Auflage, München 2013, S. 10.

Dekalog als „warnender Wandschmuck“ aus Gerichtsgebäuden entfernt werden musste[214].

Populär geworden sind die Zehn Gebote des Dekalogs vor allem durch *Martin Luther*[215]. Er hat die Dekaloggebote als „Hauptstück“ an erster Stelle in seinen kleinen Katechismus 1529 aufgenommen und ihnen auf diese Weise eine ungeheure pädagogische Bedeutung verschafft[216]. Seither gehören die Zehn Gebote zu dem „Erbe unserer Kultur“[217].

II. Entstehungsgeschichte der Zehn Gebote

Im Folgenden widmet sich die Arbeit nun einer kurzen überblicksartigen Darstellung der Entstehungsgeschichte des Dekalogs.

1. Narrativer Kontext der Zehn Gebote

Die Geschichte der Zehn Gebote beginnt im zweiten Buch Mose (Exodus)[218]. Die Zentralfigur ist Mose, ausgezeichnet durch eine im Alten Testament sonst keinem Menschen gewährte Nähe zu Gott[219]. Mose führt, als von Gott Jahwe Beauftragter, das Volk Israel auf einer fast vierzig Jahre andauernden Wanderung aus der ägyptischen Sklaverei durch die Wüste bis an die Grenzen zum gelobten Land[220].

Ehe Mose nun mit dem Volk Israel den Gottesberg Sinai erreicht, erscheint der Gott Jahwe unter Donner und Blitz auf dem Berggipfel (Ex 19)[221]. Mose steigt schließlich zu Gott auf den Berg hinauf und erhält von ihm die Grundverheißung, Israel werde Jahwes „priesterliches Königreich, sein heiliges Volk“ sein,

---

214 Van Orden v. Perry, 545 U. S. 677 (2005); *Friedrich Wilhelm Graf*: Moses Vermächtnis. Über göttliche und menschliche Gesetze, München 2006, S. 62 ff.

215 *Matthias Köckert*: Die zehn Gebote, 2. Auflage, München 2013, S. 12.

216 *Wolfgang Langer*: Art. Dekalog, V. Praktisch-theologisch, in: Walter Kasper/Michael Buchberger (Hrsg.), Lexikon für Theologie und Kirche, Band 3, 3. Auflage, Freiburg im Breisgau 1995 (Neudruck 2017), Sp. 68 (68); siehe auch *Matthias Köckert*: Die zehn Gebote, 2. Auflage, München 2013, S. 12.

217 So *Matthias Köckert*: Die zehn Gebote, 2. Auflage, München 2013, S. 12.

218 Siehe *Werner H. Schmidt/Holger Delkurt/Axel Graupner*: Die Zehn Gebote im Rahmen alttestamentlicher Ethik, Darmstadt 1993, S. 25 ff.

219 *Matthias Köckert*: Die zehn Gebote, 2. Auflage, München 2013, S. 15.

220 *Matthias Köckert*: Die zehn Gebote, 2. Auflage, München 2013, S. 15.

221 *Eckart Otto*: Mose. Geschichte und Legende, München 2006, S. 16; *Matthias Köckert*: Die zehn Gebote, 2. Auflage, München 2013, S. 15.

wenn es den Bund mit ihm bewahre (Ex 19,3-9)[222]. Dabei setzt die Wahrung des Bundes die Einhaltung der Moralgesetze in Form der Zehn Gebote voraus[223]. Nach der unheimlichen Steigerung des Unwetters führt Gott fort und verkündet sodann den Dekalog (Ex 20,1-17)[224]. Der Dekalog ist, gefolgt von dem „Bundesbuch", die erste Mitteilung Gottes an das Volk Israel am Sinai. Nach der Verkündung des Dekalogs, weicht das Volk Israel, ohne die Worte des Dekalogs zu verstehen, erschreckt von der Theophanie Gottes mit Furcht und Zittern zurück und bittet Mose um die Vermittlung der Worte Gottes (Ex 20,18-20)[225].

So steigt Mose in einem zweiten Erzählbogen erneut auf den Berg, um die von Gottes Finger beschriebenen steinernen Tafeln mit dem Dekalog als Urkunde des Bundes zu empfangen[226]. Doch während Mose noch auf dem Berg ist, handelt das Volk „schändlich" (Ex 32,7) und verstößt mit der Herstellung eines goldenen Kalbs als sichtbare Repräsentation der Gottheit schlechthin gegen das Fremdgötter- und Bilderverbot[227]. Als Mose bei seiner Rückkehr vom Berg angesichts des „Tanzes um das goldene Kalb" davon Kenntnis erlangt, zerschmettert er aus Zorn die beiden steinernen Tafeln, deren Hauptgebot das Volk soeben schändlich übertreten hat[228]. Eine erneute Begegnung zwischen Mose und Gott mündet schließlich in der Wiederherstellung der Beziehung zwischen Gott und dem Volk Israel. Als Ausdruck der Barmherzigkeit Gottes, lässt er Mose neue Steintafeln für die Zehn Gebote bringen, die er erneut beschreibt[229].

---

222 *Eckart Otto*: Mose. Geschichte und Legende, München 2006, S. 16.

223 *Friedrich Wilhelm Graf*: Moses Vermächtnis. Über göttliche und menschliche Gesetze, München 2006, S. 34.

224 *Eckart Otto*: Mose. Geschichte und Legende, München 2006, S. 16; *Matthias Köckert*: Die zehn Gebote, 2. Auflage, München 2013, S. 15.

225 *Eckart Otto*: Mose. Geschichte und Legende, München 2006, S. 16.

226 Die Zehn Gebote sind die einzige Mitteilung, die Gott nach der biblischen Überlieferung mit eigener Hand je geschrieben hat, da den gesamten Gotteswillen sonst Mose mündlich mitgeteilt hat; siehe dazu *Eckart Otto*: Mose. Geschichte und Legende, München 2006, S. 17; *Matthias Köckert*: Die zehn Gebote, 2. Auflage, München 2013, S. 16, 18. Die steinernen Tafeln symbolisieren insofern bleibende Gültigkeit; so *Matthias Köckert*: Die zehn Gebote, 2. Auflage, München 2013, S. 16; *Markus Vogt/Peter Marinkovic:* Die Gliederungsbedeutung des Dekalogs in Ansehnung der Tora, in: Markus Vogt/Wilhelm Korff (Hrsg.), Gliederungssysteme angewandter Ethik: Ein Handbuch. Nach einem Projekt von Wilhelm Korff, Freiburg im Breisgau 2016, S. 117 (119).

227 „Alles, was der Herr gesagt hat, wollen wir tun." (Ex 19,8; Ex 24,3; Ex 24,7). Siehe dazu *Matthias Köckert*: Die zehn Gebote, 2. Auflage, München 2013, S. 17.

228 *Matthias Köckert*: Die zehn Gebote, 2. Auflage, München 2013, S. 17.

229 Ex 34,6-7; *Matthias Köckert*: Die zehn Gebote, 2. Auflage, München 2013, S. 17.

Der Dekalog erscheint noch ein zweites Mal: Im fünften Buch Mose (Deuteronomium), jener Abschiedsrede im Lande Moab, erinnert Mose das Volk daran, dass Gott seinerzeit auf dem Sinai zwar zu dem Volk gesprochen, dieses sich aber von dem Berg aus Furcht ferngehalten habe[230]. Deshalb vermittelt er, Mose, seither Gottes Willen[231]. Sodann zitiert er den Dekalog (Dtn 5,6-21) und bekräftigt, dass Gott ihn eigenhändig auf zwei Steintafeln geschrieben habe (Dtn 4,13), auf die sog. Gesetzestafeln, die Mose in seinem Zorn über das vor dem „Goldenen Kalb" tanzende Volk später zerschlug und diese nun in zweiter Ausfertigung in der „Bundeslade" im Jerusalemer Tempel verwahrt werden[232]. Er zitiert weitgehend den aus Ex 20 bekannten Wortlaut, jedoch mit kleinen, aber signifikanten Veränderungen[233].

In beiden Überlieferungssträngen werden die Zehn Gebote des Dekalogs als Israel unbedingt bindendes Gotteswort eingeführt. In diesem Sinne prägt der Bundesschluss am Sinai die Vorstellung von der Beziehung zwischen Gott und Mensch durch den unbedingten Anspruch auf exklusive Verehrung durch sein Volk und bringt eine moralische wie rechtliche Ordnung mit sich[234].

2. Unterschiede zwischen Dtn 5 und Ex 20

Die etwas längere Deuteronomiumversion wird von einigen Autoren als Erweiterung der Exodusfassung gesehen[235]. Die Unterschiede der beiden biblischen Kompositionen sind an der Zahl jedoch eher gering[236].

---

230 *Matthias Köckert*: Die zehn Gebote, 2. Auflage, München 2013, S. 17.

231 Diese Auffassung bei *Matthias Köckert*: Die zehn Gebote, 2. Auflage, München 2013, S. 17.

232 *Friedrich Wilhelm Graf*: Moses Vermächtnis. Über göttliche und menschliche Gesetze, München 2006, S. 34; *Matthias Köckert*: Die zehn Gebote, 2. Auflage, München 2013, S. 18.

233 Eine Übersicht in *Eckart Otto*: Deuteronomium 1-11. Zweiter Teilband 4,44-11, Freiburg im Breisgau u. a. 2012, S. 700 f. lässt Gemeinsamkeiten und Differenzen der beiden Dekaloge in Ex 20,2-17 und Dtn 5,6-21 erkennen; siehe dazu auch *Matthias Köckert*: Die zehn Gebote, 2. Auflage, München 2013, S. 18.

234 *Friedrich Wilhelm Graf*: Moses Vermächtnis. Über göttliche und menschliche Gesetze, München 2006, S. 34.

235 Siehe *Werner H. Schmidt/Holger Delkurt/Axel Graupner*: Die Zehn Gebote im Rahmen alttestamentlicher Ethik, Darmstadt 1993, S. 28 f. mit Fn. 19.

236 Einen Überblick hierzu liefert die Anlage „Die beiden Fassungen des Dekalogs" in *Matthias Köckert*: Die zehn Gebote, 2. Auflage, München 2013, S. 128 f.

Am stärksten unterscheiden sich Dtn 5 und Ex 20 in der Begründung des Sabbatgebotes. Während die Ex-Fassung auf die Schöpfung verweist, erinnert die Dtn-Fassung mit dem Sabbatgebot an die Befreiung aus der Sklaverei in Ägypten und rechtfertigt damit die Ruhe von der Arbeit am Sabbattag[237]. Die Dtn-Fassung ist damit sozial ausgerichtet. Die Begründung „Denk daran: Als du in *Ägypten Sklave* warst, hat dich der Herr, *dein Gott*, mit starker Hand und hoch erhobenem Arm dort *herausgeführt.*" (Dtn 5,15) nimmt damit Bezug auf die Präambel: „Ich bin Jahwe, *dein Gott*, der dich aus *Ägypten geführt* hat, aus dem *Sklaven*haus.[238]" Durch die Ausweitung des Arbeitsverbots am Sabbattag auf die für die Arbeit unersetzlichen Zug- und Lasttiere „dein Rind, dein Esel" (Dtn 14) schlägt es zugleich eine Brücke zum Ende des Dekalogs in Dtn 5,21[239]. Diese Bezugnahme auf Anfang und Ende des Dekalogs im Sondergut des Sabbatgebotes findet sich nur in der Dtn-Fassung wieder[240].

Einen weiteren nicht unerheblichen Unterschied lassen das neunte und zehnte Gebot erkennen. Während in der Ex-Fassung die Frau noch zum Haus zählt, gewährt ihr die Dtn-Fassung bereits eine herausgehobene Stellung: Die Frau erscheint nun vor den Sachgütern und den gewaltunterworfenen Personen[241].

3. Zählweise

Die Zehnzahl, die an zehn Finger denken lässt, an denen man etwas abzählen kann, legt die Einteilung in zwei Fünfergruppen nahe[242]. Will man die Gebote des Dekalogs entsprechend verteilen, gerät man aber schnell in Verlegenheit. So fallen die Zählung der Gebote des Dekalogs und deren Verteilung auf die beiden Tafeln in der jüdischen Tradition und den verschiedenen christlichen Konfessionen sehr unterschiedlich aus[243]. „Man kann eben auf verschiedene Weisen bis

---

237 Zum Kontext *Matthias Köckert*: Die zehn Gebote, 2. Auflage, München 2013, S. 36 f.

238 Hervorhebung durch *Matthias Köckert*: Die zehn Gebote, 2. Auflage, München 2013, S. 37 f.

239 *Matthias Köckert*: Die zehn Gebote, 2. Auflage, München 2013, S. 37.

240 Vor diesem Hintergrund habe die deuteronomische Komposition das Sabbatgebot ganz bewusst als Zentralgebot ausgezeichnet; so *Matthias Köckert*: Die zehn Gebote, 2. Auflage, München 2013, S. 37.

241 Vgl. *Werner H. Schmidt/Holger Delkurt/Axel Graupner*: Die Zehn Gebote im Rahmen alttestamentlicher Ethik, Darmstadt 1993, S. 30.

242 Siehe *Bo Reicke*: Die zehn Worte in Geschichte und Gegenwart. Zählung und Bedeutung der Gebote in den verschiedenen Konfessionen, Tübingen 1973, S. 21.

243 *Matthias Köckert*: Die zehn Gebote, 2. Auflage, München 2013, S. 27.

zehn zählen."[244] Die zahlreichen Zählweisen lassen sich drei Varianten zuordnen: Weglassen, Zusammenziehen oder Zweiteilen eines „Wortes".

a) Judentum

Im heutigen Judentum wird die Selbstvorstellung Gottes als eigenständiges erstes Gebot gezählt und dadurch in besonderer Weise hervorgehoben[245]. Das erste Gebot nimmt in den talmudischen Kommentaren zum Dekalog den größten Raum ein[246]. Alle Ge- und Verbote sind von diesem her zu lesen[247]. Durch diese Zählweise verdichtet sich also ein streng majestätisches Gottesbild. Sodann zieht die jüdische Zählweise das Fremdgötter- und Bildverbot als zweites Gebot zusammen, weil die Anbetung des einen Gottes dem Verbot der Anbetung anderer entspreche[248]. Nach der jüdischen Interpretation ist das Bilderverbot also bereits im Fremdgötterverbot enthalten. Um die gewünschte Zehnzahl zu wahren, werden schließlich die Verbote des Begehrens am Ende der Reihung trotz unterschiedlicher Verben als zehntes Gebot zusammengezogen[249].

---

244 *Matthias Köckert*: Die zehn Gebote, 2. Auflage, München 2013, S. 27.

245 Zum Kontext *Bo Reicke*: Die zehn Worte in Geschichte und Gegenwart. Zählung und Bedeutung der Gebote in den verschiedenen Konfessionen, Tübingen 1973, S. 42 ff.; sieh auch *Markus Vogt/Peter Marinkovic:* Die Gliederungsbedeutung des Dekalogs in Ansehnung der Tora, in: Markus Vogt/Wilhelm Korff (Hrsg.), Gliederungssysteme angewandter Ethik: Ein Handbuch. Nach einem Projekt von Wilhelm Korff, Freiburg im Breisgau 2016, S. 117 (143).

246 *Markus Vogt/Peter Marinkovic:* Die Gliederungsbedeutung des Dekalogs in Ansehnung der Tora, in: Markus Vogt/Wilhelm Korff (Hrsg.), Gliederungssysteme angewandter Ethik: Ein Handbuch. Nach einem Projekt von Wilhelm Korff, Freiburg im Breisgau 2016, S. 117 (144).

247 *Markus Vogt/Peter Marinkovic:* Die Gliederungsbedeutung des Dekalogs in Ansehnung der Tora, in: Markus Vogt/Wilhelm Korff (Hrsg.), Gliederungssysteme angewandter Ethik: Ein Handbuch. Nach einem Projekt von Wilhelm Korff, Freiburg im Breisgau 2016, S. 117 (144).

248 *Matthias Köckert*: Die zehn Gebote, 2. Auflage, München 2013, S. 31; *Markus Vogt/Peter Marinkovic:* Die Gliederungsbedeutung des Dekalogs in Ansehnung der Tora, in: Markus Vogt/Wilhelm Korff (Hrsg.), Gliederungssysteme angewandter Ethik: Ein Handbuch. Nach einem Projekt von Wilhelm Korff, Freiburg im Breisgau 2016, S. 117 (144).

249 *Matthias Köckert*: Die zehn Gebote, 2. Auflage, München 2013, S. 31; *Markus Vogt/Peter Marinkovic:* Die Gliederungsbedeutung des Dekalogs in Ansehnung der Tora, in: Markus Vogt/Wilhelm Korff (Hrsg.), Gliederungssysteme angewandter Ethik: Ein Handbuch. Nach einem Projekt von Wilhelm Korff, Freiburg im Breisgau 2016, S. 117 (144).

Die Einteilung der Gebote im modernen Judentum in zwei Fünfergruppen geht auf *Philo von Alexandrien* zurück, der um 40 den Traktat *De decalogo* verfasste[250]. Während die erste Tafel mit den Geboten I-V das Verhältnis zwischen Mensch und Gott ordnet, bestimmt die zweite Tafel mit den Geboten VI-X das Verhältnis zum Mitmenschen[251]. In der jüdischen Auslegung steht also das fünfte Gebote, die Eltern zu ehren, auf der ersten Tafel, die das Verhältnis zu Gott betrifft. Daraus kann man schließen, dass die Beziehung zu den Eltern besonders hervorgehoben werden soll.[252]

b) Römisch-katholische und lutherische Kirchen

Anders die katholische und lutherische Tradition: Sie ordnet die Gebote I-III der ersten und die Gebote IV-X der zweiten Tafel zu[253]. Diese Anordnung ist auf die theologische Entdeckung des nordafrikanischen Bischofs *Augustinus* (354-430) zurückzuführen, der die zwei Tafeln des Dekalogs mit den zwei Geboten der Liebe zum dreieinigen Gott einerseits und zum Nächsten andererseits verband[254].

Augustinus, wie auch der Wittenberger Theologiedozent und ehemalige Augustinereremit *Martin Luther* (1483-1546) gliederten die Selbstvorstellung Gottes („Ich bin der Herr Dein Gott") als Präambel aus und zählten sie nicht zum Dekalog[255]. Die Präambel war für *Luther* weder Ver- noch Gebot und sei

---

250 *Bo Reicke*: Die zehn Worte in Geschichte und Gegenwart. Zählung und Bedeutung der Gebote in den verschiedenen Konfessionen, Tübingen 1973, S. 21 ff., 42; *Matthias Köckert*: Die zehn Gebote, 2. Auflage, München 2013, S. 31.

251 *Matthias Köckert*: Die zehn Gebote, 2. Auflage, München 2013, S. 31.

252 Siehe *Bo Reicke*: Die zehn Worte in Geschichte und Gegenwart. Zählung und Bedeutung der Gebote in den verschiedenen Konfessionen, Tübingen 1973, S. 10 f.; *Matthias Köckert*: Die zehn Gebote, 2. Auflage, München 2013, S. 31; *Markus Vogt/Peter Marinkovic*: Die Gliederungsbedeutung des Dekalogs in Ansehnung der Tora, in: Markus Vogt/Wilhelm Korff (Hrsg.), Gliederungssysteme angewandter Ethik: Ein Handbuch. Nach einem Projekt von Wilhelm Korff, Freiburg im Breisgau 2016, S. 117 (145).

253 *Matthias Köckert*: Die zehn Gebote, 2. Auflage, München 2013, S. 31.

254 Eingehend *Bo Reicke*: Die zehn Worte in Geschichte und Gegenwart. Zählung und Bedeutung der Gebote in den verschiedenen Konfessionen, Tübingen 1973, S. 10 ff.; siehe auch *Matthias Köckert*: Die zehn Gebote, 2. Auflage, München 2013, S. 31.

255 Hierzu *Bo Reicke*: Die zehn Worte in Geschichte und Gegenwart. Zählung und Bedeutung der Gebote in den verschiedenen Konfessionen, Tübingen 1973, S. 13 f.; *Matthias Köckert*: Die zehn Gebote, 2. Auflage, München 2013, S. 32; *Markus Vogt/Peter Marinkovic*: Die Gliederungsbedeutung des Dekalogs in Ansehnung der Tora, in: Markus

vor allem mit der Herausführung aus Ägypten ganz auf Israel bezogen gewesen[256]. Das Bilderverbot führte er nicht gesondert an, weil es seiner Ansicht nach mit dem Fremdgötterverbot zusammenfiel[257]. Denn *Luther* verstand die kultische Verehrung von Bildern als „Kehrseite des Götzendienstes“[258].

Beide christliche Konfessionen sind in der Folge sowohl der augustinisch-lutherischen Zählung als auch deren Verteilung der Begehrensverbote auf das neunte und das zehnte Gebot sowie der Verteilung der Zehn Gebote auf die beiden Tafeln gefolgt[259].

c) *Orthodoxe und Reformierte*

Die Griechisch-Orthodoxen und die Reformierten verbinden die Selbstvorstellung Gottes mit der Erinnerung an die Herausführung aus Ägypten mit dem Fremdgötterverbot zum ersten Gebot, fahren mit dem Bilderverbot als zweites Gebot fort und enden mit den Begehrensverboten, die zum zehnten Gebot zusammengezogen werden[260]. Sie folgen also in der Zählung ab dem dritten Gebot der jüdischen Überlieferung.

4. Die Funktion der Zehn Gebote

Die Zehn Gebote werden gattungsgeschichtlich den apodiktischen Rechtssätzen zugeordnet, die allein eine Rechtsnorm, aber im Gegensatz zum kasuistischen

---

Vogt/Wilhelm Korff (Hrsg.), Gliederungssysteme angewandter Ethik: Ein Handbuch. Nach einem Projekt von Wilhelm Korff, Freiburg im Breisgau 2016, S. 117 (143).

256 So *Matthias Köckert*: Die zehn Gebote, 2. Auflage, München 2013, S. 32.

257 *Bo Reicke*: Die zehn Worte in Geschichte und Gegenwart. Zählung und Bedeutung der Gebote in den verschiedenen Konfessionen, Tübingen 1973, S. 14; *Matthias Köckert*: Die zehn Gebote, 2. Auflage, München 2013, S. 33.

258 *Matthias Köckert*: Die zehn Gebote, 2. Auflage, München 2013, S. 33; vgl. auch *Bo Reicke*: Die zehn Worte in Geschichte und Gegenwart. Zählung und Bedeutung der Gebote in den verschiedenen Konfessionen, Tübingen 1973, S. 14.

259 *Bo Reicke*: Die zehn Worte in Geschichte und Gegenwart. Zählung und Bedeutung der Gebote in den verschiedenen Konfessionen, Tübingen 1973, S. 11 ff.; *Matthias Köckert*: Die zehn Gebote, 2. Auflage, München 2013, S. 33.

260 Zur Aufteilung der Zehn Gebote auf die beiden Tafeln *Bo Reicke*: Die zehn Worte in Geschichte und Gegenwart. Zählung und Bedeutung der Gebote in den verschiedenen Konfessionen, Tübingen 1973, S. 21 ff. sowie *Matthias Köckert*: Die zehn Gebote, 2. Auflage, München 2013, S. 33 f.

Recht keine Rechtsfolgenbestimmung beinhalten[261]. Sie gehören deshalb nicht zum Recht, sondern zum Ethos, wenngleich sich inhaltlich viele Parallelen zu den Gesetzen des *Hammurapi* (1792-1750 v. Chr.) aufzeigen lassen[262].

Die Gebote und Verbote entstammen dem Sippenethos und regeln, wenn auch meist nicht in jener apodiktischen Gestalt, das Zusammenleben in einer nomadisch-frühsesshaften Gesellschaft[263]. Als Grundgedanke einer weltlichen und geistlichen Lebensordnung sind sie nicht auf Strafandrohung, sondern auf Prävention und Bewahrung der Freiheit gerichtet[264] und gehen so dem Recht voraus, das begangene Taten ahndet. Die wiederholte Verneinung „Du sollst nicht" (*lo*) in Verbindung mit dem Indikativ des Verbs stellt im Hebräischen dabei die stärkste Form des Verbotes dar und lässt keine Kompromisse zu[265]. Für *Thomas Mann* waren sie daher nichts Geringeres als „Grundanweisung und Fels des Menschenanstandes unter den Völkern der Erde"[266].

---

261 *Erhard Gerstenberger*: Wesen und Herkunft des Apodiktischen Rechts, Neukirchen 1965, S. 55 ff., 110 ff.; *Ernst-Joachim Waschke*: Der Gesalbte. Studien zur alttestamentlichen Theologie, Berlin u. a. 2001, S. 225; *Matthias Köckert*: Die zehn Gebote, 2. Auflage, München 2013, S. 21.

262 *Markus Vogt/Peter Marinkovic:* Die Gliederungsbedeutung des Dekalogs in Ansehnung der Tora, in: Markus Vogt/Wilhelm Korff (Hrsg.), Gliederungssysteme angewandter Ethik: Ein Handbuch. Nach einem Projekt von Wilhelm Korff, Freiburg im Breisgau 2016, S. 117 (129).

263 *Erhard Gerstenberger*: Wesen und Herkunft des Apodiktischen Rechts, Neukirchen 1965, S. 55 ff., 110 ff.; *Ernst-Joachim Waschke*: Der Gesalbte. Studien zur alttestamentlichen Theologie, Berlin u. a. 2001, S. 225; *Matthias Köckert*: Die zehn Gebote, 2. Auflage, München 2013, S. 21; *Markus Vogt/Peter Marinkovic:* Die Gliederungsbedeutung des Dekalogs in Ansehnung der Tora, in: Markus Vogt/Wilhelm Korff (Hrsg.), Gliederungssysteme angewandter Ethik: Ein Handbuch. Nach einem Projekt von Wilhelm Korff, Freiburg im Breisgau 2016, S. 117 (129).

264 *Matthias Köckert*: Die zehn Gebote, 2. Auflage, München 2013, S. 21; *Markus Vogt/Peter Marinkovic:* Die Gliederungsbedeutung des Dekalogs in Ansehnung der Tora, in: Markus Vogt/Wilhelm Korff (Hrsg.), Gliederungssysteme angewandter Ethik: Ein Handbuch. Nach einem Projekt von Wilhelm Korff, Freiburg im Breisgau 2016, S. 117 (129).

265 *Matthias Köckert*: Die zehn Gebote, 2. Auflage, München 2013, S. 21; *Markus Vogt/Peter Marinkovic:* Die Gliederungsbedeutung des Dekalogs in Ansehnung der Tora, in: Markus Vogt/Wilhelm Korff (Hrsg.), Gliederungssysteme angewandter Ethik: Ein Handbuch. Nach einem Projekt von Wilhelm Korff, Freiburg im Breisgau 2016, S. 117 (128).

266 *Thomas Mann*: Das Gesetz, Stockholm 1944, S. 81 f.

Durch die zentrale Stellung des Dekalogs – in Dtn 5 vor den Rechtsbestimmungen im engeren Sinne (Dtn 12-26) sowie in Ex 20 vor dem „Bundesbuch" – kommt dem Dekalog in der pentateuchischen Rechtshermeneutik etwas „Grundsätzliches" zu[267]. Weiter Indizien hierfür sind die Theophanie Gottes, die direkte Offenbarung Gottes ohne mosaische Vermittlung am Berg Horeb und die Verschriftlichung durch Gott selbst[268]. Indem Mose die beiden Tafeln mit dem Dekalog als Urkunde des „Bundes" schließlich in die Gotteslade legt (Dtn 10,5), wird die herausgehobene Bedeutung des Dekalogs sodann noch weiter unterstrichen[269]. Der Theologe *Frank-Lothar Hossfeld* verstand den Dekalog vor diesem Hintergrund sogar als „universal und dauerhaft gültige[s] Grundgesetz"[270].

---

267 Zum Kontext *Eckart Otto:* Die Dekaloge in der Rechtshermeneutik der Tora. Zu einem Buch von Dominik Markl SJ, in: ZAR 7 (2007), S. 277 (277 ff.); siehe auch *Matthias Köckert*: Die zehn Gebote, 2. Auflage, München 2013, S. 18; *Markus Vogt/Peter Marinkovic:* Die Gliederungsbedeutung des Dekalogs in Ansehnung der Tora, in: Markus Vogt/Wilhelm Korff (Hrsg.), Gliederungssysteme angewandter Ethik: Ein Handbuch. Nach einem Projekt von Wilhelm Korff, Freiburg im Breisgau 2016, S. 117 (118).

268 *Eckart Otto*: Deuteronomium 1-11. Zweiter Teilband 4,44-11, Freiburg im Breisgau u. a. 2012, S. 695.

269 *Matthias Köckert*: Die zehn Gebote, 2. Auflage, München 2013, S. 18; *Markus Vogt/Peter Marinkovic:* Die Gliederungsbedeutung des Dekalogs in Ansehnung der Tora, in: Markus Vogt/Wilhelm Korff (Hrsg.), Gliederungssysteme angewandter Ethik: Ein Handbuch. Nach einem Projekt von Wilhelm Korff, Freiburg im Breisgau 2016, S. 117 (119).

270 *Frank-Lothar Hossfeld*: Der Dekalog. Seine späten Fassungen, die originale Komposition und seine Vorstufen, Freiburg (Schweiz) 1982, S. 283.

D. Spuren der Zehn Gebote in der Landesverfassung Nordrhein-Westfalens

Im Folgenden wendet sich die Arbeit nach diesen Vorüberlegungen dem nordrhein-westfälischen Landesverfassungstext zu. Dabei wird zunächst untersucht, inwieweit die Landesverfassung die Gebote des Dekalogs entweder explizit oder implizit positiv konnotiert [ohne Anspruch auf Vollständigkeit; I.]. Anschließend widmet sich die Arbeit – erneut beispielhaft – der Frage, inwieweit die dekalogischen Gebote auch durch die rezipierten grundgesetzlichen Bestimmungen (Art. 4 LV NW) eine entweder explizite oder implizite Konnotation erfahren haben [II.]. Am Ende steht die Suche nach solchen Geboten des Dekalogs, die sich von den landesverfassungsrechtlichen oder von den durch die Landesverfassung rezipierten grundgesetzlichen Bestimmungen kritisch distanzieren oder mit diesen sogar im Widerspruch stehen [III.].

I. Positive Konnotation der Zehn Gebote durch die Landesverfassung

Wie zu Beginn bereits angedeutet ist die Liste derjenigen Gebote des Dekalogs die in der nordrhein-westfälischen Landesverfassung selbst Spuren hinterlassen haben vergleichsweise kurz. Im Folgenden werden diejenigen Gebote näher erläutert, nämlich das Sabbatgebot, das Elterngebot und das Ehebruchverbot, die in der Landesverfassung selbst explizit oder implizit positiv konnotiert werden.

1. Sabbatgebot (3. Gebot)

> *„Achte auf den Sabbat: Halte ihn heilig, wie es dir der Herr, dein Gott, zur Pflicht gemacht hat. Sechs Tage darfst du schaffen und jede Arbeit tun. Der siebte Tag ist ein Ruhetag, dem Herrn, deinem Gott, geweiht. An ihm darfst du keine Arbeit tun: du, dein Sohn und deine Tochter, dein Sklave und deine Sklavin, dein Rind, dein Esel und dein ganzes Vieh und der Fremde, der in deinen Stadtbereichen Wohnrecht hat. Dein Sklave und deine Sklavin sollen sich ausruhen wie du. Denk daran: Als du in Ägypten Sklave warst, hat dich der Herr, dein Gott mit starker Hand und hoch erhobenem Arm dort herausgeführt. Darum hat es dir der Herr, dein Gott, zur Pflicht gemacht, den Sabbat zu halten." (Dtn 5,12-15)*

Das Sabbatgebot des Dekalogs hat seine Spuren nicht nur in dem bundesverfassungsrechtlichen Sonn- und Feiertagsschutz gemäß Art. 140 GG i. V. m. Art. 139 WRV hinterlassen, sondern auch in der nordrhein-westfälischen Landesverfassung selbst: Art. 25 Abs. 1 LV NW. Die Regelung des Art. 25 Abs. 1

LV NW schützt den Sonntag und die staatlich anerkannten Feiertage als Tage der Gottesverehrung, der seelischen Erhebung, der körperlichen Erholung und der Arbeitsruhe.

Ein tragender Gedanke des Hintergrundes des in der Landesverfassung verankerten Sonn- und Feiertagsschutzes lässt sich der jüdisch-christlichen Tradition entnehmen: Die Heiligung des allwöchentlich wiederkehrenden Feiertages und die Arbeitsruhe an solchen Tagen, wie es dem Sabbatgebot des Dekalogs entspricht[271].

Um die Spuren des Sabbatgebotes in der nordrhein-westfälischen Landesverfassung zu untersuchen, werden im Folgenden zunächst der ursprüngliche Sinn des Sabbats, des Siebten Tages sowie des Sonntages [a)] und anschließend die Begründung des christlichen Arbeitsethos [b)] dargestellt. Im Anschluss daran werden die, neben den religiösen bestehenden sozialen Wurzeln des Sonn- und Feiertagsschutzes [c)] erläutert, die für den Import des Sonn- und Feiertagsschutzes in die Landesverfassung ebenso maßgebend waren. Schließlich wird die Entwicklung des staatlichen Rechts bis hin zum landesverfassungsrechtlichen Sonn- und Feiertagsschutz in Nordrhein-Westfalen analysiert [d)]. Zuletzt wird überprüft, inwieweit der christlich geprägte Sonn- und Feiertagsschutz auch heute noch fortwirkt [e)] und wie die Privilegierung des Sonntags und der religiösen christlichen Feiertage vor dem Hintergrund der Neutralitätspflicht des Staates erklärbar ist [f)].

a) Ursprünglicher Sinn

aa) Sabbat und Siebter Tag

„Sabbat ist die vom hebräischen Verbum שבת([*šbt*] aufhören, zu Ende kommen) in der altisraelitischen Ruhetagsvorschrift (Ex 34,21) erstmals bezeugten Sonderbedeutung ‚feiern' abgeleitete, durch Gemination des mittleren Radikals gewonnene Intensivbildung eines Nomens, dessen Femininendung die abstrakte

271 Aus Klarstellungsgründen wird bereits an dieser Stelle darauf hingewiesen, dass der in der Landesverfassung verankerte Sonn- und Feiertagsschutz nicht allein auf einem religiösen, christlich geprägten Fundament basiert, sondern auch soziale Wurzeln hat; siehe dazu *Thomas Hoeren*: Feiertagsgesetze der Bundesländer. Synoptischer Kommentar, Köln 1989, S. 1; *Jörg Splett*: Fest – Feier – Sonntäglichkeit, in: Essener Gespräche zum Thema Staat und Kirche 24 (1990), S. 4 (20 ff.); *Andreas Mattner*: Sonn- und Feiertagsrecht, 2. Auflage, Köln u. a. 1991, S. 7 ff.

Bedeutung ‚Feiern' nahelegt, so dass der ‚Tag des Sabbats' (Dtn 5,12-15) wohl den (allwöchentlich wiederkehrenden) ‚Feiertag' meint."[272]

Die Vorgeschichte des Sabbats beginnt mit der Anordnung der Ruhetagsvorschrift in Ex 34,18[273]. Danach soll nach sechs Tagen Arbeitsbelastung der siebte Tag frei von Arbeit sein. Durch die Einrichtung des Siebten Tages etablierte sich der Wochenrhythmus von sechs plus eins Tagen[274]. Der Sieben-Tages-Rhythmus ist völlig unabhängig von jedem Naturgeschehen, sondern beruht ganz und gar auf künstlicher Zäsur, die der siebte Tag dadurch setzt, dass er sich durch Arbeitsruhe von den sechs übrigen Tagen unterscheidet[275].

Unabhängig von der Einrichtung des Siebten Tages galt in Israel seit der frühen Königszeit der Sabbat als ein besonderer Tag, an dem Landarbeiten (2 Kön 4,23) und Handelsgeschäfte (Am 8,5) ruhten und Gottesdienste stattfanden (Hos 2,13; Jes 1,13; Klgl 2,6)[276]. Ursprünglich hatte der Sabbat demnach eine die Freiheit sichernde Funktion.

Die Bezeichnungen Sabbat und Siebter Tag sind die Folge zweier unterschiedlicher Stadien in der Geschichte des Feiertags. Die Bezeichnung Siebter Tag fällt in das Anfangsstadium, als man den Tag durch bloßes Abzählen bestimmt hat[277]. Dagegen ist die Bezeichnung Sabbat Ergebnis der schon reflektierten Glaubenspraxis Israels[278].

---

272 *Ernst Haag*: Art. Sabbat, I. Altes Testament, in: Walter Kasper/Michael Buchberger (Hrsg.), Lexikon für Theologie und Kirche, Band 8, 3. Auflage, Freiburg im Breisgau 1999 (Neudruck 2017), Sp. 1401 (1401).

273 *Matthias Köckert*: Die zehn Gebote, 2. Auflage, München 2013, S. 70; *Ernst Haag*: Art. Sabbat, I. Altes Testament, in: Walter Kasper/Michael Buchberger (Hrsg.), Lexikon für Theologie und Kirche, Band 8, 3. Auflage, Freiburg im Breisgau 1999 (Neudruck 2017), Sp. 1401 (1401).

274 Statt aller *Matthias Köckert*: Leben in Gottes Gegenwart, Tübingen 2004, S. 96.

275 Diese Position bei *Matthias Köckert*: Leben in Gottes Gegenwart, Tübingen 2004, S. 96.

276 *Matthias Köckert*: Die zehn Gebote, 2. Auflage, München 2013, S. 70; *Ernst Haag*: Art. Sabbat, I. Altes Testament, in: Walter Kasper/Michael Buchberger (Hrsg.), Lexikon für Theologie und Kirche, Band 8, 3. Auflage, Freiburg im Breisgau 1999 (Neudruck 2017), Sp. 1401 (1402).

277 So statt aller *Ernst Haag*: Art. Sabbat, I. Altes Testament, in: Walter Kasper/Michael Buchberger (Hrsg.), Lexikon für Theologie und Kirche, Band 8, 3. Auflage, Freiburg im Breisgau 1999 (Neudruck 2017), Sp. 1401 (1402).

278 *Ernst Haag*: Art. Sabbat, I. Altes Testament, in: Walter Kasper/Michael Buchberger (Hrsg.), Lexikon für Theologie und Kirche, Band 8, 3. Auflage, Freiburg im Breisgau 1999 (Neudruck 2017), Sp. 1401 (1402).

Das Sabbatgebot des Dekalogs identifiziert erstmals im Alten Testament den Sabbat mit dem Siebten Tag[279]. Durch die Verbindung des Sabbats mit dem bis dahin getrennt auftretenden Arbeitstabu des Siebten Tages bildet das Sabbatgebot den Sabbat so zu einem wöchentlichen Feiertag um[280].

Während die Dtn-Fassung mit dem Feiertag noch traditionsgeschichtlich im Rückgriff auf die Ruhetagsvorschrift (Ex 34,21) zur Erinnerung an die Befreiung des Sklavenvolkes aus Ägypten aufruft (Dtn 5,12-15), zieht die Ex-Fassung bei der Begründung des Feiertages eine Parallele der Arbeit des Menschen mit dem Schaffen Gottes und verweist auf die Schöpferruhe Gottes nach Vollendung seines Werkes am siebten Schöpfungstag (Ex 20,8-11)[281].

bb) Vom Sabbat zum Sonntag

Der christliche Sonntag ist in seiner ursprünglichen Bedeutung vom Sabbat zu unterscheiden. Eine Verbindung des Sonntags zum Gebot der Feiertagsheiligung des Dekalogs lässt sich in den ersten Jahrhunderten noch nicht feststellen[282].

---

279 Durch die Definition in Dtn 5,14: „Der siebte Tag ist ein Ruhetag, dem Herrn, deinem Gott, geweiht" wird der Sabbat erstmals mit dem siebten Tag identifiziert und zugleich eindeutig dem Gott Israels zugeordnet; siehe dazu *Matthias Köckert*: Die zehn Gebote, 2. Auflage, München 2013, S. 70 f.; *Ernst Haag*: Art. Sabbat, I. Altes Testament, in: Walter Kasper/Michael Buchberger (Hrsg.), Lexikon für Theologie und Kirche, Band 8, 3. Auflage, Freiburg im Breisgau 1999 (Neudruck 2017), Sp. 1401 (1402).

280 Zur sozialen Ausrichtung der Dtn-Fassung gegenüber der Ex-Fassung wird auf die Ausführungen oben unter C. II. 2. Unterschiede zwischen Dtn 5 und Ex 20 verwiesen. Siehe ferner *Matthias Köckert*: Die zehn Gebote, 2. Auflage, München 2013, S. 70.

281 *Matthias Köckert*: Die zehn Gebote, 2. Auflage, München 2013, S. 72; *Ernst Haag*: Art. Sabbat, I. Altes Testament, in: Walter Kasper/Michael Buchberger (Hrsg.), Lexikon für Theologie und Kirche, Band 8, 3. Auflage, Freiburg im Breisgau 1999 (Neudruck 2017), Sp. 1401 (1402). Gottes Erschaffung der Welt (Gen 2,2-3) liegt die zeitliche Ordnung der Sieben-Tage-Woche zugrunde: Am siebten Tag vollendete Gott „das Werk, das er geschaffen hatte", indem er „ruhte" (*šabat*) und diesen Tag von den übrigen sechs Tagen für immer („Gott segnete den siebten Tag") unterscheidet („und erklärte ihn für heilig"); siehe dazu *Matthias Köckert*: Die zehn Gebote, 2. Auflage, München 2013, S. 72. Siehe hierzu auch die Ausführungen unter C. II. 2. Unterschiede zwischen Dtn 5 und Ex 20.

282 *Willy Rordorf*: Der Sonntag. Geschichte des Ruhe- und Gottesdiensttage im ältesten Christentum, Zürich 1962, S. 11 ff.; *Willy Rordorf*: Art. Sonntag, II. Historisch-theologisch, in: Walter Kasper/Michael Buchberger Band 9, 3. Auflage, Freiburg im Breisgau 2000 (Neudruck 2017), Sp. 727 Sp. 728; *Martin Morlok*, in: Horst Dreier (Hrsg.), Kommentar zum Grundgesetz, Band 3, 3. Auflage, Tübingen 2018, Art. 139 WRV Rn. 1.

Anders als der Sabbat, der als Tag vollkommener Arbeitsruhe begangen wurde, war der Sonntag bis ins vierte Jahrhundert ein Arbeitstag, lediglich unterbrochen durch die Zeit des Gottesdienstes[283].

Der Überlieferung zufolge ist Jesu Christi an einem Sonntag, dem ersten Tag der Woche, von den Toten auferstanden[284]. Das dürfte auch der Grund für die christliche Neuerung gewesen sein, den Gottesdienst an einem Sonntag statt an einem Sabbat zu feiern[285]. Der Sonntag wurde und wird als erster Tag der damaligen Wochenzählung, nach christlichem Selbstverständnis als Tag des Herren (*dies dominica*) in Erinnerung an die Auferstehung Jesu Christi begangen[286]. Nachdem der Sonntag nach Bevorstehendem zunächst aber noch ein ganz normaler Arbeitstag war, wurde der Sonntag durch einen Gottesdienst am frühen Morgen und am Abend durch die Feier der Eucharistie im Rahmen einer Mahlzeit begangen[287].

---

283 *Willy Rordorf*: Der Sonntag. Geschichte des Ruhe- und Gottesdiensttage im ältesten Christentum, Zürich 1962, S. 291; *Hubert Schiepek*: Der Sonntag und kirchlich gebotene Feiertage nach kirchlichem und weltlichem Recht. Eine rechtshistorische Untersuchung, Frankfurt am Main u. a. 2003, S. 186; *Martin Morlok*, in: Horst Dreier (Hrsg.), Kommentar zum Grundgesetz, Band 3, 3. Auflage, Tübingen 2018, Art. 139 WRV Rn. 1.

284 „Am ersten Tag der Woche kamen sie in aller Frühe zum Grab, als eben die Sonne aufging. Sie sagten zueinander: Wer könnte uns den Stein vom Eingang des Grabes wegwälzen? Doch als sie hinblickten, sahen sie, dass der Stein schon weggewälzt war; er war sehr groß. Sie gingen in das Grab hinein und sahen auf der rechten Seite einen jungen Mann sitzen, der mit einem weißen Gewand bekleidet war; da erschraken sie sehr. Er aber sagte zu ihnen: Erschreckt nicht! Ihr sucht Jesus von Nazareth, den Gekreuzigten. Er ist auferstanden; er ist nicht hier. Seht, da ist die Stelle, wo man ihn hingelegt hatte." Mk 16,2-6.

285 *Matthias Köckert*: Die zehn Gebote, 2. Auflage, München 2013, S. 106; *Willy Rordorf*: Art. Sonntag, II. Historisch-theologisch, in: Walter Kasper/Michael Buchberger Band 9, 3. Auflage, Freiburg im Breisgau 2000 (Neudruck 2017), Sp. 727 Sp. 727.

286 *Wolfgang Mosbacher*: Sonntagsschutz und Ladenschluss, Berlin 2007, S. 32; *Matthias Köckert*: Die zehn Gebote, 2. Auflage, München 2013, S. 106; *Willy Rordorf*: Art. Sonntag, II. Historisch-theologisch, in: Walter Kasper/Michael Buchberger Band 9, 3. Auflage, Freiburg im Breisgau 2000 (Neudruck 2017), Sp. 727 Sp. 727; *Thaddäus A. Schnitker*: Art. Sonntag, IV. Liturgisch, in: Walter Kasper/Michael Buchberger Band 9, 3. Auflage, Freiburg im Breisgau 2000 (Neudruck 2017), Sp. 729 Sp. 729; *Martin Morlok*, in: Horst Dreier (Hrsg.), Kommentar zum Grundgesetz, Band 3, 3. Auflage, Tübingen 2018, Art. 139 WRV Rn. 1.

287 *Wolfgang Mosbacher*: Sonntagsschutz und Ladenschluss, Berlin 2007, S. 32; *Matthias Köckert*: Die zehn Gebote, 2. Auflage, München 2013, S. 106; *Willy Rordorf*:

Eine Annäherung der Gebräuche erfolgte jedoch, nachdem der zum Christentum bekehrte römische Kaiser *Konstantin der Große* im Jahre 321 den Sonntag zum Tag allgemeiner Ruhe von allen Arbeiten und Geschäften erklärte, an dem nur Feldarbeit und Freilassung von Sklaven erlaubt waren[288]. Wie schon die Erlaubnis der Feldarbeit zeigt, hatte Kaiser *Konstantin* aber vermutlich nicht an das jüdische Sabbatgebot gedacht[289].

Erst in den folgenden Jahrhunderten setzte eine kirchliche Deutung der Arbeitsruhe am Sonntag im Sinn der Sabbatruhe ein, die den Sonntag immer stärker zum „christlichen Sabbat" machte und den Sabbat schließlich durch den Sonntag ablöste[290].

b) Begründung des christlichen Arbeitsethos

Seit der nachkonstantinischen Zeit wurde die Sonntagsheiligung Teil des christlichen Arbeitsethos[291].

Art. Sonntag, II. Historisch-theologisch, in: Walter Kasper/Michael Buchberger Band 9, 3. Auflage, Freiburg im Breisgau 2000 (Neudruck 2017), Sp. 727 Sp. 727; *Thaddäus A. Schnitker*: Art. Sonntag, IV. Liturgisch, in: Walter Kasper/Michael Buchberger Band 9, 3. Auflage, Freiburg im Breisgau 2000 (Neudruck 2017), Sp. 729 Sp. 729; *Martin Morlok*, in: Horst Dreier (Hrsg.), Kommentar zum Grundgesetz, Band 3, 3. Auflage, Tübingen 2018, Art. 139 WRV Rn. 1.

288 *Willy Rordorf*: Der Sonntag. Geschichte des Ruhe- und Gottesdiensttage im ältesten Christentum, Zürich 1962, Einleitung IX; *Jörg Splett*: Fest – Feier – Sonntäglichkeit, in: Essener Gespräche zum Thema Staat und Kirche 24 (1990), S. 4 (22); *Andreas Mattner*: Sonn- und Feiertagsrecht, 2. Auflage, Köln u. a. 1991, S. 8; *Wolfgang Mosbacher*: Sonntagsschutz und Ladenschluss, Berlin 2007, S. 31; *Matthias Köckert*: Die zehn Gebote, 2. Auflage, München 2013, S. 107; *Willy Rordorf*: Art. Sonntag, II. Historisch-theologisch, in: Walter Kasper/Michael Buchberger Band 9, 3. Auflage, Freiburg im Breisgau 2000 (Neudruck 2017), Sp. 727 Sp. 728; *Peter Unruh*: Religionsverfassungsrecht, 4. Auflage, Baden-Baden 2018, § 16 Rn. 541.

289 So *Andreas Mattner*: Sonn- und Feiertagsrecht, 2. Auflage, Köln u. a. 1991, S. 15; *Matthias Köckert*: Die zehn Gebote, 2. Auflage, München 2013, S. 107.

290 Diese Auffassung bei *Andreas Mattner*: Sonn- und Feiertagsrecht, 2. Auflage, Köln u. a. 1991, S. 8; *Willy Rordorf*: Lex orandi. Lex credendi. Gesammelte Aufsätze zum 60. Geburtstag Freiburg (Schweiz) 1993, S. 14; *Wolfgang Mosbacher*: Sonntagsschutz und Ladenschluss, Berlin 2007, S. 35; *Matthias Köckert*: Die zehn Gebote, 2. Auflage, München 2013, S. 105, 107; *Willy Rordorf*: Art. Sonntag, II. Historisch-theologisch, in: Walter Kasper/Michael Buchberger Band 9, 3. Auflage, Freiburg im Breisgau 2000 (Neudruck 2017), Sp. 727 Sp. 728.

291 *Hubert Schiepek*: Der Sonntag und kirchlich gebotene Feiertage nach kirchlichem und weltlichem Recht. Eine rechtshistorische Untersuchung, Frankfurt am Main u. a. 2003,

Durch die Erhebung des Christentums zur Staatsreligion im Jahre 380 und einem damit einhergehenden starken Anwachsen der Zahl der Christen wurde die kaiserliche Anordnung der Arbeitsruhe an den Sonntagen zur öffentlichen Angelegenheit[292]. Dabei sollte das Arbeitsverbot jedoch weder den formalistischen Charakter des Sabbatverbotes annehmen noch sich in einer Einzelfallkasuistik erschöpfen[293].

Die Wurzeln der Rechtssetzung zu den Arbeitsverboten an den christlichen Sonn- und Feiertagen liegen im 5. Jahrhundert[294].

aa) Frühe römische und germanische Schutzbestimmungen

Es befassten sich nun verschiedene römische Kaiser mit dem Schutz der Sonntagsruhe, proklamierten unterschiedliche Arbeitsverbote und forderten die Einstellung lärmender Lustbarkeiten.

Während der Nachfolger Kaiser *Konstantins* den gesetzlichen Schutz des Sonntages weiter ausdehnte, indem er zur Gewährleistung der äußeren Ruhe eine Regelung erließ, nach der in den Jahren 398 und 399 mit Wettkämpfen und Theatervorstellungen erstmals Vergnügungsveranstaltungen an Sonntagen verboten wurden[295], untersagte Kaiser *Leo* schließlich den Knechten die Feldarbeit an Sonntagen[296].

König *Childebert I.* drohte im Jahre 554 in den ersten germanischen Regelungen harte Strafen für einen Verstoß gegen das Verbot der Sonntagsarbeit an[297].

S. 187; *Clara zu Löwenstein*: Christliche Werte im Bürgerlichen Recht, Berlin 2018, S. 139.

292 *Hubert Schiepek*: Der Sonntag und kirchlich gebotene Feiertage nach kirchlichem und weltlichem Recht. Eine rechtshistorische Untersuchung, Frankfurt am Main u. a. 2003, S. 189; *Clara zu Löwenstein*: Christliche Werte im Bürgerlichen Recht, Berlin 2018, S. 139.

293 *Clara zu Löwenstein*: Christliche Werte im Bürgerlichen Recht, Berlin 2018, S. 139.

294 *Peter Unruh*: Religionsverfassungsrecht, 4. Auflage, Baden-Baden 2018, § 16 Rn. 541.

295 *Andreas Mattner*: Sonn- und Feiertagsrecht, 2. Auflage, Köln u. a. 1991, S. 15; *Wolfgang Mosbacher*: Sonntagsschutz und Ladenschluss, Berlin 2007, S. 33.

296 *Andreas Mattner*: Sonn- und Feiertagsrecht, 2. Auflage, Köln u. a. 1991, S. 15; *Wolfgang Mosbacher*: Sonntagsschutz und Ladenschluss, Berlin 2007, S. 33.

297 MGH Capit. 1, S. 2; *Franz Burtscheidt*: Der Sonn- und Feiertagsschutz nach der Reichsverfassung vom 11. August 1919, Köln 1932, S. 8; *Andreas Mattner*: Sonn- und Feiertagsrecht, 2. Auflage, Köln u. a. 1991, S. 16; *Wolfgang Mosbacher*: Sonntagsschutz und Ladenschluss, Berlin 2007, S. 34.

bb) Entwicklung der Zahl von Feiertagen

Im Laufe der nächsten Jahrhunderte wuchs die Zahl der Festtage zunehmend an. Während im 8. Jahrhundert bereits 70 Ruhetage gezählt wurden, so waren es im 12. Jahrhundert mindestens 100[298]. Durch die hohe Zahl an Feiertagen stagnierte der Handel, während die Frage nach einer sinnvollen Freizeitgestaltung bereits in der vorindustriellen Zeit an Bedeutung gewann[299]. So ließ die katholische Kirche aufgrund des wirtschaftlichen Drucks und der hohen Anzahl an Ruhetagen an Sonn- und Feiertagen deutlich mehr Ausnahmen vom Arbeitsverbot zu[300].

Einhergehend mit dieser Entwicklung sah sich Papst *Urban VIII* im Jahre 1624 gezwungen, die Gesamtzahl der Feiertage signifikant zu kürzen[301]. Die Bedeutung dieses Aktes ist mit der Zurückhaltung des Staates auf dem Gebiet der Feiertagsgesetzgebung zu erklären[302]. Nach dem damaligen Verständnis intensiver Verschränkung von Staat und Kirche oblag letzterer die Festlegung der Feiertage. Eine staatliche Anerkennung kirchlicher Feiertage gab es nicht[303]. Lediglich bei der Durchsetzung der kirchlichen Feiertagsgebote mussten die weltlichen Herrscher Hilfe leisten[304].

cc) Verankerung im Codex Iuris Canonici

Für die Kirchen sind die Sonn- und Feiertage bis zur modernen Zeit essentiell, um ihren Angehörigen Raum zum gemeinsamen Gottesdienst zu geben und die Verbindung zwischen Kirche und Gläubigen zu gewährleistet.

---

298 *Andreas Mattner*: Sonn- und Feiertagsrecht, 2. Auflage, Köln u. a. 1991, S. 9.

299 *Andreas Mattner*: Sonn- und Feiertagsrecht, 2. Auflage, Köln u. a. 1991, S. 9; *Gerold Neusser*: Feiertage, in: Albrecht Cordes/Heiner Lück/Dieter Werkmüller (Hrsg.), Handwörterbuch zur deutschen Rechtsgeschichte, Band 1, 2. Auflage, Berlin 2008, Sp. 1527 (1527); *Peter Unruh*: Religionsverfassungsrecht, 4. Auflage, Baden-Baden 2018, § 16 Rn. 541.

300 Eingehend hierzu *Wolfgang Mosbacher*: Sonntagsschutz und Ladenschluss, Berlin 2007, S. 39.

301 *Andreas Mattner*: Sonn- und Feiertagsrecht, 2. Auflage, Köln u. a. 1991, S. 9; *Wolfgang Mosbacher*: Sonntagsschutz und Ladenschluss, Berlin 2007, S. 39.

302 So *Wolfgang Mosbacher*: Sonntagsschutz und Ladenschluss, Berlin 2007, S. 39.

303 *Wolfgang Mosbacher*: Sonntagsschutz und Ladenschluss, Berlin 2007, S. 38.

304 *Wolfgang Mosbacher*: Sonntagsschutz und Ladenschluss, Berlin 2007, S. 38; *Gerold Neusser*: Feiertage, in: Albrecht Cordes/Heiner Lück/Dieter Werkmüller (Hrsg.), Handwörterbuch zur deutschen Rechtsgeschichte, Band 1, 2. Auflage, Berlin 2008, Sp. 1527 (1527).

So legte das katholische Kirchenrecht des lateinischen Ritus *Codex Iuris Canonici* (CIC 1917) in can. 1248 das Verbot von knechtlicher Arbeit, der Veranstaltung von Märkten und Messen, des öffentlichen An- und Verkaufs und mit Einschränkungen der Vornahme gerichtlicher Amtshandlungen fest.

In der Neuauffassung des *Codex Iuris Canonici* (CIC 1983) heißt es in can. 1247 über die Verpflichtungen an Sonn- und Feiertagen: „die Gläubigen haben sich […] jener Werke und Tätigkeiten zu enthalten, die den Gottesdienst, die dem Sonntag eigene Freude oder die Geist und Körper geschuldete Erholung hindern." Demnach haben die Gläubigen an Sonn- und Feiertagen die Pflicht, einer Messe beizuwohnen und solche Arbeiten zu unterlassen, die der kultischen Verehrung Gottes und der notwendigen körperlichen und seelischen Erholung hinderlich sind.[305] Diese Vorschrift nähert sich auffällig der verfassungsrechtlichen Regelung des Sonn- und Feiertagsschutzes in Art. 25 LV NW: „Der Sonntag und die staatlich anerkannten Feiertage werden als Tage der Gottesverehrung, der seelischen Erhebung, der körperlichen Erholung und der Arbeitsruhe anerkannt und gesetzlich geschützt."

c) Sonntagsschutz als sozialpolitisches Ziel

Der heutige Sonn- und Feiertagsschutz basiert jedoch nicht allein auf einem religiösen Fundament, sondern auch auf einem sozialen Fundament[306].

aa) Arbeitsschutz

Die sozialpolitische Forderung nach Arbeitsschutz dürfte so alt sein wie die abhängige Arbeit selbst. Von einer „sozialen Frage", getragen durch den sozialen Zeitgeist der Arbeiterbewegung, spricht man aber erst seit Beginn der „industriellen Revolution" in der ersten Hälfte des 19. Jahrhunderts[307].

---

305 *Otto J. Voll/Johann Störle*: Handbuch des Bayerischen Staatskirchenrechts, Stuttgart u. a. 1985, S. 311; *Wolfgang Mosbacher*: Sonntagsschutz und Ladenschluss, Berlin 2007, S. 311.

306 Diese Auffassung bei *Martin Morlok*, in: Horst Dreier (Hrsg.), Kommentar zum Grundgesetz, Band 3, 3. Auflage, Tübingen 2018, Art. 139 WRV Rn. 1. Zur anthropologischen Bedeutung des Sonntags *Jörg Splett*: Fest – Feier – Sonntäglichkeit, in: Essener Gespräche zum Thema Staat und Kirche 24 (1990), S. 4 (4 ff.); *Peter Häberle*: Der Sonntag als Verfassungsprinzip, 2. Auflage, Berlin 2006, S. 47 ff.

307 *Andreas Mattner*: Sonn- und Feiertagsrecht, 2. Auflage, Köln u. a. 1991, S. 11; *Martin Morlok*, in: Horst Dreier (Hrsg.), Kommentar zum Grundgesetz, Band 3, 3. Auflage, Tübingen 2018, Art. 139 WRV Rn. 2.

Im Laufe der Industrialisierung sind gleichwohl auch durch ökonomische Interessen motivierte erste Durchbrechungen der Sonntagsruhe zu beobachten[308]. Die Ruhe des Sonntags sollte dem Gesundheitszustand des arbeitenden Menschen dienen, an den die Industrialisierung immer höhere Anforderungen stellte.

Infolge der beiden Weltkriege im 20. Jahrhundert erlitt der Sonntagsschutz jeweils noch stärkere Rückschläge, da die Kriegswirtschaft Menschen zu jeder Zeit – auch am Sonntag – vereinnahmte[309]. Auch während des mit den Weltkriegen jeweils einhergehendem Wiederaufbaus trat der Sonntagsschutz in den Hintergrund[310].

bb) Technische Zwänge und Sonntagsschutz

Die Gefahr für die Sonntagsruhe lag aber letztlich in der rasanten technischen Entwicklung mit Beginn des 20. Jahrhunderts[311]. So wurde in der Eisen- und Stahlindustrie schon bald eine „durchlaufende Fertigung" gefordert. Sie war einerseits unerlässlich, um technische Prozesse wie den Betrieb eines Hochofens überhaupt zu ermöglichen. Andererseits schaffte die durchgehende Arbeit auch eine höhere Produktivität. Infolge dessen nahm die Sonntagsarbeit erheblich zu.

Diese Entwicklung wollten aber weder die Kirchen noch die CDU/CSU-Fraktion im Bundestag tolerieren. So erklärte Papst *Pius XII* in seiner Weihnachtsansprache im Jahre 1956: „Noch deutlicher wird der Einfluß der technischen Gesinnung auf die Arbeit, wenn dem Sonntag seine einzigartige Würde als Tag der Gottesverehrung und der leiblichen wie seelischen Ruhe für den einzelnen wie für die Familie verlorengeht und wenn er statt dessen lediglich durch einen durch die Woche gleitenden Tag ersetzt wird"[312].

Ferner verlangte die CDU/CSU-Fraktion mit einer Großen Anfrage vom 26. Februar 1957[313] von der Bundesregierung die Unterrichtung über die extensive Ausnahmepraxis bei der Erlaubnis der Sonntagsarbeit[314]. Daraufhin

---

308 *Martin Morlok*, in: Horst Dreier (Hrsg.), Kommentar zum Grundgesetz, Band 3, 3. Auflage, Tübingen 2018, Art. 139 WRV Rn. 1.

309 *Andreas Mattner*: Sonn- und Feiertagsrecht, 2. Auflage, Köln u. a. 1991, S. 12.

310 Eingehend *Andreas Mattner*: Sonn- und Feiertagsrecht, 2. Auflage, Köln u. a. 1991, S. 12.

311 *Andreas Mattner*: Sonn- und Feiertagsrecht, 2. Auflage, Köln u. a. 1991, S. 12.

312 Verhandlungen des BT, 2. Wahlperiode, Band 36, 203. Sitzung am 10. April 1957, S. 11516.

313 Große Anfrage der Fraktion der CDU/CSU, 02/3236 vom 26. Februar 1957 .

314 *Andreas Mattner*: Sonn- und Feiertagsrecht, 2. Auflage, Köln u. a. 1991, S. 13.

versicherte die Bundesregierung durch den Bundesarbeitsminister *Storch*[315], an einer Sicherung des verfassungsmäßigen Schutzes der Sonn- und Feiertage durch geeignete Maßnahmen zu arbeiten[316].

d) Entwicklung des staatlichen Rechts

Um ein umfassendes Verständnis des durch die Landesverfassung Nordrhein-Westfalens garantierten Sonn- und Feiertagsschutzes zu erlangen, wird im Folgenden die Entwicklung des staatlichen Rechts angefangen von der Weimarer Reichsverfassung [aa)] bis hin zum landesverfassungsrechtlichen Schutz der Sonn- und Feiertage [bb)] veranschaulicht.

aa) Weimarer Reichsverfassung

Einen verfassungsgeschichtlichen Höhepunkt erfährt der Sonn- und Feiertagsschutz mit der Verankerung in Art. 139 WRV. Die Motive für die Aufnahme der Sonn- und Feiertagsruhe rührten nach Bevorstehendem sowohl aus sozialen Interessen an einem einheitlichen arbeitsfreien Tag in der Woche als auch aus der Sicherung der traditionellen religiösen Bedeutung der christlichen Feiertage und des Sonntags[317].

Zwar enthielten die Entwürfe der Weimarer Reichsverfassung ursprünglich keine entsprechende Regelung zum Sonn- und Feiertagsschutz[318]. So bedurfte es erst einer entsprechenden Intervention des Deutschen Evangelischen Kirchenausschusses[319]. Aufgrund der „politisch geglückten Verknüpfung der religiösen

---

315 Verhandlungen des BT, 2. Wahlperiode, Band 36, 203. Sitzung am 10. April 1957, S. 11512 ff.

316 *Andreas Mattner*: Sonn- und Feiertagsrecht, 2. Auflage, Köln u. a. 1991, S. 14.

317 Eingehend hierzu *Gerhard Anschütz*: Die Verfassung des Deutschen Reichs vom 11. August 1919, 14. Auflage, Berlin 1933, Art. 139 Anm. 1, 3; *Martin Morlok*, in: Horst Dreier (Hrsg.), Kommentar zum Grundgesetz, Band 3, 3. Auflage, Tübingen 2018, Art. 139 WRV Rn. 3; *Peter Unruh*, in: Hermann von Mangoldt/Friedrich Klein/Christian Starck, Grundgesetz-Kommentar, Band 3, 7. Auflage, München 2018, Art. 139 WRV Rn. 1.

318 *Peter Unruh*: Religionsverfassungsrecht, 4. Auflage, Baden-Baden 2018, § 16 Rn. 542.

319 *Andreas Mattner*: Sonn- und Feiertagsrecht, 2. Auflage, Köln u. a. 1991, S. 23; *Martin Morlok*, in: Horst Dreier (Hrsg.), Kommentar zum Grundgesetz, Band 3, 3. Auflage, Tübingen 2018, Art. 139 WRV Rn. 3; *Peter Unruh*, in: Hermann von Mangoldt/Friedrich Klein/Christian Starck, Grundgesetz-Kommentar, Band 3, 7. Auflage, München 2018, Art. 139 WRV Rn. 2; *Peter Unruh*: Religionsverfassungsrecht, 4. Auflage, Baden-Baden 2018, § 16 Rn. 542.

und sozialen Aspekte des Sonn- und Feiertagsschutzes“[320] wurden aber schließlich die Entwürfe hinsichtlich einer entsprechenden Vorschrift ergänzt[321].

Gemäß Art. 139 WRV bleiben der Sonntag und die staatlich anerkannten Feiertage als Tage der Arbeitsruhe und der seelischen Erhebung gesetzlich geschützt[322]. In dieser Formulierung schimmert der Gedanke durch, der sich später auch in der Präambel der Landesverfassung Nordrhein-Westfalens wiederfindet: Die Verfassung erkennt an, dass der Mensch Körper, Geist und Seele hat, dass er allumfassenden Bedürfnissen folgen können muss und dass im christlichen Abendland der Sonntag und die religiösen christlichen Feiertage einen tradierten Stellenwert haben.

bb) Landesverfassungsrechtlicher Sonn- und Feiertagsschutz in NRW

(1) Allgemeines

Die Sonntage und die staatlich anerkannten Feiertage werden in Nordrhein-Westfalen durch die Inkorporation des Art. 139 WRV in die Landesverfassung über die Aufnahme des Art. 140 GG durch Art. 22 LV NW geschützt. Darüber hinaus wird der Sonn- und Feiertagsschutz in Nordrhein-Westfalen durch die etwas ausführlichere landesverfassungsrechtliche Vorschrift des Art. 25 LV NW flankiert. Dies ist verfassungsrechtlich insoweit unbedenklich[323], als der Telos von Art. 139 WRV durch die Zusätze lediglich konkretisiert wird[324].

Ferner werden die Sonn- und Feiertage durch einfachgesetzliche Vorschriften konkretisiert.

---

320 *Armin Pahlke*: Sonn- und Feiertagsschutz als Verfassungsgut, in: Essener Gespräche zum Thema Staat und Kirche 24 (1990), S. 53 (56).

321 *Martin Morlok*, in: Horst Dreier (Hrsg.), Kommentar zum Grundgesetz, Band 3, 3. Auflage, Tübingen 2018, Art. 139 WRV Rn. 3; *Peter Unruh*: Religionsverfassungsrecht, 4. Auflage, Baden-Baden 2018, § 16 Rn. 543.

322 Art. 139 WRV abgedr. in Fabian Wittreck (Hrsg.): Weimarer Landesverfassungen. Die Verfassungsurkunden der deutschen Freistaaten 1918-1933, Tübingen 2004, S. 753.

323 So *Martin Morlok*, in: Horst Dreier (Hrsg.), Kommentar zum Grundgesetz, Band 3, 3. Auflage, Tübingen 2018, Art. 139 WRV Rn. 7.

324 Siehe die Ausführungen hierzu unter D. I. 1. d) bb) (2) (b) (ee) Gottesverehrung und körperliche Erholung.

(2) *Art. 25 Abs. 1 LV NW*

Der besondere Charakter von Ruhe und seelischer Erhebung findet sowohl in Art. 25 Abs. 1 LV NW als auch in Art. 140 GG i. V. m. Art. 139 WRV i. V. m. Art. 22 LV NW seinen Ausdruck.

Nach Art. 25 Abs. 1 LV NW werden der Sonntag und die staatlich anerkannten Feiertage als Tage der Gottesverehrung, der seelischen Erhebung, der körperlichen Erholung und der Arbeitsruhe anerkannt und gesetzlich geschützt.

(a) *Institutionelle Garantie*

Dem Sonn- und Feiertagsschutz kommt durch Art. 25 Abs. 1 GG eine „objektivrechtliche Institutionsgarantie" zu[325]. Schutzgut ist die Institution der Sonntage und der staatlich anerkannten Feiertage als Tage der „Arbeitsruhe" und der seelischen Erhebung. Aus dem Wortlaut des Abs. 1 ergibt sich für den Gesetzgeber also ein verfassungsrechtlicher Schutzauftrag[326]. Als institutionelle Garantie verpflichtet Art. 25 Abs. 1 GG den Gesetzgeber zur näheren Ausgestaltung des Schutzes der Sonn- und Feiertage durch einfach-gesetzliche Bestimmungen[327].

---

325 Eingehend dazu *Jörg Ennuschat*, in: Wolfgang Löwer/Peter J. Tettinger (Hrsg.), Kommentar zur Verfassung des Landes Nordrhein-Westfalen, Stuttgart u. a. 2002, Art. 25 Rn. 22 ff.; *Boris Bullmann:* Sonn- und Feiertagsschutz in Deutschland – Ein Überblick, in: KuR 2008, S. 249 (254); *Holger Schmitz:* Die Ladenöffnung nach der Föderalismusreform, in: NVwZ 2008, S. 18 (23); *Dirk Ehlers*, in: Michael Sachs (Hrsg.), Grundgesetz-Kommentar, 8. Auflage, München 2018, Art. 140/Art. 139 WRV Rn. 1; *Martin Morlok*, in: Horst Dreier (Hrsg.), Kommentar zum Grundgesetz, Band 3, 3. Auflage, Tübingen 2018, Art. 139 WRV Rn. 17; *Carsten Günther*, in: Andreas Heusch/Klaus Schönenbroicher (Hrsg.), Die Landesverfassung Nordrhein-Westfalen. Kommentar, 2. Auflage, Siegburg 2020, Art. 25 Rn. 2.

326 *Martin Morlok*, in: Horst Dreier (Hrsg.), Kommentar zum Grundgesetz, Band 3, 3. Auflage, Tübingen 2018, Art. 139 WRV Rn. 16; *Carsten Günther*, in: Andreas Heusch/Klaus Schönenbroicher (Hrsg.), Die Landesverfassung Nordrhein-Westfalen. Kommentar, 2. Auflage, Siegburg 2020, Art. 25 Rn. 2.

327 *Alois Vogels*: Die Verfassung für das Land Nordrhein-Westfalen. Handkommentar, Stuttgart 1951, Art. 25 S. 68; *Jörg Ennuschat*, in: Wolfgang Löwer/Peter J. Tettinger (Hrsg.), Kommentar zur Verfassung des Landes Nordrhein-Westfalen, Stuttgart u. a. 2002, Art. 25 Rn. 21; *Boris Bullmann*: Sonn- und Feiertagsschutz in Deutschland – Ein Überblick, in: KuR 2008, S. 249 (254); *Holger Schmitz*: Die Ladenöffnung nach der Föderalismusreform, in: NVwZ 2008, S. 18 (23); *Martin Morlok*, in: Horst Dreier (Hrsg.), Kommentar zum Grundgesetz, Band 3, 3. Auflage, Tübingen 2018, Art. 139 WRV Rn. 16; *Carsten Günther*, in: Andreas Heusch/Klaus Schönenbroicher (Hrsg.), Die Landesverfassung Nordrhein-Westfalen. Kommentar, 2. Auflage, Siegburg 2020, Art. 25 Rn. 2.

Er ist dabei gehalten den unantastbaren Kernbereich der Sonn- und Feiertagsruhe stets aufrechtzuerhalten[328].

(b) Inhalt des Sonn- und Feiertagsschutzes

Nach Art. 25 Abs. 1 LV NW sind der Sonntag und die staatlich anerkannten Feiertage anzuerkennen und gesetzlich zu schützen. Der Gesetzgeber soll sich also nicht auf die verfassungsrechtliche Regelung zurückziehen, sondern wird zur näheren einfachgesetzlichen Ausgestaltung des Sonn- und Feiertagsschutzes verpflichtet[329].

Insbesondere hinsichtlich der Feiertage ist er gehalten, sie zunächst durch Gesetz anzuerkennen, soweit dies nicht bereits durch Abs. 2 verfassungsrechtlich geschehen ist[330]. Maßgebende Landesgesetze sind das Gesetz über die Sonn- und Feiertage (FeiertagsG NW) sowie das Gesetz zur Regelung der Ladenöffnungszeiten.

(aa) Sonntage

Mit dem Schutz des Sonntags wird verfassungsrechtlich ein Sieben-Tage-Rhythmus festgeschrieben, der den Sonntag, als ersten Tag der Woche, besonders hervorhebt[331]. Durch diese Bestimmung ist gewährleistet, dass der Sonntag

---

328 *Kingreen Thorsten/Bodo Pieroth*: Verfassungsrechtliche Grenzen einer Aufhebung der Ladenschlusszeiten, in: NVwZ 2006, S. 1221 (1224); *Boris Bullmann*: Sonn- und Feiertagsschutz in Deutschland – Ein Überblick, in: KuR 2008, S. 249 (256); *Philipp Stammler*: Grundrecht auf Einkaufen am Sonntag, in: NVwZ 2008, S. 1313 (1314); *Carsten Günther*, in: Andreas Heusch/Klaus Schönenbroicher (Hrsg.), Die Landesverfassung Nordrhein-Westfalen. Kommentar, 2. Auflage, Siegburg 2020, Art. 25 Rn. 2.

329 So *Jörg Ennuschat*, in: Wolfgang Löwer/Peter J. Tettinger (Hrsg.), Kommentar zur Verfassung des Landes Nordrhein-Westfalen, Stuttgart u. a. 2002, Art. 25 Rn. 21; *Carsten Günther*, in: Andreas Heusch/Klaus Schönenbroicher (Hrsg.), Die Landesverfassung Nordrhein-Westfalen. Kommentar, 2. Auflage, Siegburg 2020, Art. 25 Rn. 4.

330 *Jörg Ennuschat*, in: Wolfgang Löwer/Peter J. Tettinger (Hrsg.), Kommentar zur Verfassung des Landes Nordrhein-Westfalen, Stuttgart u. a. 2002, Art. 25 Rn. 20; *Carsten Günther*, in: Andreas Heusch/Klaus Schönenbroicher (Hrsg.), Die Landesverfassung Nordrhein-Westfalen. Kommentar, 2. Auflage, Siegburg 2020, Art. 25 Rn. 2.

331 *Dirk Ehlers*, in: Michael Sachs (Hrsg.), Grundgesetz-Kommentar, 8. Auflage, München 2018, Art. 140/Art. 139 WRV Rn. 5; *Martin Morlok*, in: Horst Dreier (Hrsg.), Kommentar zum Grundgesetz, Band 3, 3. Auflage, Tübingen 2018, Art. 139 WRV Rn. 11; *Peter Unruh*: Religionsverfassungsrecht, 4. Auflage, Baden-Baden 2018, § 16 Rn. 557; *Carsten Günther*, in: Andreas Heusch/Klaus Schönenbroicher (Hrsg.), Die Landesverfassung Nordrhein-Westfalen. Kommentar, 2. Auflage, Siegburg 2020, Art. 25 Rn. 5.

ein feststehender Tag im Wochenrhythmus ist[332]. Es steht auch nicht in der Verfügungsmacht des Gesetzgebers, an die Stelle des Sonntags einen beliebigen anderen oder gar einen variablen Wochentag für die Arbeitsruhe und die seelische Erhebung freizustellen[333]. Die privilegierte Stellung der Sonntage ist ihnen vielmehr nur im Wege der Verfassungsänderung zu nehmen[334].

(bb) Feiertage

Im Gegensatz dazu bedürfen die Feiertage der gesetzlichen Anerkennung, um in den Genuss der Schutzwirkung des Art. 25 LV NW zu kommen[335]. Die Gesetzgebungskompetenz zur Bestimmung der Feiertage obliegt grundsätzlich den Ländern, solange und soweit der Bund von seiner Zuständigkeit nicht durch Gesetze Gebrauch gemacht hat[336]. Dabei steht es den Landesgesetzgebern offen, bestehende Feiertage aufzuheben und neue Feiertage einzuführen[337]. Wegen des

---

332 *Carsten Günther*, in: Andreas Heusch/Klaus Schönenbroicher (Hrsg.), Die Landesverfassung Nordrhein-Westfalen. Kommentar, 2. Auflage, Siegburg 2020, Art. 25 Rn. 5.

333 *Martin Morlok*, in: Horst Dreier (Hrsg.), Kommentar zum Grundgesetz, Band 3, 3. Auflage, Tübingen 2018, Art. 139 WRV Rn. 12.

334 *Peter Unruh*: Religionsverfassungsrecht, 4. Auflage, Baden-Baden 2018, § 16 Rn. 546.

335 Eingehend *Jörg Ennuschat*, in: Wolfgang Löwer/Peter J. Tettinger (Hrsg.), Kommentar zur Verfassung des Landes Nordrhein-Westfalen, Stuttgart u. a. 2002, Art. 25 Rn. 9; *Martin Morlok*, in: Horst Dreier (Hrsg.), Kommentar zum Grundgesetz, Band 3, 3. Auflage, Tübingen 2018, Art. 139 WRV Rn. 13; vgl. auch *Markus Thiel*: Der Tag des Herrn – Ein Stein des Anstoßes? Aktuelle Rechtsfragen der Ladenöffnung am Sonntag, in: NWVBl. 2009, S. 134 (135); *Carsten Günther*, in: Andreas Heusch/Klaus Schönenbroicher (Hrsg.), Die Landesverfassung Nordrhein-Westfalen. Kommentar, 2. Auflage, Siegburg 2020, Art. 25 Rn. 6.

336 Die Gesetzgebungskompetenz des Bundes kann sich hinsichtlich der Anerkennung weltlicher Feiertage insbesondere aus Art. 74 Abs. 1 Nr. 12 (1. Mai als Tag der Arbeit) und aus der Natur der Sache (3. Oktober als Tag der Deutschen Einheit) ergeben; hierzu *Jörg Ennuschat*, in: Wolfgang Löwer/Peter J. Tettinger (Hrsg.), Kommentar zur Verfassung des Landes Nordrhein-Westfalen, Stuttgart u. a. 2002, Art. 25 Rn. 9; *Dirk Ehlers*, in: Michael Sachs (Hrsg.), Grundgesetz-Kommentar, 8. Auflage, München 2018, Art. 140/Art. 139 WRV Rn. 6.

337 *Alois Vogels*: Die Verfassung für das Land Nordrhein-Westfalen. Handkommentar, Stuttgart 1951, Art. 25 S. 68; *Martin Morlok*, in: Horst Dreier (Hrsg.), Kommentar zum Grundgesetz, Band 3, 3. Auflage, Tübingen 2018, Art. 139 WRV Rn. 13; *Carsten Günther*, in: Andreas Heusch/Klaus Schönenbroicher (Hrsg.), Die Landesverfassung Nordrhein-Westfalen. Kommentar, 2. Auflage, Siegburg 2020, Art. 25 Rn. 2.

Bestehens der institutionellen Garantie ist von Staats wegen aber immer eine Mindestzahl an Feiertagen zu gewährleisten[338].

In Nordrhein-Westfalen finden durch das Gesetz über die Sonn- und Feiertage überwiegend religiöse christliche Feiertage Anerkennung[339]. Bei der Anerkennung religiöser Feiertage soll sich der Gesetzgeber an der Konfessionszugehörigkeit der Bevölkerungsmehrheit, d. h. an der tatsächlichen Akzeptanz und Bedeutung der Feiertage in der Bevölkerung orientieren[340]. Dabei kann er insbesondere finanzielle und volkswirtschaftliche Aspekte einbeziehen[341]. Der verfassungsrechtliche Ruheschutz wird im FeiertagsG NW durch Arbeitsverbote, Verbote gewisser Veranstaltungen während der Hauptzeiten der Gottesdienste sowie weitere Beschränkungen am Volkstrauertag, an Allerheiligen, am Totensonntag und an Karfreitag umgesetzt.

Religiöse, nicht christliche Feiertage sind in Nordrhein-Westfalen derzeit nicht anerkannt[342]. Allerdings gewährt § 9 FeiertagsG NW zu bestimmten jüdischen Feiertagen den bekenntniszugehörigen Beamten und Arbeitnehmern das

---

338 *Boris Bullmann*: Sonn- und Feiertagsschutz in Deutschland – Ein Überblick, in: KuR 2008, S. 249 (256); *Dirk Ehlers*, in: Michael Sachs (Hrsg.), Grundgesetz-Kommentar, 8. Auflage, München 2018, Art. 140/Art. 139 WRV Rn. 1; *Carsten Günther*, in: Andreas Heusch/Klaus Schönenbroicher (Hrsg.), Die Landesverfassung Nordrhein-Westfalen. Kommentar, 2. Auflage, Siegburg 2020, Art. 25 Rn. 6.

339 Anerkannte christliche Feiertage sind in Nordrhein-Westfalen: Der Neujahrstag, der Karfreitag, der Ostermontag, der Christi-Himmelfahrtstag, der Pfingstmontag, der Fronleichnamstag, Allerheiligen und der erste und zweite Weihnachtstag. Lediglich der 1. Mai und der 3. Oktober sind nicht christlichen Ursprungs; hierzu *Jörg Ennuschat*, in: Wolfgang Löwer/Peter J. Tettinger (Hrsg.), Kommentar zur Verfassung des Landes Nordrhein-Westfalen, Stuttgart u. a. 2002, Art. 25 Rn. 8.

340 *Jörg Ennuschat*, in: Wolfgang Löwer/Peter J. Tettinger (Hrsg.), Kommentar zur Verfassung des Landes Nordrhein-Westfalen, Stuttgart u. a. 2002, Art. 25 Rn. 10; *Dirk Ehlers*, in: Michael Sachs (Hrsg.), Grundgesetz-Kommentar, 8. Auflage, München 2018, Art. 140/Art. 139 WRV Rn. 7; *Martin Morlok*, in: Horst Dreier (Hrsg.), Kommentar zum Grundgesetz, Band 3, 3. Auflage, Tübingen 2018, Art. 139 WRV Rn. 15; *Carsten Günther*, in: Andreas Heusch/Klaus Schönenbroicher (Hrsg.), Die Landesverfassung Nordrhein-Westfalen. Kommentar, 2. Auflage, Siegburg 2020, Art. 25 Rn. 6.

341 *Carsten Günther*, in: Andreas Heusch/Klaus Schönenbroicher (Hrsg.), Die Landesverfassung Nordrhein-Westfalen. Kommentar, 2. Auflage, Siegburg 2020, Art. 25 Rn. 6.

342 Vgl. hierzu *Jörg Ennuschat*, in: Wolfgang Löwer/Peter J. Tettinger (Hrsg.), Kommentar zur Verfassung des Landes Nordrhein-Westfalen, Stuttgart u. a. 2002, Art. 25 Rn. 8; *Carsten Günther*, in: Andreas Heusch/Klaus Schönenbroicher (Hrsg.), Die Landesverfassung Nordrhein-Westfalen. Kommentar, 2. Auflage, Siegburg 2020, Art. 25 Rn. 6.

Recht, von der Arbeit fernzubleiben und verbietet vermeidbare Störungen an solchen Tagen[343]. Diese Regelung ist aber eher Ausdruck der aus Art. 4 Abs. 1 und 2 GG abzuleitenden Religionsfreiheit als eine Feiertagsanerkennung im Sinne des Art. 25 Abs. 1 LV NW[344].

Angehörige anderer religiöser Minderheiten können in Ermangelung einer Regelung im FeiertagsG NW nach Art. 3 Abs. 1 i. V. m. Art. 4 Abs. 1 und 2 GG nur eine Gleichstellung beanspruchen, um die Feiertage ihrer Religion begehen zu können[345].

(cc) Seelische Erhebung

Durch die Formulierung „seelische Erhebung" in Art. 25 Abs. 1 LV NW findet eine religiöse Komponente Eingang in den Sonn- und Feiertagsschutz[346]. Zwar ist diese religiöse Komponente nicht auf den christlichen Glauben beschränkt, doch trägt sie aufgrund der Wahl des Sonntags als Tag der seelischen Erhebung der besonderen Bedeutung des Christentums und damit der christlichen Tradition Rechnung[347].

---

343 *Carsten Günther*, in: Andreas Heusch/Klaus Schönenbroicher (Hrsg.), Die Landesverfassung Nordrhein-Westfalen. Kommentar, 2. Auflage, Siegburg 2020, Art. 25 Rn. 6.

344 Diese Position bei *Carsten Günther*, in: Andreas Heusch/Klaus Schönenbroicher (Hrsg.), Die Landesverfassung Nordrhein-Westfalen. Kommentar, 2. Auflage, Siegburg 2020, Art. 25 Rn. 6.

345 So *Dirk Ehlers*, in: Michael Sachs (Hrsg.), Grundgesetz-Kommentar, 8. Auflage, München 2018, Art. 140/Art. 139 WRV Rn. 7; *Carsten Günther*, in: Andreas Heusch/Klaus Schönenbroicher (Hrsg.), Die Landesverfassung Nordrhein-Westfalen. Kommentar, 2. Auflage, Siegburg 2020, Art. 25 Rn. 6.

346 *Andreas Mattner*: Sonn- und Feiertagsrecht, 2. Auflage, Köln u. a. 1991, S. 7 ff.; *Fabian Wittreck:* Das Christentum als Fundament des Grundgesetzes?, in: Fabian Wittreck (Hrsg.), Grundlagen des Grundgesetzes: Geburtstagssymposium für Horst Dreier, Berlin 2018, S. 13 (48); *Carsten Günther*, in: Andreas Heusch/Klaus Schönenbroicher (Hrsg.), Die Landesverfassung Nordrhein-Westfalen. Kommentar, 2. Auflage, Siegburg 2020, Art. 25 Rn. 7.

347 Diese Auffassung bei *Fabian Wittreck:* Das Christentum als Fundament des Grundgesetzes?, in: Fabian Wittreck (Hrsg.), Grundlagen des Grundgesetzes: Geburtstagssymposium für Horst Dreier, Berlin 2018, S. 13 (48); *Carsten Günther*, in: Andreas Heusch/Klaus Schönenbroicher (Hrsg.), Die Landesverfassung Nordrhein-Westfalen. Kommentar, 2. Auflage, Siegburg 2020, Art. 25 Rn. 7; ausführlich zur der christlichen Tradition des Sonntagsschutzes *Jörg Splett*: Fest – Feier – Sonntäglichkeit, in: Essener Gespräche zum Thema Staat und Kirche 24 (1990), S. 4 (20 ff.) und *Andreas Mattner*: Sonn- und Feiertagsrecht, 2. Auflage, Köln u. a. 1991, S. 7 ff.

Der Norm wird heute durch die Bestimmung der „seelischen Erhebung“ nicht nur eine generell die Religionsausübung fördernde Funktion beigemessen[348], sondern der Staat zugleich verpflichtet, die Religionsausübung vor unzumutbaren Störungen zu schützen[349].

Daneben verfolgt die seelische Erhebung aber auch profane Ziele, wie die „persönliche Ruhe, Besinnung, Erholung und Zerstreuung“[350]. Durch die seelische Erhebung soll eine Atmosphäre der inneren und äußeren Ruhe sowie die Freiheit von Geschäftstätigkeit ermöglicht werden[351]. Die Bezeichnung der seelischen Erhebung darf aber nicht dahingehend missverstanden werden, dass jegliches der allgemeinen Handlungsfreiheit unterfallendes Verhalten als seelische Erhebung zu klassifizieren ist[352]. Die Wortwahl zeigt, dass der Verfassunggeber deutlich mehr als ein beliebiges Freizeitverhalten gemeint hat[353]. Die Bezeichnung ist also repressiv auszulegen, um eine faktische Ausuferung des Sonn- und Feiertagsschutzes zu vermeiden.

(dd) Arbeitsruhe

Zum anderen sind die Sonn- und Feiertage als Tage der Arbeitsruhe geschützt. Die verfassungsrechtliche Gewährleistung der Arbeitsruhe ist nicht auf einen religiösen oder weltanschaulichen Sinngehalt dieser Tage beschränkt[354], was

---

348 Vgl. hierzu *Jörg Ennuschat*, in: Wolfgang Löwer/Peter J. Tettinger (Hrsg.), Kommentar zur Verfassung des Landes Nordrhein-Westfalen, Stuttgart u. a. 2002, Art. 25 Rn. 16.

349 *Dirk Ehlers*, in: Michael Sachs (Hrsg.), Grundgesetz-Kommentar, 8. Auflage, München 2018, Art. 140/Art. 139 WRV Rn. 12; *Martin Morlok*, in: Horst Dreier (Hrsg.), Kommentar zum Grundgesetz, Band 3, 3. Auflage, Tübingen 2018, Art. 139 WRV Rn. 2 f.

350 BVerfGE 111, 10 (51).

351 *Jörg Ennuschat*, in: Wolfgang Löwer/Peter J. Tettinger (Hrsg.), Kommentar zur Verfassung des Landes Nordrhein-Westfalen, Stuttgart u. a. 2002, Art. 25 Rn. 16; *Dirk Ehlers*, in: Michael Sachs (Hrsg.), Grundgesetz-Kommentar, 8. Auflage, München 2018, Art. 140/Art. 139 WRV Rn. 12.

352 *Carsten Günther*, in: Andreas Heusch/Klaus Schönenbroicher (Hrsg.), Die Landesverfassung Nordrhein-Westfalen. Kommentar, 2. Auflage, Siegburg 2020, Art. 25 Rn. 7.

353 *Kingreen Thorsten/Bodo Pieroth*: Verfassungsrechtliche Grenzen einer Aufhebung der Ladenschlusszeiten, in: NVwZ 2006, S. 1221 (1225); *Carsten Günther*, in: Andreas Heusch/Klaus Schönenbroicher (Hrsg.), Die Landesverfassung Nordrhein-Westfalen. Kommentar, 2. Auflage, Siegburg 2020, Art. 25 Rn. 7.

354 So BVerfGE 125, 39 (85); *Martin Morlok*, in: Horst Dreier (Hrsg.), Kommentar zum Grundgesetz, Band 3, 3. Auflage, Tübingen 2018, Art. 139 WRV Rn. 11.

auch der weltanschaulichen Neutralität der Rechtsordnung zuwiderliefe[355]. Die Tage der Arbeitsruhe dienen vielmehr der Regeneration physischer Arbeitskraft[356]. Dies erfordert, dass an diesen Tagen die werktägliche Geschäftstätigkeit grundsätzlich ruht, d. h. die mit ihr verbundene Zwänge entfallen[357]. So sollen die Ruhetage frei von Arbeit und vom Druck zur Erhaltung der wirtschaftlichen Existenzgrundlage des Einzelnen sein[358].

Ferner wird über die Arbeitsruhe an bestimmten Tagen das soziale Leben synchronisiert und die Woche einem Sieben-Tages-Rhythmus unterworfen, der familiäre und sonstige gesellschaftliche Unternehmungen an den Ruhetagen fördert, wenn nicht gar erst ermöglicht[359]. Die einheitlichen Ruhetage festigen die Bindungen familiärer und gesellschaftlicher Beziehungen und werden so zu Tagen der Familie, der Erholung, der Kommunikation, der Pflege von Hobbys und des Vereinswesens[360].

---

355 *Martin Morlok*, in: Horst Dreier (Hrsg.), Kommentar zum Grundgesetz, Band 3, 3. Auflage, Tübingen 2018, Art. 139 WRV Rn. 11.

356 *Kingreen Thorsten/Bodo Pieroth*: Verfassungsrechtliche Grenzen einer Aufhebung der Ladenschlusszeiten, in: NVwZ 2006, S. 1221 (1225); *Martin Morlok*, in: Horst Dreier (Hrsg.), Kommentar zum Grundgesetz, Band 3, 3. Auflage, Tübingen 2018, Art. 139 WRV Rn. 11; *Carsten Günther*, in: Andreas Heusch/Klaus Schönenbroicher (Hrsg.), Die Landesverfassung Nordrhein-Westfalen. Kommentar, 2. Auflage, Siegburg 2020, Art. 25 Rn. 8.

357 So BVerfGE 90, 337 (343); 125, 39 (85); *Jörg Ennuschat*, in: Wolfgang Löwer/Peter J. Tettinger (Hrsg.), Kommentar zur Verfassung des Landes Nordrhein-Westfalen, Stuttgart u. a. 2002, Art. 25 Rn. 18; *Kingreen Thorsten/Bodo Pieroth*: Verfassungsrechtliche Grenzen einer Aufhebung der Ladenschlusszeiten, in: NVwZ 2006, S. 1221 (1225); *Claus Dieter Classen*: Religionsrecht, 2. Auflage, Tübingen 2015, § 17 Rn. 616; *Martin Morlok*, in: Horst Dreier (Hrsg.), Kommentar zum Grundgesetz, Band 3, 3. Auflage, Tübingen 2018, Art. 139 WRV Rn. 11.

358 *Carsten Günther*, in: Andreas Heusch/Klaus Schönenbroicher (Hrsg.), Die Landesverfassung Nordrhein-Westfalen. Kommentar, 2. Auflage, Siegburg 2020, Art. 25 Rn. 8; vgl. auch *Kingreen Thorsten/Bodo Pieroth*: Verfassungsrechtliche Grenzen einer Aufhebung der Ladenschlusszeiten, in: NVwZ 2006, S. 1221 (1225).

359 *Jörg Ennuschat*, in: Wolfgang Löwer/Peter J. Tettinger (Hrsg.), Kommentar zur Verfassung des Landes Nordrhein-Westfalen, Stuttgart u. a. 2002, Art. 25 Rn. 16; *Philipp Stammler*: Grundrecht auf Einkaufen am Sonntag, in: NVwZ 2008, S. 1313 (1314); *Carsten Günther*, in: Andreas Heusch/Klaus Schönenbroicher (Hrsg.), Die Landesverfassung Nordrhein-Westfalen. Kommentar, 2. Auflage, Siegburg 2020, Art. 25 Rn. 8.

360 So *Jörg Ennuschat*, in: Wolfgang Löwer/Peter J. Tettinger (Hrsg.), Kommentar zur Verfassung des Landes Nordrhein-Westfalen, Stuttgart u. a. 2002, Art. 25 Rn. 16; *Kingreen Thorsten/Bodo Pieroth*: Verfassungsrechtliche Grenzen einer Aufhebung der

(ee) Gottesverehrung und körperliche Erholung

Soweit man dem Begriff der „seelischen Erhebung" und damit einhergehend dem Sonn- und Feiertagsschutz eine religiöse Komponente beimisst, wird die „Gottesverehrung" durch die seelische Erhebung konsumiert[361]. So konkretisiert die Tatbestandsvariante „Gottesverehrung" die seelische Erhebung und die der „körperlichen Erholung" die Arbeitsruhe[362]. Dies vorangestellt, finden die Tatbestandsvarianten „Gottesverehrung" und „körperliche Erholung" in der nordrhein-westfälischen Landesverfassung nach herrschender Auffassung[363] keinen weitergehenden Anwendungsbereich als denjenigen der seelischen Erhebung und Arbeitsruhe[364].

Sofern sich in der Zukunft eine Interpretation des Tatbestandsmerkmals „seelische Erhebung" ohne religiösen Bezug durchsetzen sollte, wird der Begriff der „Gottesverehrung" aber sehr wohl wieder eigenständige Bedeutung erlangen[365].

Zwar beschreibt die Landesverfassung den Sonn- und Feiertagsschutz lediglich in dem Abschnitt über „Arbeit, Wirtschaft und Umwelt", doch zeigt die Aufnahme der Begriffe „seelische Erhebung" und „Gottesverehrung" als

---

Ladenschlusszeiten, in: NVwZ 2006, S. 1221 (1225); *Philipp Stammler*: Grundrecht auf Einkaufen am Sonntag, in: NVwZ 2008, S. 1313 (1314); *Peter Unruh*: Religionsverfassungsrecht, 4. Auflage, Baden-Baden 2018, § 16 Rn. 545; *Carsten Günther*, in: Andreas Heusch/Klaus Schönenbroicher (Hrsg.), Die Landesverfassung Nordrhein-Westfalen. Kommentar, 2. Auflage, Siegburg 2020, Art. 25 Rn. 8.

361 *Carsten Günther*, in: Andreas Heusch/Klaus Schönenbroicher (Hrsg.), Die Landesverfassung Nordrhein-Westfalen. Kommentar, 2. Auflage, Siegburg 2020, Art. 25 Rn. 9.

362 Diese Auffassung bei *Wolfgang Mosbacher*: Sonntagsschutz und Ladenschluss, Berlin 2007, S. 342 f.; *Carsten Günther*, in: Andreas Heusch/Klaus Schönenbroicher (Hrsg.), Die Landesverfassung Nordrhein-Westfalen. Kommentar, 2. Auflage, Siegburg 2020, Art. 25 Rn. 9.

363 *Andreas Mattner*: Sonn- und Feiertagsrecht, 2. Auflage, Köln u. a. 1991, S. 180; *Carsten Günther*, in: Andreas Heusch/Klaus Schönenbroicher (Hrsg.), Die Landesverfassung Nordrhein-Westfalen. Kommentar, 2. Auflage, Siegburg 2020, Art. 25 Rn. 9.

364 Vereinzelt wird dem Tatbestandsmerkmal der Gottesverehrung – allerdings ohne nähere Begründung – ein weitergehender Anwendungsbereich zugesprochen. Vgl. dazu *Alfred Dickersbach*, in: Gregor Geller/Kurt Kleinrahm/Alfred Dickersbach u. a. (Hrsg.), Die Verfassung des Landes Nordrhein-Westfalen. Kommentar, 3. Auflage, Göttingen, Art. 25 (1981), Anm. 2; *Boris Bullmann*: Sonn- und Feiertagsschutz in Deutschland – Ein Überblick, in: KuR 2008, S. 249 (259).

365 *Carsten Günther*, in: Andreas Heusch/Klaus Schönenbroicher (Hrsg.), Die Landesverfassung Nordrhein-Westfalen. Kommentar, 2. Auflage, Siegburg 2020, Art. 25 Rn. 9.

Schutzzweck, dass nicht rein sozialpolitische Erwägungen, sondern auch solche religiöser Art für den Erlass des Artikels maßgebend waren[366].

(c) Durchbrechung des Sonn- und Feiertagsschutzes

Die nähere Ausgestaltung der Ausnahmeregelung zur Sonn- und Feiertagsruhe ist seit jeher Gegenstand politischer Diskussionen. So drängen zum einen verschiedene Industriezweige auf die Möglichkeit einer durchgehenden Produktion zur Verbesserung der europäischen und internationalen Wettbewerbsfähigkeit. Zum anderen hat sich das sozio-ökonomische Verhältnis der immer unterhaltungsbedürftigeren Gesellschaft zu körperlicher Arbeit verändert[367]. Tätigkeiten, wie beispielsweise das Einkaufen („*Shopping*"), die herkömmlich als Alltagslast empfunden wurden, erscheinen heute dagegen als angenehmer Ausgleich[368].

Bei der einfachgesetzlichen Ausgestaltung der Sonn- und Feiertagsruhe hat der Gesetzgeber mit Rücksicht auf andere Schutzgüter einen weitgehenden Gestaltungsspielraum[369]. Auf diese Weise kann beispielsweise auf eine geänderte gesellschaftliche und soziale Wirklichkeit, und zwar insbesondere auf Änderungen im Freizeitverhalten reagiert werden[370]. Die Arbeit an Sonn- und Feiertagen muss jedoch stets als Ausnahme gelten[371]. Grundsätzlich

---

366 *Martin Morlok*, in: Horst Dreier (Hrsg.), Kommentar zum Grundgesetz, Band 3, 3. Auflage, Tübingen 2018, Art. 139 WRV Rn. 7.

367 *Peter Unruh*, in: Hermann von Mangoldt/Friedrich Klein/Christian Starck, Grundgesetz-Kommentar, Band 3, 7. Auflage, München 2018, Art. 139 WRV Rn. 4.

368 Eingehend *Jörg Ennuschat*, in: Wolfgang Löwer/Peter J. Tettinger (Hrsg.), Kommentar zur Verfassung des Landes Nordrhein-Westfalen, Stuttgart u. a. 2002, Art. 25 Rn. 32; *Peter Unruh*, in: Hermann von Mangoldt/Friedrich Klein/Christian Starck, Grundgesetz-Kommentar, Band 3, 7. Auflage, München 2018, Art. 139 WRV Rn. 4.

369 BVerfGE 111, 10 (51); *Martin Morlok*, in: Horst Dreier (Hrsg.), Kommentar zum Grundgesetz, Band 3, 3. Auflage, Tübingen 2018, Art. 139 WRV Rn. 16; *Carsten Günther*, in: Andreas Heusch/Klaus Schönenbroicher (Hrsg.), Die Landesverfassung Nordrhein-Westfalen. Kommentar, 2. Auflage, Siegburg 2020, Art. 25 Rn. 10.

370 So BVerfGE 111, 10 (51); *Holger Schmitz*: Die Ladenöffnung nach der Föderalismusreform, in: NVwZ 2008, S. 18 (22); *Carsten Günther*, in: Andreas Heusch/Klaus Schönenbroicher (Hrsg.), Die Landesverfassung Nordrhein-Westfalen. Kommentar, 2. Auflage, Siegburg 2020, Art. 25 Rn. 9.

371 *Christian Dästner*: Die Verfassung des Landes Nordrhein-Westfalen. Kommentar, 2. Auflage, Stuttgart 2002, Art. 25 Rn. 3; *Carsten Günther*, in: Andreas Heusch/Klaus

hat die werktägliche Geschäftstätigkeit an Sonn- und Feiertagen also zu ruhen[372].

Schon seit jeher werden aber an Sonn- und Feiertagen zweierlei Ausnahmen gestattet.

Einerseits werden solche Arbeiten gestattet, die aus gesellschaftlichen oder technischen Gründen notwendig sind[373]. Hiervon umfasst sind beispielsweise die Rettungsdienste bei Feuerwehr und Polizei, die gesamte medizinische Versorgung, die Aufrechterhaltung der Infrastruktur – neben der Energieversorgung auch die Sicherung der Mobilität – und die vielfältigen Notdienste der unterschiedlichen Branchen[374]. Auch im industriellen Bereich sind Ausnahmen von der Sonntagsruhe teilweise gestattet, soweit zwingende technische oder betriebswirtschaftliche Gründe vorliegen, die den Fortlauf der Produktion unabdingbar machen[375].

Andererseits sind zum Teil auch Arbeiten zulässig, welche den Freizeitbedürfnissen der Bevölkerung zugutekommen[376]. Ohne Durchbrechungen der Arbeitsruhe lassen sich viele Formen der freizeitorientierten „seelischen Erhebung" nämlich gar nicht realisieren. So ermöglicht die Arbeit für den Sonn- und Feiertag häufig erst die seelische Erhebung anderer und damit die

---

Schönenbroicher (Hrsg.), Die Landesverfassung Nordrhein-Westfalen. Kommentar, 2. Auflage, Siegburg 2020, Art. 25 Rn. 10.

372 *Dirk Ehlers*, in: Michael Sachs (Hrsg.), Grundgesetz-Kommentar, 8. Auflage, München 2018, Art. 140/Art. 139 WRV Rn. 2.

373 So BVerfGE 111, 10 (51); *Carsten Günther*, in: Andreas Heusch/Klaus Schönenbroicher (Hrsg.), Die Landesverfassung Nordrhein-Westfalen. Kommentar, 2. Auflage, Siegburg 2020, Art. 25 Rn. 10.

374 *Dirk Ehlers*, in: Michael Sachs (Hrsg.), Grundgesetz-Kommentar, 8. Auflage, München 2018, Art. 140/Art. 139 WRV Rn. 8; *Carsten Günther*, in: Andreas Heusch/Klaus Schönenbroicher (Hrsg.), Die Landesverfassung Nordrhein-Westfalen. Kommentar, 2. Auflage, Siegburg 2020, Art. 25 Rn. 10.

375 *Dirk Ehlers*, in: Michael Sachs (Hrsg.), Grundgesetz-Kommentar, 8. Auflage, München 2018, Art. 140/Art. 139 WRV Rn. 8; *Carsten Günther*, in: Andreas Heusch/Klaus Schönenbroicher (Hrsg.), Die Landesverfassung Nordrhein-Westfalen. Kommentar, 2. Auflage, Siegburg 2020, Art. 25 Rn. 10.

376 So BVerfGE 111, 10 (51); *Jörg Ennuschat*, in: Wolfgang Löwer/Peter J. Tettinger (Hrsg.), Kommentar zur Verfassung des Landes Nordrhein-Westfalen, Stuttgart u. a. 2002, Art. 25 Rn. 31; *Carsten Günther*, in: Andreas Heusch/Klaus Schönenbroicher (Hrsg.), Die Landesverfassung Nordrhein-Westfalen. Kommentar, 2. Auflage, Siegburg 2020, Art. 25 Rn. 10.

Realisierung der Zielbestimmung der Sonn- und Feiertage[377]. Umfasst davon sind etwa die Hotel- und Gastronomiebranche, Kultur- und Sportangebote, aber auch die Arbeit von Pastoren und Organisten am Sonntag[378]. Auch im Falle der „Arbeit für den Sonntag“, sind jedoch die Freizeitbedürfnisse der Bevölkerung und die Belastung der Arbeitnehmer durch Sonntagsarbeit abzuwägen[379]. Ein hinreichendes Niveau des Sonn- und Feiertagsschutzes muss stets gewahrt werden[380].

Das Problem der Gewährleistung eines effektiven Sonn- und Feiertagsschutzes stellt sich insbesondere auch in den Fällen, in denen unter Rückgriff auf Ausnahmeklauseln die allgemeinen Ladenschlusszeiten gerade durch staatliche Stellen aufgelockert werden, die zum Schutz der Feiertagsgarantie aufgerufen sind[381]. Eine Untersuchung des Problems in Hinblick auf den Ladenschluss an Sonn- und Feiertagen würde jedoch die Themenstellung dieser Arbeit unterlaufen und bleibt daher an dieser Stelle außen vor[382].

Ausnahmen von dem Verbot der Arbeit an Sonn- und Feiertagen dürfen jedenfalls nicht allein aus Rentabilitätsgründen zugelassen werden, sondern

---

377 *Jörg Ennuschat*, in: Wolfgang Löwer/Peter J. Tettinger (Hrsg.), Kommentar zur Verfassung des Landes Nordrhein-Westfalen, Stuttgart u. a. 2002, Art. 25 Rn. 31; *Philipp Stammler*: Grundrecht auf Einkaufen am Sonntag, in: NVwZ 2008, S. 1313 (1314).

378 *Jörg Ennuschat*, in: Wolfgang Löwer/Peter J. Tettinger (Hrsg.), Kommentar zur Verfassung des Landes Nordrhein-Westfalen, Stuttgart u. a. 2002, Art. 25 Rn. 31; *Holger Schmitz*: Die Ladenöffnung nach der Föderalismusreform, in: NVwZ 2008, S. 18 (23 f.); *Carsten Günther*, in: Andreas Heusch/Klaus Schönenbroicher (Hrsg.), Die Landesverfassung Nordrhein-Westfalen. Kommentar, 2. Auflage, Siegburg 2020, Art. 25 Rn. 10.

379 So BVerfGE 111, 10 (52); *Martin Morlok*, in: Horst Dreier (Hrsg.), Kommentar zum Grundgesetz, Band 3, 3. Auflage, Tübingen 2018, Art. 139 WRV Rn. 29.

380 So BVerfGE 111, 10 (52).

381 *Martin Morlok*, in: Horst Dreier (Hrsg.), Kommentar zum Grundgesetz, Band 3, 3. Auflage, Tübingen 2018, Art. 139 WRV Rn. 17.

382 Zum Problem der verkaufsoffenen Sonntage wird auf die wegweisende Entscheidung des Bundesverfassungsgerichts BVerfGE 125, 39 verwiesen. Siehe auch die Entscheidungen des Oberverwaltungsgerichts OVG Münster NWVBl. 2016, 513 (513 ff.); NWVBl. 2017, 345 (345 ff.) sowie *Lutz Friedrich:* Die einschränkende Auslegung des § 6 LÖG NRW n. F. durch das OVG NRW als fragwürdige Konterjudikatur. Zugleich Anmerkung zum Beschl. v. 02.11.2018 – 4 B 1580/18, in: NWVBl. 2019, S. 185 (185 ff.). Aus der Literatur *Wolfgang Mosbacher*: Sonntagsschutz und Ladenschluss, Berlin 2007, S. 1 ff.

bedürfen einer Rechtfertigung, die der Abwendung darüber hinausgehender, schwerwiegender Nachteile dient[383].

Der Kernbereich der Sonn- und Feiertagsruhe wäre jedenfalls dann verletzt, wenn die Sonn- und Feiertage nicht mehr von den übrigen Werktagen unterscheidbar wären, wenn also werktägliche Geschäftstätigkeit an Sonn- und Feiertagen ein derartiges Ausmaß annähme, dass sich diese Tage nicht mehr von den übrigen Wochentagen abhöben[384].

(3) Art. 140 GG i. V. m. Art. 139 WRV i. V. m. Art. 22 LV NW

Die Verankerung des Sonn- und Feiertagsschutzes in der Landesverfassung in Art. 25 LV NW geht auf die Regelung des Art. 139 WRV zurück: „Der Sonntag und die staatlich anerkannten Feiertage bleiben als Tage der Arbeitsruhe und der seelischen Erhebung gesetzlich geschützt.“[385]

(a) Systematische Einordnung

Die Stellung des Art. 139 WRV im Abschnitt „Religion und Religionsgesellschaften“ der Weimarer Reichsverfassung betont die religiöse Bedeutung, die dem Erlass dieses Artikels zugrunde lag[386].

(b) Doppelte Verweisung

Obwohl die grundgesetzlichen Vorschriften in Nordrhein-Westfalen naturgemäß auch ohne landesrechtlichen Anwendungsbefehl gelten[387], erklärt die Art. 22 LV NW die Vorschrift des Art. 140 GG zum Bestandteil der nordrhein-westfälischen Landesverfassung. Da diese Regelung ihrerseits Art. 139 WRV in

---

383 *Christian Dästner*: Die Verfassung des Landes Nordrhein-Westfalen. Kommentar, 2. Auflage, Stuttgart 2002, Art. 25 Rn. 3; *Carsten Günther*, in: Andreas Heusch/Klaus Schönenbroicher (Hrsg.), Die Landesverfassung Nordrhein-Westfalen. Kommentar, 2. Auflage, Siegburg 2020, Art. 25 Rn. 11.

384 *Philipp Stammler*: Grundrecht auf Einkaufen am Sonntag, in: NVwZ 2008, S. 1313 (1314).

385 Abgedr. in Fabian Wittreck (Hrsg.): Weimarer Landesverfassungen. Die Verfassungsurkunden der deutschen Freistaaten 1918-1933, Tübingen 2004, S. 753.

386 *Alois Vogels*: Die Verfassung für das Land Nordrhein-Westfalen. Handkommentar, Stuttgart 1951, S. 67.

387 *Martin Stuttmann*, in: Andreas Heusch/Klaus Schönenbroicher (Hrsg.), Die Landesverfassung Nordrhein-Westfalen. Kommentar, 2. Auflage, Siegburg 2020, Art. 22 Rn. 1.

das Grundgesetz inkorporiert hat[388], sind diese Bestimmungen in Nordrhein-Westfalen unmittelbar geltendes Landesverfassungsrecht[389].

(c) Verhältnis des Art. 22 LV NW zu anderen Vorschriften

Vergleicht man die landesverfassungsrechtliche Vorschrift des Art. 25 LV NW mit Art. 139 WRV, fällt die Kirchenfreundlichkeit Nordrhein-Westfalens deutlich auf[390]. Dies zeige bereits die hervorgehobene Benennung der (christlichen) Kirchen[391].

Soweit das Grundgesetz den Ländern religionsrechtliche Regelungsspielräume eröffnet hat, nutzte der nordrhein-westfälische Landesverfassunggeber sie für einige Akzentverschiebungen im Sinne der Kirchen (vgl. Art. 6 Abs. 4, 7 Abs. 1, 12 Abs. 6, 14, 16 Abs. 2, 17 Satz 2 LV NW)[392]. Er knüpfte damit an die Erfahrungen mit dem totalitären Regime des Dritten Reichs an. So spiegelt die nordrhein-westfälische Landesverfassung in diesen Regelungen ein „eigentümliches Anlehnungsbedürfnis" des politischen Gemeinwesens an die Kirchen wider[393].

In der nordrhein-westfälischen Landesverfassung wird den Kirchen als wertvermittelnde Instanz eine größere Bedeutung zugemessen als in der Weimarer Reichsverfassung[394].

---

388 *Martin Morlok*, in: Horst Dreier (Hrsg.), Kommentar zum Grundgesetz, Band 3, 3. Auflage, Tübingen 2018, Art. 140 Rn. 28.

389 *Christian Dästner*: Die Verfassung des Landes Nordrhein-Westfalen. Kommentar, 2. Auflage, Stuttgart 2002, Art. 22 Rn. 1.

390 Hierzu wird auch auf die vorgenannten Ausführungen unter B. II. 4. Kirchen- und religionsfreundliche Akzentuierung des Religionsverfassungsrechts verwiesen; siehe auch *Martin Stuttmann*, in: Andreas Heusch/Klaus Schönenbroicher (Hrsg.), Die Landesverfassung Nordrhein-Westfalen. Kommentar, 2. Auflage, Siegburg 2020, Art. 22 Rn. 2.

391 *Martin Stuttmann*, in: Andreas Heusch/Klaus Schönenbroicher (Hrsg.), Die Landesverfassung Nordrhein-Westfalen. Kommentar, 2. Auflage, Siegburg 2020, Art. 22 Rn. 2.

392 Siehe die vorgenannten Ausführungen unter B. II. 4. Kirchen- und religionsfreundliche Akzentuierung des Religionsverfassungsrechts; vgl. ferner *Christian Dästner*: Die Verfassung des Landes Nordrhein-Westfalen. Kommentar, 2. Auflage, Stuttgart 2002, Art. 22 Rn. 2; *Martin Stuttmann*, in: Andreas Heusch/Klaus Schönenbroicher (Hrsg.), Die Landesverfassung Nordrhein-Westfalen. Kommentar, 2. Auflage, Siegburg 2020, Art. 22 Rn. 2.

393 *Christian Dästner*: Die Verfassung des Landes Nordrhein-Westfalen. Kommentar, 2. Auflage, Stuttgart 2002, Art. 22 Rn. 2.

394 *Christian Dästner*: Die Verfassung des Landes Nordrhein-Westfalen. Kommentar, 2. Auflage, Stuttgart 2002, Art. 22 Rn. 2.

Aus Art. 31 GG ergibt sich, dass ein bundeseinheitlicher Mindeststandard zu beachten ist und damit einhergehend der Sonntagsschutz des Grundgesetzes einen nicht zu unterschreitenden Mindeststandard bildet[395].

Der Wortlaut des Art. 22 LV NW „im Übrigen" macht deutlich, dass der inkorporierte Art. 139 WRV über die Aufnahme des Art. 140 GG nur anwendbar ist, soweit Art. 25 LV NW nicht reicht[396].

e) Fortwirken der christlich geprägten Sonn- und Feiertagskultur

Es bleibt zu prüfen, ob die christlich geprägte Sonntagskultur bis heute Geltung erlangt.

Die Säkularisierung, die religiöse Pluralisierung, die Kommerzialisierung des Sonntags und das veränderte Freizeitverhalten weiter Teile der Gesellschaft beeinflussen immer stärker die Gestaltung der Sonn- und Feiertage[397]. Eine individuelle Gestaltung der Zeiteinteilung wird propagiert[398].

Einerseits gerät angesichts des Wandels von Anschauungen und der Praxis religiöser Lebensweisen in unserer so geprägten pluralistischen Gesellschaft die Bedeutung unserer allgemein anerkannten christlich geprägten Sonntagskultur, die durch den Sonntagsschutz verfassungsrechtlich garantiert ist, zunehmend unter wirtschaftlichen Druck[399].

---

395 *Holger Schmitz*: Die Ladenöffnung nach der Föderalismusreform, in: NVwZ 2008, S. 18 (23); *Martin Stuttmann*, in: Andreas Heusch/Klaus Schönenbroicher (Hrsg.), Die Landesverfassung Nordrhein-Westfalen. Kommentar, 2. Auflage, Siegburg 2020, Art. 22 Rn. 2.

396 *Martin Stuttmann*, in: Andreas Heusch/Klaus Schönenbroicher (Hrsg.), Die Landesverfassung Nordrhein-Westfalen. Kommentar, 2. Auflage, Siegburg 2020, Art. 22 Rn. 2.

397 *Martin Morlok*, in: Horst Dreier (Hrsg.), Kommentar zum Grundgesetz, Band 3, 3. Auflage, Tübingen 2018, Art. 139 WRV Rn. 25; *Konrad Baumgartner*: Art. Sonntag, V. Praktisch-theologisch, in: Walter Kasper/Michael Buchberger (Hrsg.), Lexikon für Theologie und Kirche, Band 9, 3. Auflage, Freiburg im Breisgau 2000 (Neudruck 2017), Sp. 730 (730); *Peter Unruh*, in: Hermann von Mangoldt/Friedrich Klein/Christian Starck, Grundgesetz-Kommentar, Band 3, 7. Auflage, München 2018, Art. 139 WRV Rn. 4.

398 *Konrad Baumgartner*: Art. Sonntag, V. Praktisch-theologisch, in: Walter Kasper/Michael Buchberger (Hrsg.), Lexikon für Theologie und Kirche, Band 9, 3. Auflage, Freiburg im Breisgau 2000 (Neudruck 2017), Sp. 730 (730).

399 *Konrad Baumgartner*: Art. Sonntag, V. Praktisch-theologisch, in: Walter Kasper/Michael Buchberger (Hrsg.), Lexikon für Theologie und Kirche, Band 9, 3. Auflage, Freiburg im Breisgau 2000 (Neudruck 2017), Sp. 730 (Sp. 730); *Martin Morlok*, in: Horst Dreier (Hrsg.), Kommentar zum Grundgesetz, Band 3, 3. Auflage, Tübingen

Andererseits wird die Funktion des Sonntags als Tag der Ruhe und Erholung, zur Pflege familiärer und gesellschaftlicher Beziehungen sowie zur Pflege von Hobbys und des Vereinswesens zum Teil wieder neu entdeckt[400], wenn auch die Zahlen der Gottesdienstbesuche weiterhin rückläufig sind[401].

So bedarf der fortwährende Konsens der Kirchen um den Sonntag aus religiösen christlichen Motiven der erweiterten Solidarität mit denen von Sozialverbänden und Gewerkschaften[402]. Durch einen gemeinsamen Einsatz von Kirchen, Sozialverbänden und Gewerkschaften könnte die Fortgeltung eines ausreichenden Sonn- und Feiertagsschutzes erreicht werden.

Mithilfe einen so gewonnenen breiten gesellschaftlichen Konsens könnte „die humane, soziale, kulturelle und religiöse Bedeutung des Sonntags als unverzichtbare Ressource des Mensch- und Christseins wiederentdeckt und gestaltet werden: zum anthropologisch nötigen Rhythmisierung des Lebens und zur Ermöglichung von ‚Unterbrechungen' und Sinngebung durch den Glauben"[403].

f) Privilegierung des Sonntags und der christlichen Feiertage vor dem Hintergrund der Neutralitätspflicht des Staates

Vor dem Hintergrund der weltanschaulich-religiösen Neutralitätspflicht des Staates gemäß Art. 3 Abs. 3 S. 1 i. V. m. Art. 33 Abs. 3 GG i. V. m. Art. 4 Abs. 1 LV NW sowie gemäß Art. 137 Abs. 1 WRV i. V. m. Art. 140 GG i. V. m. Art. 22 LV NW stellt sich nun die Frage, wie es denn sein kann, dass der Staat nur die

---

2018, Art. 139 WRV Rn. 25; *Peter Unruh*: Religionsverfassungsrecht, 4. Auflage, Baden-Baden 2018, § 16 Rn. 543.

400 *Wolfgang Mosbacher*: Sonntagsschutz und Ladenschluss, Berlin 2007, S. 30; *Konrad Baumgartner:* Art. Sonntag, V. Praktisch-theologisch, in: Walter Kasper/Michael Buchberger (Hrsg.), Lexikon für Theologie und Kirche, Band 9, 3. Auflage, Freiburg im Breisgau 2000 (Neudruck 2017), Sp. 730 Sp. 730.

401 Es wird auszugsweise die Statistik des Erzbistums Köln herangezogen. Danach ergeben sich für die Gottesdienstbesuche in der katholischen Kirche folgende Zahlen: 1980: 21,26%; 1990: 16,91%; 2000: 13,68%; 2010: 10,47%; 2017: 8,42%. Die Statistik ist abrufbar unter https://www.erzbistum-koeln.de/erzbistum/erzbistum_im_ueberblick/daten_und_fakten/. Zugriff am 12. Dezember 2018.

402 *Konrad Baumgartner:* Art. Sonntag, V. Praktisch-theologisch, in: Walter Kasper/Michael Buchberger (Hrsg.), Lexikon für Theologie und Kirche, Band 9, 3. Auflage, Freiburg im Breisgau 2000 (Neudruck 2017), Sp. 730 (730).

403 So *Konrad Baumgartner:* Art. Sonntag, V. Praktisch-theologisch, in: Walter Kasper/Michael Buchberger (Hrsg.), Lexikon für Theologie und Kirche, Band 9, 3. Auflage, Freiburg im Breisgau 2000 (Neudruck 2017), Sp. 730 (730).

Sonntage und die religiösen Feiertage der christlichen Konfessionen gesetzlich zu arbeitsfreien Tagen macht und dadurch eine faktische Benachteiligung der Angehörigen anderer Religionen in Kauf nimmt[404]. Zwar haben bekenntniszugehörige jüdische Beamte und Arbeitnehmer nach § 9 FeiertagsG NW an jüdischen Feiertagen die Möglichkeit auf Freistellung zum Besuch des Gottesdienstes, doch führt dies bei den Arbeitnehmern zumindest zu einem Lohnausfall[405]. Darüber hinaus ist eine solche Regelung in Nordrhein-Westfalen auch nur den Angehörigen der jüdischen Konfession gestattet, eine vergleichbare Bestimmung für Angehörige anderer Religionen kennt das FeiertagsG NW nicht[406].

Fraglich ist daher, ob sich das Religionsrecht aus Paritätsgründen nicht auch anderen Religionsgemeinschaften öffnen müsste[407], d. h. beispielsweise auch zumindest ein muslimischer oder ein jüdischer Feiertag gesetzlichen Charakter erlangen müsste[408]. Denn ein Jude, der am Sonnabend, vor allem aber ein Muslim, der am Freitag frei nehmen möchte, hat erheblich größere Schwierigkeiten, Arbeit und Religionsausübung miteinander zu verknüpfen, als jeder gläubige Christ[409].

Die seelische Erhebung und die Arbeitsruhe an Sonn- und Feiertagen sind unmittelbar durch die Landesverfassung geschützt. Der Sonn- und Feiertagsschutz genießt damit den Rang eines Verfassungsguts, er ist als Institution vom Verfassunggeber selbst garantiert[410]. Diese Entscheidung des Landesverfassunggebers muss nun auch bei der Frage der Gleichbehandlung berücksichtigt werden.

Hinzu treten auch praktische Erwägungen: Wenn es nur einen oder zwei Ruhetage pro Woche geben kann, darf der Gesetzgeber mangels anderer Kriterien die mehrheitliche Konfession der Bevölkerung und die darüber hinaus bestehende Kulturtradition berücksichtigen[411]. So ist die gesetzliche

---

404 So *Claus Dieter Classen*: Religionsrecht, 2. Auflage, Tübingen 2015, § 5 Rn. 133.

405 *Claus Dieter Classen*: Religionsrecht, 2. Auflage, Tübingen 2015, § 5 Rn. 133.

406 *Claus Dieter Classen*: Religionsrecht, 2. Auflage, Tübingen 2015, § 5 Rn. 133.

407 So jedenfalls *Martin Morlok*, in: Horst Dreier (Hrsg.), Kommentar zum Grundgesetz, Band 3, 3. Auflage, Tübingen 2018, Art. 140 Rn. 41.

408 *Claus Dieter Classen*: Religionsrecht, 2. Auflage, Tübingen 2015, § 5 Rn. 133; ansatzweise auch *Martin Morlok*, in: Horst Dreier (Hrsg.), Kommentar zum Grundgesetz, Band 3, 3. Auflage, Tübingen 2018, Art. 139 WRV Rn. 10.

409 *Claus Dieter Classen*: Religionsrecht, 2. Auflage, Tübingen 2015, § 5 Rn. 133.

410 *Carsten Günther*, in: Andreas Heusch/Klaus Schönenbroicher (Hrsg.), Die Landesverfassung Nordrhein-Westfalen. Kommentar, 2. Auflage, Siegburg 2020, Art. 25 Rn. 2.

411 *Dirk Ehlers*, in: Michael Sachs (Hrsg.), Grundgesetz-Kommentar, 8. Auflage, München 2018, Art. 140/Art. 139 WRV Rn. 7; *Martin Morlok*, in: Horst Dreier (Hrsg.),

Anerkennung der religiösen christlichen Feiertage legitimiert. Nachdem eben nicht die Feiertage aller denkbarer Konfessionen arbeitsfrei sein können, darf der Gesetzgeber hier nach Auffassung des Bundesverfassungsgerichts die Konfessionszugehörigkeit der Bevölkerungsmehrheit und die entsprechende Tradition mit einfließen lassen[412].

Ändern sich diese Verhältnisse, ist der Gesetzgeber jedoch nach Art. 3 Abs. 1 i. V. m. 4 Abs. 1 und Abs. 2 GG i. V. m. Art. 4 Abs. 1 LV NW gehalten, dies zu berücksichtigen und ggfs. auch Feiertage anderer Konfessionen anzuerkennen[413].

Die Privilegierung des Sonntags und der religiösen christlichen Feiertage ist daher zunächst nur mit der christlichen Tradition erklärbar[414].

g) Synopse: Spuren des Sabbatgebotes in Art. 25 LV NW bzw. Art. 139 WRV i. V. m Art. 140 GG i. V. m. Art. 22 LV NW

Im Ergebnis wird man sagen können, dass das dritte Gebot des Dekalogs, das den Sabbat durch die Verbindung des Sabbats mit dem bis dahin getrennt auftretenden Arbeitstabu des Siebten Tages zu einem wöchentlichen Feiertag umwandelte, seine Relevanz über die Jahrhunderte nicht verloren hat.

Mit der in Art. 25 LV NW bzw. Art. 139 WRV i. V. m Art. 140 GG i. V. m. Art. 22 LV NW getroffenen Regelung hebt die Landesverfassung die Bedeutung

---

Kommentar zum Grundgesetz, Band 3, 3. Auflage, Tübingen 2018, Art. 139 WRV Rn. 15; *Carsten Günther*, in: Andreas Heusch/Klaus Schönenbroicher (Hrsg.), Die Landesverfassung Nordrhein-Westfalen. Kommentar, 2. Auflage, Siegburg 2020, Art. 25 Rn. 6.

412 So BVerfGE 143, 161 (Rn. 66); *Dirk Ehlers*, in: Michael Sachs (Hrsg.), Grundgesetz-Kommentar, 8. Auflage, München 2018, Art. 140/Art. 139 WRV Rn. 7; *Martin Morlok*, in: Horst Dreier (Hrsg.), Kommentar zum Grundgesetz, Band 3, 3. Auflage, Tübingen 2018, Art. 139 WRV Rn. 15; *Carsten Günther*, in: Andreas Heusch/Klaus Schönenbroicher (Hrsg.), Die Landesverfassung Nordrhein-Westfalen. Kommentar, 2. Auflage, Siegburg 2020, Art. 25 Rn. 6. Dies legt natürlich die Fragestellung nahe, wie sich das Bundesverfassungsgericht wohl verhalten wird, wenn einst etwa die Muslime die Bevölkerungsmehrheit bilden sollten.

413 *Dirk Ehlers*, in: Michael Sachs (Hrsg.), Grundgesetz-Kommentar, 8. Auflage, München 2018, Art. 140/Art. 139 WRV Rn. 7.

414 *Ino Augsberg*: Landesbericht Deutschland: Religiöses Recht und religiöse Gerichte als Herausforderung des Staates, in: Uwe Kischel (Hrsg.), Religiöses Recht und religiöse Gerichte als Herausforderung des Staates, Tübingen 2016, S. 1 (16); *Martin Morlok*, in: Horst Dreier (Hrsg.), Kommentar zum Grundgesetz, Band 3, 3. Auflage, Tübingen 2018, Art. 139 WRV Rn. 10; *Claus Dieter Classen*: Religionsrecht, 2. Auflage, Tübingen 2015, § 5 Rn. 133.

der Sonn- und Feiertage als „kulturelle Identitätsmerkmale des Verfassungsstaates" hervor[415]. Die Landesverfassung knüpft so insbesondere bei dem Schutz der Sonn- und Feiertage – von den weltlichen Feiertagen abgesehen – bewusst an die bestehende christliche Tradition an, ohne diese paritätswidrig zu exklusivieren und verdeutlicht dadurch die kulturgeschichtliche Vorprägung des bestehenden verfassungsrechtlichen Systems[416].

Dieser christlich fundierte Sonntagsschutz und der jedenfalls überwiegend christlich fundierte Feiertagsschutz haben ihre Wurzeln in der Feiertagsheiligung des Alten Testaments[417]. Die heutige Sonn- und Feiertagsheiligung ist als eine Fortentwicklung und Abwandlung der Sabbatheiligung durch das Christentum zu sehen. So entstammt der durch die Einrichtung des Siebten Tages etablierte Wochenrhythmus von sechs plus eins Tagen letztlich dem Sabbatgebot[418]. Darüber hinaus richtete sich das Sabbatgebot schon damals gegen die Totalvereinnahmung des Lebens durch die materielle Komponente, durch die Dominanz der Wirtschaft und die einhergehenden Veränderungen in der Arbeitswelt.

Ganz im Geiste ihrer geschichtlichen Wurzeln schützten Art. 25 Abs. 1 LV NW sowie Art. 140 GG i. V. m. Art. 139 WRV i. V. m. Art. 4 Abs. 1 LV NW die Sonn- und Feiertage als Tage der Arbeitsruhe und der seelischen Erholung. Der in der Landesverfassung garantierte Sonn- und Feiertagsschutz verfolgt dabei sowohl soziale als auch religiöse Zwecke[419]. So dienen die Tage der „Arbeitsruhe und der seelischen Erhebung" zum einen der physischen und psychischen Regeneration[420]. Die durch den Sieben-Tages-Rhythmus erfolgende synchrone Taktung

---

415 *Martin Morlok*, in: Horst Dreier (Hrsg.), Kommentar zum Grundgesetz, Band 3, 3. Auflage, Tübingen 2018, Art. 139 WRV Rn. 8; *Martin Morlok/Hans Michael Heinig*: Feiertag! Freier Tag? Die Garantie des Sonn- und Feiertagsschutzes als subjektives Recht im Lichte des Art. 139 WRV, in: NVwZ 2001, S. 846 (847).

416 *Martin Morlok*, in: Horst Dreier (Hrsg.), Kommentar zum Grundgesetz, Band 3, 3. Auflage, Tübingen 2018, Art. 139 WRV Rn. 10; *Claus Dieter Classen*: Religionsrecht, 2. Auflage, Tübingen 2015, § 5 Rn. 133.

417 Dies ergibt sich hinsichtlich der Sonntage aus der Landesverfassung selbst. Bei der Bestimmung der Feiertage darf sich der Gesetzgeber an der Konfessionszugehörigkeit der Mehrheit der Bevölkerung richten; siehe BVerfGE 143, 161 (Rn. 66); *Andreas Mattner*: Sonn- und Feiertagsrecht, 2. Auflage, Köln u. a. 1991, S. 7; *Peter Unruh*: Religionsverfassungsrecht, 4. Auflage, Baden-Baden 2018, § 16 Rn. 541, 546.

418 *Matthias Köckert*: Die zehn Gebote, 2. Auflage, München 2013, S. 68.

419 *Martin Morlok*, in: Horst Dreier (Hrsg.), Kommentar zum Grundgesetz, Band 3, 3. Auflage, Tübingen 2018, Art. 139 WRV Rn. 10.

420 *Kingreen Thorsten/Bodo Pieroth*: Verfassungsrechtliche Grenzen einer Aufhebung der Ladenschlusszeiten, in: NVwZ 2006, S. 1221 (1225); *Martin Morlok*, in: Horst Dreier

des sozialen Lebens befähigt zu familiärer und sonstiger gesellschaftlicher Aktivität[421]. Charakterisiert durch die Einhaltung des Sabbatgebotes, wird der Sonntag in traditionalen Gesellschaften bis heute als arbeitsfreier Tag zum anderen aber auch der Vermittlung religiöser Traditionen gewidmet[422]. Dies garantiert die Landesverfassung durch ihre Formulierung „seelische Erhebung", durch die eine religiöse Komponente Eingang in den Sonn- und Feiertagsschutz findet und so auch dem religiösen Sinngehalt von Sonn- und Feiertagen Rechnung trägt[423].

Gottesdienste und Andachten, besondere Kleidung, Speisen, Bräuche und Freizeitvergnügen unterscheiden den Sonn- und Feiertag so von dem Alltag[424].

Im Ergebnis wird sich zeigen, inwieweit der verfassungsrechtliche Sonn- und Feiertagsschutz gegenüber der weltanschaulich-religiösen Neutralität in Zukunft standhalten kann. Die (verfassungsrechtliche) Privilegierung des Sonntags und der religiösen christlichen Feiertage in Art. 25 Abs. 1 LV NW als auch in Art. 140 GG i. V. m. Art. 139 WRV i. V. m. Art. 4 Abs. 1 LV NW ist bislang jedenfalls nur mit der Konfessionszugehörigkeit der Bevölkerungsmehrheit und der entsprechenden (christlichen) Tradition erklärbar. Zwar funktioniert Ruhetagsschutz in einer Gesellschaft, nur durch die verbindliche Anerkennung eines festen Wochentages. Doch stellt sich die Frage, ob Angehörigen anderer Konfessionen aus Paritätsgründen in Zukunft nicht Erleichterungen von den strengen Ausnahmeregelungen gewährt werden müssen.

(Hrsg.), Kommentar zum Grundgesetz, Band 3, 3. Auflage, Tübingen 2018, Art. 139 WRV Rn. 10; *Carsten Günther*, in: Andreas Heusch/Klaus Schönenbroicher (Hrsg.), Die Landesverfassung Nordrhein-Westfalen. Kommentar, 2. Auflage, Siegburg 2020, Art. 25 Rn. 8.

421 *Kingreen Thorsten/Bodo Pieroth*: Verfassungsrechtliche Grenzen einer Aufhebung der Ladenschlusszeiten, in: NVwZ 2006, S. 1221 (1225); *Carsten Günther*, in: Andreas Heusch/Klaus Schönenbroicher (Hrsg.), Die Landesverfassung Nordrhein-Westfalen. Kommentar, 2. Auflage, Siegburg 2020, Art. 25 Rn. 8.

422 So *Christine Aka*: Art. Sonntag, VI. Brauch, in: Walter Kasper/Michael Buchberger (Hrsg.), Lexikon für Theologie und Kirche, Band 9, 3. Auflage, Freiburg im Breisgau 2000 (Neudruck 2017), Sp. 731 (731).

423 → Fn. 346; siehe ferner *Christine Aka:* Art. Sonntag, VI. Brauch, in: Walter Kasper/Michael Buchberger (Hrsg.), Lexikon für Theologie und Kirche, Band 9, 3. Auflage, Freiburg im Breisgau 2000 (Neudruck 2017), Sp. 731 (731).

424 *Christine Aka:* Art. Sonntag, VI. Brauch, in: Walter Kasper/Michael Buchberger (Hrsg.), Lexikon für Theologie und Kirche, Band 9, 3. Auflage, Freiburg im Breisgau 2000 (Neudruck 2017), Sp. 731 (731).

2. Elterngebot (4. Gebot)

Das Elterngebot ist an drei Stellen im Alten Testaments überliefert:

> *„Ehre deinen Vater und deine Mutter, damit du lange lebst in dem Land, das der Herr, dein Gott, dir gibt." (Ex 20,12)*
> *„Ehre deinen Vater und deine Mutter, wie es dir der Herr, dein Gott, zur Pflicht gemacht hat, damit du lange lebst und es dir gut geht in dem Land, das der Herr, dein Gott, dir gibt." (Dtn 5,16)*
> *„Jeder von euch soll Mutter und Vater fürchten und auf meine Sabbate achten; ich bin der Herr, euer Gott." (Lev 19,3)*

Im Folgenden soll untersucht werden, inwieweit neben dem Sabbatgebot auch das Elterngebot seine Spuren in der nordrhein-westfälischen Landesverfassung hinterlassen hat. Hierzu wird zunächst der ursprüngliche Sinn des Elterngebotes erläutert [a)]. Nachfolgend wird die Entwicklung des staatlichen Rechts bis hin zur landesverfassungsrechtlichen Stellung der Familie und damit einhergehend der Eltern [b)] sowie der Gesellschaftliche Wandel [c)] analysiert. Im Anschluss daran wird schließlich überprüft, inwieweit Spuren des Elterngebotes in der Landesverfassung zu finden sind [d)].

a) Ursprünglicher Sinn

Die Anfänge des Elterngebotes sind vermutlich im Sippenethos anzunehmen: Ursprüngliches Ziel dieses Dekaloggebotes war, die Altersversorgung der nicht mehr arbeitsfähigen Eltern zu sichern[425].

aa) Todesrechtlicher Ursprung

Die Sicherung der Altersversorgung und das damit einhergehende Gebot der „Elternehrung" haben ihren Ursprung in dem Verbot der Elternminderung im „Bundesbuch" in Ex 21,15.17[426]:

> *„Wer seinen Vater oder seine Mutter schlägt makkeh, wird mit dem Tod bestraft môt jûmāt." (Ex 21,15)*
> *„Wer seinen Vater oder seine Mutter verflucht m^{e} qallel, wird mit dem Tod bestraft môt jûmāt." (Ex 21,17)*

---

425 Diese Auffassung bei *Rainer Albertz:* Hintergrund und Bedeutung des Elterngebots im Dekalog, in: ZATW 1978, S. 348 (370); *Christoph Dohmen*: Exodus 19-40. HThKAT, 2. Auflage, Freiburg im Breisgau u. a. 2012, S. 121.

426 Hierzu *Eckart Otto*: Deuteronomium 1-11. Zweiter Teilband 4,44-11, Freiburg im Breisgau u. a. 2012, S. 743.

Dieser Teil der todesrechtlichen Reihe in Ex 21,12-17 im „Bundesbuch" wollte die Eltern vor tätlichen Angriffen der Kinder durch die Generalprävention der todesrechtlichen Sanktion schützen[427]. Die gegen die Eltern gerichtete Körperverletzung wurde deshalb nicht nur durch Schadensausgleich geahndet[428], wie es im biblischen Text sonst üblich war, sondern mit dem Tode sanktioniert[429]. Diese Besonderheit ist allein mit dem familienrechtlichen Kontext – namentlich der Sicherung der Altersversorgung – dieses Rechtssatzes zu erklären[430]. Auf den familienrechtlichen Kontext wird im Folgenden eingegangen.

bb) Familienrechtlicher Kontext

In den Eltern ist die Lebenskraft (*naepaeš*) der Familie verkörpert[431]. Sie geht im Erstgeburtssegen mit dem Tod des *pater familias* auf die nächste Generation über[432]. Um die Lebenskraft der Familie zu erhalten, bedarf es daher eines besonderen Schutzes der Eltern,[433]. Denn ein Angriff auf die Eltern würde die Lebenskraft der Familie unter Einschluss nachfolgender Generationen reduzieren[434].

427 So *Eckart Otto*: Deuteronomium 1-11. Zweiter Teilband 4,44-11, Freiburg im Breisgau u. a. 2012, S. 743.

428 Wortlaut im zweiten Buch Mose (Exodus): „Wenn Männer in Streit geraten und einer den andern mit einem Stein oder einer Hacke verletzt, so daß er zwar nicht stirbt, aber bettlägerig wird, später wieder aufstehen und mit Krücken draußen umhergehen kann, so ist der freizusprechen, der geschlagen hat; nur für die Arbeitsunfähigkeit des Geschädigten muß er Ersatz leisten, und er muß für die Heilung aufkommen." (Ex 21,18-19).
„Wenn Männer miteinander raufen und dabei eine schwangere Frau treffen, so daß sie eine Fehlgeburt hat, ohne daß ein weiterer Schaden entsteht, dann soll der Täter eine Buße zahlen, die ihm der Ehemann der Frau auferlegt; er kann die Zahlung nach dem Urteil von Schiedsrichtern leisten." (Ex 21,22).

429 Siehe dazu *Eckart Otto*: Deuteronomium 1-11. Zweiter Teilband 4,44-11, Freiburg im Breisgau u. a. 2012, S. 743.

430 Diese Auffassung bei *Eckart Otto*: Deuteronomium 1-11. Zweiter Teilband 4,44-11, Freiburg im Breisgau u. a. 2012, S. 743.

431 *Eckart Otto*: Deuteronomium 1-11. Zweiter Teilband 4,44-11, Freiburg im Breisgau u. a. 2012, S. 743.

432 *Eckart Otto*: Deuteronomium 1-11. Zweiter Teilband 4,44-11, Freiburg im Breisgau u. a. 2012, S. 743.

433 *Eckart Otto*: Deuteronomium 1-11. Zweiter Teilband 4,44-11, Freiburg im Breisgau u. a. 2012, S. 743.

434 *Eckart Otto*: Deuteronomium 1-11. Zweiter Teilband 4,44-11, Freiburg im Breisgau u. a. 2012, S. 744.

Das Dekaloggebot in Dtn 5,16 knüpft an das Elternminderungsgebot des „Bundesbuches" an und wandelt die Verbotsformulierung mit *qll* (Piel) positiv in einen mit *kbd* (Piel) formulierten Injunktiv um[435]. Dabei hat hebräische Verb *kibbed* „ehren" die Bedeutung „jemanden als gewichtig anerkennen"[436] und gehört zu den Verben, die den Anfang einer Handlung bezeichnen, aber mit dem Anfang zugleich das Ganze in den Blick nehmen können: „Ehren" muss sich damit nicht in einem einmaligen Akt erschöpfen, sondern kann – auf Dauer – geradezu „in Ehren halten" heißen[437]. Da im Alten Testament aber keine positiven Konkretionen für das Verhalten gegenüber den Eltern zu finden sind, kann man dergleichen nur aus dem Fehlverhalten der Kinder gegenüber ihren vornehmlich alten Eltern erschließen[438]. „Ehren" meint dann das Gegenteil von „schlagen" (Ex 21,15), „verfluchen" (Ex 21,17), „schmähen" (Dtn 27,16), „verspotten" (Prv 30,17), „verachten" (Prv 23,22) oder „berauben" (Prv 28,24)[439].

Mit dieser Wortuntersuchung ist plausibel, dass Eltern also aufgrund ihres Vaters- bzw. Mutterseins geachtet, respektiert und in Ehren gehalten werden sollen.

Im Akkadischen entspricht dem hebräischen *kâbad* etymologisch und auch semantisch weitgehend *kabâtu*[440]. Dem hebräischen *jare᾽* entspricht im Akkadischen semantisch weitgehend *pâlahu*[441]. Auch die beiden Lexeme *kabâtu* „ehren" und *pâlahu* „Ehrfurcht erweisen" stehen in den Keilschrifttexten häufig in Verbindung mit der Versorgung der Eltern[442]. Vor allem in Testamenten und Adoptionsverträgen legen Erblasser großen Wert auf lebenslange respektvolle Behandlung und ausreichende Versorgung[443]. So sichert in einem

---

435 *Eckart Otto*: Deuteronomium 1-11. Zweiter Teilband 4,44-11, Freiburg im Breisgau u. a. 2012, S. 744.

436 *Rainer Albertz*: Hintergrund und Bedeutung des Elterngebots im Dekalog, in: ZATW 1978, S. 348 (354); *Matthias Köckert*: Die zehn Gebote, 2. Auflage, München 2013, S. 73.

437 *Rainer Albertz*: Hintergrund und Bedeutung des Elterngebots im Dekalog, in: ZATW 1978, S. 348 (354); *Matthias Köckert*: Die zehn Gebote, 2. Auflage, München 2013, S. 73.

438 *Matthias Köckert*: Die zehn Gebote, 2. Auflage, München 2013, S. 74.

439 Siehe dazu *Matthias Köckert*: Die zehn Gebote, 2. Auflage, München 2013, S. 74.

440 *Rainer Albertz*: Hintergrund und Bedeutung des Elterngebots im Dekalog, in: ZATW 1978, S. 348 (356).

441 *Rainer Albertz*: Hintergrund und Bedeutung des Elterngebots im Dekalog, in: ZATW 1978, S. 348 (356).

442 Siehe dazu *Rainer Albertz*: Hintergrund und Bedeutung des Elterngebots im Dekalog, in: ZATW 1978, S. 348 (350); *Eckart Otto*: Deuteronomium 1-11. Zweiter Teilband 4,44-11, Freiburg im Breisgau u. a. 2012, S. 744.

443 Siehe *Matthias Köckert*: Die zehn Gebote, 2. Auflage, München 2013, S. 74.

Adoptionsvertrag aus Nuzi um 1400 v. Chr. der adoptierte Hutija seinem Adoptivvater zu, ihn bis zu seinem Lebensende in Ehren zu halten:

> *„Solange Hanadu lebt, wird Hutija ihn respektvoll behandeln. Hutija wird Jahr für Jahr ein Gewand zu seiner Bekleidung, fünf imeru Gerste (und) zwei imeru Weizen zu seiner Ernährung an Hanadu geben. Wenn Hanadu stirbt, wird Hutija ihn beweinen und begraben." (JEN 59,12-23)*[444]

Dies lässt vermuten, dass das Elterngebot des Dekalogs die Versorgung der alt gewordenen Eltern durch die erwachsenen Kinder beinhaltet[445]. In einer Gesellschaft, die keine Versicherungen und keine Altersrente kennt, soll das Gebot, die Eltern in Ehren zu halten, die Versorgung der alten Eltern sichern, die sich nicht mehr selber versorgen können[446]. Konkret gemeint ist die Versorgung mit Nahrung, Kleidung und Wohnung bis zu ihrem Tod und darüber hinaus ein respektvoller Umgang und eine würdige Behandlung, die trotz der Abnahme der Lebenskraft ihrer Stellung als Eltern entspricht[447].

Diese Interpretation wird ferner durch eindeutige Belege aus dem traditionsgeschichtlichen Umfeld des Elterngebotes gestützt. So finden sich im Proverbienbuch Sprüche, die die Nichtachtung der alten Eltern geißeln[448]:

> *„Wer den Vater mißhandelt, die Mutter wegjagt, ist ein verkommener, schändlicher Sohn." (Prov 19,26)*
> *„Wer Vater und Mutter beraubt und meint, es tue kein Unrecht, macht sich zum Genossen des Mörders." (Prov 28,24)*
> *„Ein Auge, das den Vater verspottet und die alte Mutter verachtet, das hacken die Raben am Bauch aus, die jungen Adler fressen es auf." (Prov 30,17)*

---

444 *Rainer Albertz*: Hintergrund und Bedeutung des Elterngebots im Dekalog, in: ZATW 1978, S. 348 (359 f.); *Matthias Köckert*: Die zehn Gebote, 2. Auflage, München 2013, S. 74.

445 *Wilhelm Caspari*: Die Bedeutungen der Wortsippe Kbd im Hebräischen, Leipzig 1908, S. 34, 40; *Rainer Albertz*: Hintergrund und Bedeutung des Elterngebots im Dekalog, in: ZATW 1978, S. 348 (350, 372-374); *Eckart Otto*: Deuteronomium 1-11. Zweiter Teilband 4,44-11, Freiburg im Breisgau u. a. 2012, S. 744; *Matthias Köckert*: Die zehn Gebote, 2. Auflage, München 2013, S. 73.

446 *Rainer Albertz*: Hintergrund und Bedeutung des Elterngebots im Dekalog, in: ZATW 1978, S. 348 (350); *Matthias Köckert*: Die zehn Gebote, 2. Auflage, München 2013, S. 74.

447 Diese Position bei *Rainer Albertz*: Hintergrund und Bedeutung des Elterngebots im Dekalog, in: ZATW 1978, S. 348 (374).

448 Siehe *Rainer Albertz*: Hintergrund und Bedeutung des Elterngebots im Dekalog, in: ZATW 1978, S. 348 (365); *Matthias Köckert*: Die zehn Gebote, 2. Auflage, München 2013, S. 74.

Prov 23,22 befasst sich allgemein mit der Respektlosigkeit der erwachsenen Kinder gegenüber ihren gebrechlich und wunderlich gewordenen Eltern[449]:

> *„Höre auf deinen Vater, der dich gezeugt hat, verachte deine Mutter nicht, wenn sie alt wird." (Prov 23,22)*

Schließlich wird dieses Verständnis des Elterngebotes durch Sir 3 gestützt. Auch hier steht der Sohn in der Blüte seiner Lebenskraft, während die Lebenskraft der Eltern unweigerlich abnimmt[450]:

> *„Mein Sohn, wenn dein Vater alt ist, nimm dich seiner an, und betrübe ihn nicht, solange er lebt." (Sir 3,12)*
> *„Wenn sein Verstand abnimmt, sieh es ihm nach, und beschäme ihn nicht in deiner Vollkraft." (Sir 3,13)*
> *„Wie ein Gotteslästerer handelt, wer seinen Vater im Stich läßt, und von Gott ist verflucht, wer seine Mutter kränkt." (Sir 3,16)*

Der Text kommt an dieser Stelle auf das angemessene Verhalten gegenüber den alten Eltern zu sprechen: Es soll gesichert werden, dass die Kinder ihre physische und psychische Überlegenheit nicht gegenüber ihren Eltern rücksichtslos ausspielen, denn sie bleiben, trotz ihrer Gebrechen, eben doch ihre Eltern[451].

cc) *Vom Recht zum Ethos*

Mit der Umformulierung der Protasis von Ex 21,17 zu einem Injunktiv im Dekaloggebot wird darüber hinaus die todesrechtliche Apodosis „wird mit dem Tod bestraft" in Dtn 5,16 durch eine Segensverheißung „damit du lange lebst und es dir gut geht in dem Land, das der Herr, dein Gott, dir gibt" ersetzt[452]. Dies markiert den Übergang vom Recht zum Ethos[453].

Die Verheißung des langen Lebens motiviert die Versorgung der Eltern, indem sie den erwachsenen Kindern ihr Schicksal im Alter vor Augen führt: Wie

---

449 *Rainer Albertz*: Hintergrund und Bedeutung des Elterngebots im Dekalog, in: ZATW 1978, S. 348 (365); *Matthias Köckert*: Die zehn Gebote, 2. Auflage, München 2013, S. 74.

450 *Rainer Albertz*: Hintergrund und Bedeutung des Elterngebots im Dekalog, in: ZATW 1978, S. 348 (369).

451 So *Rainer Albertz*: Hintergrund und Bedeutung des Elterngebots im Dekalog, in: ZATW 1978, S. 348 (369) sowie *Matthias Köckert*: Die zehn Gebote, 2. Auflage, München 2013, S. 75.

452 *Eckart Otto*: Deuteronomium 1-11. Zweiter Teilband 4,44-11, Freiburg im Breisgau u. a. 2012, S. 744.

453 *Eckart Otto*: Deuteronomium 1-11. Zweiter Teilband 4,44-11, Freiburg im Breisgau u. a. 2012, S. 744.

du an deinen Eltern tust, wird dir vergolten werden[454]. Insofern richtet sich das Gebot nicht nur an die Kinder, sondern auch an die Eltern. Denn an den eigenen Eltern erfahren schon die kleinen Kindern, wie man als Erwachsener mit alternden Eltern umgeht[455].

b) Entwicklung des staatlichen Rechts

Um die Entwicklung der Stellung der Eltern in der Verfassung zu untersuchen, wird zunächst die Lebensgemeinschaft der Eltern mit ihren Kindern als Teil der Familiengemeinschaft veranschaulicht.

aa) Ideen- und verfassungsgeschichtliche Aspekte

Hierzu und in Hinblick auf die mit dem gesellschaftlichen Wandel einhergehenden Entwicklungen betreffend das Verhältnis der Eltern zu ihren Kindern, bedarf es dabei zunächst einer Erläuterung der ideen- und verfassungsgeschichtlichen Aspekte der Familiengemeinschaft.

Die Familie tauchte erst im 16. Jahrhundert im deutschen Sprachgebrauch auf und bezeichnete zunächst die unter einem Dach lebende Haus- und Erwerbsgemeinschaft zwischen Eheleuten, Verwandten und Bediensteten[456]. Erst im 19. Jahrhundert wurde das Verhältnis zu den Hausbediensteten als Arbeitsverhältnis versachlicht und der Begriff der Familie auf die Verwandtenbeziehung beschränkt[457]. Ursache hierfür waren die Aufklärung und der

---

454 Statt aller *Eckart Otto*: Deuteronomium 1-11. Zweiter Teilband 4,44-11, Freiburg im Breisgau u. a. 2012, S. 745; *Matthias Köckert*: Die zehn Gebote, 2. Auflage, München 2013, S. 75.

455 *Matthias Köckert*: Die zehn Gebote, 2. Auflage, München 2013, S. 75.

456 *Elisabeth Koch*: Art. Familie, Familienrecht, in: Albrecht Cordes/Heiner Lück/Dieter Werkmüller (Hrsg.), Handwörterbuch zur deutschen Rechtsgeschichte, Band 1, 2. Auflage, Berlin 2008, Sp. 1497 (1497 f.); *Frauke Brosius-Gersdorf*, in: Horst Dreier (Hrsg.), Kommentar zum Grundgesetz, Band 1, 3. Auflage, Tübingen 2013, Art. 6 Rn. 2.

457 Eingehend dazu *Alfons Auer/Franz-Xaver Kaufmann*: Art. Ehe und Familie, in: Görres-Gesellschaft (Hrsg.), Staatslexikon, Band 2, 7. Auflage, Freiburg im Breisgau u. a. 1986, Sp. 86 (106); *Viola von Schmid*: Die Familie in Artikel 6 des Grundgesetzes, Berlin 1989, S. 38 f.; *Elisabeth Koch*: Art. Familie, Familienrecht, in: Albrecht Cordes/Heiner Lück/Dieter Werkmüller (Hrsg.), Handwörterbuch zur deutschen Rechtsgeschichte, Band 1, 2. Auflage, Berlin 2008, Sp. 1497 (1497 f.); *Frauke Brosius-Gersdorf*, in: Horst Dreier (Hrsg.), Kommentar zum Grundgesetz, Band 1, 3. Auflage, Tübingen 2013, Art. 6 Rn. 2.

Wandel der Familie von der Haus- und Erwerbsgemeinschaft zum Raum privater Lebensgestaltung[458].

Während das Bild der Familie zunächst vor allem durch die Anschauungen der christlichen Kirchen geprägt wurde, verstand man seit der Aufklärung unter der Familie vermehrt eine säkulare, auf Vertrag gegründete Gemeinschaft freier Partner[459]. So wurde also ab dem 18. Jahrhundert die bis dato vorherrschende Sicht der Familie als unmittelbar von Gott geschaffene soziale Lebensform und Garant der Fortexistenz der Bevölkerung durch ein der Aufklärung und Romantik entsprechendes Bild der Familie als rechtliches Institut und als ein vom Staat zu respektierender Raum der Privatsphäre zunehmend ersetzt[460].

bb) Weimarer Reichsverfassung

Die Anerkennung der Ehe und Familie als „Grundlagen der menschlichen Gesellschaft" geht auf eine ähnlich lautende Formulierung in Art. 119 Abs. 1 WRV[461] zurück, der einen Schutz- und Förderauftrag zugunsten der Familie erstmalig verfassungsrechtlich verankerte[462]. Anders als Art. 5 Abs. 1 LV NW, der

---

458 *Alfons Auer/Franz-Xaver Kaufmann*: Art. Ehe und Familie, in: Görres-Gesellschaft (Hrsg.), Staatslexikon, Band 2, 7. Auflage, Freiburg im Breisgau u. a. 1986, Sp. 86 (106); *Viola von Schmid*: Die Familie in Artikel 6 des Grundgesetzes, Berlin 1989, S. 38 f.; *Frauke Brosius-Gersdorf*, in: Horst Dreier (Hrsg.), Kommentar zum Grundgesetz, Band 1, 3. Auflage, Tübingen 2013, Art. 6 Rn. 2.

459 *Dieter Schwab*: Art. Ehe- und Familienrecht, in: Görres-Gesellschaft (Hrsg.), Staatslexikon, Band 2, 7. Auflage, Freiburg im Breisgau u. a. 1986, Sp. 118 (118 f.); *Frauke Brosius-Gersdorf*, in: Horst Dreier (Hrsg.), Kommentar zum Grundgesetz, Band 1, 3. Auflage, Tübingen 2013, Art. 6 Rn. 2.

460 *Dieter Schwab*: Art. Ehe- und Familienrecht, in: Görres-Gesellschaft (Hrsg.), Staatslexikon, Band 2, 7. Auflage, Freiburg im Breisgau u. a. 1986, Sp. 118 (121); *Elisabeth Koch*: Art. Familie, Familienrecht, in: Albrecht Cordes/Heiner Lück/Dieter Werkmüller (Hrsg.), Handwörterbuch zur deutschen Rechtsgeschichte, Band 1, 2. Auflage, Berlin 2008, Sp. 1497 (1498 f.); *Frauke Brosius-Gersdorf*, in: Horst Dreier (Hrsg.), Kommentar zum Grundgesetz, Band 1, 3. Auflage, Tübingen 2013, Art. 6 Rn. 2; *Gerhard Höver*: Art. Ehe I. Theologisch, in: Görres-Gesellschaft (Hrsg.), Staatslexikon, Band 2, 8. Auflage, Freiburg im Breisgau 2018, Sp. 593 (593 ff.).

461 „Die Ehe steht als Grundlage des Familienlebens und der Erhaltung und Vermehrung der Nation unter dem besonderen Schutz der Verfassung. Diese beruht auf der Gleichberechtigung der beiden Geschlechter."

462 *Alois Vogels*: Die Verfassung für das Land Nordrhein-Westfalen. Handkommentar, Stuttgart 1951, Art. 5 Anm. 2; *Gerhard Anschütz*: Die Verfassung des Deutschen Reichs vom 11. August 1919, 14. Auflage, Berlin 1933, Art. 119 Anm. 1; *Ralf Müller-Terpitz*, in: Wolfgang Löwer/Peter J. Tettinger (Hrsg.), Kommentar zur Verfassung des Landes

Ehe und Familie als voneinander entkoppelte Institute garantiert, hatte die Weimarer Reichsverfassung die sich zur Familie entwickelnde Ehe vor Augen und stellte die Ehe wegen ihrer Reproduktionsfunktion unter besonderen Schutz[463].

cc) Landesverfassungsrechtlicher Schutz in NRW

Nach Art. 5 Abs. 1 LV NW stehen Ehe und Familie unter dem besonderen Schutz des Landes. Erziehung und Bildung der Kinder sind nach Art. 6 GG i. V. m. Art. 4 Abs. 1 LV NW natürliches Recht der Eltern. Abs. 8 Abs. 1 S. 2 LV NW setzt dieses Elternrecht schließlich voraus[464].

Im Folgenden wird nun der in der Landesverfassung Nordrhein-Westfalens garantierte Schutz der Familie sowie die besondere Stellung der Eltern dargestellt.

(1) Art. 5 Abs. 1 LV NW

Die in Art. 5 Abs. 1 LV NW verankerte Anerkennung von Ehe und Familie als die Grundlage der menschlichen Gesellschaft wiederholt im Wesentlichen Art. 6 Abs. 1 GG, der durch Art. 4 LV NW in die Landesverfassung Nordrhein-Westfalens inkorporiert wurde, obwohl er für die Länder ohnehin verbindlich ist.

Durch diese Verankerung des Art. 5 LV NW direkt im Anschluss an die Rezeptionsklausel des Art. 4 LV NW kommt die besondere Stellung der Familie sowie damit einhergehend die der Eltern zum Ausdruck, die der Verfassunggeber diesem Themenkomplex zugedacht hat[465].

Nordrhein-Westfalen, Stuttgart u. a. 2002, Art. 5 Rn. 4; *Jörn Ipsen*: Ehe und Familie, in: Josef Isensee/Paul Kirchhof (Hrsg.), Handbuch des Staatsrechts der Bundesrepublik Deutschland, Band 7, 3. Auflage, Heidelberg 2009, § 154 Rn. 1; *Frauke Brosius-Gersdorf*, in: Horst Dreier (Hrsg.), Kommentar zum Grundgesetz, Band 1, 3. Auflage, Tübingen 2013, Art. 6 Rn. 4.

463 Hierzu *Gerhard Anschütz*: Die Verfassung des Deutschen Reichs vom 11. August 1919, 14. Auflage, Berlin 1933, Art. 119 Anm. 1; *Frauke Brosius-Gersdorf*, in: Horst Dreier (Hrsg.), Kommentar zum Grundgesetz, Band 1, 3. Auflage, Tübingen 2013, Art. 6 Rn. 4.

464 *Jörg Ennuschat*, in: Wolfgang Löwer/Peter J. Tettinger (Hrsg.), Kommentar zur Verfassung des Landes Nordrhein-Westfalen, Stuttgart u. a. 2002, Art. 8 Rn. 18.

465 *Ralf Müller-Terpitz*, in: Wolfgang Löwer/Peter J. Tettinger (Hrsg.), Kommentar zur Verfassung des Landes Nordrhein-Westfalen, Stuttgart u. a. 2002, Art. 5-6 Rn. 2.

(a) Verfassungsgeschichtliche Aspekte

Im 20. Jahrhundert erfuhr die Familie durch den Nationalsozialismus eine weitgehende ethisch-moralische Entkernung[466]. Sie hatten unter den verheerenden Folgen des Zweiten Weltkrieges (Verlust von Familienangehörigen, Zerstörung des Wohnraumes, Auseinanderreißen der Familien etc.) besonders zu leiden[467].

Die Regelung sollte deshalb der Familie als „Keimzelle" jeder menschlichen Gemeinschaft und damit als Grundlage des Gemeinwesens überhaupt eine besondere staatliche Fürsorge zukommen lassen[468].

Obwohl Partnerschaften zunehmend kinderlos[469] bleiben und die Institute Ehe und Familie infolge der Pluralisierung sozialer Muster des Zusammenlebens einen Bedeutungswandel durchleben[470], beansprucht diese Zielsetzung bis heute ihre Gültigkeit[471].

(b) Allgemeines

Ehe und Familie werden als „Keimzelle" des Landes, der Gesellschaft, sozusagen als Staatswesen im Kleinen anerkannt und deshalb unter den besonderen

---

466 Abgeordneter Bernhard Kaes (CDU), LT-Prot. 1/4261: Erhebung des Mannes zum „Geschlechtstyrannen" und Degradierung der Frau und Mutter zum „Nur-Gebärwesen". Vgl. dazu *Ralf Müller-Terpitz*, in: Wolfgang Löwer/Peter J. Tettinger (Hrsg.), Kommentar zur Verfassung des Landes Nordrhein-Westfalen, Stuttgart u. a. 2002, Art. 5 Rn. 3.

467 So *Ralf Müller-Terpitz*, in: Wolfgang Löwer/Peter J. Tettinger (Hrsg.), Kommentar zur Verfassung des Landes Nordrhein-Westfalen, Stuttgart u. a. 2002, Art. 5 Rn. 3.

468 *Ralf Müller-Terpitz*, in: Wolfgang Löwer/Peter J. Tettinger (Hrsg.), Kommentar zur Verfassung des Landes Nordrhein-Westfalen, Stuttgart u. a. 2002, Art. 5 Rn. 3. Eingehend zur Entstehungsgeschichte der Materie Ehe und Familie in der Landesverfassung Nordrhein-Westfalens *Wolfgang Kringe*: Machtfragen. Die Entstehung der Verfassung für das Land Nordrhein-Westfalen 1946-1950, Frankfurt am Main u. a. 1988, S. 341 ff.

469 Es wird auszugsweise die Statistik des Statistischen Bundesamtes „Anzahl der Ehepaare mit und ohne Kinder in Deutschland von 1996 bis 2017 (in 1.000)" herangezogen. Danach hatten im Jahre 2017 in Deutschland 55% der Ehepaare keine Kinder. Die Statistik ist abrufbar unter https://de.statista.com/statistik/daten/studie/2153/umfrage/anzahl-der-ehepaare-mit-und-ohne-kinder-in-deutschland-seit-1996/. Zugriff am 12. Dezember 2018.

470 *Manuel Kamp*, in: Andreas Heusch/Klaus Schönenbroicher (Hrsg.), Die Landesverfassung Nordrhein-Westfalen. Kommentar, 2. Auflage, Siegburg 2020, Art. 5 Rn. 7.

471 Diese Position bei *Ralf Müller-Terpitz*, in: Wolfgang Löwer/Peter J. Tettinger (Hrsg.), Kommentar zur Verfassung des Landes Nordrhein-Westfalen, Stuttgart u. a. 2002, Art. 5 Rn. 3.

Schutz des Landes gestellt[472]. Die Familie, die häufig – aber nicht zwangsläufig – aus einer Ehe hervorgeht, erfährt durch die in Art. 5 Abs. 1 S. 1 und 2 LV NW normierte wechselbezügliche einheitliche Verbürgung, eine besondere Akzentuierung: Die Mutterschaft sowie die kinderreichen Familien werden hervorgehoben, indem ihnen ein Anspruch auf besondere Fürsorge zugebilligt wird[473].

Art. 5 Abs. 1 LV NW stellt eine wertentscheidende Grundsatznorm („stehen unter dem besonderen Schutz") dar, die eine Institutionsgarantie für Ehe und Familie als rechtlich geordnete Einrichtungen gewährleistet[474]. Darüber hinaus gilt die Regelung als Abwehrrecht gegenüber Eingriffe des Landes in den Schutzbereich der Ehe und Familie[475].

Art. 5 Abs. 1 LV NW wird vorbehaltlos gewährleistet, d. h. das Land hat sich grundsätzlich vor Eingriffen in den Schutzbereich von Ehe und Familie zu enthalten[476]. Lediglich im Falle kollidierenden Verfassungsrechts sind Eingriffe in diesen Schutzbereich gerechtfertigt[477]. Dabei ist stets zu beachten, dass Art. 5 Abs. 1 LV NW den Schutz von Ehe und Familie „besonders" hervorhebt. Kollidierende Verfassungsgüter müssen somit von besonderem Gewicht sein, um sich im Konfliktfall gegenüber dem Schutz der Ehe und Familie durchsetzen

---

472 *Ralf Müller-Terpitz*, in: Wolfgang Löwer/Peter J. Tettinger (Hrsg.), Kommentar zur Verfassung des Landes Nordrhein-Westfalen, Stuttgart u. a. 2002, Art. 5 Rn. 6.

473 *Ralf Müller-Terpitz*, in: Wolfgang Löwer/Peter J. Tettinger (Hrsg.), Kommentar zur Verfassung des Landes Nordrhein-Westfalen, Stuttgart u. a. 2002, Art. 5 Rn. 6.

474 *Alfred Dickersbach*, in: Gregor Geller/Kurt Kleinrahm/Alfred Dickersbach u. a. (Hrsg.), Die Verfassung des Landes Nordrhein-Westfalen. Kommentar, 3. Auflage, Göttingen, Art. 5 (1981), Anm. 2a f.; *Ralf Müller-Terpitz*, in: Wolfgang Löwer/Peter J. Tettinger (Hrsg.), Kommentar zur Verfassung des Landes Nordrhein-Westfalen, Stuttgart u. a. 2002, Art. 5 Rn. 7; *Manuel Kamp*, in: Andreas Heusch/Klaus Schönenbroicher (Hrsg.), Die Landesverfassung Nordrhein-Westfalen. Kommentar, 2. Auflage, Siegburg 2020, Art. 5 Rn. 3.

475 BVerfGE 6, 55 (75); *Ralf Müller-Terpitz*, in: Wolfgang Löwer/Peter J. Tettinger (Hrsg.), Kommentar zur Verfassung des Landes Nordrhein-Westfalen, Stuttgart u. a. 2002, Art. 5 Rn. 7; *Manuel Kamp*, in: Andreas Heusch/Klaus Schönenbroicher (Hrsg.), Die Landesverfassung Nordrhein-Westfalen. Kommentar, 2. Auflage, Siegburg 2020, Art. 5 Rn. 3.

476 *Ralf Müller-Terpitz*, in: Wolfgang Löwer/Peter J. Tettinger (Hrsg.), Kommentar zur Verfassung des Landes Nordrhein-Westfalen, Stuttgart u. a. 2002, Art. 5 Rn. 9.

477 Eingehen dazu *Ralf Müller-Terpitz*, in: Wolfgang Löwer/Peter J. Tettinger (Hrsg.), Kommentar zur Verfassung des Landes Nordrhein-Westfalen, Stuttgart u. a. 2002, Art. 5 Rn. 9.

zu können[478]. Im Übrigen wirkt die Institutionsgarantie als Schranke-Schranke gegen staatliche Maßnahmen, die bestimmende Merkmale des Bildes von Ehe und Familie, das der Verfassung zugrunde liegt, beeinträchtigen[479].

(c) Schutz der Familie

Im Folgenden widmet sich die Arbeit nun dem im Landesverfassungstext verankerten Schutz der Familie und mit ihm dem Schutz der Eltern.

(aa) Entkoppelung

Der Schutz der Familie ist von dem der Ehe rechtlich vollständig entkoppelt[480]. Ehe und Familie werden als eigenständige Institute gewährleistet, denen jeweils unterschiedliche Funktionen zugrunde liegen[481]. Dies ergibt sich zum einen aus dem Wortlaut des Art. 5 Abs. 1 LV NW und seiner Gegenüberstellung mit Art. 119 Abs. 1 S. 1 WRV: Anders als Art. 119 Abs. 1 S. 1 WRV[482], der die Ehe „als Grundlage des Familienlebens" schützte, gewährleistet Art. 5 Abs. 1 LV NW „Ehe *und* Familie"[483]. Für eine Entkoppelung spricht außerdem die unterschiedliche Schutzrichtung von Ehe und Familie: Während die Ehe das Land als Beistands- und Verantwortungsgemeinschaft entlastet, erfüllt die Familie Reproduktions- und Entlastungsfunktionen[484].

(bb) Familie

Da die Landesverfassung den Begriff der Familie nicht selbst definiert, wird nachfolgend überblicksartig benannt, was unter dem verfassungsrechtlich geschützten Familienbegriff heute zu verstehen ist.

---

478 *Ralf Müller-Terpitz*, in: Wolfgang Löwer/Peter J. Tettinger (Hrsg.), Kommentar zur Verfassung des Landes Nordrhein-Westfalen, Stuttgart u. a. 2002, Art. 5 Rn. 9.

479 Siehe *Ralf Müller-Terpitz*, in: Wolfgang Löwer/Peter J. Tettinger (Hrsg.), Kommentar zur Verfassung des Landes Nordrhein-Westfalen, Stuttgart u. a. 2002, Art. 5 Rn. 9.

480 Vgl. dazu *Frauke Brosius-Gersdorf*, in: Horst Dreier (Hrsg.), Kommentar zum Grundgesetz, Band 1, 3. Auflage, Tübingen 2013, Art. 6 Rn. 43.

481 *Frauke Brosius-Gersdorf*, in: Horst Dreier (Hrsg.), Kommentar zum Grundgesetz, Band 1, 3. Auflage, Tübingen 2013, Art. 6 Rn. 43.

482 Abgedr. in Fabian Wittreck (Hrsg.): Weimarer Landesverfassungen. Die Verfassungsurkunden der deutschen Freistaaten 1918-1933, Tübingen 2004, S. 750.

483 *Frauke Brosius-Gersdorf*, in: Horst Dreier (Hrsg.), Kommentar zum Grundgesetz, Band 1, 3. Auflage, Tübingen 2013, Art. 6 Rn. 43.

484 *Frauke Brosius-Gersdorf*, in: Horst Dreier (Hrsg.), Kommentar zum Grundgesetz, Band 1, 3. Auflage, Tübingen 2013, Art. 6 Rn. 43.

Zu den durch die Institutionsgarantie garantierten Familiengemeinschaften gehört zunächst die durch Abstammung vermittelte Lebensgemeinschaft der Eltern mit ihren Kindern („leibliche Kleinfamilie“)[485]. Der durch die Institutionsgarantie gesicherte Verfassungsbegriff der Familie umfasst die Lebensgemeinschaft von Eltern und Kind unabhängig davon, ob die Eltern verheiratet, geschieden oder verwitwet sind oder ob es sich um Personen verschiedenen oder gleichen Geschlechts handelt[486]. Diese Interpretation trägt auch der Entkoppelung des Schutzes von Ehe und Familie Rechnung und wird der Funktion des Art. 5 Abs. 1 LV NW gerecht, der an die Geburts-, Pflege- und Erziehungsaufgaben der Eltern anknüpft, die sowohl verheiratete als auch nicht verheiratete Eltern gleichermaßen erfüllen können[487].

Der rechtliche Vater, d. h. der als leiblicher Vater geltende Ehemann der Mutter des Kindes (§ 1592 Nr. 1 BGB), von dem das Kind nicht abstammt (rechtlicher Vater), bildet mit dem Kind eine Familie, wenn er tatsächlich Pflege- und Erziehungsverantwortung für das Kind übernimmt[488].

---

485 BVerfGE 10, 59 (66); 48, 327 (339); 59, 52 (63); 80, 81 (90); *Alfred Dickersbach*, in: Gregor Geller/Kurt Kleinrahm/Alfred Dickersbach u. a. (Hrsg.), Die Verfassung des Landes Nordrhein-Westfalen. Kommentar, 3. Auflage, Göttingen, Art. 5 (1981), Anm. 2a, b; *Ralf Müller-Terpitz*, in: Wolfgang Löwer/Peter J. Tettinger (Hrsg.), Kommentar zur Verfassung des Landes Nordrhein-Westfalen, Stuttgart u. a. 2002, Art. 5 Rn. 17; *Jörn Ipsen*: Ehe und Familie, in: Josef Isensee/Paul Kirchhof (Hrsg.), Handbuch des Staatsrechts der Bundesrepublik Deutschland, Band 7, 3. Auflage, Heidelberg 2009, § 154 Rn. 69; *Rolf Grawert*: Verfassung für das Land Nordrhein-Westfalen. Kommentar, 3. Auflage, Wiesbaden 2012, Art. 5 Anm. 1; *Frauke Brosius-Gersdorf*, in: Horst Dreier (Hrsg.), Kommentar zum Grundgesetz, Band 1, 3. Auflage, Tübingen 2013, Art. 6 Rn. 101.

486 So *Ralf Müller-Terpitz*, in: Wolfgang Löwer/Peter J. Tettinger (Hrsg.), Kommentar zur Verfassung des Landes Nordrhein-Westfalen, Stuttgart u. a. 2002, Art. 5 Rn. 17; *Frauke Brosius-Gersdorf*, in: Horst Dreier (Hrsg.), Kommentar zum Grundgesetz, Band 1, 3. Auflage, Tübingen 2013, Art. 6 Rn. 105.

487 *Frauke Brosius-Gersdorf*, in: Horst Dreier (Hrsg.), Kommentar zum Grundgesetz, Band 1, 3. Auflage, Tübingen 2013, Art. 6 Rn. 105.

488 *Ralf Müller-Terpitz*, in: Wolfgang Löwer/Peter J. Tettinger (Hrsg.), Kommentar zur Verfassung des Landes Nordrhein-Westfalen, Stuttgart u. a. 2002, Art. 5 Rn. 17; *Frauke Brosius-Gersdorf*, in: Horst Dreier (Hrsg.), Kommentar zum Grundgesetz, Band 1, 3. Auflage, Tübingen 2013, Art. 6 Rn. 106. Zum Problem des biologischen Vaters, der aber nicht rechtlicher Vater im Sinne des § 1592 BGB ist, wird auf *Frauke Brosius-Gersdorf*, in: Horst Dreier (Hrsg.), Kommentar zum Grundgesetz, Band 1, 3. Auflage, Tübingen 2013, Art. 6 Rn. 106 verwiesen.

Dem Familienbegriff unterfällt ferner die Gemeinschaft zwischen einem Kind und seinen in einer ausländischen Mehrehe lebenden Eltern, sofern diese ihrer Pflege- und Erziehungsverantwortung für das Kind nachkommen[489].

Dagegen unterfallen kinderlose Ehen, nichteheliche Lebensgemeinschaften ohne Kinder und Alleinstehende nicht dem Begriff der Familie im verfassungsrechtlichen Sinne[490].

Außerhalb der Institutionsgarantie des Art. 5 Abs. 1 LV NW steht dem Gesetzgeber ein Gestaltungsspielraum dahingehend zu, den Familienbegriff auch auf andere Personen durch rechtliche Zuordnung von Pflege- und Erziehungsverantwortung, etwa durch Adoption, zu erweitern („rechtliche Kleinfamilie")[491].

Der Gesetzgeber kann außerdem auch mit dem Kind verwandte Personen wie etwa die Großeltern, die tatsächlich und dauerhaft Pflege- und Erziehungsaufgaben erfüllen, in den Schutzbereich des Art. 5 Abs. 1 LV NW einbeziehen („Großfamilie als Pflege- und Erziehungsgemeinschaft")[492]. Darüber hinaus können auch verwandtschaftliche Beziehungen, wie etwa Beziehungen zwischen Großeltern und Enkelkind oder zwischen Geschwistern, in denen besondere Beistands- und Verantwortungsleistungen erbracht werden wie Unterstützung

---

489 *Ralf Müller-Terpitz*, in: Wolfgang Löwer/Peter J. Tettinger (Hrsg.), Kommentar zur Verfassung des Landes Nordrhein-Westfalen, Stuttgart u. a. 2002, Art. 5 Rn. 17; *Frauke Brosius-Gersdorf*, in: Horst Dreier (Hrsg.), Kommentar zum Grundgesetz, Band 1, 3. Auflage, Tübingen 2013, Art. 6 Rn. 109.

490 *Ralf Müller-Terpitz*, in: Wolfgang Löwer/Peter J. Tettinger (Hrsg.), Kommentar zur Verfassung des Landes Nordrhein-Westfalen, Stuttgart u. a. 2002, Art. 5 Rn. 18; *Frauke Brosius-Gersdorf*, in: Horst Dreier (Hrsg.), Kommentar zum Grundgesetz, Band 1, 3. Auflage, Tübingen 2013, Art. 6 Rn. 111.

491 Diese Position bei *Ralf Müller-Terpitz*, in: Wolfgang Löwer/Peter J. Tettinger (Hrsg.), Kommentar zur Verfassung des Landes Nordrhein-Westfalen, Stuttgart u. a. 2002, Art. 5 Rn. 17; *Frauke Brosius-Gersdorf*, in: Horst Dreier (Hrsg.), Kommentar zum Grundgesetz, Band 1, 3. Auflage, Tübingen 2013, Art. 6 Rn. 111.

492 Für einen Schutz der Großfamilie als Pflege- und Erziehungsgemeinschaft plädieren *Thorsten Kingreen*: Das Grundrecht von Ehe und Familie (Art. 6 I GG), in: Jura 1997, S. 401 (402); *Friederike Nesselrode*: Das Spannungsverhältnis zwischen Ehe und Familie in Artikel 6 des Grundgesetzes, Band 1074, Berlin 2007, S. 129; *Frauke Brosius-Gersdorf*, in: Horst Dreier (Hrsg.), Kommentar zum Grundgesetz, Band 1, 3. Auflage, Tübingen 2013, Art. 6 Rn. 112. *Ralf Müller-Terpitz*, in: Wolfgang Löwer/Peter J. Tettinger (Hrsg.), Kommentar zur Verfassung des Landes Nordrhein-Westfalen, Stuttgart u. a. 2002, Art. 5 Rn. 17 hält nach Bevorstehendem eine Einbeziehung der Großfamilie in den Schutzbereich des Art. 5 Abs. 1 NW LV grundsätzlich – jedoch ohne nähere Begründung – für unzulässig.

in Krisenzeiten, in den Schutzbereich einbezogen werden („Großfamilie als Beistands- und Verantwortungsgemeinschaft“)[493]. Bloße besondere emotionale Bindungen zwischen Enkeln und Großeltern, zwischen Geschwistern und anderen Verwandten der Seitenlinie stellen dagegen keine hinreichende Begründung für eine Ausdehnung des Familienbegriffs auf derartige Verwandtschaftsverhältnisse dar[494].

Somit ist zu konstatieren, dass die durch die Landesverfassung geschützte Familie eine durch Abstammung vermittelte Lebensgemeinschaft der Eltern nicht zwingend voraussetzt. Diese „leibliche Kleinfamilie“ aber jedenfalls – wie bereits erwähnt – vom Schutz der Familie i. S. d. Art. 5 Abs. 1 LV NW mit umfasst ist.

(cc) Unter dem besonderen Schutz des Landes

Das Land ist aufgefordert, die Familie als Ganzes, also auch das Verhältnis von Kindern zu ihren Eltern zu schützen.

Inhaltlich kommt mit dem „besonderen Schutz“ eine Steigerung der „Intensität“ der Schutzpflichten des Landes zum Ausdruck[495]. Der Grund für den besonderen Schutzauftrag des Art. 5 Abs. 1 LV NW liegt darin, dass die Familie für das Gemeinwesen eine besondere Funktion inne hat[496]. So wird die Familie mit besonderem Schutz versehen, weil die Eltern mit der Geburt, der Pflege und der Erziehung von Kindern reproduktive und das Land entlastende Aufgaben erfüllen[497].

---

493 Für einen Schutz der Großfamilie als Beistands- und Verantwortungsgemeinschaft plädierten *Frauke Brosius-Gersdorf*, in: Horst Dreier (Hrsg.), Kommentar zum Grundgesetz, Band 1, 3. Auflage, Tübingen 2013, Art. 6 Rn. 112; *Peter Badura*, in: Theodor Maunz/Günter Dürig (Begr.), Grundgesetz. Kommentar, München, Art. 6 Abs. 1 (2019), Rn. 60a.

494 *Jörn Ipsen*: Ehe und Familie, in: Josef Isensee/Paul Kirchhof (Hrsg.), Handbuch des Staatsrechts der Bundesrepublik Deutschland, Band 7, 3. Auflage, Heidelberg 2009, § 154 Rn. 70 ff.

495 *Alfred Dickersbach*, in: Gregor Geller/Kurt Kleinrahm/Alfred Dickersbach u. a. (Hrsg.), Die Verfassung des Landes Nordrhein-Westfalen. Kommentar, 3. Auflage, Göttingen, Art. 5 (1981), Anm. 2d; *Frauke Brosius-Gersdorf*, in: Horst Dreier (Hrsg.), Kommentar zum Grundgesetz, Band 1, 3. Auflage, Tübingen 2013, Art. 6 Rn. 59.

496 *Frauke Brosius-Gersdorf*, in: Horst Dreier (Hrsg.), Kommentar zum Grundgesetz, Band 1, 3. Auflage, Tübingen 2013, Art. 6 Rn. 114.

497 So *Jörn Ipsen*: Ehe und Familie, in: Josef Isensee/Paul Kirchhof (Hrsg.), Handbuch des Staatsrechts der Bundesrepublik Deutschland, Band 7, 3. Auflage, Heidelberg 2009,

(dd) Geschütztes Verhalten

Das geschützte Verhalten reicht von der Familiengründung bis in alle Bereiche des familiären Zusammenlebens[498]. Die Regelung berechtigt die Familienmitglieder, ihre Gemeinschaft nach innen in familiärer Verantwortlichkeit und Rücksicht frei von staatlicher Einflussnahme zu gestalten[499].

(ee) Gewährleistungsdimensionen

In der Funktion als subjektives Abwehrrecht verpflichtet Art. 5 Abs 1 S. 1 und 2 LV NW das Land, schädigende oder sonst beeinträchtigende Eingriffe in die Gründungs- und Gestaltungsfreiheit der Familie zu unterlassen[500].

---

§ 154 Rn. 15; *Frauke Brosius-Gersdorf*, in: Horst Dreier (Hrsg.), Kommentar zum Grundgesetz, Band 1, 3. Auflage, Tübingen 2013, Art. 6 Rn. 114.

498 *Alfred Dickersbach*, in: Gregor Geller/Kurt Kleinrahm/Alfred Dickersbach u. a. (Hrsg.), Die Verfassung des Landes Nordrhein-Westfalen. Kommentar, 3. Auflage, Göttingen, Art. 5 (1981), Anm. 2c; *Ralf Müller-Terpitz*, in: Wolfgang Löwer/Peter J. Tettinger (Hrsg.), Kommentar zur Verfassung des Landes Nordrhein-Westfalen, Stuttgart u. a. 2002, Art. 5 Rn. 17. Zur Familiengründungsfreiheit ausführlich *Frauke Brosius-Gersdorf*, in: Horst Dreier (Hrsg.), Kommentar zum Grundgesetz, Band 1, 3. Auflage, Tübingen 2013, Art. 6 Rn. 115 ff.

499 *Alfred Dickersbach*, in: Gregor Geller/Kurt Kleinrahm/Alfred Dickersbach u. a. (Hrsg.), Die Verfassung des Landes Nordrhein-Westfalen. Kommentar, 3. Auflage, Göttingen, Art. 5 (1981), Anm. 2c; *Ralf Müller-Terpitz*, in: Wolfgang Löwer/Peter J. Tettinger (Hrsg.), Kommentar zur Verfassung des Landes Nordrhein-Westfalen, Stuttgart u. a. 2002, Art. 5 Rn. 17. Zur Familiengestaltungsfreiheit ausführlich *Frauke Brosius-Gersdorf*, in: Horst Dreier (Hrsg.), Kommentar zum Grundgesetz, Band 1, 3. Auflage, Tübingen 2013, Art. 6 Rn. 121 ff.

500 BVerfGE 6, 55 (71 f.); 24, 119 (135); 61, 319 (346 f.); 80, 81 (92); 99, 216 (231); 103, 242 (257); 107; 27 (53); *Alfred Dickersbach*, in: Gregor Geller/Kurt Kleinrahm/Alfred Dickersbach u. a. (Hrsg.), Die Verfassung des Landes Nordrhein-Westfalen. Kommentar, 3. Auflage, Göttingen, Art. 5 (1981), Anm. 2d; *Ralf Müller-Terpitz*, in: Wolfgang Löwer/Peter J. Tettinger (Hrsg.), Kommentar zur Verfassung des Landes Nordrhein-Westfalen, Stuttgart u. a. 2002, Art. 5 Rn. 19; *Jörn Ipsen*: Ehe und Familie, in: Josef Isensee/Paul Kirchhof (Hrsg.), Handbuch des Staatsrechts der Bundesrepublik Deutschland, Band 7, 3. Auflage, Heidelberg 2009, § 154 Rn. 73; *Frauke Brosius-Gersdorf*, in: Horst Dreier (Hrsg.), Kommentar zum Grundgesetz, Band 1, 3. Auflage, Tübingen 2013, Art. 6 Rn. 127.

Als objektiv-rechtliche Institutsgarantie sichert die Regelung die Existenz und wesentlichen Strukturmerkmale der Familie, also auch das Verhältnis der Kinder zu ihren Eltern, gegen Zugriffe des Gesetzgebers[501].

Ferner verpflichtet Art. 5 Abs 1 S. 1 und 2 LV NW das Land, die Familie durch geeignete Maßnahmen zu fördern[502]. Das Fördergebot knüpft an die Geburts-, Pflege- und Erziehungsaufgaben der Eltern an und garantiert ihnen Leistungen, weil sie mit der Geburt, der Pflege und der Erziehung von Kindern reproduktive und das Land entlastende Aufgaben wahrnehmen[503]. Denn durch die Geburt von Kindern sichern Eltern die Fortexistenz der Gesellschaft und des Landes[504].

Die Schutz- und Förderpflicht aus Art. 5 Abs. 1 LV NW richtet sich dabei in erster Linie an den Landesgesetzgeber[505]. Aus dem systematischen Zusammenhang des Art. 5 Abs. 1 LV NW zum Sozialstaatsprinzip erwächst dem Land die Pflicht, die Familie durch Leistungen zu fördern, die oberhalb des sozialstaatlich

---

501 BVerfGE 6, 55 (72); 76, 1 (49); 80, 81 (92); *Ralf Müller-Terpitz*, in: Wolfgang Löwer/Peter J. Tettinger (Hrsg.), Kommentar zur Verfassung des Landes Nordrhein-Westfalen, Stuttgart u. a. 2002, Art. 5 Rn. 19; *Frauke Brosius-Gersdorf*, in: Horst Dreier (Hrsg.), Kommentar zum Grundgesetz, Band 1, 3. Auflage, Tübingen 2013, Art. 6 Rn. 128.

502 BVerfGE 6,55 (76); 55, 114 (126); 87, 1 (35); siehe auch *Ralf Müller-Terpitz*, in: Wolfgang Löwer/Peter J. Tettinger (Hrsg.), Kommentar zur Verfassung des Landes Nordrhein-Westfalen, Stuttgart u. a. 2002, Art. 5 Rn. 19.

503 *Frauke Brosius-Gersdorf*: Demografischer Wandel und Familienförderung, Tübingen 2011, S. 243 ff.; *Jörn Ipsen*: Ehe und Familie, in: Josef Isensee/Paul Kirchhof (Hrsg.), Handbuch des Staatsrechts der Bundesrepublik Deutschland, Band 7, 3. Auflage, Heidelberg 2009, § 154 Rn. 86, 110; *Frauke Brosius-Gersdorf*, in: Horst Dreier (Hrsg.), Kommentar zum Grundgesetz, Band 1, 3. Auflage, Tübingen 2013, Art. 6 Rn. 129; *Peter Badura*, in: Theodor Maunz/Günter Dürig (Begr.), Grundgesetz. Kommentar, München, Art. 6 Abs. 1 (2019), Rn. 38.

504 *Jörn Ipsen*: Ehe und Familie, in: Josef Isensee/Paul Kirchhof (Hrsg.), Handbuch des Staatsrechts der Bundesrepublik Deutschland, Band 7, 3. Auflage, Heidelberg 2009, § 154 Rn. 15; *Frauke Brosius-Gersdorf*: Demografischer Wandel und Familienförderung, Tübingen 2011, S. 243 ff.; *Frauke Brosius-Gersdorf*, in: Horst Dreier (Hrsg.), Kommentar zum Grundgesetz, Band 1, 3. Auflage, Tübingen 2013, Art. 6 Rn. 129; *Peter Badura*, in: Theodor Maunz/Günter Dürig (Begr.), Grundgesetz. Kommentar, München, Art. 6 Abs. 1 (2019), Rn. 38.

505 Statt aller *Ralf Müller-Terpitz*, in: Wolfgang Löwer/Peter J. Tettinger (Hrsg.), Kommentar zur Verfassung des Landes Nordrhein-Westfalen, Stuttgart u. a. 2002, Art. 5 Rn. 19.

gebotenen Existenzminimums liegen[506]. Jenseits des Existenzminimums verbleibt dem Land für die Umsetzung und Konkretisierung seines Schutz- und Förderauftrags ein weiter Einschätzungs- und Gestaltungsspielraum[507].

Zwar können einzelne Familienmitglieder aus Art. 5 Abs. 1 LV NW keine konkreten Leistungsansprüche ableiten[508]. Der Gesetzgeber hat jedoch zumindest im Rahmen seiner haushaltswirtschaftlichen Präferenzentscheidungen zu berücksichtigen, dass es sich bei der Familienförderung um einen besonders bedeutenden Verfassungsauftrag handelt[509].

Gerade bei einer gegenwärtigen Geburtenziffer von 1,61 Kindern pro Frau[510], die bei ungebremster Entwicklung in den nächsten Jahrzehnten zu einem erheblichen Rückgang der Bevölkerungszahl bei gleichzeitig steigender Lebenserwartung der Gesellschaft führen wird, muss der Landesgesetzgeber ein stärkeres Engagement im Bereich des Familienschutzes entfalten und durch legislative Maßnahmen die Vereinbarkeit von Familie und Beruf voranbringen[511]. Der

---

506 Siehe *Ralf Müller-Terpitz*, in: Wolfgang Löwer/Peter J. Tettinger (Hrsg.), Kommentar zur Verfassung des Landes Nordrhein-Westfalen, Stuttgart u. a. 2002, Art. 5 Rn. 19 sowie *Frauke Brosius-Gersdorf*, in: Horst Dreier (Hrsg.), Kommentar zum Grundgesetz, Band 1, 3. Auflage, Tübingen 2013, Art. 6 Rn. 130.

507 *Ralf Müller-Terpitz*, in: Wolfgang Löwer/Peter J. Tettinger (Hrsg.), Kommentar zur Verfassung des Landes Nordrhein-Westfalen, Stuttgart u. a. 2002, Art. 5 Rn. 19, 23, 24; *Frauke Brosius-Gersdorf*: Demografischer Wandel und Familienförderung, Tübingen 2011, S. 267 ff.; *Frauke Brosius-Gersdorf*, in: Horst Dreier (Hrsg.), Kommentar zum Grundgesetz, Band 1, 3. Auflage, Tübingen 2013, Art. 6 Rn. 130.

508 *Ralf Müller-Terpitz*, in: Wolfgang Löwer/Peter J. Tettinger (Hrsg.), Kommentar zur Verfassung des Landes Nordrhein-Westfalen, Stuttgart u. a. 2002, Art. 5 Rn. 19; *Jörn Ipsen*: Ehe und Familie, in: Josef Isensee/Paul Kirchhof (Hrsg.), Handbuch des Staatsrechts der Bundesrepublik Deutschland, Band 7, 3. Auflage, Heidelberg 2009, § 154 Rn. 85; *Rolf Grawert*: Verfassung für das Land Nordrhein-Westfalen. Kommentar, 3. Auflage, Wiesbaden 2012, Art. 5 Anm. 4; *Manuel Kamp*, in: Andreas Heusch/Klaus Schönenbroicher (Hrsg.), Die Landesverfassung Nordrhein-Westfalen. Kommentar, 2. Auflage, Siegburg 2020, Art. 5 Rn. 4.

509 So *Ralf Müller-Terpitz*, in: Wolfgang Löwer/Peter J. Tettinger (Hrsg.), Kommentar zur Verfassung des Landes Nordrhein-Westfalen, Stuttgart u. a. 2002, Art. 5 Rn. 19.

510 Es wird auszugsweise die Statistik des Statistischen Bundesamtes „Zusammengefasste Geburtenziffer - Anzahl der Kinder pro Frau in Deutschland nach Bundesländern (Stand 2016)“ herangezogen. Die Statistik ist abrufbar unter https://de.statista.com/statistik/daten/studie/76262/umfrage/geburtenziffer---anzahl-der-kinder-pro-frau-2007-und-2008/. Zugriff am 19. Dezember 2018.

511 Diesem Zweck dienten etwa bereits das Gesetz zur frühen Bildung und Förderung von Kindern (KiBiz) vom 30. Oktober 2007, das Gesetz zur Gleichstellung von Frauen und

Schutz und die Förderung von Familien stellen – auch nach dem Willen des Landesverfassunggebers – eine genuine Landesaufgabe dar[512].

(2) Art. 6 GG i. V. m. Art. 4 Abs. 1 LV NW

Nach Art. 6 GG i. V. m. Art. 4 Abs. 1 LV NW sind Erziehung und Bildung der Kinder natürliches Recht der Eltern.

(a) Allgemeines

Indem die Landesverfassung Art. 6 GG durch Art. 4 Abs. 1 LV NW inkorporiert, obwohl Art. 6 GG nach Bevorstehendem für die Länder ohnehin verbindlich ist, will die Landesverfassung der Familie und damit auch den Eltern einen besonderen Schutz zukommen lassen[513].

Nach Art. 6 Abs. 2 S. 1 GG i. V. m. Art. 4 Abs. 1 LV NW ist die Pflege und Erziehung der Kinder das Recht und die korrespondierende Pflicht der Eltern. Die Zuweisung der Verantwortung des Kindes an die Eltern stützt sich auf die Annahme des Verfassunggebers, dass „diejenigen, die einem Kinde das Leben geben, von Natur aus bereit und berufen seien, die Verantwortung für seine Pflege und Erziehung zu übernehmen“[514]. Für die Pflege und Erziehung der Kinder sind also vorrangig die Eltern verantwortlich. Und nur für den Fall, dass die Eltern ihrer Verantwortung nicht gerecht werden, darf der Staat in das Pflege- und Erziehungsrecht eingreifen (Art. 6 Abs. 2 und 3 GG i. V. m. Art. 4 Abs. 1 LV NW)[515]. Die Stellung der Eltern hat somit Verfassungsrang. Was unter dem Elternbegriff im verfassungsrechtlichen Sinne dabei genau zu verstehen ist, wird im Folgenden erläutert.

Männern für das Land Nordrhein-Westfalen (LGG) vom 9. November 1999 sowie das Weiterbildungsgesetz (WbG) in der Neufassung der Bekanntmachung vom 14. April 2000, nach dem unter anderem Lehrveranstaltungen zur Eltern- und Familienbildung zu erstellen und anzubieten sind. Vgl. auch *Ralf Müller-Terpitz*, in: Wolfgang Löwer/Peter J. Tettinger (Hrsg.), Kommentar zur Verfassung des Landes Nordrhein-Westfalen, Stuttgart u. a. 2002, Art. 5 Rn. 24, 26.

512 Siehe *Ralf Müller-Terpitz*, in: Wolfgang Löwer/Peter J. Tettinger (Hrsg.), Kommentar zur Verfassung des Landes Nordrhein-Westfalen, Stuttgart u. a. 2002, Art. 5-6 Rn. 2.

513 *Ralf Müller-Terpitz*, in: Wolfgang Löwer/Peter J. Tettinger (Hrsg.), Kommentar zur Verfassung des Landes Nordrhein-Westfalen, Stuttgart u. a. 2002, Art. 5 Rn. 23.

514 BVerfGE 24, 119 (150); *Frauke Brosius-Gersdorf*, in: Horst Dreier (Hrsg.), Kommentar zum Grundgesetz, Band 1, 3. Auflage, Tübingen 2013, Art. 6 Rn. 141.

515 So *Frauke Brosius-Gersdorf*, in: Horst Dreier (Hrsg.), Kommentar zum Grundgesetz, Band 1, 3. Auflage, Tübingen 2013, Art. 6 Rn. 141.

(b) Eltern

Zu dem durch die Institutionsgarantie des Art. 6 Abs. 2 S. 1 GG i. V. m. Art. 4 Abs. 1 LV NW gesicherten Kernbereich der Elternschaft gehören als leibliche Eltern die Frau und der Mann, von denen das Kind abstammt, sofern sie auch die Pflege- und Erziehungsverantwortung für das Kind wahrnehmen[516]. Dabei besteht die Elternschaft unabhängig davon, ob die Eltern verheiratet oder geschieden sind und in welchem Umfang ihnen Pflege- und Erziehungsbefugnisse zustehen (Sorge- oder Umgangsrecht)[517]. Insofern ist auch der als leibliche Vater geltende Ehemann der Mutter des Kindes vom Elternbegriff erfasst, wenn er Pflege- und Erziehungsverantwortung trägt[518]. Dagegen fällt der biologische, nicht rechtliche Vater bereits dann in den Schutzbereich, soweit er die Anerkennung als rechtlicher Vater und die Wahrnehmung von Pflege- und Erziehungsverantwortung begehrt[519].

Außerhalb des durch die Institutionsgarantie geschützten Kernbereichs kann der Gesetzgeber den Schutzbereich, durch rechtliche Zuweisung von Pflege- und Erziehungsverantwortung für ein Kind, aber auch auf andere Personen erweitern (rechtliche Eltern)[520]. Dabei kann der Gesetzgeber insbesondere auch gleichgeschlechtliche Personen als rechtliche Eltern anerkennen und in den Schutzbereich einbeziehen[521]. Darüber hinaus darf der Gesetzgeber auch Verwandte

---

516 Diese Auffassung bei *Frauke Brosius-Gersdorf*, in: Horst Dreier (Hrsg.), Kommentar zum Grundgesetz, Band 1, 3. Auflage, Tübingen 2013, Art. 6 Rn. 147.

517 *Wolfram Höfling*: Elternrecht, in: Josef Isensee/Paul Kirchhof (Hrsg.), Handbuch des Staatsrechts der Bundesrepublik Deutschland, Band 7, 3. Auflage, Heidelberg 2009, § 155 Rn. 69; *Frauke Brosius-Gersdorf*, in: Horst Dreier (Hrsg.), Kommentar zum Grundgesetz, Band 1, 3. Auflage, Tübingen 2013, Art. 6 Rn. 147.

518 *Frauke Brosius-Gersdorf*, in: Horst Dreier (Hrsg.), Kommentar zum Grundgesetz, Band 1, 3. Auflage, Tübingen 2013, Art. 6 Rn. 147.

519 Siehe dazu *Wolfram Höfling*: Elternrecht, in: Josef Isensee/Paul Kirchhof (Hrsg.), Handbuch des Staatsrechts der Bundesrepublik Deutschland, Band 7, 3. Auflage, Heidelberg 2009, § 155 Rn. 69; *Frauke Brosius-Gersdorf*, in: Horst Dreier (Hrsg.), Kommentar zum Grundgesetz, Band 1, 3. Auflage, Tübingen 2013, Art. 6 Rn. 147.

520 So *Wolfram Höfling*: Elternrecht, in: Josef Isensee/Paul Kirchhof (Hrsg.), Handbuch des Staatsrechts der Bundesrepublik Deutschland, Band 7, 3. Auflage, Heidelberg 2009, § 155 Rn. 72; *Frauke Brosius-Gersdorf*, in: Horst Dreier (Hrsg.), Kommentar zum Grundgesetz, Band 1, 3. Auflage, Tübingen 2013, Art. 6 Rn. 148; *Peter Badura*, in: Theodor Maunz/Günter Dürig (Begr.), Grundgesetz. Kommentar, München, Art. 6 Abs. 2 und 3 (2019), Rn. 99.

521 BVerfGE 133, 59 (77; Rn. 47 ff.); *Frauke Brosius-Gersdorf*, in: Horst Dreier (Hrsg.), Kommentar zum Grundgesetz, Band 1, 3. Auflage, Tübingen 2013, Art. 6 Rn. 148.

wie Großeltern in den Schutzbereich des Art. 6 Abs. 2 S. 1 GG i. V. m. Art. 4 Abs. 1 LV NW einbeziehen; vorausgesetzt, sie sind tatsächlich und dauerhaft in die Pflege und Erziehung des Kindes eingebunden[522].

(c) Pflege- und Erziehungsrecht

Das in Art. 6 Abs. 2 S. 1 GG i. V. m. Art. 4 Abs. 1 LV NW begründete „natürliche Recht“ der Eltern zur Pflege und Erziehung des Kindes umfasst die Befugnis, „frei von staatlichem Einfluss nach eigenen Vorstellungen darüber (zu) entscheiden, wie sie ihrer Elternverantwortlichkeit gerecht werden wollen“[523]. Die Qualifikation des Pflege- und Erziehungsrechts der Eltern als „natürliches Recht“ nimmt dabei Bezug auf den „natürlichen“ Vorgang von Zeugung und Geburt sowie auf das – im Regelfall – nachfolgende Näheverhältnis zwischen Eltern und Kind[524]. Denn der Verfassunggeber ging davon aus, dass das Elternrecht naturrechtlich verankert sei[525]. Von diesem Geiste geleitet seien „diejenigen, die einem Kinde das Leben geben, von Natur aus bereit und berufen, die Verantwortung für seine Pflege und Erziehung zu übernehmen“[526].

Mit der Formulierung „natürliches Recht“ wird also zum Ausdruck gebracht, dass es sich bei der Pflege und Erziehung des Kindes um eine natürliche Freiheit der mit Verfassungsrang ausgestatteten leiblichen Eltern handelt[527].

---

522 *Wolfram Höfling*: Elternrecht, in: Josef Isensee/Paul Kirchhof (Hrsg.), Handbuch des Staatsrechts der Bundesrepublik Deutschland, Band 7, 3. Auflage, Heidelberg 2009, § 155 Rn. 73; *Frauke Brosius-Gersdorf*, in: Horst Dreier (Hrsg.), Kommentar zum Grundgesetz, Band 1, 3. Auflage, Tübingen 2013, Art. 6 Rn. 149.

523 BVerfGE 107, 104 (117); 121, 69 (92); siehe auch *Frauke Brosius-Gersdorf*, in: Horst Dreier (Hrsg.), Kommentar zum Grundgesetz, Band 1, 3. Auflage, Tübingen 2013, Art. 6 Rn. 155.

524 Diese Auffassung bei *Wolfram Höfling*: Elternrecht, in: Josef Isensee/Paul Kirchhof (Hrsg.), Handbuch des Staatsrechts der Bundesrepublik Deutschland, Band 7, 3. Auflage, Heidelberg 2009, § 155 Rn. 15 f.

525 *Wolfram Höfling*: Elternrecht, in: Josef Isensee/Paul Kirchhof (Hrsg.), Handbuch des Staatsrechts der Bundesrepublik Deutschland, Band 7, 3. Auflage, Heidelberg 2009, § 155 Rn. 15 f.

526 BVerfGE 24, 119 (150).

527 *Frauke Brosius-Gersdorf*, in: Horst Dreier (Hrsg.), Kommentar zum Grundgesetz, Band 1, 3. Auflage, Tübingen 2013, Art. 6 Rn. 155. Eingehender zur katholischen Sicht des Elternrechts *Pius XI.*: Rundschreiben „Divini illius Magistri“, in: Emile Marmy (Hrsg.), Mensch und Gemeinschaft in christlicher Schau, Freiburg im Breisgau 1929, S. 303 (316 ff.); *Volker Ladenthin*: Der Erziehungsauftrag der Familie, in: Anton Rauscher/Jörg Althammer (Hrsg.), Handbuch der katholischen Soziallehre, Berlin 2008,

(d) Gewährleistungsdimensionen

In der Funktion als subjektives Abwehrrecht verpflichtet Art. 6 Abs. 2 S. 1 GG i. V. m. Art. 4 Abs. 1 LV NW dabei das Land, schädigende oder sonst beeinträchtigende Eingriffe in das Pflege- und Erziehungsrecht der Eltern zu unterlassen[528].

Als objektiv-rechtliche Institutsgarantie sichert die Bestimmung den Vorrang der leiblichen Eltern gegenüber Dritten und die elterliche Autonomie bei der Pflege und Erziehung des Kindes als wesentliche Strukturmerkmale des Elternrechts gegen Zugriffe des Gesetzgebers[529].

(3) Art. 8 Abs. 1 S. 2 LV NW

Art. 8 Abs. 1 S. 2 LV NW wird zwar meist als eigenständige Verbürgung des Elternrechts[530] verstanden, aber in einem engen Zusammenhang mit Art. 6 Abs. 2 S. 1 GG gesehen[531].

Seinem Wortlaut nach begründet die Regelung das Elternrecht zwar nicht selbst. Es setzt das in Art. 6 Abs. 2 S. 1 GG verankerte „natürliche Recht der Eltern, die Erziehung und Bildung ihrer Kinder zu bestimmen" aber jedenfalls voraus und erkennt somit an, dass Erziehung und Bildung der Kinder natürliches Recht der Eltern sind[532].

S. 331 (331 ff.); *Heinrich Reinhardt*, in: Klaus Lüdicke (Hrsg.), Münsterischer Kommentar zum Codex Iuris Canonici, Essen, Can. 226 (2019), Rn. 3 f.

528 Statt aller BVerfGE 24; 119 (143 f.); 31, 194 (204 f.); 47, 46 (70); 59, 360 (376); 107, 104 (117); *Wolfram Höfling*: Elternrecht, in: Josef Isensee/Paul Kirchhof (Hrsg.), Handbuch des Staatsrechts der Bundesrepublik Deutschland, Band 7, 3. Auflage, Heidelberg 2009, § 155 Rn. 14; *Frauke Brosius-Gersdorf*, in: Horst Dreier (Hrsg.), Kommentar zum Grundgesetz, Band 1, 3. Auflage, Tübingen 2013, Art. 6 Rn. 168.

529 *Wolfram Höfling*: Elternrecht, in: Josef Isensee/Paul Kirchhof (Hrsg.), Handbuch des Staatsrechts der Bundesrepublik Deutschland, Band 7, 3. Auflage, Heidelberg 2009, § 155 Rn. 23; *Frauke Brosius-Gersdorf*, in: Horst Dreier (Hrsg.), Kommentar zum Grundgesetz, Band 1, 3. Auflage, Tübingen 2013, Art. 6 Rn. 169.

530 Zum Begriff des Elternrechts *Wolfram Höfling*: Elternrecht, in: Josef Isensee/Paul Kirchhof (Hrsg.), Handbuch des Staatsrechts der Bundesrepublik Deutschland, Band 7, 3. Auflage, Heidelberg 2009, § 155 Rn. 9.

531 *Jörg Ennuschat*, in: Wolfgang Löwer/Peter J. Tettinger (Hrsg.), Kommentar zur Verfassung des Landes Nordrhein-Westfalen, Stuttgart u. a. 2002, Art. 8 Rn. 18; *Rolf Grawert*: Verfassung für das Land Nordrhein-Westfalen. Kommentar, 3. Auflage, Wiesbaden 2012, Art. 8 Anm. 3.

532 Hinsichtlich des Naturrechtsbezugs des Elternrechts wird auf Bevorstehendes verwiesen; siehe darüber hinaus *Jörg Ennuschat*, in: Wolfgang Löwer/Peter J. Tettinger

c) *Gesellschaftlicher Wandel*

Die Familiengemeinschaft der Eltern mit ihren Kindern, befindet sich infolge einer Pluralisierung sozialer Muster des Zusammenlebens in einem Bedeutungswandel[533].

Zur Zeit der Entstehung der Landesverfassung Nordrhein-Westfalens waren die Rollen zwischen Mann und Frau klar verteilt. Während der Mann die Aufgabe hatte, die Familie zu ernähren und nach außen hin zu vertreten, bestand die Rolle der Frau darin, für die Pflege und Erziehung der Kinder und den Haushalt zu sorgen[534]. Diese Familienstrukturen brachen Anfang der 1960er Jahre auf, als die Frauen stärkeren Zugang zu Ausbildung, Studium und Beruf erlangten[535].

Infolge der gestiegenen Erwerbstätigkeit der Frauen und der unzureichenden Vereinbarkeit von Familie und Beruf sank die Geburtenrate in der Bundesrepublik zwischen 1965 und 1975 von etwa 2,5 auf unter 1,4 Kinder je Frau[536]. In Nordrhein-Westfalen liegt die Geburtenziffer heute bei etwa 1,61 Kindern pro Frau und unterschreitet dadurch deutlich das Generationenersatzniveau[537]. Die rückläufige Geburtenrate und die zugleich steigende Lebenserwartung der Menschen führt dazu, dass die Bevölkerungszahl in Nordrhein-Westfalen

---

(Hrsg.), Kommentar zur Verfassung des Landes Nordrhein-Westfalen, Stuttgart u. a. 2002, Art. 8 Rn. 18.

533 *Manuel Kamp*, in: Andreas Heusch/Klaus Schönenbroicher (Hrsg.), Die Landesverfassung Nordrhein-Westfalen. Kommentar, 2. Auflage, Siegburg 2020, Art. 5 Rn. 7.

534 *Christiane Kuller*: Familienpolitik im föderativen Sozialstaat. Die Formierung eines Politikfeldes in der Bundesrepublik 1949-1975, Oldenbourg 2004, S. 64; *Frauke Brosius-Gersdorf*, in: Horst Dreier (Hrsg.), Kommentar zum Grundgesetz, Band 1, 3. Auflage, Tübingen 2013, Art. 6 Rn. 22.

535 *Elisabeth Beck-Gernsheim*: Die Kinderfrage heute. Über Frauenleben, Kinderwunsch und Geburtenrückgang, München 2006, S. 92 f.; *Frauke Brosius-Gersdorf*, in: Horst Dreier (Hrsg.), Kommentar zum Grundgesetz, Band 1, 3. Auflage, Tübingen 2013, Art. 6 Rn. 22.

536 *Frauke Brosius-Gersdorf*, in: Horst Dreier (Hrsg.), Kommentar zum Grundgesetz, Band 1, 3. Auflage, Tübingen 2013, Art. 6 Rn. 23.

537 Es wird auszugsweise die Statistik des Statistischen Bundesamtes „Zusammengefasste Geburtenziffer - Anzahl der Kinder pro Frau in Deutschland nach Bundesländern (Stand 2016)" herangezogen. Die Statistik ist abrufbar unter https://de.statista.com/statistik/daten/studie/76262/umfrage/geburtenziffer---anzahl-der-kinder-pro-frau-2007-und-2008/. Zugriff am 19. Dezember 2018. Siehe auch *Frauke Brosius-Gersdorf*, in: Horst Dreier (Hrsg.), Kommentar zum Grundgesetz, Band 1, 3. Auflage, Tübingen 2013, Art. 6 Rn. 23.

abnimmt und das mittlere Alter der Bevölkerung zunimmt[538]. Dieser demografische Wandel hat negative Auswirkungen auf sämtliche Bereiche der Gesellschaft[539]. Gepaart mit den Zersplitterungen der Familien und der stets zunehmenden Singularisierung, die der gesellschaftliche Wandel gleichermaßen mit sich bringt[540], stellt er ungeheure Herausforderungen an das Sozialsystem.

d) Synopse: Spuren des Elterngebotes in Art. 5 Abs. 1 LV NW, Art. 8 Abs. 1 S. 2 LV NW und Art. 6 GG i. V. m. Art. 4 Abs. 1 LV NW

Im Ergebnis ist festzustellen, dass das Elterngebot des Dekalogs auch in der nordrhein-westfälischen Landesverfassung selbst seine Spuren hinterlassen hat: in Art. 5 Abs. 1 LV NW, Art. 8 Abs. 1 S. 2 LV NW sowie in Art. 6 GG i. V. m. Art. 4 Abs. 1 LV NW.

Indem die Landesverfassung Nordrhein-Westfalens die Familie nach Art. 5 Abs. 1 LV NW unter den Schutz des Landes stellt, wird der Familie besonderes Gewicht beigemessen. Das Land ist aufgefordert die Familie als Ganzes, also auch das Verhältnis von Kindern zu ihren Eltern zu schützen. Das einzelne Familienmitglied hat, wenn seine Familie betroffen ist, ein subjektives Recht auf Unterlassung ungerechtfertigter Eingriffe und in beschränktem Umfang auch auf positive Förderung.

Darüber hinaus ist Pflege und Erziehung der Kinder nach Art. 6 GG i. V. m. Art. 4 Abs. 1 LV NW Recht und Pflicht der Eltern. Die Stellung der Eltern hat somit Verfassungsrang. Das Land hat sich auch hier ungerechtfertigter Eingriffe in das Elternrecht zu enthalten.

Ein ethisches Gebot, die Eltern zu ehren, wie es noch im Elterngebot des Dekalogs angeordnet wird, ist dem Wortlaut der Landesverfassung Nordrhein-Westfalens so zwar nicht mehr zu entnehmen. Das Gebot der Sicherung der Altersversorgung der nicht mehr arbeitsfähigen Eltern, wie es das Gebot der Elternehrung ursprünglich zum Ziel hatte, ist heute eher noch im Familienrecht konstituiert. So sind hier auch die Kinder im Rahmen ihrer finanziellen

---

538 *Frauke Brosius-Gersdorf*: Demografischer Wandel und Familienförderung, Tübingen 2011, S. 9 ff., 94 ff., 100 ff.; *Frauke Brosius-Gersdorf*, in: Horst Dreier (Hrsg.), Kommentar zum Grundgesetz, Band 1, 3. Auflage, Tübingen 2013, Art. 6 Rn. 23.

539 *Manuel Kamp*, in: Andreas Heusch/Klaus Schönenbroicher (Hrsg.), Die Landesverfassung Nordrhein-Westfalen. Kommentar, 2. Auflage, Siegburg 2020, Art. 5 Rn. 7.

540 Siehe hierzu die Ausführungen unten unter D. 3. c) d) Gesellschaftlicher Wandel.

Möglichkeiten verpflichtet, den Lebensbedarf der Eltern durch Unterhaltszahlungen zu sichern[541].

Schließlich ist aber festzuhalten, dass die Staatstheorie die Familie seit jeher als „Keimzelle" des Landes, der menschlichen Gemeinschaft, sozusagen als Staatswesen im Kleinen gesehen hat[542]. Deshalb sind die Familie und damit einhergehend also auch das Verhältnis der Kinder zu ihren Eltern, mit besonderem Schutz versehen, weil die Eltern mit der Geburt, der Pflege und der Erziehung von Kindern eine besondere Funktion für das Gemeinwesen erfüllen. Die Eltern sichern durch die Geburt von Kindern den Fortbestand der Gesellschaft und des Landes[543]. Die besondere Stellung der Eltern in der Verfassung ist also noch heute gerechtfertigt, weil sie die Lebenskraft der Familie und damit die „Keimzelle" der Gesellschaft erhalten.

Bis zur Hälfte des 20. Jahrhunderts dominierte ein traditionelles Ehe- und Familienbild, das noch recht stark durch die katholische Naturrechtslehre geprägt war und sich heute vor allem noch im Erziehungsrecht der Eltern als „natürliches Recht" wiederfinden lässt. Infolge der Pluralisierung sozialer Muster des Zusammenlebens befindet sich die Familiengemeinschaft der Eltern mit ihren Kindern seither jedoch in einem regen Bedeutungswandel[544]. Die stets steigende Erwerbstätigkeit der Frauen und die unzureichende Vereinbarkeit von Familie und Beruf führt bei ungebremster Entwicklung in den nächsten Jahrzehnten zu einem erheblichen Rückgang der Bevölkerungszahl, bei gleichzeitig steigender Lebenserwartung der Gesellschaft. Daher ist das Land aufgefordert, die Familie als Ganzes, also auch das Verhältnis von Kindern zu ihren Eltern, noch stärker zu schützen und zu fördern.

---

541 Vgl. § 1601 BGB.

542 *Ralf Müller-Terpitz*, in: Wolfgang Löwer/Peter J. Tettinger (Hrsg.), Kommentar zur Verfassung des Landes Nordrhein-Westfalen, Stuttgart u. a. 2002, Art. 5 Rn. 3.

543 Statt aller *Jörn Ipsen*: Ehe und Familie, in: Josef Isensee/Paul Kirchhof (Hrsg.), Handbuch des Staatsrechts der Bundesrepublik Deutschland, Band 7, 3. Auflage, Heidelberg 2009, § 154 Rn. 15; *Frauke Brosius-Gersdorf*: Demografischer Wandel und Familienförderung, Tübingen 2011, S. 243 ff.; *Frauke Brosius-Gersdorf*, in: Horst Dreier (Hrsg.), Kommentar zum Grundgesetz, Band 1, 3. Auflage, Tübingen 2013, Art. 6 Rn. 129; *Peter Badura*, in: Theodor Maunz/Günter Dürig (Begr.), Grundgesetz. Kommentar, München, Art. 6 Abs. 1 (2019), Rn. 38.

544 *Manuel Kamp*, in: Andreas Heusch/Klaus Schönenbroicher (Hrsg.), Die Landesverfassung Nordrhein-Westfalen. Kommentar, 2. Auflage, Siegburg 2020, Art. 5 Rn. 7.

Zweifelsohne stellt ferner die Zersplitterung der Familien, sowie die damit einhergehende Singularisierung extreme Herausforderungen an unser Sozialsystem sowie an die Bindung der einzelnen Familienmitglieder untereinander.

Die Altersversorgung der alternden Eltern, wie es schon das Elterngebot des Dekalogs im Blick hatte, hat heute also kaum an Brisanz verloren[545].

Wirft man noch heute einen Blick auf die kleinen Familiengeschäfte und -betriebe in südlichen Ländern, wie Spanien und Italien, in denen sich die nicht mehr arbeitsfähigen Eltern soweit sie können noch am sozialen Leben beteiligen, erklärt sich, warum man in diesen Ländern nicht ganz so dringend eine Pflegeversicherung und so viele Heimplätze benötigt.

3. Ehebruchverbot (6. Gebot)

Um zu untersuchen, ob und inwieweit auch Spuren des Ehebruchverbotes in der Landesverfassung Nordrhein-Westfalens zu finden sind, werden zunächst der ursprüngliche Sinn des Ehebruchverbotes [a)] und im Anschluss daran die Entwicklung des staatlichen Rechts bis hin zum landesverfassungsrechtlichen Schutz der Ehe [b)] dargestellt. Nachfolgend werden das Spannungsverhältnis zur Realität [c)] sowie der gesellschaftliche Wandel [d)] analysiert, um im Anschluss zu überprüfen, in welchem Maße das Ehebruchverbot in dem Landesverfassungstext tatsächlich seine Spuren hinterlassen hat [e)].

a) Ursprünglicher Sinn

aa) Todesrechtlicher Ursprung

Wie das Elterngebot hat auch das Ehebruchverbot seinen Ursprung im biblischen Todesrecht[546]:

> *„Ein Mann, der mit einer verheirateten Frau schläft, wird getötet werden." (Dtn 22,22a)*

Sinn und Zweck dieses Rechtssatzes war es, die Rechte eines Ehemannes an seiner Ehefrau vor der Verletzung durch einen anderen Mann zu schützen, sodass ein Mann nur die fremde, nicht aber die eigene Ehe im Falle des Ehebruchs

---

545 Zur Debatte um das jüngst beschlossene Angehörigen-Entlastungsgesetz in den gedruckten Medien *Dietrich Creutzburg*, Wer zahlt künftig für die Pflege?, FAZ vom 15. August 2019, S. 15.

546 *Eckart Otto*: Deuteronomium 1-11. Zweiter Teilband 4,44-11, Freiburg im Breisgau u. a. 2012, S. 747.

verletzte[547]. Während also der Mann nur im Falle der Verletzung einer fremden Ehe der Todessanktion unterlag – gleichgültig, ob er verheiratet oder ledig war, konnte die Ehefrau durch sexuelle Kontakte mit einem fremden Mann nur ihre eigene Ehe brechen und unterlag in diesem Fall ebenfalls der Todessanktion[548]:

> *„Ein Mann, der die Ehe mit der Frau seines Nachbarn bricht, stirbt – der Ehebrecher und die Ehebrecherin." (Lev 20,10)*

Ausschlaggebend für die Beurteilung des Falles war somit allein der Familienstand der Frau. Um Ehebruch handelte es sich nur, wenn die Frau verheiratet war, mit welcher der Mann ein Verhältnis einging[549]. Sexuelle Kontakte ihrerseits mit einem Dritten galten jedoch bereits dann als Ehebruch (Dtn 22,23), wenn die Ehe durch Übergabe des Brautpreises[550] geschlossen, aber noch nicht vollzogen worden war, die Frau also noch im Elternhaus wohnte[551]. Denn noch im Hause ihres Vaters wohnend, war die Frau schon als „Frau" des Mannes (2 Sam 3,14) und nicht Verlobte anzusehen[552]. Keine Anwendung fand das Eherecht also auf die Verführung einer nicht verheirateten jungen Frau, wenn noch

547 Siehe dazu *Eckart Otto*: Deuteronomium 1-11. Zweiter Teilband 4,44-11, Freiburg im Breisgau u. a. 2012, S. 747; *Matthias Köckert*: Die zehn Gebote, 2. Auflage, München 2013, S. 78.

548 *Eckart Otto*: Deuteronomium 1-11. Zweiter Teilband 4,44-11, Freiburg im Breisgau u. a. 2012, S. 747; *Matthias Köckert*: Die zehn Gebote, 2. Auflage, München 2013, S. 78; *Eberhard Bons*: Art. Ehe, Ehesakrament, IV. Altes Testament, in: Walter Kasper/Michael Buchberger (Hrsg.), Lexikon für Theologie und Kirche, Band 3, 3. Auflage, Freiburg im Breisgau 1995 (Neudruck 2017), Sp. 469 (470).

549 *Matthias Köckert*: Die zehn Gebote, 2. Auflage, München 2013, S. 78.

550 Der Brautpreis dient der Frau bis zur Übersiedlung („Hochzeit") als Kaution für das Nichtzustandekommen der Ehe und dann zu ihrer Absicherung bei Scheidung oder Witwenschaft; siehe dazu *Karl Hoheisel*: Art. Ehe, Ehesakrament, III. Religions- und kulturgeschichtlich, in: Walter Kasper/Michael Buchberger (Hrsg.), Lexikon für Theologie und Kirche, Band 3, 3. Auflage, Freiburg im Breisgau 1995 (Neudruck 2017), Sp. 468 (469).

551 So *Eckart Otto*: Theologische Ethik des Alten Testaments, Stuttgart u. a. 1994, S. 39 ff.; *Eckart Otto*: Deuteronomium 1-11. Zweiter Teilband 4,44-11, Freiburg im Breisgau u. a. 2012, S. 748; *Karl Hoheisel*: Art. Ehe, Ehesakrament, III. Religions- und kulturgeschichtlich, in: Walter Kasper/Michael Buchberger (Hrsg.), Lexikon für Theologie und Kirche, Band 3, 3. Auflage, Freiburg im Breisgau 1995 (Neudruck 2017), Sp. 468 (469).

552 *Karl Hoheisel*: Art. Ehe, Ehesakrament, III. Religions- und kulturgeschichtlich, in: Walter Kasper/Michael Buchberger (Hrsg.), Lexikon für Theologie und Kirche, Band 3, 3. Auflage, Freiburg im Breisgau 1995 (Neudruck 2017), Sp. 468 (469).

kein Brautpreis übergeben worden war[553]. Denn unter diesen Umständen sind nur die Rechte des Vaters des nicht verheirateten Mädchens verletzt worden[554]. In Ex 22,15-16[555] und Dtn 22,28-29[556] wurde diese Konstellation zwar missbilligt, aber nicht als Ehebruch bezeichnet[557]. Dies wurde auch nicht mit dem Tode bestraft, sondern lediglich mit einer Zahlung an den Vater der jungen Frau geahndet, da seine Chancen der Verheiratung der Tochter nun eben geschmälert waren[558].

Der Ehebruch wurde des Weiteren nur dann mit dem Tode sanktioniert, wenn er durch Zeugen bewiesen werden konnte[559]. Ein bloßer Verdacht des Ehemannes reichte für die Todessanktion nicht aus. Er führte aber zumindest dazu, dass die Frau einem „Eifersuchtsritual“ (Num 5,11-31) unterworfen wurde und der Ehemann sich scheiden lassen konnte[560].

Die scharfe Sanktionierung des Ehebruchs in alttestamentlichen Zeiten hatte folgenden Hintergrund: In der Antike war nur die Mutterschaft, nicht aber die Vaterschaft kontrollierbar. So hatte ein Ehebruch der Frau wesentlich schwerwiegendere Folgen als der des Mannes: Während der Mann illegitime Kinder immer nur außerhalb seiner Ehe zeugen konnte, gebar die Frau illegitime Nachkommen

---

553 *Eckart Otto*: Deuteronomium 1-11. Zweiter Teilband 4,44-11, Freiburg im Breisgau u. a. 2012, S. 748.

554 So *Eckart Otto*: Deuteronomium 1-11. Zweiter Teilband 4,44-11, Freiburg im Breisgau u. a. 2012, S. 748.

555 Wortlaut im zweiten Buch Mose (Exodus): „Wenn jemand ein noch nicht verlobtes Mädchen verführt und bei ihm schläft, dann soll er das Brautgeld zahlen und sie zur Frau nehmen. Weigert sich aber ihr Vater, sie ihm zu geben, dann hat er ihm so viel zu zahlen, wie der Brautpreis für eine Jungfrau beträgt.“

556 Wortlaut im fünften Buch Mose (Deuteronomium): „Wenn ein Mann einem unberührten Mädchen, das noch nicht verlobt ist, begegnet, sie packt und sich mit ihr hinlegt und sie ertappt werden, soll der Mann, der bei ihr gelegen hat, dem Vater des Mädchens fünfzig Silberschekel zahlen und sie soll seine Frau werden, weil er sie sich gefügig gemacht hat. Er darf sie niemals entlassen.“

557 *Matthias Köckert*: Die zehn Gebote, 2. Auflage, München 2013, S. 78.

558 *Eckart Otto*: Deuteronomium 1-11. Zweiter Teilband 4,44-11, Freiburg im Breisgau u. a. 2012, S. 748; *Matthias Köckert*: Die zehn Gebote, 2. Auflage, München 2013, S. 78. Vgl. darüber hinaus §§ 1298 i. V. m. 1300 BGB a. F.

559 So *Eckart Otto*: Deuteronomium 1-11. Zweiter Teilband 4,44-11, Freiburg im Breisgau u. a. 2012, S. 748.

560 *Eckart Otto*: Gottes Recht als Menschenrecht, Wiesbaden 2002, S. 253-268; *Eckart Otto*: Deuteronomium 1-11. Zweiter Teilband 4,44-11, Freiburg im Breisgau u. a. 2012, S. 748.

in ihrer eigenen Ehe[561]. Das Ehebruchverbot schützte die Familie also vor illegitimen Erbberechtigten[562]. Die damit erzielte Rechtssicherheit diente dem Überleben der Großfamilie, das vom Grundbesitz der Familie abhing[563]. Das Verbot des Ehebruchs war also eher vor dem Hintergrund der Rechtssicherheit als dem der ehelichen Treue im moralischen Sinne zu verstehen[564].

bb) Vom Recht zur Ethik

Während der familienrechtliche Stand der Frau in den Rechtstexten genau definiert wurde, verzichteten die Autoren des Dekaloggebotes auf eine solche Definition des familienrechtlichen Standes[565]. Ob die eigene oder die fremde Ehe gebrochen wird, ist gleichgültig. Das Dekaloggebot untersagt vielmehr jede Form des Ehebruchs[566]. Dies spiegelt die Transformation des Eherechts in Ethos wider, sodass der Ehebruch nunmehr moralisch bewertet wird[567]. Nach biblischem Verständnis ist das Eherecht als Recht dadurch aber keineswegs außer Kraft gesetzt, sondern findet auch weiterhin dort Anwendung, wo der Fall wie in Dtn 22,28-29 justiziabel wird[568].

561 *Matthias Köckert*: Die zehn Gebote, 2. Auflage, München 2013, S. 78.

562 Diese Position bei *Matthias Köckert*: Die zehn Gebote, 2. Auflage, München 2013, S. 78; *Eberhard Bons*: Art. Ehe, Ehesakrament, IV. Altes Testament, in: Walter Kasper/Michael Buchberger (Hrsg.), Lexikon für Theologie und Kirche, Band 3, 3. Auflage, Freiburg im Breisgau 1995 (Neudruck 2017), Sp. 469 (469).

563 *Matthias Köckert*: Die zehn Gebote, 2. Auflage, München 2013, S. 79; *Karl Hoheisel*: Art. Ehe, Ehesakrament, III. Religions- und kulturgeschichtlich, in: Walter Kasper/Michael Buchberger (Hrsg.), Lexikon für Theologie und Kirche, Band 3, 3. Auflage, Freiburg im Breisgau 1995 (Neudruck 2017), Sp. 468 (469).

564 Diese Auffassung bei *Matthias Köckert*: Die zehn Gebote, 2. Auflage, München 2013, S. 79.

565 *Eckart Otto*: Deuteronomium 1-11. Zweiter Teilband 4,44-11, Freiburg im Breisgau u. a. 2012, S. 748; *Matthias Köckert*: Die zehn Gebote, 2. Auflage, München 2013, S. 78.

566 Diese Position bei *Eckart Otto*: Deuteronomium 1-11. Zweiter Teilband 4,44-11, Freiburg im Breisgau u. a. 2012, S. 748.

567 So *Eckart Otto*: Deuteronomium 1-11. Zweiter Teilband 4,44-11, Freiburg im Breisgau u. a. 2012, S. 748.

568 *Eckart Otto*: Deuteronomium 1-11. Zweiter Teilband 4,44-11, Freiburg im Breisgau u. a. 2012, S. 748.

b) Entwicklung des staatlichen Rechts

Um nun ein umfassendes Bild des durch die Landesverfassung Nordrhein-Westfalens garantierten Schutzes der Ehe zu vermitteln, werden im Folgenden verfassungsgeschichtliche Aspekte [aa)] erläutert, die den landesverfassungsrechtlichen Schutz der Ehe [bb)] maßgeblich geprägt haben.

aa) Verfassungsgeschichtliche Aspekte

Kirchliche Lehre und Gesetzgebung formten das Eherecht in der Spätantike und der frühen Neuzeit so stark, dass wesentliche Elemente bis ins heutige weltliche Recht fortwirken[569]. Um schließlich eine Verbindung zwischen dem Ehebruchverbot des Dekalogs und Art. 5 Abs. 1 LV NW erkennen zu können, werden für ein umfassendes Verständnis nun zunächst verfassungsgeschichtliche Aspekte dieser Epoche erläutert, welche die Ideale hervorbrachten, die das Bild der Ehe mitformten[570].

(1) Mittelalter

Während der Scheidungskompromiss[571] zwischen weltlichem Recht und christlichem Ideal das Eherecht in Ostrom prägte, errang die Kirche im Westen mit Beginn des Mittelalters zunehmend Einfluss auf das Eherecht[572]. Sie setzte sich demzufolge für die Durchsetzung des sog. Scheidung- und Neuheiratsverbots im Abendland ein[573].

---

569 *Klaus Stern*: Das Staatsrecht der Bundesrepublik Deutschland, Band IV/1, München 2006, § 100 S. 337; *Hans-Wolfgang Strätz*: Art. Ehe, Ehesakrament, VIII. Rechtshistorisch, in: Walter Kasper/Michael Buchberger (Hrsg.), Lexikon für Theologie und Kirche, Band 3, 3. Auflage, Freiburg im Breisgau 1995 (Neudruck 2017), Sp. 475 (476).

570 *Klaus Stern*: Das Staatsrecht der Bundesrepublik Deutschland, Band IV/1, München 2006, § 100 S. 337.

571 In Ostrom war den Unschuldigen die Ehescheidung im Falle des Ehebruchs gestattet; vgl. *John Meyendorff*: Die Ehe in orthodoxer Sicht, Gersau (Schweiz) 1992, S. 48 ff.

572 *Dieter Schwab*: Art. Ehe- und Familienrecht, in: Görres-Gesellschaft (Hrsg.), Staatslexikon, Band 2, 7. Auflage, Freiburg im Breisgau u. a. 1986, Sp. 118 (126); *Hans-Wolfgang Strätz:* Art. Ehe, Ehesakrament, VIII. Rechtshistorisch, in: Walter Kasper/Michael Buchberger (Hrsg.), Lexikon für Theologie und Kirche, Band 3, 3. Auflage, Freiburg im Breisgau 1995 (Neudruck 2017), Sp. 475 (476); vgl. auch *Frauke Brosius-Gersdorf*, in: Horst Dreier (Hrsg.), Kommentar zum Grundgesetz, Band 1, 3. Auflage, Tübingen 2013, Art. 6 Rn. 1.

573 *Hans-Wolfgang Strätz:* Art. Ehe, Ehesakrament, VIII. Rechtshistorisch, in: Walter Kasper/Michael Buchberger (Hrsg.), Lexikon für Theologie und Kirche, Band 3, 3. Auflage, Freiburg im Breisgau 1995 (Neudruck 2017), Sp. 475 (476).

Um die Monogamie und Unauflösbarkeit der Ehe durchzusetzen und damit der alttestamentlichen Polygamie und dem mosaischen Verstoßungsrecht (Dtn 24,1-4) ein Ende zu setzen, bemühte sich die Kirche ab dem 5. Jahrhundert um die Einhaltung der Sippenvertragsehe[574] als alleinige Eheschließungsform[575]. Aufgrund des Einflusses der Kirche setzte sich im Mittelalter nunmehr auch die auf den Konsens der Brautleute gegründete Eheschließung durch, allerdings mit dem Vorbehalt der Auflösbarkeit bis zum Ehevollzug[576]. Obwohl die Kirche die elterliche Zustimmung und priesterliche Mitwirkung anmahnte und auf die Öffentlichkeit der Konsenserklärung bestand, kam der Mitwirkung des Priesters oder des Bischofs letztendlich aber keine konstitutive Bedeutung zu[577].

---

574 Die Sippenvertragsehe ist, neben der Friedelehe und der Kebsehe, eine aus dem germanischen Recht stammende Eheschließungsform. Bei der Sippenvertragsehe schlossen Mann und Muntanwalt der Frau ein Eheversprechen. Anschließend wurde die Frau förmlich dem Mann übergeben. Dem Festmahl folgte die Bettbeschreitung, d. h. der beweisbare Ehevollzug. Die Friedelehe bekämpfte die Kirche wegen ihrer leichten Auflösbarkeit. Zudem stand die Friedelehe im Widerspruch zum Prinzip der Einehe, da die Friedelehe eine Tendenz zur Polygamie aufwies; siehe dazu *Stephan Buchholz*: Art. Ehe, in: Albrecht Cordes/Heiner Lück/Dieter Werkmüller (Hrsg.), Handwörterbuch zur deutschen Rechtsgeschichte, Band 1, 2. Auflage, Berlin 2008, Sp. 1192 (1193); *Hans-Wolfgang Strätz:* Art. Ehe, Ehesakrament, VIII. Rechtshistorisch, in: Walter Kasper/Michael Buchberger (Hrsg.), Lexikon für Theologie und Kirche, Band 3, 3. Auflage, Freiburg im Breisgau 1995 (Neudruck 2017), Sp. 475 (478).

575 *Stephan Buchholz*: Art. Ehe, in: Albrecht Cordes/Heiner Lück/Dieter Werkmüller (Hrsg.), Handwörterbuch zur deutschen Rechtsgeschichte, Band 1, 2. Auflage, Berlin 2008, Sp. 1192 (1192); *Frauke Brosius-Gersdorf*, in: Horst Dreier (Hrsg.), Kommentar zum Grundgesetz, Band 1, 3. Auflage, Tübingen 2013, Art. 6 Rn. 1; *Hans-Wolfgang Strätz:* Art. Ehe, Ehesakrament, VIII. Rechtshistorisch, in: Walter Kasper/Michael Buchberger (Hrsg.), Lexikon für Theologie und Kirche, Band 3, 3. Auflage, Freiburg im Breisgau 1995 (Neudruck 2017), Sp. 475 (Sp. 476).

576 Eingehend *Stephan Buchholz*: Art. Ehe, in: Albrecht Cordes/Heiner Lück/Dieter Werkmüller (Hrsg.), Handwörterbuch zur deutschen Rechtsgeschichte, Band 1, 2. Auflage, Berlin 2008, Sp. 1192 (1197); *Frauke Brosius-Gersdorf*, in: Horst Dreier (Hrsg.), Kommentar zum Grundgesetz, Band 1, 3. Auflage, Tübingen 2013, Art. 6 Rn. 1; *Hans-Wolfgang Strätz:* Art. Ehe, Ehesakrament, VIII. Rechtshistorisch, in: Walter Kasper/ Michael Buchberger (Hrsg.), Lexikon für Theologie und Kirche, Band 3, 3. Auflage, Freiburg im Breisgau 1995 (Neudruck 2017), Sp. 475 (477).

577 So *Stephan Buchholz*: Art. Ehe, in: Albrecht Cordes/Heiner Lück/Dieter Werkmüller (Hrsg.), Handwörterbuch zur deutschen Rechtsgeschichte, Band 1, 2. Auflage, Berlin 2008, Sp. 1192 (1197); *Frauke Brosius-Gersdorf*, in: Horst Dreier (Hrsg.), Kommentar zum Grundgesetz, Band 1, 3. Auflage, Tübingen 2013, Art. 6 Rn. 1; *Hans-Wolfgang Strätz:* Art. Ehe, Ehesakrament, VIII. Rechtshistorisch, in: Walter Kasper/Michael

Die Wiederheirat wurde ab dem 9. Jahrhundert auf fast allen kirchlichen Synoden ausgeschlossen[578]. Vereinzelte Regelungen einzelner fränkische Könige, die in dem Ehebruch einen bloßen Scheidungsgrund sahen, der dem Mann die Wiederheirat ermöglichte, wurden von der Kirche nicht toleriert[579].

(2) Neuzeit

Das Weltkonzil zu Trient (Tridentinum) erklärte im Jahre 1563 mit dem Dekret *Tametsi* die Ehe zur grundsätzlich unauflösbaren Lebensform und führte eine zwingende Formvorschrift für die Eheschließung ein: die kirchliche Trauung[580]. Darüber hinaus untersagte es ebenso wie das Laterankonzil von 1514 und die weltlichen Reichspolizeiverordnungen von 1530, 1548 und 1577 außereheliche Geschlechtsgemeinschaften und stellte sie unter schwere Strafen[581]. Vorschläge zur Lockerung des Umgangs mit dem Ehebruch, die auch durch die neue Sicht der Lutheraner beeinflusst waren, wurden abgelehnt und jegliche Wiederheirat weiterhin verboten[582].

Die Einführung der Ehescheidung im heutigen Sinn erfolgte durch die Reformation, die zwar an der grundsätzlichen Unauflöslichkeit der Ehe festhielt,

---

Buchberger (Hrsg.), Lexikon für Theologie und Kirche, Band 3, 3. Auflage, Freiburg im Breisgau 1995 (Neudruck 2017), Sp. 475 (477).

578 *Andreas Roth*: Art. Ehebruch, in: Albrecht Cordes/Heiner Lück/Dieter Werkmüller (Hrsg.), Handwörterbuch zur deutschen Rechtsgeschichte, Band 1, 2. Auflage, Berlin 2008, Sp. 1213 (1214).

579 *Andreas Roth*: Art. Ehebruch, in: Albrecht Cordes/Heiner Lück/Dieter Werkmüller (Hrsg.), Handwörterbuch zur deutschen Rechtsgeschichte, Band 1, 2. Auflage, Berlin 2008, Sp. 1213 (1214).

580 So *Stephan Buchholz*: Art. Ehe, in: Albrecht Cordes/Heiner Lück/Dieter Werkmüller (Hrsg.), Handwörterbuch zur deutschen Rechtsgeschichte, Band 1, 2. Auflage, Berlin 2008, Sp. 1192 (1197 f.); siehe auch *Frauke Brosius-Gersdorf*, in: Horst Dreier (Hrsg.), Kommentar zum Grundgesetz, Band 1, 3. Auflage, Tübingen 2013, Art. 6 Rn. 1; *Hans-Wolfgang Strätz*: Art. Ehe, Ehesakrament, VIII. Rechtshistorisch, in: Walter Kasper/Michael Buchberger (Hrsg.), Lexikon für Theologie und Kirche, Band 3, 3. Auflage, Freiburg im Breisgau 1995 (Neudruck 2017), Sp. 475 (477).

581 *Stephan Buchholz*: Art. Ehe, in: Albrecht Cordes/Heiner Lück/Dieter Werkmüller (Hrsg.), Handwörterbuch zur deutschen Rechtsgeschichte, Band 1, 2. Auflage, Berlin 2008, Sp. 1192 (1209); *Frauke Brosius-Gersdorf*, in: Horst Dreier (Hrsg.), Kommentar zum Grundgesetz, Band 1, 3. Auflage, Tübingen 2013, Art. 6 Rn. 1.

582 *Andreas Roth*: Art. Ehebruch, in: Albrecht Cordes/Heiner Lück/Dieter Werkmüller (Hrsg.), Handwörterbuch zur deutschen Rechtsgeschichte, Band 1, 2. Auflage, Berlin 2008, Sp. 1213 (1214).

aber bestimmte Scheidungsgründe (Ehebruch, böswilliges Verlassen, Verweigerung der ehelichen Gemeinschaft) anerkannte[583]. Das Recht zur Wiederverheiratung nach der Scheidung wurde nur dem Unschuldigen zugestanden[584]. Als im 17. und 18. Jahrhundert der Herrschaftsanspruch der Kirchen zunehmend in Frage gestellt wurde und die Eherechtskompetenz nach und nach der weltlichen Obrigkeit übertragen wurde, machte sich indes die Tendenz zu einer milderen Richtung bemerkbar, welche auch andere Scheidungsgründe anerkannte und schon gewisse Ansätze zum heute im Scheidungsrecht geltenden Zerrüttungsprinzip durchblicken ließ[585].

Vertreter der in der Aufklärung entwickelten Naturrechtslehre stellten nun das christliche Prinzip der Monogamie ständig in Frage[586]. Sie sahen, als vom Vertragsgedanken beherrscht, im Ehebruch in erster Linie das verletzte Treueversprechen und damit einen Scheidungsgrund, der beide Eheleute zur Wiederheirat berechtigte[587]. Der Naturrechtlicher *Samuel Pufendorf*, der darüber hinaus auch die Konzeption des ehemännlichen Herrschaftsvorranges in Frage stellte, sah die Ehe als ein scheidbares Vertragsverhältnis an[588].

Diese Entwicklung spiegelt sich auch im Allgemeinen Landrecht für die Preußischen Staaten wider, das seit 1794 zunächst in weiten Teilen des

583 *Dieter Schwab*: Art. Ehe- und Familienrecht, in: Görres-Gesellschaft (Hrsg.), Staatslexikon, Band 2, 7. Auflage, Freiburg im Breisgau u. a. 1986, Sp. 118 (135); *Frauke Brosius-Gersdorf*, in: Horst Dreier (Hrsg.), Kommentar zum Grundgesetz, Band 1, 3. Auflage, Tübingen 2013, Art. 6 Rn. 1.

584 *Dieter Schwab*: Art. Ehe- und Familienrecht, in: Görres-Gesellschaft (Hrsg.), Staatslexikon, Band 2, 7. Auflage, Freiburg im Breisgau u. a. 1986, Sp. 118 (135).

585 Hierzu siehe *Dieter Schwab*: Art. Ehe- und Familienrecht, in: Görres-Gesellschaft (Hrsg.), Staatslexikon, Band 2, 7. Auflage, Freiburg im Breisgau u. a. 1986, Sp. 1192 (1203); *Frauke Brosius-Gersdorf*, in: Horst Dreier (Hrsg.), Kommentar zum Grundgesetz, Band 1, 3. Auflage, Tübingen 2013, Art. 6 Rn. 1.

586 Eingehend *Dieter Schwab*: Art. Ehe- und Familienrecht, in: Görres-Gesellschaft (Hrsg.), Staatslexikon, Band 2, 7. Auflage, Freiburg im Breisgau u. a. 1986, Sp. 1192 (1203).

587 *Andreas Roth*: Art. Ehebruch, in: Albrecht Cordes/Heiner Lück/Dieter Werkmüller (Hrsg.), Handwörterbuch zur deutschen Rechtsgeschichte, Band 1, 2. Auflage, Berlin 2008, Sp. 1213 (1215).

588 *Dieter Schwab*: Art. Ehe- und Familienrecht, in: Görres-Gesellschaft (Hrsg.), Staatslexikon, Band 2, 7. Auflage, Freiburg im Breisgau u. a. 1986, Sp. 1192 (1204); *Frauke Brosius-Gersdorf*, in: Horst Dreier (Hrsg.), Kommentar zum Grundgesetz, Band 1, 3. Auflage, Tübingen 2013, Art. 6 Rn. 1.

deutschsprachigen Raumes Geltung fand[589]. Ausgehend von der in der Aufklärung entwickelten Naturrechtslehre sah es bereits weitreichende Scheidungstatbestände vor[590]. Insbesondere der Ehebruch galt hier als ein Scheidungsgrund.

Der Sinn der Ehe, der bis dato nach kirchlichem Verständnis v. a. in ihrer Funktion als Garant für die Geburt und Erziehung von Kindern und den Fortbestand der Gemeinschaft lag, wich ab der Mitte des 18. und 19. Jahrhunderts einem Verständnis der Ehe als privaten Autonomie- und Intimbereichs[591].

Angesichts der weiterhin bestehenden Bedeutung der Ehe als Beistands- und Verantwortungsgemeinschaft für die Gesellschaft blieb nach oben Gesagtem ihre öffentliche Position unabweislich. Die Frage, ob diese durch einen kirchlichen oder weltlichen oder gar beidseitigen Akt verifiziert werden sollte, beherrschte die preußische und deutsche Politik im 18. Jahrhundert[592]. Schließlich setzte sich aber erst durch die Paulskirchenverfassung von 1849 und die Preußische Verfassung von 1850 die Zivilehe als maßgebliche Eheschließungsform durch[593]. Das preußische Gesetz von 1874 über die Beurkundung des Personenstandes und die Form der Eheschließung legte fest, dass die Zivilehe vor dem Standesbeamten und durch Eintragung in das staatliche Heiratsregister zu schließen war[594].

bb) Landesverfassungsrechtlicher Schutz

Die Landesverfassung Nordrhein-Westfalens stellt die Ehe heute in Art. 5 Abs. 1 LV NW sowie in Art. 6 Abs. 1 LV NW unter Schutz.

---

589 *Frauke Brosius-Gersdorf*, in: Horst Dreier (Hrsg.), Kommentar zum Grundgesetz, Band 1, 3. Auflage, Tübingen 2013, Art. 6 Rn. 1.

590 Hierzu *Frauke Brosius-Gersdorf*, in: Horst Dreier (Hrsg.), Kommentar zum Grundgesetz, Band 1, 3. Auflage, Tübingen 2013, Art. 6 Rn. 1.

591 *Klaus Stern*: Das Staatsrecht der Bundesrepublik Deutschland, Band IV/1, München 2006, § 100 S. 336; *Frauke Brosius-Gersdorf*, in: Horst Dreier (Hrsg.), Kommentar zum Grundgesetz, Band 1, 3. Auflage, Tübingen 2013, Art. 6 Rn. 1.

592 *Klaus Stern*: Das Staatsrecht der Bundesrepublik Deutschland, Band IV/1, München 2006, § 100 S. 342.

593 Siehe *Klaus Stern*: Das Staatsrecht der Bundesrepublik Deutschland, Band IV/1, München 2006, § 100 S. 342 f.; *Frauke Brosius-Gersdorf*, in: Horst Dreier (Hrsg.), Kommentar zum Grundgesetz, Band 1, 3. Auflage, Tübingen 2013, Art. 6 Rn. 1.

594 So *Klaus Stern*: Das Staatsrecht der Bundesrepublik Deutschland, Band IV/1, München 2006, § 100 S. 343; vgl. auch *Frauke Brosius-Gersdorf*, in: Horst Dreier (Hrsg.), Kommentar zum Grundgesetz, Band 1, 3. Auflage, Tübingen 2013, Art. 6 Rn. 1.

(1) Art. 5 Abs. 1 LV NW

Die Ehe wird in Art. 5 Abs. 1 LV NW als Grundlage der menschlichen Gesellschaft anerkannt und deshalb unter den besonderen Schutz des Landes gestellt[595]. Art. 5 Abs. 1 LV NW wiederholt damit im Wesentlichen Art. 6 Abs. 1 GG, der durch Art. 4 LV NW in die Landesverfassung Nordrhein-Westfalens inkorporiert wurde.

Durch die Verankerung des Art. 5 LV NW direkt im Anschluss an die Rezeptionsklausel des Art. 4 LV NW hat der Landesverfassunggeber also auch der Ehe eine besondere Stellung in der Verfassung eingeräumt[596].

Hinsichtlich der Entstehungsgeschichte des Art. 5 Abs. 1 LV NW wird auf die obenstehenden Ausführungen zur Entstehungsgeschichte der Norm unter D. I. 2. b) cc) (1) (a) im Rahmen des Elterngebotes verwiesen.

Im Folgenden wird nun dargestellt, was unter dem landesverfassungsrechtlichen Begriff der Ehe im Sinne des Art. 5 Abs. 1 LV NW überhaupt zu verstehen ist.

(a) Ehe

Die Landesverfassung definiert den Begriff der Ehe nicht selbst, sondern knüpft an das überkommene Begriffsverständnis einer „verweltlichten bürgerlichrechtlichen Ehe" im Sinne einer auf Dauer angelegten, unter Mitwirkung des Staates geschlossenen, auf freiem Entschluss und der Gleichberechtigung der Partner beruhenden grundsätzlich unauflöslichen Lebensgemeinschaft von Mann und Frau an[597].

---

595 *Ralf Müller-Terpitz*, in: Wolfgang Löwer/Peter J. Tettinger (Hrsg.), Kommentar zur Verfassung des Landes Nordrhein-Westfalen, Stuttgart u. a. 2002, Art. 5 Rn. 6.

596 *Ralf Müller-Terpitz*, in: Wolfgang Löwer/Peter J. Tettinger (Hrsg.), Kommentar zur Verfassung des Landes Nordrhein-Westfalen, Stuttgart u. a. 2002, Art. 5-6 Rn. 2.

597 BVerfGE 105, 313 (345); *Christian Dästner*: Die Verfassung des Landes Nordrhein-Westfalen. Kommentar, 2. Auflage, Stuttgart 2002, Art. 5 Rn. 2; *Ralf Müller-Terpitz*, in: Wolfgang Löwer/Peter J. Tettinger (Hrsg.), Kommentar zur Verfassung des Landes Nordrhein-Westfalen, Stuttgart u. a. 2002, Art. 5 Rn. 12; *Jörn Ipsen*: Ehe und Familie, in: Josef Isensee/Paul Kirchhof (Hrsg.), Handbuch des Staatsrechts der Bundesrepublik Deutschland, Band 7, 3. Auflage, Heidelberg 2009, § 154 Rn. 8; *Frauke Brosius-Gersdorf*, in: Horst Dreier (Hrsg.), Kommentar zum Grundgesetz, Band 1, 3. Auflage, Tübingen 2013, Art. 6 Rn. 49.

Die Frage, ob dem landesverfassungsrechtlichen Ehebegriff nur die heterosexuelle Ehe unterfällt oder auch gleichgeschlechtliche Paare darunterfallen, kann und muss an dieser Stelle nicht abschließend geklärt werden[598].

Keinen Schutz nach Art. 5 Abs. 1 LV NW genießt jedenfalls die eheähnliche bzw. nichteheliche Lebensgemeinschaft, d. h. die Partnerschaft zwischen Frau und Mann, die auf Dauer angelegt ist, daneben keine weitere Lebensgemeinschaft gleicher Art zulässt und sich durch innere Bindungen auszeichnet, die ein gegenseitiges Einstehen der Partner füreinander begründen, also über die Beziehungen in einer reinen Haushalts- und Wirtschaftsgemeinschaft hinausgehen[599]. Sie kommt jedoch ohne Mitwirkungsakt des Staates zustande und kann daher aus freiem Entschluss der Partner jederzeit aufgelöst werden[600]. Sog. nichteheliche Lebensgemeinschaften können sich lediglich auf einen Schutz durch Art. 2

---

598 Nach *Frauke Brosius-Gersdorf*, in: Horst Dreier (Hrsg.), Kommentar zum Grundgesetz, Band 1, 3. Auflage, Tübingen 2013, Art. 6 Rn. 53, 81 fallen auch gleichgeschlechtliche Paare unter den verfassungsrechtlichen Ehebegriff, da sie einander den gleichen materiellen und immateriellen Beistand gewähren wir verschiedengeschlechtliche Paare. Im übrigen ermöglicht seit dem 1. Oktober 2017 das „Gesetz zur Einführung des Rechts auf Eheschließung für Personen gleichen Geschlechts" auch Personen gleichen Geschlechts, eine zivilrechtliche Ehe einzugehen. Der noch überwiegenden Ansicht zufolge fallen gleichgeschlechtliche Paare aber nicht unter den landesverfassungsrechtlichen Ehebegriff; siehe BVerfGE 10, 59 (66); 29, 166 (176); 62, 323 (330); 105, 313 (345); *Christian Dästner*: Die Verfassung des Landes Nordrhein-Westfalen. Kommentar, 2. Auflage, Stuttgart 2002, Art. 5 Rn. 2; *Ralf Müller-Terpitz*, in: Wolfgang Löwer/Peter J. Tettinger (Hrsg.), Kommentar zur Verfassung des Landes Nordrhein-Westfalen, Stuttgart u. a. 2002, Art. 5 Rn. 12, 13; *Jörn Ipsen*: Ehe und Familie, in: Josef Isensee/Paul Kirchhof (Hrsg.), Handbuch des Staatsrechts der Bundesrepublik Deutschland, Band 7, 3. Auflage, Heidelberg 2009, § 154 Rn. 9; *Rolf Grawert*: Verfassung für das Land Nordrhein-Westfalen. Kommentar, 3. Auflage, Wiesbaden 2012, Art. 5 Anm. 1; *Manuel Kamp*, in: Andreas Heusch/Klaus Schönenbroicher (Hrsg.), Die Landesverfassung Nordrhein-Westfalen. Kommentar, 2. Auflage, Siegburg 2020, Art. 5 Rn. 6.

599 BVerfGE 9, 20 (32); 82, 6 (13); 87, 234 (264); *Ralf Müller-Terpitz*, in: Wolfgang Löwer/Peter J. Tettinger (Hrsg.), Kommentar zur Verfassung des Landes Nordrhein-Westfalen, Stuttgart u. a. 2002, Art. 5 Rn. 14; *Christian Dästner*: Die Verfassung des Landes Nordrhein-Westfalen. Kommentar, 2. Auflage, Stuttgart 2002, Art. 5 Rn. 2; *Manuel Kamp*, in: Andreas Heusch/Klaus Schönenbroicher (Hrsg.), Die Landesverfassung Nordrhein-Westfalen. Kommentar, 2. Auflage, Siegburg 2020, Art. 5 Rn. 6.

600 *Jörn Ipsen*: Ehe und Familie, in: Josef Isensee/Paul Kirchhof (Hrsg.), Handbuch des Staatsrechts der Bundesrepublik Deutschland, Band 7, 3. Auflage, Heidelberg 2009, § 154 Rn. 18.

Abs. 1/Art. 1 Abs. 1 GG i. V. m. Art. 4 Abs. 1 LV NW (allgemeines Persönlichkeitsrecht) berufen[601].

Hingegen sind polygame Ehen vom Schutzbereich des Art. 5 Abs. 1 LV NW erfasst, sofern sie nicht mit der durch die Institutionsgarantie gesicherten Gleichberechtigung der Eheleute[602] in Konflikt geraten[603]. Das Prinzip der Einehe sei konsequenterweise nicht Teil der Institutionsgarantie, da sowohl monogame als auch polygame Lebensformen gleichermaßen Beistands- und Verantwortungsaufgaben erfüllen können[604].

Die Eheschließung muss in jedem Fall auf einem freiwilligen Entschluss der Ehepartner beruhen, sodass etwa im Ausland geschlossene Zwangsehen keinen verfassungsrechtlichen Schutz genießen[605].

Die Mitwirkung des Staates ist konstitutiv, sodass etwa rein kirchliche Eheversprechen ohne Mitwirkung eines Standesbeamten heute verfassungsrechtlich nicht geschützt sind[606].

Geschützt ist dabei nicht nur die Erstehe, sondern auch jede nach einer Scheidung eines Ehegatten geschlossene weitere Ehe[607].

---

601 *Ralf Müller-Terpitz*, in: Wolfgang Löwer/Peter J. Tettinger (Hrsg.), Kommentar zur Verfassung des Landes Nordrhein-Westfalen, Stuttgart u. a. 2002, Art. 5 Rn. 14.

602 → Fn. 623.

603 *Ralf Müller-Terpitz*, in: Wolfgang Löwer/Peter J. Tettinger (Hrsg.), Kommentar zur Verfassung des Landes Nordrhein-Westfalen, Stuttgart u. a. 2002, Art. 5 Rn. 15; *Frauke Brosius-Gersdorf*, in: Horst Dreier (Hrsg.), Kommentar zum Grundgesetz, Band 1, 3. Auflage, Tübingen 2013, Art. 6 Rn. 53.

604 *Frauke Brosius-Gersdorf*, in: Horst Dreier (Hrsg.), Kommentar zum Grundgesetz, Band 1, 3. Auflage, Tübingen 2013, Art. 6 Rn. 53.

605 *Christian Dästner*: Die Verfassung des Landes Nordrhein-Westfalen. Kommentar, 2. Auflage, Stuttgart 2002, Art. 5 Rn. 2; *Frauke Brosius-Gersdorf*, in: Horst Dreier (Hrsg.), Kommentar zum Grundgesetz, Band 1, 3. Auflage, Tübingen 2013, Art. 6 Rn. 55.

606 *Christian Dästner*: Die Verfassung des Landes Nordrhein-Westfalen. Kommentar, 2. Auflage, Stuttgart 2002, Art. 5 Rn. 2; *Ralf Müller-Terpitz*, in: Wolfgang Löwer/Peter J. Tettinger (Hrsg.), Kommentar zur Verfassung des Landes Nordrhein-Westfalen, Stuttgart u. a. 2002, Art. 5 Rn. 16; *Frauke Brosius-Gersdorf*, in: Horst Dreier (Hrsg.), Kommentar zum Grundgesetz, Band 1, 3. Auflage, Tübingen 2013, Art. 6 Rn. 52.

607 *Christian Dästner*: Die Verfassung des Landes Nordrhein-Westfalen. Kommentar, 2. Auflage, Stuttgart 2002, Art. 5 Rn. 2; *Frauke Brosius-Gersdorf*, in: Horst Dreier (Hrsg.), Kommentar zum Grundgesetz, Band 1, 3. Auflage, Tübingen 2013, Art. 6 Rn. 52.

(b) Unter dem besonderen Schutz des Landes

Mit der Formulierung „besonderer Schutz“ kommen auch hier eine Steigerung der Intensität landesrechtlicher Schutzpflichten und darüber hinaus eine Vielzahl landesrechtlicher Gewährleistungsdimensionen zum Ausdruck[608]. Der Grund für diesen besonderen Schutzauftrag des Landes besteht in der hervorzuhebenden Funktion, die die Ehe als Beistands- und Verantwortungsgemeinschaft für das Gemeinwesen erfüllt[609]. Mit der Eheschließung verpflichten sich die Ehepartner, füreinander einzustehen und entlasten dadurch das Land von seiner subsidiären Aufgabe, in Zeiten der Not und Hilfsbedürftigkeit für die einzelnen Ehepartner aufzukommen[610].

(c) Eheschließungs- und Ehegestaltungsfreiheit

Art. 5 Abs. 1 LV NW gewährleistet sowohl die Eheschließungs- als auch die Ehegestaltungsfreiheit[611].

Die positive Eheschließungsfreiheit umfasst dabei das Recht, eine Ehe mit einem selbst gewählten Partner einzugehen sowie das Recht, nach einer Scheidung erneut zu heiraten[612]. Aus dem Erfordernis des freien Willensentschlusses lässt sich umgekehrt auch das Recht herleiten, keine Ehe einzugehen (sog. negative Eheschließungsfreiheit)[613]. Darüber hinaus gewährleistet Art. 5 Abs. 1 LV NW auch das Recht auf Scheidung[614]. Denn das

---

608 Siehe hierzu die Ausführungen unter D. 3. b) bb) (1) (d) sowie *Frauke Brosius-Gersdorf*, in: Horst Dreier (Hrsg.), Kommentar zum Grundgesetz, Band 1, 3. Auflage, Tübingen 2013, Art. 6 Rn. 59.

609 So *Frauke Brosius-Gersdorf*, in: Horst Dreier (Hrsg.), Kommentar zum Grundgesetz, Band 1, 3. Auflage, Tübingen 2013, Art. 6 Rn. 60.

610 *Frauke Brosius-Gersdorf*, in: Horst Dreier (Hrsg.), Kommentar zum Grundgesetz, Band 1, 3. Auflage, Tübingen 2013, Art. 6 Rn. 60.

611 *Ralf Müller-Terpitz*, in: Wolfgang Löwer/Peter J. Tettinger (Hrsg.), Kommentar zur Verfassung des Landes Nordrhein-Westfalen, Stuttgart u. a. 2002, Art. 5 Rn. 16; *Frauke Brosius-Gersdorf*, in: Horst Dreier (Hrsg.), Kommentar zum Grundgesetz, Band 1, 3. Auflage, Tübingen 2013, Art. 6 Rn. 61.

612 So *Frauke Brosius-Gersdorf*, in: Horst Dreier (Hrsg.), Kommentar zum Grundgesetz, Band 1, 3. Auflage, Tübingen 2013, Art. 6 Rn. 61.

613 So *Frauke Brosius-Gersdorf*, in: Horst Dreier (Hrsg.), Kommentar zum Grundgesetz, Band 1, 3. Auflage, Tübingen 2013, Art. 6 Rn. 64.

614 *Ralf Müller-Terpitz*, in: Wolfgang Löwer/Peter J. Tettinger (Hrsg.), Kommentar zur Verfassung des Landes Nordrhein-Westfalen, Stuttgart u. a. 2002, Art. 5 Rn. 16; *Frauke*

Konsensprinzip, auf dem die Ehe beruht, umfasst auch die Freiheit, die Ehe zu beenden[615].

Die Ehegestaltungsfreiheit gewährleistet den Ehepartnern das Recht, über die Art und Weise des ehelichen Zusammenlebens zu entscheiden[616].

(d) Gewährleistungsdimensionen

Art. 5 Abs. 1 S. 1 LV NW entfaltet nicht nur ein subjektives Abwehrrecht, indem es dem Land schädigende und sonst beeinträchtigende Eingriffe in die Freiheit der Eheschließung und der Ehegestaltung untersagt, sondern verbürgt auch eine Institutionsgarantie in Hinblick auf die Existenz und wesentlichen Strukturmerkmale der Ehe[617]. Nach überwiegender Ansicht sind wesentliche durch die Institutionsgarantie gesicherte Strukturmerkmale: eine auf Verbindung von Mann und Frau beschränkte[618], auf Dauer angelegte[619] und daher grundsätzlich unauflösbare[620], unter Mitwirkung des Staates geschlossene[621] und auf dem

---

Brosius-Gersdorf, in: Horst Dreier (Hrsg.), Kommentar zum Grundgesetz, Band 1, 3. Auflage, Tübingen 2013, Art. 6 Rn. 65.

615 *Ralf Müller-Terpitz*, in: Wolfgang Löwer/Peter J. Tettinger (Hrsg.), Kommentar zur Verfassung des Landes Nordrhein-Westfalen, Stuttgart u. a. 2002, Art. 5 Rn. 16; *Frauke Brosius-Gersdorf*, in: Horst Dreier (Hrsg.), Kommentar zum Grundgesetz, Band 1, 3. Auflage, Tübingen 2013, Art. 6 Rn. 65.

616 *Frauke Brosius-Gersdorf*, in: Horst Dreier (Hrsg.), Kommentar zum Grundgesetz, Band 1, 3. Auflage, Tübingen 2013, Art. 6 Rn. 66.

617 Eingehend *Christian Dästner*: Die Verfassung des Landes Nordrhein-Westfalen. Kommentar, 2. Auflage, Stuttgart 2002, Art. 5 Rn. 1; *Ralf Müller-Terpitz*, in: Wolfgang Löwer/Peter J. Tettinger (Hrsg.), Kommentar zur Verfassung des Landes Nordrhein-Westfalen, Stuttgart u. a. 2002, Art. 5 Rn. 7, 19; *Frauke Brosius-Gersdorf*, in: Horst Dreier (Hrsg.), Kommentar zum Grundgesetz, Band 1, 3. Auflage, Tübingen 2013, Art. 6 Rn. 75, 76; *Manuel Kamp*, in: Andreas Heusch/Klaus Schönenbroicher (Hrsg.), Die Landesverfassung Nordrhein-Westfalen. Kommentar, 2. Auflage, Siegburg 2020, Art. 5 Rn. 3.

618 BVerfGE 10, 59 (66); 29, 166 (176); 53, 224 (245); 62, 323 (330); 105, 313 (345).

619 BVerfGE 29, 166 (176); 105, 313 (345).

620 BVerfGE 10, 59 (66); 53, 224 (245); siehe auch *Jörn Ipsen*: Ehe und Familie, in: Josef Isensee/Paul Kirchhof (Hrsg.), Handbuch des Staatsrechts der Bundesrepublik Deutschland, Band 7, 3. Auflage, Heidelberg 2009, § 154 Rn. 12; *Peter Badura*, in: Theodor Maunz/Günter Dürig (Begr.), Grundgesetz. Kommentar, München, Art. 6 Abs. 1 (2019), Rn. 45.

621 BVerfGE 29, 166 (176); 62, 323 (330); 105, 313 (345); siehe auch *Jörn Ipsen*: Ehe und Familie, in: Josef Isensee/Paul Kirchhof (Hrsg.), Handbuch des Staatsrechts der Bundesrepublik Deutschland, Band 7, 3. Auflage, Heidelberg 2009, § 154 Rn. 10.

freien Willensentschluss[622] und der Gleichberechtigung der Ehepartner[623] beruhende Lebensgemeinschaft, die in ihrer Gestaltung frei ist[624][625].

Die Institutionsgarantie gewährleistet die Ehe dabei nicht als Verbindung auf Lebenszeit, sodass Ehepartner auch unter den vom Gesetz normierten Voraussetzungen geschieden werden können[626]. Dem steht die Funktion der Ehe als Beistands- und Verantwortungsgemeinschaft nicht entgegen[627].

Darüber hinaus verbürgt Art. 5 Abs. 1 LV NW auch ein Fördergebot zugunsten der Ehe, Diskriminierungsverbote und ein Neutralitätsgebot gegenüber anderen Lebensgemeinschaften[628].

(2) Art. 6 Abs. 1 GG i. V. m. Art. 4 Abs. 1 LV NW

An dieser Stelle ist darauf hinzuweisen, dass Art. 5 Abs. 1 LV NW im übrigen Art. 6 Abs. 1 GG i. V. m. Art. 4 Abs. 1 LV NW als *lex specialis* vorgeht[629].

c) Spannungsverhältnis zur Realität

Das Verbot des Ehebruchs steht seit jeher in einem gewissen Spannungsverhältnis zur Realität.

---

622 BVerfGE 29, 166 (176); 62, 323 (330); 105, 313 (345).

623 BVerfGE 37, 217 (249 ff.); 103, 89 (101); 105, 313 (345).

624 BVerfGE 39, 169 (183); 48, 327 (338); 66, 84 (94); 105, 313 (345).

625 *Frauke Brosius-Gersdorf*, in: Horst Dreier (Hrsg.), Kommentar zum Grundgesetz, Band 1, 3. Auflage, Tübingen 2013, Art. 6 Rn. 77.

626 *Ralf Müller-Terpitz*, in: Wolfgang Löwer/Peter J. Tettinger (Hrsg.), Kommentar zur Verfassung des Landes Nordrhein-Westfalen, Stuttgart u. a. 2002, Art. 5 Rn. 12; *Frauke Brosius-Gersdorf*, in: Horst Dreier (Hrsg.), Kommentar zum Grundgesetz, Band 1, 3. Auflage, Tübingen 2013, Art. 6 Rn. 80.

627 *Frauke Brosius-Gersdorf*, in: Horst Dreier (Hrsg.), Kommentar zum Grundgesetz, Band 1, 3. Auflage, Tübingen 2013, Art. 6 Rn. 80.

628 Eingehend hierzu *Christian Dästner*: Die Verfassung des Landes Nordrhein-Westfalen. Kommentar, 2. Auflage, Stuttgart 2002, Art. 5 Rn. 1 f.; *Ralf Müller-Terpitz*, in: Wolfgang Löwer/Peter J. Tettinger (Hrsg.), Kommentar zur Verfassung des Landes Nordrhein-Westfalen, Stuttgart u. a. 2002, Art. 5 Rn. 19, 21; *Frauke Brosius-Gersdorf*, in: Horst Dreier (Hrsg.), Kommentar zum Grundgesetz, Band 1, 3. Auflage, Tübingen 2013, Art. 6 Rn. 85-96.

629 *Ralf Müller-Terpitz*, in: Wolfgang Löwer/Peter J. Tettinger (Hrsg.), Kommentar zur Verfassung des Landes Nordrhein-Westfalen, Stuttgart u. a. 2002, Art. 5 Rn. 10.

In alttestamentlichen Zeiten lösten die Patriarchen und Könige das Problem des Ehebruchverbotes, indem sie sich einfach viele Ehefrauen nahmen[630]. Polygame Verbindungen, dürften vor allem – entsprechend wirtschaftlichen Gegebenheiten – vielfach in vornehmen Schichten anzutreffen gewesen sein[631].

Selbst *Martin Luther* gewährte noch im Jahre 1539 dem Reichsfürsten *Philipp dem Großmütigen von Hessen* unter Berufung auf die Polygamie im Alten Testament in einem geheimen Beichtrat – der freilich nicht geheim blieb – eine Zweitehe mit dem Hoffräulein *Margarete von der Saale*[632].

Darüber hinaus dürfte überhaupt der Ehebruch des Mannes wesentlich seltener geahndet worden sein, als derjenige der Frau, da auch hier die Machtverhältnisse eine entscheidende Rolle gespielt haben dürften. So haben auch in der katholischen Kirche gerade diejenigen, die über kirchliche Macht und Autorität verfügten und sogar dem Zölibat verpflichtet waren, weder ein vorbildliches Eheleben noch überhaupt sexuale Enthaltsamkeit überzeugend vorleben können. Zudem zeigen die aktuellen Missbrauchsvorwürfen in der katholischen Kirche, dass die Beschuldigten ihre Macht auch nach den Taten ausnutzten, um die Vorgänge zu vertuschen[633].

d) Gesellschaftlicher Wandel

Das Institution der Ehe im Sinne einer grundsätzlich unauflöslichen Lebensgemeinschaft hat allein über die letzten Jahrzehnte an Bedeutung verloren.

630 *Paul Mikat*: Art. Polygamie, in: Adalbert Erler/Ekkehard Kaufmann (Hrsg.), Handwörterbuch zur deutschen Rechtsgeschichte, Band 3, 1. Auflage, Berlin 1984, Sp. 1813 (1818 f.); *Stephan Buchholz*: Art. Ehe, in: Albrecht Cordes/Heiner Lück/Dieter Werkmüller (Hrsg.), Handwörterbuch zur deutschen Rechtsgeschichte, Band 1, 2. Auflage, Berlin 2008, Sp. 1192 (1201).

631 *Paul Mikat*: Art. Polygamie, in: Adalbert Erler/Ekkehard Kaufmann (Hrsg.), Handwörterbuch zur deutschen Rechtsgeschichte, Band 3, 1. Auflage, Berlin 1984, Sp. 1813 (1815 f.).

632 *Paul Mikat*: Art. Polygamie, in: Adalbert Erler/Ekkehard Kaufmann (Hrsg.), Handwörterbuch zur deutschen Rechtsgeschichte, Band 3, 1. Auflage, Berlin 1984, Sp. 1813 (1818 f.); *Stephan Buchholz*: Art. Ehe, in: Albrecht Cordes/Heiner Lück/Dieter Werkmüller (Hrsg.), Handwörterbuch zur deutschen Rechtsgeschichte, Band 1, 2. Auflage, Berlin 2008, Sp. 1192 (1201).

633 Eingehend zu dem Missbrauchsskandal in der katholischen Kirche https://www.zeit.de/gesellschaft/zeitgeschehen/2018-09/missbrauch-katholische-kirche-vertuschung-opfer-entschaedigung. Zugriff am 4. Februar 2019.

Dies äußert sich heute zum einen im Rückgang der Zahl der Eheschließungen und zugleich im Anstieg der Ehescheidungen. Allein die Zahl der Eheschließungen in Nordrhein-Westfalen ist von 125.644[634] im Jahre 1970 auf 86.479[635] im Jahre 2017 und damit um 31% zurückgegangen. Die Zahl der Ehescheidungen in Nordrhein-Westfalen lag im Jahre 2017 dagegen bei 35.778[636], sodass im Jahre 2017 etwa 41% aller Ehen in Nordrhein-Westfalen wieder geschieden wurden. Die Statistik bestätigt also zum einen, dass die Ehe allein in den letzten Jahrhunderten an Bedeutung verloren hat und zum anderen sie überdies in ihrem Bestand instabil zu sein scheint. Diese Labilisierung der bisherigen Eheordnung ist insbesondere der veränderten weiblichen Lebensverhältnissen geschuldet[637].

Die wachsende Bildungs- und Berufsbeteiligung der Frauen sowie die Technisierung der Haushalte sind Faktoren, die das patriarchale Eheleitbild in den letzten Jahrzehnten für die Frauen zunehmend unverständlicher werden ließen[638]. Darüber hinaus haben die sozialstaatlichen Entwicklungen die Handlungsspielräume der Frauen stark erhöht und sie von der lebenslangen Ehe zunehmend unabhängiger gemacht[639].

---

634 Es wird auszugsweise die Statistik des Landesamtes für Datenverarbeitung und Statistik Nordrhein-Westfalen „Geschiedene Ehen in Nordrhein-Westfalen“ herangezogen. Die Statistik ist abrufbar unter https://www.it.nrw/zahl-der-scheidungen-nrw-2017-um-fuenf-prozent-niedriger-als-2016-83417. Zugriff am 1. Februar 2019.

635 Es wird auszugsweise die Statistik des Statistischen Bundesamtes „Anzahl der Eheschließungen in Nordrhein-Westfalen von 1990 bis 2017“ herangezogen. Die Statistik ist abrufbar unter https://de.statista.com/statistik/daten/studie/589534/umfrage/eheschliessungen-in-nordrhein-westfalen/. Zugriff am 1. Februar 2019.

636 Es wird auszugsweise die Statistik des Landesbetriebes Information und Technik Nordrhein-Westfalen „Anzahl der Eheschließungen in Nordrhein-Westfalen von 1990 bis 2017“ herangezogen. Die Statistik ist abrufbar unter https://de.statista.com/statistik/daten/studie/589534/umfrage/eheschliessungen-in-nordrhein-westfalen/. Zugriff am 1. Februar 2019.

637 Diese Position bei *Franz-Xaver Kaufmann*: Art. Ehe, Ehesakrament, I. Anthropologisch, in: Walter Kasper/Michael Buchberger (Hrsg.), Lexikon für Theologie und Kirche, Band 3, 3. Auflage, Freiburg im Breisgau 1995 (Neudruck 2017), Sp. 467 (468).

638 So *Franz-Xaver Kaufmann*: Art. Ehe, Ehesakrament, I. Anthropologisch, in: Walter Kasper/Michael Buchberger (Hrsg.), Lexikon für Theologie und Kirche, Band 3, 3. Auflage, Freiburg im Breisgau 1995 (Neudruck 2017), Sp. 467 (468).

639 *Franz-Xaver Kaufmann*: Art. Ehe, Ehesakrament, I. Anthropologisch, in: Walter Kasper/Michael Buchberger (Hrsg.), Lexikon für Theologie und Kirche, Band 3, 3. Auflage, Freiburg im Breisgau 1995 (Neudruck 2017), Sp. 467 (468).

e) *Synopse: Spuren des Ehebruchverbotes in Art. 5 Abs. 1 LV NW*

Das alttestamentliche Verständnis von einer grundsätzlich unauflöslichen Ehe hat auch die Landesverfassung Nordrhein-Westfalens stark geprägt. So hat die Landesverfassung nach Bevorstehendem die Ehe im Sinne einer auf Dauer angelegten, grundsätzlich unauflöslichen Lebensgemeinschaft von Mann und Frau als Grundlage der menschlichen Gesellschaft anerkannt und in Art. 5 Abs. 1 LV NW unter den besonderen Schutz des Landes gestellt. Im landesverfassungsrechtlichen Sinn ist die Ehe also auf Dauer angelegt und kann daher nicht allein aus dem freien Willensentschluss der Ehegatten aufgelöst werden[640]. Als *actus contrarius* zur erforderlichen staatlichen Mitwirkung kann die Ehe heute deshalb nur durch gerichtliches Urteil aufgehoben (§ 1313 S. 1 BGB) bzw. geschieden werden (§ 1564 S. 1 BGB).

Doch auch in alttestamentlichen Zeiten galt die Ehe, obwohl sie damals noch eine viel größere Bedeutung hatte als heute, nicht als unauflöslich (Hos 2,4)[641]. Zwar stand das Scheidungsrecht im Alten Testament ausschließlich dem Mann und auch nur dann zu, wenn er schwerwiegende Gründe vortragen konnte[642]. Doch konnte der Mann der Frau das „Dokument der Trennung" ausfertigen, dass der Frau zumindest das Recht zur Wiederverheiratung gab (Dtn 24,1-4)[643].

---

640 *Jörn Ipsen*: Ehe und Familie, in: Josef Isensee/Paul Kirchhof (Hrsg.), Handbuch des Staatsrechts der Bundesrepublik Deutschland, Band 7, 3. Auflage, Heidelberg 2009, § 154 Rn. 12.

641 Wortlaut in Hosea 2,4: „Fordert von eurer Mutter – sie ist ja nicht meine Frau und ich bin nicht ihr Mann! –, dass sie die Zeichen ihrer Hurerei von ihrem Angesichte wegtue und die Zeichen ihrer Ehebrecherei zwischen ihren Brüsten, […].". Siehe dazu auch *Matthias Köckert*: Die zehn Gebote, 2. Auflage, München 2013, S. 78.

642 *Matthias Köckert*: Die zehn Gebote, 2. Auflage, München 2013, S. 78; *Eberhard Bons:* Art. Ehe, Ehesakrament, IV. Altes Testament, in: Walter Kasper/Michael Buchberger (Hrsg.), Lexikon für Theologie und Kirche, Band 3, 3. Auflage, Freiburg im Breisgau 1995 (Neudruck 2017), Sp. 469 (469). Die Frau konnte die Scheidung in alttestamentlicher Zeit nur in wenigen, genau umschriebenen Fällen verlangen.

643 Wortlaut im fünften Buch Mose (Deuteronomium): „Wenn ein Mann eine Frau geheiratet hat und ihr Ehemann geworden ist, sie ihm dann aber nicht gefällt, weil er an ihr etwas Anstößiges entdeckt, wenn er ihr dann eine Scheidungsurkunde ausstellt, sie ihr übergibt und sie aus seinem Haus fortschickt, wenn sie sein Haus dann verlässt, hingeht und die Frau eines anderen Mannes wird, wenn auch der andere Mann sie nicht mehr liebt, ihr eine Scheidungsurkunde ausstellt, sie ihr übergibt und sie aus seinem Haus fortschickt, oder wenn der andere Mann, der sie geheiratet hat, stirbt, dann darf sie ihr erster Mann, der sie fortgeschickt hat, nicht wieder heiraten, sodass sie wieder seine Frau würde, nachdem sie für ihn unberührbar geworden ist. Das wäre dem Herrn ein Gräuel. Du sollst das Land, das der Herr, dein Gott, dir als Erbbesitz

Anders als in alttestamentlichen Zeiten beruht das Verhältnis der Eheleute in unserem Kulturkreis auf Gegenseitigkeit[644]. Denn dadurch, dass die Landesverfassung die Ehe nunmehr selbst als Schutzgut ansieht, können beide Ehegatten Ehebruch begehen. Ob also die Frau oder der Mann oder gar beide Ehepartner eine sexuelle Beziehung zu einer dritten Person eingehen, ist auch hier gleichgültig und stellt in jedem Fall einen Ehebruch dar.[645]. Ehe ist somit eine Institution, die auf Gegenseitigkeit beruht[646]. Im Alten Testament war das grundsätzlich nicht der Fall. Hier beruhte das Verhältnis der Eheleute nicht auf Gegenseitigkeit[647]. So konnte sich eine Frau niemals „einen Mann nehmen" oder „heiraten", sondern stets nur „verheiratet" werden[648]. Durch die Eheschließung ging die Gewalt über die Frau vom Familienvater auf ihren Mann über[649]. Diese Übergangsphase wurde durch das „Nehmen" der Frau, d. h. die Übersiedlung („Hochzeit") beendet[650]. Während der Mann im Interesse der Erzeugung legitimer Erbberechtigten seinerseits einen Alleinanspruch auf die Frau hatte, galt dies nicht umgekehrt[651]. So war in frühester Zeit Ehebruch nur dann gegeben, wenn eine verheiratete Frau mit einem anderen Mann eine sexuelle Beziehung einging[652]. Der Mann brach durch sexuelle Kontakte mit einer verheirateten Frau die fremde Ehe, die Frau durch solche mit einem fremden Mann nur die eigene[653]. In den Rechtstexten war der familienrechtliche Stand der Frau deshalb

---

gibt, nicht der Sünde verfallen lassen."; siehe auch *Matthias Köckert*: Die zehn Gebote, 2. Auflage, München 2013, S. 79.

644 *Matthias Köckert*: Die zehn Gebote, 2. Auflage, München 2013, S. 78.

645 *Alfons Maurer*: Art. Ehebruch, Ehesakrament, XI. Theologisch-ethisch, in: Walter Kasper/Michael Buchberger (Hrsg.), Lexikon für Theologie und Kirche, Band 3, 3. Auflage, Freiburg im Breisgau 1995 (Neudruck 2017), Sp. 482 (493).

646 *Matthias Köckert*: Die zehn Gebote, 2. Auflage, München 2013, S. 78.

647 Siehe dazu *Matthias Köckert*: Die zehn Gebote, 2. Auflage, München 2013, S. 78.

648 *Matthias Köckert*: Die zehn Gebote, 2. Auflage, München 2013, S. 78.

649 *Eberhard Bons:* Art. Ehe, Ehesakrament, IV. Altes Testament, in: Walter Kasper/Michael Buchberger (Hrsg.), Lexikon für Theologie und Kirche, Band 3, 3. Auflage, Freiburg im Breisgau 1995 (Neudruck 2017), Sp. 469 (469).

650 *Eberhard Bons:* Art. Ehe, Ehesakrament, IV. Altes Testament, in: Walter Kasper/Michael Buchberger (Hrsg.), Lexikon für Theologie und Kirche, Band 3, 3. Auflage, Freiburg im Breisgau 1995 (Neudruck 2017), Sp. 469 (469).

651 → Fn. 562.

652 *Andreas Roth*: Art. Ehebruch, in: Albrecht Cordes/Heiner Lück/Dieter Werkmüller (Hrsg.), Handwörterbuch zur deutschen Rechtsgeschichte, Band 1, 2. Auflage, Berlin 2008, Sp. 1213 (1213).

653 → Fn. 548.

genau definiert[654]. Nachdem die Autoren des Dekaloggebotes auf eine solche Definition des familienrechtlichen Standes dann aber verzichteten, war es nunmehr gleichgültig, ob die eigene oder die fremde Ehe gebrochen wurde[655]. Das Dekaloggebot untersagt damit jede Form des Ehebruchs und kommt insofern an unser heutiges Verständnis eines auf Gegenseitigkeit der Ehepartner beruhenden Verhältnisses sehr nah heran[656]. Folglich ist an dieser Stelle neben der grundsätzlichen Unauflöslichkeit der Ehe eine weitere Spur des Ehebruchverbotes in der Landesverfassung zu erkennen.

Unsere Rechtsordnung versteht den Ehebruch inzwischen ähnlich wie das Dekaloggebot eher im moralischen Sinn und handhabt den Ehebruch heute ganz anders, als die biblischen Rechtstexte oder noch die Rechtsauffassung, die in den letzten Jahrzehnten bei uns herrschend war.

In den biblischen Rechtstexten geht das Verbot des Ehebruchs auf Gesellschaftsformen zurück, in denen u. a. zur Regelung von Grundbesitzverhältnissen sowie von Verwandtschaftsbeziehungen eine verbindliche Rechtsform des Zusammenlebens von Frau und Mann entwickelt wurde[657]. Illegitime Erbberechtigte sollten vermieden werden[658]. Grund für das Ehebruchverbot war also einst das Interesse an Abstammungssicherheit, d. h. Rechtssicherheit[659]. Aus diesem Grund stellte der Ehebruch in alttestamentlichen Zeiten eine Straftat dar, die mit dem Tode sanktioniert wurde (Dtn 22,22a). Erst durch die im Dekalog erfolgte Transformation des Eherechts in Ethos wurde der Ehebruch nicht mehr ausschließlich vor dem Hintergrund der Rechtssicherheit, sondern vielmehr auch vor dem Hintergrund der ehelichen Treue im moralischen Sinne verstanden.

---

654 → Fn. 549.

655 *Eckart Otto*: Deuteronomium 1-11. Zweiter Teilband 4,44-11, Freiburg im Breisgau u. a. 2012, S. 748; *Matthias Köckert*: Die zehn Gebote, 2. Auflage, München 2013, S. 78.

656 *Eckart Otto*: Deuteronomium 1-11. Zweiter Teilband 4,44-11, Freiburg im Breisgau u. a. 2012, S. 748.

657 *Matthias Köckert*: Die zehn Gebote, 2. Auflage, München 2013, S. 79; *Alfons Maurer*: Art. Ehebruch, Ehesakrament, XI. Theologisch-ethisch, in: Walter Kasper/Michael Buchberger (Hrsg.), Lexikon für Theologie und Kirche, Band 3, 3. Auflage, Freiburg im Breisgau 1995 (Neudruck 2017), Sp. 482 (493).

658 → Fn. 562.

659 → Fn. 564.

In der Bundesrepublik Deutschland wird der Ehebruch erst seit 1969 nicht mehr strafrechtlich sanktioniert[660]. 1977 wurde das Moment der Eheverfehlung, die sog. Verschuldensfrage aus dem deutschen Zivilrecht gestrichen[661].

Durch die Säkularisierung der Gesellschaft, die Stärkung der Individualrechte und die Abkehr vom Schuldprinzip zum Zerrüttungsprinzip im Scheidungsrecht[662], ist das Verbot des Ehebruchs heute vor dem Hintergrund der ehelichen Treue, als „ein von zwei Partnern getragenes Grundverhältnis zur konkreten Geschlechtergemeinschaft, zu ihren Lebens- und Entfaltungsbedingungen"[663] zu verstehen[664]. Die Einhaltung der ehelichen Treue per se ist also grundsätzlich zur Privatangelegenheit der Partner untereinander geworden und bewegt den Staat nun nicht mehr, sich zum Sittenwächter aufzuschwingen.

Ähnlich wie im antiken Israel ist die Ehe allerdings auch heute keine ausschließliche Privatangelegenheit[665]. Da im Alten Testament ein Ehebruch nicht nur die Familie, sondern die ganze Gemeinschaft gefährdete, sollten sich auch an der öffentlichen Hinrichtung, d. h. an der Bestrafung des Ehebruchs durch

---

660 *Dieter Schwab*: Art. Ehe- und Familienrecht, in: Görres-Gesellschaft (Hrsg.), Staatslexikon, Band 2, 7. Auflage, Freiburg im Breisgau u. a. 1986, Sp. 118 (136); *Jörn Ipsen*: Ehe und Familie, in: Josef Isensee/Paul Kirchhof (Hrsg.), Handbuch des Staatsrechts der Bundesrepublik Deutschland, Band 7, 3. Auflage, Heidelberg 2009, § 154 Rn. 94.

661 Nach dem bis dahin geltenden Schuldprinzip konnte eine Ehe nur geschieden werden, wenn einer der Ehepartner ein besonderes schuldhaftes Verhalten (Ehebruch, ehezerrüttende Verfehlung) an den Tag legte. An die Stelle des Verschuldensprinzips trat 1977 das sog. Zerrüttungsprinzip im Scheidungsrecht, welches bis heute gültig ist. Hiernach kann eine Ehe nun ungeachtet eines Verschuldens geschieden werden, wenn die Ehe gescheitert ist. Entscheidend hierfür ist nur noch, ob die Ehepartner seit längerem getrennt leben und einvernehmlich die Gemeinschaft auflösen wollen. Siehe dazu *Dieter Schwab*: Art. Ehe- und Familienrecht, in: Görres-Gesellschaft (Hrsg.), Staatslexikon, Band 2, 7. Auflage, Freiburg im Breisgau u. a. 1986, Sp. 118 (136); *Jörn Ipsen*: Ehe und Familie, in: Josef Isensee/Paul Kirchhof (Hrsg.), Handbuch des Staatsrechts der Bundesrepublik Deutschland, Band 7, 3. Auflage, Heidelberg 2009, § 154 Rn. 94.

662 → Fn. 661.

663 *Franz Böckle*: Ehe und Ehescheidung, in: Anselm Hertz/Günter Altner (Hrsg.), Handbuch der christlichen Ethik, Band 2, Freiburg im Breisgau 1978, S. 117 (125).

664 *Alfons Maurer*: Art. Ehebruch, Ehesakrament, XI. Theologisch-ethisch, in: Walter Kasper/Michael Buchberger (Hrsg.), Lexikon für Theologie und Kirche, Band 3, 3. Auflage, Freiburg im Breisgau 1995 (Neudruck 2017), Sp. 482 (493).

665 *Matthias Köckert*: Die zehn Gebote, 2. Auflage, München 2013, S. 79.

Steinigung (Dtn 22,22-24)[666] alle Männer der Stadt beteiligen (Dtn 22,21)[667]. Und auch heute kann die Ehe angesichts ihrer Bedeutung für die Gemeinschaft als Beistands- und Verantwortungsgemeinschaft nicht als reine Privatangelegenheit verstanden werden. Um ihrer öffentlichen Position also gerecht zu werden, kann sie nur durch Erklärung vor dem Standesbeamten (§ 1310 Abs. 1 S. 1 BGB) und Eintragung in das staatliche Heiratsregister geschlossen werden[668]. Somit ist noch eine weitere Verbindung zwischen unserem Verständnis von Ehe mit dem im antiken Israel gegeben.

II. Positive Konnotation der Zehn Gebote durch rezipierte Bundesgrundrechte

Eine Untersuchung hinsichtlich der Spuren der Zehn Gebote in der nordrhein-westfälischen Landesverfassung wäre wie eingangs erwähnt unvollständig, ohne auch die einzelnen nach Art. 4 Abs. 1 LV NW rezipierten Grundrechte des Grundgesetzes auf Spuren des Dekalogs hin zu überprüfen.

1. Tötungsverbot (5. Gebot)

Spuren des dekalogischen Tötungsverbotes sind in der Landesverfassung selbst nicht zu finden. Daher ist im Folgenden zu prüfen, ob sich in den nach Art. 4 Abs. 1 LV NW rezipierten Grundrechten solche Spuren finden lassen. In Betracht kommt dabei konkret Art. 2 Abs. 2 S. 1 Alt. 1 GG i. V. m. Art. 4 Abs. 1 LV NW: Jeder hat das Recht auf Leben.

---

666 Wortlaut im fünften Buch Mose (Deuteronomium): „Wenn ein Mann dabei ertappt wird, wie er bei einer verheirateten Frau liegt, dann sollen beide sterben, der Mann, der bei der Frau gelegen hat, und die Frau. Du sollst das Böse aus Israel wegschaffen. Wenn ein unberührtes Mädchen mit einem Mann verlobt ist und ein anderer Mann ihr in der Stadt begegnet und sich mit ihr hinlegt, dann sollt ihr beide zum Tor dieser Stadt führen. Ihr sollt sie steinigen und sie sollen sterben, das Mädchen, weil es in der Stadt nicht um Hilfe geschrien hat, und der Mann, weil er sich die Frau eines andern gefügig gemacht hat. Du sollst das Böse aus deiner Mitte wegschaffen."

667 Wortlaut im fünften Buch Mose (Deuteronomium): „soll man das Mädchen hinausführen und vor die Tür ihres Vaterhauses bringen. Dann sollen die Männer ihrer Stadt sie steinigen und sie soll sterben; denn sie hat eine Schandtat in Israel begangen, indem sie in ihrem Vaterhaus Unzucht trieb. Du sollst das Böse aus deiner Mitte wegschaffen." Siehe auch *Matthias Köckert*: Die zehn Gebote, 2. Auflage, München 2013, S. 79.

668 Eingehend dazu *Klaus Stern*: Das Staatsrecht der Bundesrepublik Deutschland, Band IV/1, München 2006, § 100 S. 342 f.

Im Folgenden wird zunächst der ursprüngliche Sinn des dekalogischen Tötungsverbotes analysiert [a)]. Daran anschließend wird die Entwicklung des staatlichen Rechts [b)] mitsamt ihren verfassungsrechtlichen Aspekten, über die technisch-naturwissenschaftlichen Entwicklungen bis hin zum verfassungsrechtlichen Schutz des Lebens in Art. 2 Abs. 2 S. 1 Alt. 1 GG i. V. m. Art. 4 Abs. 1 LV NW, erläutert. Im Anschluss daran wird überprüft, inwieweit Spuren des Tötungsverbotes in den rezipierten Grundrechten namentlich in Art. 2 Abs. 2 S. 1 Alt. 1 GG zu finden sind [c)].

a) Ursprünglicher Sinn

aa) Todesrechtlicher Ursprung

Wie das Elterngebot und das Ehebruchverbot hat auch das dekalogische Tötungsverbot in Dtn 5,17 seinen Ursprung im Todesrecht des „Bundesbuches" in Ex 21,12[669]:

> *„Wer einen Mann so schlägt, daß er stirbt, wird mit dem Tod bestraft môt jûmāt." (Ex 21,12)*

Der grundsätzlich das Tötungsdelikt mit der Todesstrafe sanktionierende Rechtssatz in Ex 21,12 differenzierte als *lex generalis* noch nicht die Aspekte der Verschuldenshaftung[670]. Hintergrund dieser damit einhergehenden harten Generalprävention war die Unabdingbarkeit des Lebensschutzes in der Familie[671]. Jede Bluttat an einem Familienmitglied sollte unabhängig von etwaigem Verschulden mit dem Tode sanktioniert werden[672].

Zu einer Verlagerung des Tötungsverbotes aus dem Familienkontext an die lokale Gerichtsbarkeit führte erst eine die Familiengrenzen überschreitende

---

669 Statt aller *Eckart Otto*: Theologische Ethik des Alten Testaments, Stuttgart u. a. 1994, S. 36; *Eckart Otto*: Deuteronomium 1-11. Zweiter Teilband 4,44-11, Freiburg im Breisgau u. a. 2012, S. 745.

670 *Eckart Otto*: Theologische Ethik des Alten Testaments, Stuttgart u. a. 1994, S. 36; *Eckart Otto*: Das Deuteronomium. Politische Theologie und Rechtsreform in Juda und Assyrien, Berlin u. a. 1999, S. 253, 254; *Eckart Otto*: Deuteronomium 1-11. Zweiter Teilband 4,44-11, Freiburg im Breisgau u. a. 2012, S. 745.

671 Diese Position bei *Eckart Otto*: Theologische Ethik des Alten Testaments, Stuttgart u. a. 1994, S. 36; *Eckart Otto*: Deuteronomium 1-11. Zweiter Teilband 4,44-11, Freiburg im Breisgau u. a. 2012, S. 745.

672 Siehe dazu *Eckart Otto*: Theologische Ethik des Alten Testaments, Stuttgart u. a. 1994, S. 36-37; *Eckart Otto*: Deuteronomium 1-11. Zweiter Teilband 4,44-11, Freiburg im Breisgau u. a. 2012, S. 745 f.

Bluttat in der Ergänzung von Ex 21,12 durch Ex 21,13-14, in welcher der Nachbar Opfer der Bluttat wurde[673]:

> *„Wenn er ihm aber nicht aufgelauert hat, sondern Gott es durch seine Hand geschehen ließ, werde ich dir einen Ort festsetzen, an den er fliehen kann. Hat einer vorsätzlich gehandelt und seinen Mitbürger aus dem Hinterhalt umgebracht, sollst du ihn von meinem Altar wegholen, damit er stirbt."*

Mit der Anbindung des Tötungsverbotes an die Ortsgerichtsbarkeit setzte sich auch im innerfamiliären Tötungsdelikt die Verschuldenshaftung durch[674]. So konnte man fortan zwischen Mord und Körperverletzung mit Todesfolge als Unglücksfall differenzieren[675].

bb) Vom Recht zur Ethik

Nach Bevorstehendem knüpft das dekalogische Tötungsverbot (Dtn 5,17) an das Tötungsverbot des „Bundesbuches" in Ex 21,12-14 an. Während aber das Tötungsverbot des „Bundesbuches" in Ex 21,12-14 und seine deuteronomische Fortschreibung in Dtn 19,2-13 nach Vorgenanntem eine Falldifferenzierung zwischen Mord als vorsätzliche Tat und Körperverletzung mit Todesfolge als Unglücksfall vornahmen, spricht das dekalogische Tötungsverbot ein generelles Tötungsverbot aus[676]. Die Loslösung von der vorgegebenen Falldifferenzierung spiegelt auch an dieser Stelle den Übergang vom Recht zum Ethos wider[677]. Durch die Verwendung des Lexems *rṣḥ* „töten/totschlagen" bringen die Autoren des dekalogischen Tötungsverbotes die Gemeinschaft zerstörende Wirkung der Bluttat zum Ausdruck[678]. Sie berufen sich damit auf einen älteren

---

673 *Eckart Otto*: Theologische Ethik des Alten Testaments, Stuttgart u. a. 1994, S. 36-37; *Eckart Otto*: Deuteronomium 1-11. Zweiter Teilband 4,44-11, Freiburg im Breisgau u. a. 2012, S. 745 f.

674 *Eckart Otto*: Theologische Ethik des Alten Testaments, Stuttgart u. a. 1994, S. 37.

675 *Eckart Otto*: Theologische Ethik des Alten Testaments, Stuttgart u. a. 1994, S. 36-37; *Eckart Otto*: Deuteronomium 1-11. Zweiter Teilband 4,44-11, Freiburg im Breisgau u. a. 2012, S. 745 f.

676 Siehe *Eckart Otto*: Theologische Ethik des Alten Testaments, Stuttgart u. a. 1994, S. 36; *Eckart Otto*: Das Deuteronomium. Politische Theologie und Rechtsreform in Juda und Assyrien, Berlin u. a. 1999, S. 252-257; *Eckart Otto*: Deuteronomium 1-11. Zweiter Teilband 4,44-11, Freiburg im Breisgau u. a. 2012, S. 746.

677 So *Eckart Otto*: Deuteronomium 1-11. Zweiter Teilband 4,44-11, Freiburg im Breisgau u. a. 2012, S. 746.

678 Eingehend *Eckart Otto*: Theologische Ethik des Alten Testaments, Stuttgart u. a. 1994, S. 36; *Eckart Otto*: Deuteronomium 1-11. Zweiter Teilband 4,44-11, Freiburg

Sprachgebrauch des Lexems *rṣḥ*, der eine Differenzierung der Verschuldenshaftung noch nicht kannte[679]. Auf diese Weise drücken sie die ethische Verwerflichkeit jeder Form des Blutvergießens aus und belegten es mit einem ethischen, nicht aber rechtlichen Verbot[680]. Das dekalogische Tötungsverbot bezieht sich damit auf den Menschen als Folge des Verständnisses von Leben als göttliche Gabe und Geschenk[681].

b) Entwicklung des staatlichen Rechts

Um nun ein umfassendes Bild des durch Art. 2 Abs. 2 S. 1 Alt. 1 GG i. V. m. Art. 4 Abs. 1 LV NW garantierten Lebensschutzes zu erlangen, werden zunächst die verfassungsrechtlichen Aspekte dargestellt, die das Recht auf Leben im verfassungsrechtlichen Sinne maßgeblich prägten.

aa) Verfassungsgeschichtliche Aspekte

Die verfassungsrechtliche Gewährleistung des Rechts auf Leben ist in der Verfassungsentwicklung ein Novum[682]. Bis Ende der 1940er Jahre kannte das Recht auf Leben keinen Vorläufer in der deutschen Verfassungsgeschichte, abgesehen

im Breisgau u. a. 2012, S. 746; *Matthias Köckert*: Die zehn Gebote, 2. Auflage, München 2013, S. 76, 77.

679 *Eckart Otto*: Deuteronomium 1-11. Zweiter Teilband 4,44-11, Freiburg im Breisgau u. a. 2012, S. 746.

680 Der Verzicht auf die Formulierung rechtlicher Sanktionen, der dem Übergang vom Recht zur Ethik im Dekalog geschuldet ist, bedeutet aber nicht, dass eine Überschreitung des Gebots ohne rechtliche Konsequenz blieb: Der Tötungsfall wurde in der deuteronomischen Fortschreibung durch Dtn 19,2-13 geregelt. Siehe dazu *Matthias Köckert*: Die zehn Gebote, 2. Auflage, München 2013, S. 76; siehe auch *Eckart Otto*: Deuteronomium 1-11. Zweiter Teilband 4,44-11, Freiburg im Breisgau u. a. 2012, S. 746 f.

681 Siehe *Matthias Köckert*: Die zehn Gebote, 2. Auflage, München 2013, S. 77; *Günther Kaiser*: Art. Tötung, Tötung auf Verlangen, in: Walter Kasper/Michael Buchberger (Hrsg.), Lexikon für Theologie und Kirche, Band 10, 3. Auflage, Freiburg im Breisgau 2001 (Neudruck 2017), Sp. 134 (134).

682 *Dieter Lorenz*: Recht auf Leben und körperliche Unversehrtheit, in: Josef Isensee/Paul Kirchhof (Hrsg.), Handbuch des Staatsrechts der Bundesrepublik Deutschland, Band 6, 3. Auflage, Heidelberg 2009, § 128 Rn. 1; *Ralf Müller-Terpitz*: Recht auf Leben und körperliche Unversehrtheit, in: Josef Isensee/Paul Kirchhof (Hrsg.), Handbuch des Staatsrechts der Bundesrepublik Deutschland, Band 7, 3. Auflage, Heidelberg 2009, § 147 Rn. 1.

vom Verbot der Todesstrafe in § 139 der Verfassung des Deutschen Reiches aus dem Jahre 1849[683]. Diese Zurückhaltung ist darauf zurückzuführen, dass der Schutz des Lebens zunächst als Aufgabenbereich des Strafrechts betrachtet wurde, welches dem Individuum bis heute ohnehin Schutz durch seine Tötungs- und Körperverletzungsdelikte (vgl. §§ 211 ff., 223 ff. StGB) angedeihen lässt[684]. Erst die bis dahin nicht gekannte Perversion staatlicher Machtentfaltung durch das menschenverachtende Regime des Nationalsozialismus, der stalinistischen „Säuberungen" und die Forderungen nach Freigabe der Tötung „lebensunwerten Lebens" in den 20er Jahren erforderten eine menschenrechtliche Umhegung der körperlichen Integrität in all ihren Facetten[685]. Neben der millionenfachen, „industriell" realisierten Vernichtung von Menschen jüdischer Abstammung bestand diese Perversion in der „Ausmerzung" sonstiger für „minderwertig" erachteter ethnischer Gruppen sowie in der massenhaften „Liquidierung" politisch Andersdenkender[686].

---

683 Siehe dazu *Ralf Müller-Terpitz*: Recht auf Leben und körperliche Unversehrtheit, in: Josef Isensee/Paul Kirchhof (Hrsg.), Handbuch des Staatsrechts der Bundesrepublik Deutschland, Band 7, 3. Auflage, Heidelberg 2009, § 147 Rn. 1; *Helmuth Schulze-Fielitz*, in: Horst Dreier (Hrsg.), Kommentar zum Grundgesetz, Band 1, 3. Auflage, Tübingen 2013, Art. 2 Abs. 2 Rn. 1.

684 So *Dieter Lorenz*: Recht auf Leben und körperliche Unversehrtheit, in: Josef Isensee/Paul Kirchhof (Hrsg.), Handbuch des Staatsrechts der Bundesrepublik Deutschland, Band 6, 3. Auflage, Heidelberg 2009, § 128 Rn. 6; *Ralf Müller-Terpitz*: Recht auf Leben und körperliche Unversehrtheit, in: Josef Isensee/Paul Kirchhof (Hrsg.), Handbuch des Staatsrechts der Bundesrepublik Deutschland, Band 7, 3. Auflage, Heidelberg 2009, § 147 Rn. 1; *Helmuth Schulze-Fielitz*, in: Horst Dreier (Hrsg.), Kommentar zum Grundgesetz, Band 1, 3. Auflage, Tübingen 2013, Art. 2 Abs. 2 Rn. 1.

685 *Dieter Lorenz*: Recht auf Leben und körperliche Unversehrtheit, in: Josef Isensee/Paul Kirchhof (Hrsg.), Handbuch des Staatsrechts der Bundesrepublik Deutschland, Band 6, 3. Auflage, Heidelberg 2009, § 128 Rn. 2; *Ralf Müller-Terpitz*: Recht auf Leben und körperliche Unversehrtheit, in: Josef Isensee/Paul Kirchhof (Hrsg.), Handbuch des Staatsrechts der Bundesrepublik Deutschland, Band 7, 3. Auflage, Heidelberg 2009, § 147 Rn. 1-3; *Helmuth Schulze-Fielitz*, in: Horst Dreier (Hrsg.), Kommentar zum Grundgesetz, Band 1, 3. Auflage, Tübingen 2013, Art. 2 Abs. 2 Rn. 1; *Christian Starck*, in: Hermann von Mangoldt/Friedrich Klein/Christian Starck, Grundgesetz-Kommentar, Band 3, 7. Auflage, München 2018, Art. 2 Rn. 189.

686 So *Ralf Müller-Terpitz*: Recht auf Leben und körperliche Unversehrtheit, in: Josef Isensee/Paul Kirchhof (Hrsg.), Handbuch des Staatsrechts der Bundesrepublik Deutschland, Band 7, 3. Auflage, Heidelberg 2009, § 147 Rn. 1.

Nach dem Ende des Zweiten Weltkrieges wurde das Recht auf Leben so Gegenstand zahlreicher menschenrechtlicher Verbürgungen[687]. Es war das Anliegen des Parlamentarischen Rates, auf bundesverfassungsrechtlicher Ebene, eine „Reaktionsnorm auf das nationalsozialistische Terrorregime“[688] zu schaffen[689]. Die Bestimmung in Art. 2 Abs. 2 S. 1 Alt. 1 GG i. V. m. Art. 4 Abs. 1 LV NW entpuppt sich somit als „ein Bekenntnis zum grundsätzlichen Wert des Menschenlebens und zu einer Staatsauffassung, die sich in betonten Gegensatz zu den Anschauungen eines politischen Regimes stellt, dem das einzelne Leben wenig bedeutete und das deshalb mit dem angemaßten Recht über Leben und Tod des Bürgers schrankenlosen Missbrauch betrieb“[690].

Da das Recht auf Leben bereits durch den über Art. 4 Abs. 1 LV NW rezipierten Art. 2 Abs. 2 S. 1 Alt. 1 GG umfassend geschützt ist, verzichteten die Autoren der nordrhein-westfälischen Landesverfassung auf eine explizite Normierung des Rechts auf Leben in der Landesverfassung, um eine Parallelregelung zu vermeiden[691].

bb) Technisch-naturwissenschaftliche Entwicklungen

Auch wenn der verfassungsrechtliche Lebensschutz seine normativen Wurzeln in den lebensvernichtenden und lebensverachtenden nationalsozialistischen Aktivität findet, hat das Recht auf Leben auch seit Inkrafttreten des Grundgesetzes nichts von seiner fundamentalen Bedeutung verloren[692]. Die Regelung ist

---

687 *Ralf Müller-Terpitz*: Recht auf Leben und körperliche Unversehrtheit, in: Josef Isensee/ Paul Kirchhof (Hrsg.), Handbuch des Staatsrechts der Bundesrepublik Deutschland, Band 7, 3. Auflage, Heidelberg 2009, § 147 Rn. 1.

688 So *Wolfram Höfling*: Wer definiert des Menschen Leben und Würde?, in: Otto Depenheuer (Hrsg.), Staat im Wort. Festschrift für Josef Isensee, Heidelberg 2007, S. 525 (526).

689 Siehe dazu auch *Ralf Müller-Terpitz*: Recht auf Leben und körperliche Unversehrtheit, in: Josef Isensee/Paul Kirchhof (Hrsg.), Handbuch des Staatsrechts der Bundesrepublik Deutschland, Band 7, 3. Auflage, Heidelberg 2009, § 147 Rn. 1; *Helmuth Schulze-Fielitz*, in: Horst Dreier (Hrsg.), Kommentar zum Grundgesetz, Band 1, 3. Auflage, Tübingen 2013, Art. 2 Abs. 2 Rn. 4.

690 BVerfGE 39, 1 (36 f.).

691 *Christian Dästner*: Die Verfassung des Landes Nordrhein-Westfalen. Kommentar, 2. Auflage, Stuttgart 2002, Art. 4 Rn. 2.

692 *Ralf Müller-Terpitz*: Recht auf Leben und körperliche Unversehrtheit, in: Josef Isensee/ Paul Kirchhof (Hrsg.), Handbuch des Staatsrechts der Bundesrepublik Deutschland, Band 7, 3. Auflage, Heidelberg 2009, § 147 Rn. 4.

nicht als bloße „verfassungsnormative Vergangenheitsbewältigung" zu sehen[693]. Im Gegenteil: Die technisch-naturwissenschaftlichen Entwicklungen halten Art. 2 Abs. 2 S. 1 Alt. 1 GG i. V. m. Art. 4 Abs. 1 LV NW in lebhaftem Diskurs.

Während zunächst die verfassungsrechtliche Beurteilung des Schwangerschaftsabbruchs kontrovers diskutiert wurde, verlagerte sich die Debatte seit Beginn der 80er Jahre auf den grundrechtlichen Status des werdenden und des ungeborenen menschlichen Lebens in biomedizinischen Kontexten wie beispielsweise bei Techniken der Reproduktionsmedizin durch extrakorporale Befruchtung oder der Stammzellenforschung[694].

Aufgrund neuer medizinischer Techniken zur Lebensverlängerung werden auch die Probleme des dahinsiechenden Lebens und die Folgen aktiver und passiver Sterbehilfe bedeutsamer[695]. Damit einhergehend ist auch die Frage, wann grundrechtlich geschütztes menschliches Leben, endet Gegenstand rechtswissenschaftlicher Kontroversen[696].

---

693 So *Dieter Lorenz*: Recht auf Leben und körperliche Unversehrtheit, in: Josef Isensee/Paul Kirchhof (Hrsg.), Handbuch des Staatsrechts der Bundesrepublik Deutschland, Band 6, 3. Auflage, Heidelberg 2009, § 128 Rn. 3, 25; *Ralf Müller-Terpitz*: Recht auf Leben und körperliche Unversehrtheit, in: Josef Isensee/Paul Kirchhof (Hrsg.), Handbuch des Staatsrechts der Bundesrepublik Deutschland, Band 7, 3. Auflage, Heidelberg 2009, § 147 Rn. 4; *Helmuth Schulze-Fielitz*, in: Horst Dreier (Hrsg.), Kommentar zum Grundgesetz, Band 1, 3. Auflage, Tübingen 2013, Art. 2 Abs. 2 Rn. 23.

694 Eingehend zum Schutz am Lebensanfang *Ralf Müller-Terpitz*: Der Schutz des pränatalen Lebens, Heidelberg 2007, S. 21 ff.; *Ralf Müller-Terpitz*: Recht auf Leben und körperliche Unversehrtheit, in: Josef Isensee/Paul Kirchhof (Hrsg.), Handbuch des Staatsrechts der Bundesrepublik Deutschland, Band 7, 3. Auflage, Heidelberg 2009, § 147 Rn. 3, 80-94; *Helmuth Schulze-Fielitz*, in: Horst Dreier (Hrsg.), Kommentar zum Grundgesetz, Band 1, 3. Auflage, Tübingen 2013, Art. 2 Abs. 2 Rn. 23.

695 Eingehend zum Schutz am Lebensende *Ralf Müller-Terpitz*: Recht auf Leben und körperliche Unversehrtheit, in: Josef Isensee/Paul Kirchhof (Hrsg.), Handbuch des Staatsrechts der Bundesrepublik Deutschland, Band 7, 3. Auflage, Heidelberg 2009, § 147 Rn. 3, 99-103; *Helmuth Schulze-Fielitz*, in: Horst Dreier (Hrsg.), Kommentar zum Grundgesetz, Band 1, 3. Auflage, Tübingen 2013, Art. 2 Abs. 2 Rn. 23.

696 *Ralf Müller-Terpitz*: Recht auf Leben und körperliche Unversehrtheit, in: Josef Isensee/Paul Kirchhof (Hrsg.), Handbuch des Staatsrechts der Bundesrepublik Deutschland, Band 7, 3. Auflage, Heidelberg 2009, § 147 Rn. 3; *Helmuth Schulze-Fielitz*, in: Horst Dreier (Hrsg.), Kommentar zum Grundgesetz, Band 1, 3. Auflage, Tübingen 2013, Art. 2 Abs. 2 Rn. 23.

Die offene Formulierung der Bestimmung ermöglicht also eine Extension auch auf neue soziale Phänomene, wie sie sich insbesondere aus den skizzierten technisch-naturwissenschaftlichen Entwicklungen ergeben[697].

cc) Landesverfassungsrechtlicher Schutz durch Art. 2 Abs. 2 S. 1 Alt. 1 GG i. V. m. Art. 4 Abs. 1 LV NW

Im Folgenden wird nun der durch Art. 2 Abs. 2 S. 1 Alt. 1 GG i. V. m. Art. 4 Abs. 1 LV NW garantierte Lebensschutz erläutert.

(1) Recht auf Leben

Das Recht auf Leben schützt das „körperliche Dasein des Menschen im Sinne einer lebenden, biologisch-physischen Existenz“[698] vor lebensvernichtenden Beeinträchtigungen, und zwar unabhängig von seinen individuellen Lebensumständen (Geistes- oder Gesundheitszustand usw.)[699].

Dabei ist der Schutzbereich des Art. 2 Abs. 2 S. 1 Alt. 1 GG i. V. m. Art. 4 Abs. 1 LV NW grundsätzlich weit zu verstehen[700]. So erfasst das Leben im Sinne des Art. 2 Abs. 2 S. 1 Alt. 1 GG i. V. m. Art. 4 Abs. 1 LV NW auch menschliches

697 Siehe dazu *Dieter Lorenz*: Recht auf Leben und körperliche Unversehrtheit, in: Josef Isensee/Paul Kirchhof (Hrsg.), Handbuch des Staatsrechts der Bundesrepublik Deutschland, Band 6, 3. Auflage, Heidelberg 2009, § 128 Rn. 3, 25; *Ralf Müller-Terpitz*: Recht auf Leben und körperliche Unversehrtheit, in: Josef Isensee/Paul Kirchhof (Hrsg.), Handbuch des Staatsrechts der Bundesrepublik Deutschland, Band 7, 3. Auflage, Heidelberg 2009, § 147 Rn. 4; *Helmuth Schulze-Fielitz*, in: Horst Dreier (Hrsg.), Kommentar zum Grundgesetz, Band 1, 3. Auflage, Tübingen 2013, Art. 2 Abs. 2 Rn. 23.

698 So *Helmuth Schulze-Fielitz*, in: Horst Dreier (Hrsg.), Kommentar zum Grundgesetz, Band 1, 3. Auflage, Tübingen 2013, Art. 2 Abs. 2 Rn. 25.

699 *Dieter Lorenz*: Recht auf Leben und körperliche Unversehrtheit, in: Josef Isensee/Paul Kirchhof (Hrsg.), Handbuch des Staatsrechts der Bundesrepublik Deutschland, Band 6, 3. Auflage, Heidelberg 2009, § 128 Rn. 8; *Ralf Müller-Terpitz*: Recht auf Leben und körperliche Unversehrtheit, in: Josef Isensee/Paul Kirchhof (Hrsg.), Handbuch des Staatsrechts der Bundesrepublik Deutschland, Band 7, 3. Auflage, Heidelberg 2009, § 147 Rn. 35; *Helmuth Schulze-Fielitz*, in: Horst Dreier (Hrsg.), Kommentar zum Grundgesetz, Band 1, 3. Auflage, Tübingen 2013, Art. 2 Abs. 2 Rn. 25.

700 *Helmuth Schulze-Fielitz*, in: Horst Dreier (Hrsg.), Kommentar zum Grundgesetz, Band 1, 3. Auflage, Tübingen 2013, Art. 2 Abs. 2 Rn. 26.

Leben vor der Geburt[701], wobei der tatbestandliche Beginn des verfassungsrechtlichen Lebensschutzes seit jeher umstritten ist[702].

Das Leben endet nach wohl überwiegender Auffassung mit dem Hirntod des Menschen[703].

---

701 So BVerfGE 39, 1 (37); 88, 203 (251); *Wolfram Höfling*: Die Abtreibungsproblematik und das Grundrecht auf Leben, in: Hans Thomas/Winfried Kluth (Hrsg.), Das zumutbare Kind. Die zweite Bonner Fristenregelung vor dem Bundesverfassungsgericht, Köln 1993, S. 119 (120 ff.); *Helmuth Schulze-Fielitz*, in: Horst Dreier (Hrsg.), Kommentar zum Grundgesetz, Band 1, 3. Auflage, Tübingen 2013, Art. 2 Abs. 2 Rn. 26.

702 Gerade durch die biomedizinischen Erkenntnisse der letzten Jahrzehnte hat dieser Streit auch durchaus neue, bis heute fortwirkende Anreize gefunden: Nach der Rechtsprechung des Bundesverfassungsgerichts handele es sich „jedenfalls" ab der Einnistung des befruchteten Eies in der Gebärmutter (Nidation) um verfassungsrechtlich geschütztes menschliches Leben; so BVerfGE 39, 1 (37); 88, 203 (251). Einige Vertreter im Schrifttum sind dagegen der Auffassung, menschliches Leben im Sinne des Art. 2 Abs. 2 S. 1 Alt. 1 GG i. V. m. Art. 4 Abs. 1 LV NW beginne bereits „mit der Befruchtung durch Verschmelzung von Ei- und Samenzelle zur Zygote" und nicht erst mit der Nidation; vgl. hierzu *Helmuth Schulze-Fielitz*, in: Horst Dreier (Hrsg.), Kommentar zum Grundgesetz, Band 1, 3. Auflage, Tübingen 2013, Art. 2 Abs. 2 Rn. 29. Eingehend hierzu auch *Josef Isensee*: Die alten Grundrechte und die biotechnische Revolution, in: Joachim Bohnert/Christof Gramm/Urs Kindhäuser/Joachim Lege/Alfred Rinken/Gerhard Robbers (Hrsg.), Verfassung – Philosophie – Kirche. Festschrift für Alexander Hollerbach zum 70. Geburtstag, Berlin 2001, S. 246 (252 f.); *Ralf Müller-Terpitz*: Der Schutz des pränatalen Lebens, Heidelberg 2007, S. 214 ff.; *Ralf Müller-Terpitz*: Recht auf Leben und körperliche Unversehrtheit, in: Josef Isensee/Paul Kirchhof (Hrsg.), Handbuch des Staatsrechts der Bundesrepublik Deutschland, Band 7, 3. Auflage, Heidelberg 2009, § 147 Rn. 16; *Dietrich Murswiek*, in: Michael Sachs (Hrsg.), Grundgesetz-Kommentar, 8. Auflage, München 2018, Art. 2 Rn. 145. Denn andernfalls bestünde zumindest die Gefahr der verfassungsrechtlichen Schutzlosigkeit für die Entwicklungsphasen vor der Nidation „mit der Folge fehlender Begründungslasten für den eingreifenden Gesetzgeber"; so *Udo Fink*: Recht auf Leben und körperliche Unversehrtheit, in: Detlef Merten/Hans-Jürgen Papier (Hrsg.), Handbuch der Grundrechte in Deutschland und Europa, Band 4, Heidelberg 2011, § 88 Rn. 15; *Helmuth Schulze-Fielitz*, in: Horst Dreier (Hrsg.), Kommentar zum Grundgesetz, Band 1, 3. Auflage, Tübingen 2013, Art. 2 Abs. 2 Rn. 29. Für den Beginn des menschlichen Lebens erst mit der Nidation aber *Friedrich Hufen*: Präimplantationsdiagnostik aus verfassungsrechtlicher Sicht, in: MedR 2001, S. 440 (447); *Hans-Georg Dederer*: Menschenwürde des Embryo in vitro?, in: AöR 127 (2002), S. 1 (15 ff.); *Udo Di Fabio*, in: Theodor Maunz/Günter Dürig (Begr.), Grundgesetz. Kommentar, München, Art. 2 Abs. 2 S. 1 (2004), Rn. 24 f.

703 Eingehend *Udo Di Fabio*, in: Theodor Maunz/Günter Dürig (Begr.), Grundgesetz. Kommentar, München, Art. 2 Abs. 2 S. 1 (2004), Rn. 21; *Ralf Müller-Terpitz*: Recht

(2) Beeinträchtigung des Rechts auf Leben

Als Abwehrrecht schützt Art. 2 Abs. 2 S. 1 Alt. 1 GG i. V. m. Art. 4 Abs. 1 LV NW die lebende, biologisch-physische Existenz des Einzelnen in erster Linie vor verschiedenen Arten staatlicher Eingriffe[704]. Das Recht auf Leben wird dabei durch „jede Maßnahme der öffentlichen Gewalt beeinträchtigt, die den Tod eines Menschen objektiv zurechenbar bewirkt, ob final oder nicht (z. B. fahrlässige Tötung), direkt oder indirekt bei objektiver Vorhersehbarkeit (z. B. durch Auslieferung eines Schwerverbrechers in ein Land mit Todesstrafe), schuldhaft oder nicht, durch aktives Tun (bei entsprechender Garantenstellung des Staates) oder durch Unterlassen (z. B. Verweigerung ärztlicher Behandlung von Schwerstkranken durch Amtsarzt oder staatliches Krankenhaus)“[705].

---

auf Leben und körperliche Unversehrtheit, in: Josef Isensee/Paul Kirchhof (Hrsg.), Handbuch des Staatsrechts der Bundesrepublik Deutschland, Band 7, 3. Auflage, Heidelberg 2009, § 147 Rn. 32; *Helmuth Schulze-Fielitz*, in: Horst Dreier (Hrsg.), Kommentar zum Grundgesetz, Band 1, 3. Auflage, Tübingen 2013, Art. 2 Abs. 2 Rn. 29; a. A. hingegen *Wolfram Höfling:* Um Leben und Tod: Transplantationsgesetzgebung und Grundrecht auf Leben, in: JZ 1995, S. 26 (31 ff.). Zu beachten ist an dieser Stelle, dass Art. 2 Abs. 2 S. 1 Alt. 1 GG i. V. m. Art. 4 Abs. 1 LV NW nur das Recht auf Leben schützt, nicht hingegen die individuelle Entscheidung über das eigene Leben durch dessen Beendigung (Suizid); siehe *Udo Di Fabio*, in: Theodor Maunz/Günter Dürig (Begr.), Grundgesetz. Kommentar, München, Art. 2 Abs. 2 (2004), Rn. 47 f.; *Dieter Lorenz*: Recht auf Leben und körperliche Unversehrtheit, in: Josef Isensee/Paul Kirchhof (Hrsg.), Handbuch des Staatsrechts der Bundesrepublik Deutschland, Band 6, 3. Auflage, Heidelberg 2009, § 128 Rn. 62; *Ralf Müller-Terpitz*: Recht auf Leben und körperliche Unversehrtheit, in: Josef Isensee/Paul Kirchhof (Hrsg.), Handbuch des Staatsrechts der Bundesrepublik Deutschland, Band 7, 3. Auflage, Heidelberg 2009, § 147 Rn. 38, 98, 104; *Helmuth Schulze-Fielitz*, in: Horst Dreier (Hrsg.), Kommentar zum Grundgesetz, Band 1, 3. Auflage, Tübingen 2013, Art. 2 Abs. 2 Rn. 32; a. A. *Udo Fink*: Selbstbestimmung und Selbsttötung. Verfassungsrechtliche Fragestellungen im Zusammenhang mit Selbsttötungen, Köln 1992, S. 110.

704 *Ralf Müller-Terpitz*: Recht auf Leben und körperliche Unversehrtheit, in: Josef Isensee/ Paul Kirchhof (Hrsg.), Handbuch des Staatsrechts der Bundesrepublik Deutschland, Band 7, 3. Auflage, Heidelberg 2009, § 147 Rn. 45; *Helmuth Schulze-Fielitz*, in: Horst Dreier (Hrsg.), Kommentar zum Grundgesetz, Band 1, 3. Auflage, Tübingen 2013, Art. 2 Abs. 2 Rn. 25, 42.

705 So *Helmuth Schulze-Fielitz*, in: Horst Dreier (Hrsg.), Kommentar zum Grundgesetz, Band 1, 3. Auflage, Tübingen 2013, Art. 2 Abs. 2 Rn. 44.

Staatliche Eingriffe in das Lebensrecht Geborener stellen seit der Abschaffung der Todesstrafe (vgl. Art. 102 GG) jedoch eher die Ausnahme dar[706]. So resultieren solche Eingriffe in erster Linie nur noch etwa aus einem gezielten und tödlichen Schusswaffengebrauch gegen gefahrverursachende Personen (z. B. polizeilicher Todesschuss, gezielte Tötung von Terroristen)[707]. Staatliche Beeinträchtigungen des pränatalen Lebensrechts sind von noch geringerer Relevanz[708].

Darüber hinaus stellt nach gefestigter Rechtsprechung des Bundesverfassungsgerichts aber nicht nur die Verletzung, sondern bereits die bloße Lebensgefährdung eine rechtfertigungsbedürftige Beeinträchtigung dar[709]. Der für das Vorliegen einer Lebensgefährdung maßgebliche Grad der Wahrscheinlichkeit beurteilt sich nach Art, Nähe und Ausmaß möglicher Gefahren[710]. So ist Art. 2

---

706 *Ralf Müller-Terpitz*: Recht auf Leben und körperliche Unversehrtheit, in: Josef Isensee/Paul Kirchhof (Hrsg.), Handbuch des Staatsrechts der Bundesrepublik Deutschland, Band 7, 3. Auflage, Heidelberg 2009, § 147 Rn. 46.

707 So *Ralf Müller-Terpitz*: Recht auf Leben und körperliche Unversehrtheit, in: Josef Isensee/Paul Kirchhof (Hrsg.), Handbuch des Staatsrechts der Bundesrepublik Deutschland, Band 7, 3. Auflage, Heidelberg 2009, § 147 Rn. 46; siehe auch *Helmuth Schulze-Fielitz*, in: Horst Dreier (Hrsg.), Kommentar zum Grundgesetz, Band 1, 3. Auflage, Tübingen 2013, Art. 2 Abs. 2 Rn. 44.

708 So *Ralf Müller-Terpitz*: Recht auf Leben und körperliche Unversehrtheit, in: Josef Isensee/Paul Kirchhof (Hrsg.), Handbuch des Staatsrechts der Bundesrepublik Deutschland, Band 7, 3. Auflage, Heidelberg 2009, § 147 Rn. 47. In diesem Sinne würde der Staat beispielsweise dann final in das Lebensrecht Ungeborener eingreifen, wenn er Abtreibungen gesetzlich anordnen würde und diese sogar vollstrecken lassen würde; siehe *Ralf Müller-Terpitz*: Recht auf Leben und körperliche Unversehrtheit, ebda., § 147 Rn. 47.

709 BVerfGE 51, 324 (346 f.); siehe auch *Dieter Lorenz*: Recht auf Leben und körperliche Unversehrtheit, in: Josef Isensee/Paul Kirchhof (Hrsg.), Handbuch des Staatsrechts der Bundesrepublik Deutschland, Band 6, 3. Auflage, Heidelberg 2009, § 128 Rn. 30; *Ralf Müller-Terpitz*: Recht auf Leben und körperliche Unversehrtheit, in: Josef Isensee/Paul Kirchhof (Hrsg.), Handbuch des Staatsrechts der Bundesrepublik Deutschland, Band 7, 3. Auflage, Heidelberg 2009, § 147 Rn. 36; *Helmuth Schulze-Fielitz*, in: Horst Dreier (Hrsg.), Kommentar zum Grundgesetz, Band 1, 3. Auflage, Tübingen 2013, Art. 2 Abs. 2 Rn. 43, 46.

710 *Ralf Müller-Terpitz*: Recht auf Leben und körperliche Unversehrtheit, in: Josef Isensee/Paul Kirchhof (Hrsg.), Handbuch des Staatsrechts der Bundesrepublik Deutschland, Band 7, 3. Auflage, Heidelberg 2009, § 147 Rn. 35; *Helmuth Schulze-Fielitz*, in: Horst Dreier (Hrsg.), Kommentar zum Grundgesetz, Band 1, 3. Auflage, Tübingen 2013, Art. 2 Abs. 2 Rn. 43.

Abs. 2 S. 1 Alt. 1 GG i. V. m. Art. 4 Abs. 1 LV NW jedenfalls beeinträchtigt, wenn eine Lebensvernichtung „ernsthaft zu befürchten" ist[711].

(3) Eingriffsrechtfertigung

Trotz der überragenden Bedeutung des Lebensrechts[712] wird das Recht auf Leben heute jedoch nicht schrankenlos gewährt, sondern steht gemäß Art. 2 Abs. 2 S. 3 GG i. V. m. Art. 4 Abs. 1 LV NW unter Eingriffsvorbehalt: Das Recht auf Leben kann „aufgrund eines Gesetzes" beschränkt werden[713]. Auf diese Weise kann das Gesetz zu Eingriffen ermächtigen oder unmittelbar eingreifen[714].

Auch die Einwilligung des Grundrechtsträgers kann Beeinträchtigungen oder Gefährdungen des Lebensrechts tatbestandlich ausschließen oder jedenfalls rechtfertigen[715].

---

711 BVerfGE 51, 324 (347); siehe auch *Dieter Lorenz*: Recht auf Leben und körperliche Unversehrtheit, in: Josef Isensee/Paul Kirchhof (Hrsg.), Handbuch des Staatsrechts der Bundesrepublik Deutschland, Band 6, 3. Auflage, Heidelberg 2009, § 128 Rn. 30; *Ralf Müller-Terpitz: Recht auf Leben und körperliche Unversehrtheit, in: Josef Isensee/ Paul Kirchhof (Hrsg.), Handbuch des Staatsrechts der Bundesrepublik Deutschland, Band 7, 3. Auflage, Heidelberg 2009, § 147 Rn. 36; Helmuth Schulze-Fielitz, in: Horst Dreier (Hrsg.), Kommentar zum Grundgesetz, Band 1, 3. Auflage, Tübingen 2013, Art. 2 Abs. 2 Rn. 43, 46.*

712 *Ralf Müller-Terpitz: Recht auf Leben und körperliche Unversehrtheit, in: Josef Isensee/ Paul Kirchhof (Hrsg.), Handbuch des Staatsrechts der Bundesrepublik Deutschland, Band 7, 3. Auflage, Heidelberg 2009, § 147 Rn. 51.*

713 Eingehend *Ralf Müller-Terpitz*: Recht auf Leben und körperliche Unversehrtheit, in: Josef Isensee/Paul Kirchhof (Hrsg.), Handbuch des Staatsrechts der Bundesrepublik Deutschland, Band 7, 3. Auflage, Heidelberg 2009, § 147 Rn. 52; *Helmuth Schulze-Fielitz*, in: Horst Dreier (Hrsg.), Kommentar zum Grundgesetz, Band 1, 3. Auflage, Tübingen 2013, Art. 2 Abs. 2 Rn. 52 ff., 61 ff.

714 *Helmuth Schulze-Fielitz*, in: Horst Dreier (Hrsg.), Kommentar zum Grundgesetz, Band 1, 3. Auflage, Tübingen 2013, Art. 2 Abs. 2 Rn. 52; siehe hierzu auch *Ralf Müller-Terpitz*: Recht auf Leben und körperliche Unversehrtheit, in: Josef Isensee/Paul Kirchhof (Hrsg.), Handbuch des Staatsrechts der Bundesrepublik Deutschland, Band 7, 3. Auflage, Heidelberg 2009, § 147 Rn. 64, 65.

715 Eingehend *Helmuth Schulze-Fielitz*, in: Horst Dreier (Hrsg.), Kommentar zum Grundgesetz, Band 1, 3. Auflage, Tübingen 2013, Art. 2 Abs. 2 Rn. 55 f.

(4) Grenzen der Einschränkbarkeit

Das einschränkende Gesetz findet seinerseits aber wiederum eine verfassungsrechtliche Grenze etwa im Verhältnismäßigkeitsgrundsatz und in den sonstigen Grundrechtsentscheidungen der Verfassung[716].

So sind zunächst bei einer am Einzelfall orientierten Verhältnismäßigkeitsbetrachtung die Besonderheiten des Rechtsguts Leben zu berücksichtigen. Insbesondere ist zu berücksichtigen, dass es sich beim Leben um ein „unteilbares Rechtsgut“[717] handelt. Denn es kann „kein mehr oder weniger, sondern stets nur ein alles oder nichts an physischer Existenz“[718] geben. Die gesetzliche Ermächtigung muss daher stets im Licht der herausragenden Bedeutung des Lebensrechts interpretiert werden[719].

Ferner stellen Schwere und Irreversibilität der Eingriffsfolgen höchste Anforderungen an die inhaltliche Bestimmtheit einer solchen gesetzlichen Ermächtigung[720].

Das Verbot der Todesstrafe in Art. 102 GG, d. h. die Tötung eines Menschen als unmittelbare staatliche Reaktion auf dessen strafbares Handeln, statuiert darüber hinaus eine absolute verfassungsunmittelbare Schranke[721]. Das Verbot

---

716 Vertiefend zu den Grenzen der Einschränkbarkeit *Ralf Müller-Terpitz*: Recht auf Leben und körperliche Unversehrtheit, in: Josef Isensee/Paul Kirchhof (Hrsg.), Handbuch des Staatsrechts der Bundesrepublik Deutschland, Band 7, 3. Auflage, Heidelberg 2009, § 147 Rn. 55; *Helmuth Schulze-Fielitz*, in: Horst Dreier (Hrsg.), Kommentar zum Grundgesetz, Band 1, 3. Auflage, Tübingen 2013, Art. 2 Abs. 2 Rn. 55-60.

717 So *Ralf Müller-Terpitz*: Recht auf Leben und körperliche Unversehrtheit, in: Josef Isensee/Paul Kirchhof (Hrsg.), Handbuch des Staatsrechts der Bundesrepublik Deutschland, Band 7, 3. Auflage, Heidelberg 2009, § 147 Rn. 56.

718 *Ralf Müller-Terpitz*: Recht auf Leben und körperliche Unversehrtheit, in: Josef Isensee/Paul Kirchhof (Hrsg.), Handbuch des Staatsrechts der Bundesrepublik Deutschland, Band 7, 3. Auflage, Heidelberg 2009, § 147 Rn. 56.

719 BVerfGE 115, 118 (152); siehe auch *Ralf Müller-Terpitz*: Recht auf Leben und körperliche Unversehrtheit, in: Josef Isensee/Paul Kirchhof (Hrsg.), Handbuch des Staatsrechts der Bundesrepublik Deutschland, Band 7, 3. Auflage, Heidelberg 2009, § 147 Rn. 56.

720 Eingehend *Ralf Müller-Terpitz*: Recht auf Leben und körperliche Unversehrtheit, in: Josef Isensee/Paul Kirchhof (Hrsg.), Handbuch des Staatsrechts der Bundesrepublik Deutschland, Band 7, 3. Auflage, Heidelberg 2009, § 147 Rn. 55.

721 Siehe *Helmuth Schulze-Fielitz*, in: Horst Dreier (Hrsg.), Kommentar zum Grundgesetz, Band 1, 3. Auflage, Tübingen 2013, Art. 2 Abs. 2 Rn. 60 sowie *Horst Dreier*, in: Horst Dreier (Hrsg.), Kommentar zum Grundgesetz, Band 3, 3. Auflage, Tübingen 2018, Art. 102 Rn. 39.

versperrt dem parlamentarischen Gesetzgeber so von Verfassung wegen die einfachgesetzliche Wiedereinführung der Todesstrafe[722].

(5) Gewährleistungsdimensionen

Neben den subjektiven Abwehrrechten normiert Art. 2 Abs. 2 S. 1 Alt. 1 GG i. V. m. Art. 4 Abs. 1 LV NW aber auch objektiv-rechtliche Handlungsgebote an den Staat, das Recht auf Leben zu schützen oder zu fördern[723], d. h. vor allem, dass der Staat das Lebensgrundrecht „auch vor rechtswidrigen Eingriffen vonseiten anderer zu bewahren“[724] hat.

Die Beispiele für den staatlichen Schutz des Einzelnen vor Gefährdungen durch Dritte sind unzählig. Der Staat kann den Schutz einerseits unmittelbar durch eigene Maßnahmen gewährleisten[725]. Zu dieser Kategorie zählen etwa der Polizeischutz von Personen, die in ihrer physischen Existenz bedroht werden, sowie staatliche Warnungen (z. B. vor gesundheits- oder gar lebensgefährdenden Produkten)[726]. Zu berücksichtigen ist dabei, dass zur Aktivierung der staatlichen Schutzverantwortung die bloße theoretische vorhersehbare Möglichkeit der Beeinträchtigung des Lebensgrundrechts ausreicht, auch wenn dies lediglich

722 *Ralf Müller-Terpitz*: Recht auf Leben und körperliche Unversehrtheit, in: Josef Isensee/Paul Kirchhof (Hrsg.), Handbuch des Staatsrechts der Bundesrepublik Deutschland, Band 7, 3. Auflage, Heidelberg 2009, § 147 Rn. 63.

723 BVerfGE 39, 1 (42); 88, 203 (251); *Udo Di Fabio*, in: Theodor Maunz/Günter Dürig, Grundgesetz. Kommentar, München, Art. 2 Abs. 2 S. 1 (2004), Rn. 41 ff; *Ralf Müller-Terpitz*: Recht auf Leben und körperliche Unversehrtheit, in: Josef Isensee/Paul Kirchhof (Hrsg.), Handbuch des Staatsrechts der Bundesrepublik Deutschland, Band 7, 3. Auflage, Heidelberg 2009, § 147 Rn. 71, 73; *Helmuth Schulze-Fielitz*, in: Horst Dreier (Hrsg.), Kommentar zum Grundgesetz, Band 1, 3. Auflage, Tübingen 2013, Art. 2 Abs. 2 Rn. 76; *Wolfgang Durner*: Freiheit der Person, Leben und Unversehrtheit, Freizügigkeit, in: Detlef Merten/Hans-Jürgen Papier (Hrsg.), Handbuch der Grundrechte in Deutschland und Europa, Band 8, Heidelberg 2017, § 234 Rn. 8.

724 So BVerfGE 39, 1 (42); 46, 160 (164); 49, 24 (53); 53, 30 (57); 88, 203 (251).

725 *Dieter Lorenz*: Recht auf Leben und körperliche Unversehrtheit, in: Josef Isensee/Paul Kirchhof (Hrsg.), Handbuch des Staatsrechts der Bundesrepublik Deutschland, Band 6, 3. Auflage, Heidelberg 2009, § 128 Rn. 51; *Ralf Müller-Terpitz*: Recht auf Leben und körperliche Unversehrtheit, in: Josef Isensee/Paul Kirchhof (Hrsg.), Handbuch des Staatsrechts der Bundesrepublik Deutschland, Band 7, 3. Auflage, Heidelberg 2009, § 147 Rn. 95.

726 *Ralf Müller-Terpitz*: Recht auf Leben und körperliche Unversehrtheit, in: Josef Isensee/Paul Kirchhof (Hrsg.), Handbuch des Staatsrechts der Bundesrepublik Deutschland, Band 7, 3. Auflage, Heidelberg 2009, § 147 Rn. 95.

zu präventiven Maßnahmen, wie Erforschung oder Beobachtung auf der Rechtsfolgenseite führt[727]. Denn es ist, wie bereits erwähnt, die staatliche Pflicht, das Rechtsgut Leben vor privaten Beeinträchtigungen Dritter zu schützen[728].

Andererseits kann der Staat den Schutz auch nur mittelbar durch die normative Gestaltung der Sozialordnung vollziehen[729]. Zu nennen sind an dieser Stelle neben zivilrechtlichen Bestimmungen, die das Leben als absolut geschütztes Rechtsgut schützen und dieses durch deliktische Schadensersatz- und Unterlassungsansprüche (vgl. §§ 823 ff., 1004 BGB) bewehren, auch strafrechtliche Verbote als normativer Schutz vor privaten Übergriffen, welche die vorsätzliche oder auch nur fahrlässige Tötung bzw. Körperverletzung (vgl. §§ 211 ff., 223 ff. StGB) unter Strafe stellen[730]. Darüber hinaus gewährleistet aber auch das Verwaltungsrecht durch präventive und repressive Verbote mit Erlaubnis- beziehungsweise Dispensvorbehalten normativen Schutz vor gewerblichen, baulichen und technischen Risiken[731]. Aufgabe des Gesetzgebers ist es an dieser Stelle, Art und Umfang des Schutzes zu bestimmen[732]. Hinsichtlich der notwendigen

---

727 BVerfGE 56, 54 (78); 121, 317 (356); siehe auch *Udo Di Fabio*, in: Theodor Maunz/Günter Dürig (Begr.), Grundgesetz. Kommentar, München, Art. 2 Abs. 2 S. 1 (2004), Rn. 49 f.; *Ralf Müller-Terpitz*: Recht auf Leben und körperliche Unversehrtheit, in: Josef Isensee/Paul Kirchhof (Hrsg.), Handbuch des Staatsrechts der Bundesrepublik Deutschland, Band 7, 3. Auflage, Heidelberg 2009, § 147 Rn. 74.

728 BVerfGE 39, 1 (42); 88, 203 (251); siehe auch *Ralf Müller-Terpitz*: Recht auf Leben und körperliche Unversehrtheit, in: Josef Isensee/Paul Kirchhof (Hrsg.), Handbuch des Staatsrechts der Bundesrepublik Deutschland, Band 7, 3. Auflage, Heidelberg 2009, § 147 Rn. 74, 77.

729 Hierzu *Dieter Lorenz*: Recht auf Leben und körperliche Unversehrtheit, in: Josef Isensee/Paul Kirchhof (Hrsg.), Handbuch des Staatsrechts der Bundesrepublik Deutschland, Band 6, 3. Auflage, Heidelberg 2009, § 128 Rn. 51; *Ralf Müller-Terpitz*: Recht auf Leben und körperliche Unversehrtheit, in: Josef Isensee/Paul Kirchhof (Hrsg.), Handbuch des Staatsrechts der Bundesrepublik Deutschland, Band 7, 3. Auflage, Heidelberg 2009, § 147 Rn. 95.

730 *Ralf Müller-Terpitz*: Recht auf Leben und körperliche Unversehrtheit, in: Josef Isensee/Paul Kirchhof (Hrsg.), Handbuch des Staatsrechts der Bundesrepublik Deutschland, Band 7, 3. Auflage, Heidelberg 2009, § 147 Rn. 95.

731 Siehe dazu *Ralf Müller-Terpitz*: Recht auf Leben und körperliche Unversehrtheit, in: Josef Isensee/Paul Kirchhof (Hrsg.), Handbuch des Staatsrechts der Bundesrepublik Deutschland, Band 7, 3. Auflage, Heidelberg 2009, § 147 Rn. 96.

732 So *Udo Di Fabio*, in: Theodor Maunz/Günter Dürig (Begr.), Grundgesetz. Kommentar, München, Art. 2 Abs. 2 S. 1 (2004), Rn. 50 sowie *Ralf Müller-Terpitz*: Recht auf Leben und körperliche Unversehrtheit, in: Josef Isensee/Paul Kirchhof (Hrsg.), Handbuch

Wirksamkeit eines angemessenen Schutzes kommt dem Gesetzgeber dabei ein weiterer Einschätzungs-, Wertungs-, und Gestaltungsspielraum zu[733].

Diese objektiv-rechtlichen Gehalte sind Ausdruck der „verfassungsrechtlichen Grundentscheidung“[734] zugunsten des Lebensschutzes[735].

c) Synopse: Spuren des Tötungsverbotes in Art. 2 Abs. 2 S. 1 GG i. V. m. Art. 4 Abs. 1 LV NW

Das alttestamentliche Verständnis eines umfassenden Lebensschutzes ist auch in dem über Art. 4 Abs. 1 LV NW rezipierten Art. 2 Abs. 2 S. 1 Alt. 1 GG verankert. Gemäß Art. 2 Abs. 2 S. 1 Alt. 1 GG i. V. m. Art. 4 Abs. 1 LV NW hat jeder das Recht auf Leben.

Auch wenn die Wurzeln des Rechts auf Leben im verfassungsrechtlichen Sinne erst in den lebensvernichtenden und lebensverachtenden Gräueltaten des Nationalsozialismus zu finden sind, heißt das aber nicht, dass es zuvor keinen Lebensschutz gab. Im Gegenteil: Das Rechtsgut Leben wurde bis dato durch das Strafrecht umfassend geschützt. Erst die bis dahin nicht gekannte Perversion staatlicher Machtentfaltung machte einen Schutz des Lebens schließlich in all seinen Facetten erforderlich[736].

Auf den ersten Blick hat der durch die Verfassung garantierte Lebensschutz – anders als das dekalogische Tötungsverbot – allerdings als Adressaten den Staat und nicht den Bürger im Visier: Während sich das dekalogische Tötungsverbot an den Menschen als Folge des Verständnisses von Leben als göttliche Gabe und Geschenk richtet, normiert Art. 2 Abs. 2 S. 1 Alt. 1 GG i. V. m. Art. 4 Abs. 1 LV NW in erster Linie ein subjektives Abwehrrecht des Bürgers gegen den Staat.

---

des Staatsrechts der Bundesrepublik Deutschland, Band 7, 3. Auflage, Heidelberg 2009, § 147 Rn. 74.

733 *Udo Di Fabio*, in: Theodor Maunz/Günter Dürig (Begr.), Grundgesetz. Kommentar, München, Art. 2 Abs. 2 S. 1 (2004), Rn. 50; *Ralf Müller-Terpitz*: Recht auf Leben und körperliche Unversehrtheit, in: Josef Isensee/Paul Kirchhof (Hrsg.), Handbuch des Staatsrechts der Bundesrepublik Deutschland, Band 7, 3. Auflage, Heidelberg 2009, § 147 Rn. 74.

734 BVerfGE 7, 198 (205).

735 BVerfGE 110, 141 (163); 120, 274 (319); siehe auch *Ralf Müller-Terpitz*: Recht auf Leben und körperliche Unversehrtheit, in: Josef Isensee/Paul Kirchhof (Hrsg.), Handbuch des Staatsrechts der Bundesrepublik Deutschland, Band 7, 3. Auflage, Heidelberg 2009, § 147 Rn. 51; *Helmuth Schulze-Fielitz*, in: Horst Dreier (Hrsg.), Kommentar zum Grundgesetz, Band 1, 3. Auflage, Tübingen 2013, Art. 2 Abs. 2 Rn. 76.

736 → Fn. 685.

So hat der Staat das Leben vernichtende oder gefährdende Beeinträchtigungen zu unterlassen. Darüber hinaus konstituiert die Regelung objektiv-rechtliche Handlungsgebote an den Staat, das Recht auf Leben zu schützen oder zu fördern[737]. Diese verfassungsrechtlich verankerte staatliche Schutz- und Förderpflicht bindet den Gesetzgeber dahin gehend, für eine entsprechende das Leben schützende Rahmenordnung zu sorgen. Denn die überragende Bedeutung des Lebensschutzes in der Werteordnung des Grundgesetzes müsse als „verfassungsrechtliche Grundentscheidung für alle Bereiche des Rechts gelten“[738]. In diesem Sinne sind die skizzierten zivil-, straf-, und verwaltungsrechtlichen Bestimmungen Ausdruck der „verfassungsrechtlichen Grundentscheidung“[739] zugunsten des Lebensschutzes. Bei näherer Betrachtungsweise können die (rezipierten) Grundrechte durch die Auslegung der einfachen Gesetze also auch auf das horizontale Verhältnis der Staatsbürger zueinander Wirkung entfalten („mittelbare Drittwirkung“)[740].

Die skizzierten technisch-naturwissenschaftlichen Entwicklungen allein in den vergangenen Jahrzehnten zeigen, dass die Bestimmung ihre fundamentale Bedeutung nicht verloren hat. Das bereits im Alten Testament vorherrschende Verständnis eines umfassenden Lebensschutzes findet durch die technisch-naturwissenschaftlichen Entwicklungen nicht nur vor dem strafrechtlichen, sondern auch vor dem verfassungsrechtlichen Hintergrund bis heute uneingeschränkt Geltung.

2. Diebstahlverbot (7. Gebot) und Begehrensverbote (9. und 10. Gebot)

„Du sollst nicht stehlen.“ Dtn 5,19

Wie eingangs erwähnt, werden das Diebstahlverbot und die Begehrensverbote zusammen untersucht. Das 10. Gebot geht zwar in der Suche nach den Spuren des Ehebruchverbotes auf, der Vollständigkeit halber findet es jedoch auch an dieser Stelle Berücksichtigung.

---

737 Siehe dazu die Ausführungen unter D. II. 1. b) cc) (5) Gewährleistungsdimensionen.

738 BVerfGE 7, 198 (205); siehe auch BVerfGE 110, 141 (163); 120, 274 (319).

739 BVerfGE 7, 198 (205).

740 BVerfGE 7, 198 (205 f.); 42, 143 (148); 103, 89 (100); siehe auch *Heinrich de Wall/Roland Wagner*: Die sogenannte Drittwirkung der Grundrechte, in: JA 2011, S. 734 (737).

„Du sollst nicht nach der Frau deines Nächsten verlangen, und du sollst nicht das Haus deines Nächsten begehren, nicht sein Feld, seinen Sklaven oder seine Sklavin, sein Rind oder seinen Esel, nichts, was deinem Nächsten gehört." Dtn 5,21

Wie das Tötungsverbot haben auch das Diebstahlverbot sowie die Begehrensverbote des Dekalogs ihre Spuren in den durch Art. 4 Abs. 1 LV NW rezipierten Grundrechten hinterlassen: Art. 14 GG. Die Regelung in Art. 14 GG schützt das Eigentum.

In alttestamentlicher Zeit gab es zwar noch keinen solchen dogmatischen Eigentumsbegriff – wie wir ihn heute kennen –, doch kamen auch bereits im Alten Testament Besitz- und Eigentumsrechte in vielfacher Weise zur Sprache[741].

Um die Spur des Diebstahlverbotes sowie der Begehrensverbote in den rezipierten Grundrechten, genauer gesagt in Art. 14 GG i. V. m. Art. 4 Abs. 1 LV NW, zu untersuchen, werden im Folgenden zunächst der ursprüngliche Sinn des dekalogischen Diebstahlverbotes [a)] und anschließend der ursprüngliche Sinn der Begehrensverbote [b)] dargestellt. Im Anschluss daran wird die Entwicklung des staatlichen Rechts bis hin zum verfassungsrechtlichen Eigentumsschutz analysiert [c)]. Zuletzt wird überprüft inwiefern tatsächlich Spuren des dekalogischen Diebstahlverbotes und der Begehrensverbote in dem verfassungsrechtlichen Eigentumsschutz zu finden sind [d)].

a) Ursprünglicher Sinn des dekalogischen Diebstahlverbotes

aa) Todesrechtlicher Ursprung

Das dekalogische Diebstahlverbot hat seinen Ursprung in dem Menschendiebstahlverbot (Ex 21,16), das wie das Elternminderungs- und Tötungsverbot dem Todesrecht in Ex 21,12-17 entstammt[742]:

„Wer einen Menschen raubt, gleichgültig, ob er ihn verkauft hat oder ob man ihn noch in seiner Gewalt vorfindet, wird mit dem Tod bestraft." (Ex 21,16)

741 *Gerhard Dautzenberg*: Art. Eigentum, II. Biblisch, in: Walter Kasper/Michael Buchberger (Hrsg.), Lexikon für Theologie und Kirche, Band 3, 3. Auflage, Freiburg im Breisgau 1995 (Neudruck 2017), Sp. 531 (531).

742 *Albrecht Alt*: Das Verbot des Diebstahls im Dekalog, in: Albrecht Alt (Hrsg.), Kleine Schriften zur Geschichte des Volkes Israel, Band 1, 1953, S. 333 (333 ff.); *Eckart Otto*: Theologische Ethik des Alten Testaments, Stuttgart u. a. 1994, S. 38; *Eckart Otto*: Deuteronomium 1-11. Zweiter Teilband 4,44-11, Freiburg im Breisgau u. a. 2012, S. 748.

Die Familie sollte sowohl vor Bluttaten als auch vor dem Diebstahl eines Familienmitglieds zum Zwecke der Versklavung geschützt werden[743]. Diese, im Gegensatz zur unrechtmäßigen Aneignung von Sachwerten im Begehrensverbot (Dtn 5,21/Ex 20,17), ursprünglich personenrechtliche Dimension des Diebstahlverbotes wird im Dekalog noch durch die Verbindung des Diebstahlverbotes mit dem Elterngebot sowie dem Tötungs- und Ehebruchverbot festgehalten[744].

Die Erweiterung von Ex 21,16 durch „oder ob man ihn noch in seiner Gewalt vorfindet" und die kasuistische Formulierung in Dtn 24,7 belegen sodann die Abwanderung des Menschendiebstahls an die Ortsgerichtsbarkeit[745].

> *„Wenn ein Mann dabei ertappt wird, wie er einen seiner Brüder, einen Israeliten, entführt, ihn als Sklaven kennzeichnet und verkauft, dann soll dieser Entführer sterben. Du sollst das Böse aus deiner Mitte fortschaffen." (Dtn 24,7))*

Die Formulierung „von seinen Brüdern [...], den Israeliten" zeigt dabei die Entwicklung vom innergentalen zum intergentalen Delikt, d. h. ein die Familiengrenzen überschreitendes Delikt[746].

Durch die Nähe zum kasuistischen Diebstahlsrechts (Ex 21,37-22,3) an der Ortsgerichtsbarkeit erfolgte so später die Ausweitung des Diebstahlverbotes zu einem allgemeinen Verbot des Diebstahls, das auch den Diebstahl von Sachgütern umfasste[747]. Auf diese Weise trat das Diebstahlverbot in die Nachbarschaft zum Begehrensverbot[748].

---

743 *Eckart Otto*: Theologische Ethik des Alten Testaments, Stuttgart u. a. 1994, S. 38.

744 Siehe dazu *Eckart Otto*: Theologische Ethik des Alten Testaments, Stuttgart u. a. 1994, S. 38; *Günter Meckenstock*: Wirtschaftsethik, Berlin u. a. 1997, S. 96; *Eckart Otto*: Deuteronomium 1-11. Zweiter Teilband 4,44-11, Freiburg im Breisgau u. a. 2012, S. 749. Eingehend *Eckart Otto*: Theologische Ethik des Alten Testaments, Stuttgart u. a. 1994, S. 215-219.

745 So *Eckart Otto*: Theologische Ethik des Alten Testaments, Stuttgart u. a. 1994, S. 38; *Eckart Otto*: Deuteronomium 1-11. Zweiter Teilband 4,44-11, Freiburg im Breisgau u. a. 2012, S. 749.

746 *Eckart Otto*: Theologische Ethik des Alten Testaments, Stuttgart u. a. 1994, S. 39; *Eckart Otto*: Deuteronomium 1-11. Zweiter Teilband 4,44-11, Freiburg im Breisgau u. a. 2012, S. 749.

747 Diese Position bei *Eckart Otto*: Theologische Ethik des Alten Testaments, Stuttgart u. a. 1994, S. 39; *Günter Meckenstock*: Wirtschaftsethik, Berlin u. a. 1997, S. 96; *Eckart Otto*: Deuteronomium 1-11. Zweiter Teilband 4,44-11, Freiburg im Breisgau u. a. 2012, S. 749.

748 *Eckart Otto*: Deuteronomium 1-11. Zweiter Teilband 4,44-11, Freiburg im Breisgau u. a. 2012, S. 749.

bb) Vom Recht zur Ethik

Während das Diebstahlverbot nach Bevorstehendem ursprünglich nur den Diebstahl von Menschen zum Zwecke der Versklavung im Auge hatte (Ex 21,16)[749], differenziert das dekalogische Diebstahlverbot nicht mehr zwischen dem Diebstahl von Menschen oder Sachwerten[750]. Durch seine objektlose Fassung spricht das Dekaloggebot vielmehr ein allgemeines Diebstahlverbot aus, das den Diebstahl von Sachgütern ebenfalls unter das Verbot stellt[751].

In der weiteren Entwicklung trat das ursprüngliche Verständnis des Diebstahlverbotes als Menschendiebstahlverbot sogar kontinuierlich zurück, während der Diebstahl von Sachwerten zunehmend in den Vordergrund rückte und schließlich allein mit dem dekalogischen Diebstahlverbot assoziiert wurde[752]. Im Zentrum des Diebstahlverbotes steht von nun an, vor allem der Diebstahl von mobilen Sachwerten, insbesondere der von Vieh[753]. Hintergrund dessen war u. a., dass in Zeiten des Sesshaftwerdens – als die Ackerbauern und Viehzüchter die Lebensweisen der umherziehenden Jäger und Sammler gerade ablösten – das Vieh den Menschen sowohl Nahrung als auch Arbeitskraft für die Feldarbeit gewährte und daher als eine Art Existenzgrundlage von besonderer Bedeutung war[754]. Das dekalogische Diebstahlverbot (7. Gebot) diente neben der Freiheit eines Menschen, ein selbstbestimmtes Leben zu führen, also nunmehr vor allem dem Schutz von Besitz- und Eigentumsrechten.

Die Ausweitung des Bedeutungsspektrums des Diebstahlverbotes spiegelt auch hier den Übergang vom Recht zur Ethik wider[755]. Jede Form von Diebstahl

---

749 → Fn. 742.

750 Hierzu *Eckart Otto*: Deuteronomium 1-11. Zweiter Teilband 4,44-11, Freiburg im Breisgau u. a. 2012, S. 749.

751 Diese Position bei *Matthias Köckert*: Die zehn Gebote, 2. Auflage, München 2013, S. 80 f.

752 *Günter Meckenstock*: Wirtschaftsethik, Berlin u. a. 1997, S. 97.

753 Siehe *Günter Meckenstock*: Wirtschaftsethik, Berlin u. a. 1997, S. 97; *Matthias Köckert*: Die zehn Gebote, 2. Auflage, München 2013, S. 81.

754 Vgl. dazu *Mathias Schreiber*: Die Zehn Gebote. Eine Ethik für heute, München 2010, S. 59; *Matthias Köckert*: Die zehn Gebote, 2. Auflage, München 2013, S. 80 f.; *Joachim Wiemeyer*: Art. Eigentum, I. Kulturgeschichtlich, in: Walter Kasper/Michael Buchberger (Hrsg.), Lexikon für Theologie und Kirche, Band 3, 3. Auflage, Freiburg im Breisgau 1995 (Neudruck 2017), Sp. 530 (530).

755 *Joachim Wiemeyer*: Art. Eigentum, III. Theologisch-ethisch, in: Walter Kasper/Michael Buchberger (Hrsg.), Lexikon für Theologie und Kirche, Band 3, 3. Auflage, Freiburg im Breisgau 1995 (Neudruck 2017), Sp. 532 (532 ff.).

ist als Verstoß gegen die Forderung der Gerechtigkeit und der Nächstenliebe moralisch zu disqualifizieren[756]. Vor diesem Hintergrund förderte das allgemeine Diebstahlverbot letztlich Moralerziehung und Gewissensbildung[757]. Denn ein geordnetes Zusammenleben der Bürger erfordert die gegenseitige Respektierung der Eigentumsrechte[758].

cc) Der alttestamentliche Diebstahlbegriff

Bereits der alttestamentliche Diebstahlbegriff erfasste dabei nicht jede Vermögenschädigung, sondern war quellenmäßig eher in einem engeren Sinne belegt: Ri 17-18 beschreibt, wie ein gewisser Micha seiner Mutter eine „beträchtliche Summe" Silber stiehlt, oder Jos 7, wie Achan sich gegen Gott versündigt, indem er ihm einen „wertvollen" Mantel sowie eine „nicht unbedeutende" Summe Silber und Gold entwendete[759]. Dtn 23,25-26[760] zeigt, das Diebesgut einen „bestimmten Mindestwert" haben muss, andernfalls handele es sich um Mundraub[761]. Ferner musste das Diebesgut zu einem bestimmten Haus gehören (Ex 22,1-2.7) oder unter der Obhut einer Person (Ex 22,7.11; Gen 31,39) verwahrt gewesen sein[762]. Zudem erfordert der Diebstahl die Heimlichkeit (2 Sam 21,12)[763].

---

756 So *Eckart Otto*: Deuteronomium 1-11. Zweiter Teilband 4,44-11, Freiburg im Breisgau u. a. 2012, S. 749; *Joachim Wiemeyer:* Art. Eigentum, III. Theologisch-ethisch, in: Walter Kasper/Michael Buchberger (Hrsg.), Lexikon für Theologie und Kirche, Band 3, 3. Auflage, Freiburg im Breisgau 1995 (Neudruck 2017), Sp. 532 Sp. 214.

757 *Joachim Wiemeyer:* Art. Eigentum, III. Theologisch-ethisch, in: Walter Kasper/Michael Buchberger (Hrsg.), Lexikon für Theologie und Kirche, Band 3, 3. Auflage, Freiburg im Breisgau 1995 (Neudruck 2017), Sp. 532 (214).

758 Siehe *Joachim Wiemeyer:* Art. Eigentum, III. Theologisch-ethisch, in: Walter Kasper/Michael Buchberger (Hrsg.), Lexikon für Theologie und Kirche, Band 3, 3. Auflage, Freiburg im Breisgau 1995 (Neudruck 2017), Sp. 532 (214).

759 *Matthias Köckert*: Die zehn Gebote, 2. Auflage, München 2013, S. 80.

760 Wortlaut im fünften Buch Mose (Deuteronomium): „Wenn du in den Weinberg eines andern kommst, darfst du so viel Trauben essen, wie du magst, bis du satt bist, nur darfst du nichts in ein Gefäß tun. Wenn du durch das Kornfeld eines andern kommst, darfst du mit der Hand Ähren abreißen, aber die Sichel darfst du auf dem Kornfeld eines andern nicht schwingen."

761 *Mathias Schreiber*: Die Zehn Gebote. Eine Ethik für heute, München 2010, S. 58; *Matthias Köckert*: Die zehn Gebote, 2. Auflage, München 2013, S. 80.

762 *Mathias Schreiber*: Die Zehn Gebote. Eine Ethik für heute, München 2010, S. 58; *Matthias Köckert*: Die zehn Gebote, 2. Auflage, München 2013, S. 80.

763 *Mathias Schreiber*: Die Zehn Gebote. Eine Ethik für heute, München 2010, S. 58; *Matthias Köckert*: Die zehn Gebote, 2. Auflage, München 2013, S. 80.

Von dem Begehrensverbot (10. Gebot) am Ende des Dekalogs unterscheidet sich der Diebstahl insoweit durch die Heimlichkeit und die Beschränkung auf mobile Sachwerte[764].

b) Ursprünglicher Sinn der dekalogischen Begehrensverbote

Nachfolgend wird nun auch der auch der ursprüngliche Sinn der dekalogischen Begehrensverbote beleuchtet.

Dafür wird die den Begehrensverboten zugrunde liegende noch ältere Fassung betrachtet, die der Sinaidekalog in Ex 20,17 übernommen hat[765]:

> *„Du sollst nicht nach dem Haus deines Nachbarn trachten ḥmd, seinem Feld und nach allem, was deinem Nachbarn gehört.“*

Diese zugrunde liegende ältere Fassung zeigt, dass die Begehrensverbote nicht durch Transformation eines Rechtssatzes in ein ethisches Gebot entstanden sind, sondern von vornherein als ethische Gebote formuliert wurden[766]. Sie untersagen, den Nachbarn der ökonomischen Grundlage seines Lebens zu berauben[767] und sichern so letztlich alles, was zur Existenzgrundlage des Nächsten und zur materiellen Basis seiner Freiheit gehört[768].

Das Lexem *ḥmd* meint dabei nicht nur ein inneres Verlangen, wie es die Septuaginta mit *epithymein* („begehren“) suggeriert, sondern umfasst auch das Besitzenwollen bis hin zur Besitzergreifung, d. h. Durchführung der unrechtmäßigen Aneignung[769]. Um Sehen, Begehren und Nehmen besser zusammenzuhalten, wird dem Lexem die Übersetzung mit „es auf etwas abgesehen haben“ oder „nach etwas trachten“ besser gerecht[770]. Das Verbot zielte also letztlich auf

---

764 *Mathias Schreiber*: Die Zehn Gebote. Eine Ethik für heute, München 2010, S. 58; *Matthias Köckert*: Die zehn Gebote, 2. Auflage, München 2013, S. 81.

765 Siehe dazu *Eckart Otto*: Deuteronomium 1-11. Zweiter Teilband 4,44-11, Freiburg im Breisgau u. a. 2012, S. 751.

766 *Eckart Otto*: Deuteronomium 1-11. Zweiter Teilband 4,44-11, Freiburg im Breisgau u. a. 2012, S. 751.

767 *Eckart Otto*: Deuteronomium 1-11. Zweiter Teilband 4,44-11, Freiburg im Breisgau u. a. 2012, S. 751.

768 *Matthias Köckert*: Die zehn Gebote, 2. Auflage, München 2013, S. 84.

769 Siehe *Gerhard Wallis*: Art. ḥāmaḏ, in: Johannes Botterweck/Helmer Ringgren (Hrsg.), Theologisches Wörterbuch zum Alten Testament, Band 2, Bonn u. a. 1977, Sp. 1024 ff.; *Eckart Otto*: Deuteronomium 1-11. Zweiter Teilband 4,44-11, Freiburg im Breisgau u. a. 2012, S. 751; *Matthias Köckert*: Die zehn Gebote, 2. Auflage, München 2013, S. 83.

770 So *Gerhard Wallis*: Art. ḥāmaḏ, in: Johannes Botterweck/Helmer Ringgren (Hrsg.), Theologisches Wörterbuch zum Alten Testament, Band 2, Bonn u. a. 1977, Sp. 1024 ff.;

die widerrechtliche Aneignung sowie auf die unrechtmäßige Nutzung dessen, was dem Nächsten gehört, ab[771].

Die weitere Auslegungsgeschichte hat den Schutzbereich der Begehrensverbote sodann auf den gesamten Lebensbereich des Nachbarn ausgedehnt[772]. Die Begehrensverbote in Dtn 5,21 schützen nunmehr alles, was dem Nächsten gehört: Das neunte Gebot versteht dabei unter „Sklave, Sklavin" das ganze Personal, seine Angehörigen oder Angestellten, das zehnte Gebot unter „Haus" das ganze Eigentum (Tiere etc.)[773].

c) Entwicklung des staatlichen Rechts

Im Folgenden wird zunächst die Begründung des Privateigentums erläutert. Im Anschluss daran wird untersucht, wie sich der Schutz des individuellen Eigentums sowie der Privateigentumsordnung im staatlichen Recht und letztlich in dem durch die nordrhein-westfälischen Landesverfassung rezipierten Art. 14 GG konstituiert hat.

aa) Begründung des Privateigentums

Wegweisend für die Entwicklung der Eigentumslehre war zunächst die Reflexion *Thomas von Aquins*[774]. Er wies eine naturrechtliche Begründung des

---

Eckart Otto: Deuteronomium 1-11. Zweiter Teilband 4,44-11, Freiburg im Breisgau u. a. 2012, S. 751; *Matthias Köckert*: Die zehn Gebote, 2. Auflage, München 2013, S. 83.

771 Dazu *Eckart Otto*: Deuteronomium 1-11. Zweiter Teilband 4,44-11, Freiburg im Breisgau u. a. 2012, S. 751; *Matthias Köckert*: Die zehn Gebote, 2. Auflage, München 2013, S. 83.

772 *Eckart Otto*: Deuteronomium 1-11. Zweiter Teilband 4,44-11, Freiburg im Breisgau u. a. 2012, S. 751.

773 Siehe *Eckart Otto*: Deuteronomium 1-11. Zweiter Teilband 4,44-11, Freiburg im Breisgau u. a. 2012, S. 752; *Bo Reicke*: Die zehn Worte in Geschichte und Gegenwart. Zählung und Bedeutung der Gebote in den verschiedenen Konfessionen, Tübingen 1973, S. 15. Anders als der Sinaidekalog (Ex 20,17) verwendet Dtn 5,21 das Wort *ḥāmaḏ* nur für das Begehren der Ehefrau. Für die übrigen Personen und Sachwerte wird das Wort *ʿawah* benutzt, das stärker auf den inneren Vorgang des Begehrens beschränkt ist als *ḥāmaḏ*; vgl. dazu *Gerhard Wallis*: Art. ḥāmaḏ, in: Johannes Botterweck/Helmer Ringgren (Hrsg.), Theologisches Wörterbuch zum Alten Testament, Band 2, Bonn u. a. 1977, Sp. 1021 ff.; siehe auch *Eckart Otto*: Deuteronomium 1-11. Zweiter Teilband 4,44-11, Freiburg im Breisgau u. a. 2012, S. 752; *Matthias Köckert*: Die zehn Gebote, 2. Auflage, München 2013, S. 84.

774 Hierzu *Fabian Wittreck*: Christentum und Menschenrechte, Tübingen 2013, S. 33; *Joachim Wiemeyer*: Art. Eigentum, III. Theologisch-ethisch, in: Walter Kasper/Michael

Privateigentums zurück und begründete die Existenz von Privateigentum mit funktionalen Argumenten[775]: „Hiernach führen 1. klare Eigentumsverhältnisse zur Minderung von Eigentumskonflikten, 2. bietet die Möglichkeit des Eigentumserwerbs einen wesentlichen Arbeitsanreiz und 3. geht der Mensch als Privateigentümer schonender mit dem um, was ihm gehört."[776] Gleichzeitig verband *Thomas von Aquin* bereits jede Eigentumsverwendung mit einer sozialen Verpflichtung[777].

Der entscheidende Durchbruch zu einer Begründung des modernen bürgerlichen Privateigentums ist aber letztlich den Vernunftrechtstheoretikern der Aufklärung, insbesondere John Locke („*Two Treatises of Government* [1690]")[778] geschuldet. Locke ging davon aus, dass jeder Mensch ein ursprüngliches Recht auf Privateigentum an seiner Person und an seinem Körper habe[779]. Alles andere verstand er als Gemeineigentum, das jedoch in Teilen durch (eigenhändige) Arbeit herausgelöst werden könne und so ebenfalls zum Privateigentum werden

---

Buchberger (Hrsg.), Lexikon für Theologie und Kirche, Band 3, 3. Auflage, Freiburg im Breisgau 1995 (Neudruck 2017), Sp. 532 (532 f.).

775 *Joachim Wieland*, in: Horst Dreier (Hrsg.), Kommentar zum Grundgesetz, Band 1, 3. Auflage, Tübingen 2013, Art. 14 Rn. 1; *Joachim Wiemeyer:* Art. Eigentum, III. Theologisch-ethisch, in: Walter Kasper/Michael Buchberger (Hrsg.), Lexikon für Theologie und Kirche, Band 3, 3. Auflage, Freiburg im Breisgau 1995 (Neudruck 2017), Sp. 532 (532).

776 *Joachim Wiemeyer:* Art. Eigentum, III. Theologisch-ethisch, in: Walter Kasper/Michael Buchberger (Hrsg.), Lexikon für Theologie und Kirche, Band 3, 3. Auflage, Freiburg im Breisgau 1995 (Neudruck 2017), Sp. 532 (533).

777 Siehe *Joachim Wiemeyer:* Art. Eigentum, III. Theologisch-ethisch, in: Walter Kasper/Michael Buchberger (Hrsg.), Lexikon für Theologie und Kirche, Band 3, 3. Auflage, Freiburg im Breisgau 1995 (Neudruck 2017), Sp. 532 (533).

778 Eingehend hierzu *Klaus Stern*: Das Staatsrecht der Bundesrepublik Deutschland, Band IV/1, München 2006, § 113 S. 2143; *Joachim Wieland*, in: Horst Dreier (Hrsg.), Kommentar zum Grundgesetz, Band 1, 3. Auflage, Tübingen 2013, Art. 14 Rn. 1; *Joachim Wiemeyer*: Art. Eigentum, III. Theologisch-ethisch, in: Walter Kasper/Michael Buchberger (Hrsg.), Lexikon für Theologie und Kirche, Band 3, 3. Auflage, Freiburg im Breisgau 1995 (Neudruck 2017), Sp. 532 (533).

779 *John Locke*: Two Treatises of Government [1690], Cambridge 1964, S. 305 ff.; *Klaus Stern*: Das Staatsrecht der Bundesrepublik Deutschland, Band IV/1, München 2006, § 113 S. 2143; *Joachim Wiemeyer*: Art. Eigentum, III. Theologisch-ethisch, in: Walter Kasper/Michael Buchberger (Hrsg.), Lexikon für Theologie und Kirche, Band 3, 3. Auflage, Freiburg im Breisgau 1995 (Neudruck 2017), Sp. 532 (533). Zur naturrechtlichen Herleitung des Eigentums bei Locke siehe auch *Fabian Wittreck*: Christentum und Menschenrechte, Tübingen 2013, S. 33.

könne[780]. Diesen Grundgedanken der Arbeitstheorie[781] bestimmt bis heute die Rechtsprechung des Bundesverfassungsgerichts, wenn sie denjenigen Eigentumspositionen, die sich als Ausdruck eigener Leistung erweisen, einen besonderen Schutz beimisst[782].

Die Anerkennung des Eigentums als einheitliches, umfassendes und absolutes Recht baut auf den Schriften der Vernunftrechtstheoretiker der Aufklärung auf[783]. Wenngleich die konkrete Ausgestaltung des Eigentumsgrundrechts, das den Bestand des Eigentums einerseits garantiert (Art. 14 Abs. 1 GG), aber zugleich den Eigentümer in die Pflicht nimmt (Art. 14 Abs. 2 GG), auf den Einfluss der katholischen Soziallehre zurückzuführen ist[784].

bb) Verfassungsgeschichtliche Aspekte

Zwar verstand bereits die Paulskirchenverfassung vom 28. März 1849 das Eigentum, entsprechend den Theorien des Vernunftsrechts als unverletzlich und gestattete eine Enteignung nur aus Rücksichten des gemeinen Besten, aufgrund eines Gesetzes und gegen gerechte Entschädigung. Ferner erklärte später auch

---

780 *John Locke*: Two Treatises of Government [1690], Cambridge 1964, S. 305 ff.; siehe dazu auch *Klaus Stern*: Das Staatsrecht der Bundesrepublik Deutschland, Band IV/1, München 2006, § 113 S. 2143; *Fabian Wittreck*: Christentum und Menschenrechte, Tübingen 2013, S. 105; *Joachim Wiemeyer*: Art. Eigentum, III. Theologisch-ethisch, in: Walter Kasper/Michael Buchberger (Hrsg.), Lexikon für Theologie und Kirche, Band 3, 3. Auflage, Freiburg im Breisgau 1995 (Neudruck 2017), Sp. 532 (533).

781 Albertus Magnus war einer der ersten, der die Arbeitswertlehre thematisierte; dazu *Fabian Wittreck*: Geld als Instrument der Gerechtigkeit. Die Geldrechtslehre des Hl. Thomas von Aquin in ihrem interkulturellen Kontext, Diss. jur. Paderborn u. a. 2002, S. 279 f. m. w. N.

782 *Otto Depenheuer*, in: Hermann von Mangoldt/Friedrich Klein/Christian Starck, Grundgesetz-Kommentar, Band 3, 7. Auflage, München 2018, Art. 14 Rn. 2, 176 f., 275 f.

783 So *Peter Badura*: Eigentum, in: Ernst von Benda/Werner Maihofer/Hans-Jochen Vogel (Hrsg.), Handbuch des Verfassungsrechts der Bundesrepublik Deutschland, 2. Auflage, Berlin 1994 (Neudruck 2011), § 10 Rn. 6; *Joachim Wieland*, in: Horst Dreier (Hrsg.), Kommentar zum Grundgesetz, Band 1, 3. Auflage, Tübingen 2013, Art. 14 Rn. 1 sowie *Fabian Wittreck*: Christentum und Menschenrechte, Tübingen 2013, S. 33.

784 *Hans-Peter Schneider*: „Eigentum verpflichtet." – Zur Entstehung von Art. 14 Absatz 2 Grundgesetz, in: Franz-Joseph Peine/Heinrich Wolff (Hrsg.), Nachdenken über Eigentum. Festschrift für Alexander von Brünneck zur Vollendung seines siebzigsten Lebensjahres Baden-Baden 2011, S. 67 (67 ff.); *Fabian Wittreck*: Christentum und Menschenrechte, Tübingen 2013, S. 33.

die Preußische Verfassung von 1950 das Eigentum in Art. 9 für unverletzlich. Doch dienten diese rechtlichen Gewährleistungen in erster Linie nur der gesetzlichen Neuerung der Eigentumsordnung von der feudalen Gesellschaftsordnung zur bürgerlichen Ordnung und stellten noch keinen gesicherten Rechtszustand dar[785].

Die verfassungsrechtliche Gewährleistung des Eigentums in dem über Art. 4 Abs. 1 LV NW rezipierten Art. 14 GG geht auf eine ähnlich lautende Formulierung in Art. 153 WRV[786] – der maßgeblich von dem Kirchenrechtler *Konrad Beyerle* geprägt worden war – zurück[787]. Nach Absatz 1 der Bestimmung ergaben sich Inhalt und Schranken des verfassungsrechtlich gewährleisteten Eigentums aus den Gesetzen. Eine Enteignung war dabei nach Absatz 2 nur zum Wohle der Allgemeinheit und nur auf gesetzlicher Grundlage vorgesehen. Sie erfolgte gegen angemessene Entschädigung, „soweit nicht ein Reichsgesetz etwas anderes bestimmt"[788].

Mit Beginn des Nationalsozialismus änderte sich jedoch das Eigentumsverständnis: Art. 153 WRV wurde „zur Abwehr kommunistischer staatsgefährdender Gewaltakte" durch die Verordnung des Reichspräsidenten zum Schutz von Volk und Staat vom 28. Februar 1933[789] außer Kraft gesetzt[790]. Die Aufhebung der verfassungsrechtlichen Eigentumsgarantie gestattete den Zugriff auf das

---

785 Eingehend hierzu *Reinhart Koselleck*: Preußen zwischen Reform und Revolution: Allgemeines Landrecht, Verwaltung und soziale Bewegung von 1791 bis 1848, 3. Auflage, Stuttgart 1981, S. 487 ff.; *Georg Meyer/Gerhard Anschütz*: Lehrbuch des deutschen Staatsrechts 7. Auflage, Berlin 1919 (Neudruck 2005), S. 968 ff.; *Walter Leisner*: Eigentum, in: Josef Isensee/Paul Kirchhof (Hrsg.), Handbuch des Staatsrechts der Bundesrepublik Deutschland, Band 8, 3. Auflage, Heidelberg 2010, § 173 Rn. 2; *Joachim Wieland*, in: Horst Dreier (Hrsg.), Kommentar zum Grundgesetz, Band 1, 3. Auflage, Tübingen 2013, Art. 14 Rn. 2.

786 Abgedr. in Fabian Wittreck (Hrsg.): Weimarer Landesverfassungen. Die Verfassungsurkunden der deutschen Freistaaten 1918-1933, Tübingen 2004, S. 756.

787 *Jörg-Detlef Kühne*: Die Genese des Eigentumsschutzes in der Weimarer Reichsverfassung, in: Franz-Joseph Peine/Heinrich Wolff (Hrsg.), Nachdenken über Eigentum. Festschrift für Alexander von Brünneck zur Vollendung seines siebzigsten Lebensjahres Baden-Baden 2011, S. 37 (42 ff.); *Fabian Wittreck*: Christentum und Menschenrechte, Tübingen 2013, S. 33.

788 Art. 153 Abs. 2 S. 2 WRV.

789 RGBl. I. S. 83.

790 *Joachim Wieland*, in: Horst Dreier (Hrsg.), Kommentar zum Grundgesetz, Band 1, 3. Auflage, Tübingen 2013, Art. 14 Rn. 9.

Eigentum von Juden und politischen Regimegegnern[791]. Nach dem nationalsozialistischen Eigentumsverständnis galt das Eigentum als von der Gemeinschaft zugewiesen[792]. Eigentum war „seinem Wesen und Inhalt nach eine gemeinschaftsgebundene Befugnis"[793]. Mit der Herrschaftsbefugnis ging also die Pflicht zum bestimmungsgemäßen Gebrauch einher[794].

cc) Entstehung des Art. 14 GG

Um ein Verständnis des verfassungsrechtlich verankerten Eigentumsschutzes zu vermitteln, wird sodann überblicksartig die Entstehungsgeschichte des Art. 14 GG beleuchtet.

Bei der Konstituierung des Art. 14 GG orientierte sich das Parlamentarische Parlament an der ähnlich lautende Formulierung in Art. 153 WRV[795] und nahm

---

791 Eingehend dazu *Alexander von Brünneck:* Die Eigentumsordnung im Nationalsozialismus, in: KJ 2 (1979), S. 151 (155 ff.); *Joachim Wieland*, in: Horst Dreier (Hrsg.), Kommentar zum Grundgesetz, Band 1, 3. Auflage, Tübingen 2013, Art. 14 Rn. 9.

792 *Hans Kutscher*: Die Enteignung. Ein Beitrag zur Lehre von der Enteignung und vom Eigentum, Stuttgart 1937, S. 78; *Walter Leisner*: Eigentum, in: Josef Isensee/Paul Kirchhof (Hrsg.), Handbuch des Staatsrechts der Bundesrepublik Deutschland, Band 8, 3. Auflage, Heidelberg 2010, § 173 Rn. 98; *Joachim Wieland*, in: Horst Dreier (Hrsg.), Kommentar zum Grundgesetz, Band 1, 3. Auflage, Tübingen 2013, Art. 14 Rn. 10.

793 *Ernst Rudolf Huber*: Verfassungsrecht des Großdeutschen Reiches, Hamburg 1939, S. 376, 454; *Walter Leisner*: Eigentum, in: Josef Isensee/Paul Kirchhof (Hrsg.), Handbuch des Staatsrechts der Bundesrepublik Deutschland, Band 8, 3. Auflage, Heidelberg 2010, § 173 Rn. 98.

794 *Walter Leisner*: Eigentum, in: Josef Isensee/Paul Kirchhof (Hrsg.), Handbuch des Staatsrechts der Bundesrepublik Deutschland, Band 8, 3. Auflage, Heidelberg 2010, § 173 Rn. 98; *Joachim Wieland*, in: Horst Dreier (Hrsg.), Kommentar zum Grundgesetz, Band 1, 3. Auflage, Tübingen 2013, Art. 14 Rn. 10.

795 „(1) Das Eigentum wird von der Verfassung gewährleistet. Sein Inhalt und seine Schranken ergeben sich aus den Gesetzen. (2) Eine Enteignung kann nur zum Wohle der Allgemeinheit und auf gesetzlicher Grundlage vorgenommen werden. Sie erfolgt gegen angemessene Entschädigung, soweit nicht ein Reichsgesetz etwas anderes bestimmt. Wegen der Höhe der Entschädigung ist im Streitfalle der Rechtsweg bei den ordentlichen Gerichten offen zu halten, soweit Reichsgesetze nichts anderes bestimmen. Enteignung durch das Reich gegenüber Ländern, Gemeinden und gemeinnützigen Verbänden kann nur gegen Entschädigung erfolgen. (3) Eigentum verpflichtet. Sein Gebrauch soll zugleich Dienst sein für das Gemeine Beste."

zusätzlich die während der Weimarer Republik und des Nationalsozialismus gesammelten Erfahrungen auf[796].

Auf Vorschlag des Unterausschusses des Ausschusses für Grundsatzfragen in der Sitzung am 7. Oktober 1948[797] sollte „[d]as der persönlichen Lebenshaltung oder der eigenen Arbeit dienende Eigentum [...] gewährleistet [werden]“[798]. Inhalt und Schranken des Eigentums sollten – in Anlehnung an Art. 153 Abs. 1 S. 2 WRV – durch den Gesetzgeber bestimmt werden[799]. Dem Vorschlag der Inhalts- und Schrankenbestimmung des Eigentums durch den Gesetzgeber lag die Überzeugung zugrunde, dass es eine aus der „Natur“ fließende Eigentumsdefinition nicht gebe, der Gesetzgeber also notwendigerweise die Grenzen festlegen müsse, innerhalb derer ein Individuum über Sachen verfügen könne[800].

Weiter sah der Vorschlag eine angemessene Enteignungsentschädigung vor, deren „Art und Ausmaß [...] unter gerechter Abwägung der Interessen der Allgemeinheit und des Betroffenen“ festgesetzt werden sollte[801]. *Carlo Schmid* (SPD) lehnte eine Enteignung gegen Gewährung einer „angemessenen“ Entschädigung vehement ab, da die Rechtsprechung[802] darunter eine volle Geldentschädigung verstehe und damit „bestimmte strukturelle Änderungen der Wirtschaftsverfassung“ unmöglich gewesen seien[803]. Nach einer langen Diskussion über die vorgeschlagene Einschränkung des Schutzbereichs der Eigentumsgewährleistung, zwischen Vertretern der SPD auf der einen Seite und der CDU/CSU und FDP

796 Hierzu *Joachim Wieland*, in: Horst Dreier (Hrsg.), Kommentar zum Grundgesetz, Band 1, 3. Auflage, Tübingen 2013, Art. 14 Rn. 11.

797 Parlamentarischer Rat, Band 5/I, 8. Sitzung des Ausschusses für Grundsatzfragen am 7. Oktober 1948, S. 172 ff.

798 Parlamentarischer Rat, Band 5/I, 8. Sitzung des Ausschusses für Grundsatzfragen am 7. Oktober 1948, S. 198.

799 Parlamentarischer Rat, Band 5/I, 8. Sitzung des Ausschusses für Grundsatzfragen am 7. Oktober 1948, S. 198.

800 *Joachim Wieland*, in: Horst Dreier (Hrsg.), Kommentar zum Grundgesetz, Band 1, 3. Auflage, Tübingen 2013, Art. 14 Rn. 11.

801 Parlamentarischer Rat, Band 5/I, 8. Sitzung des Ausschusses für Grundsatzfragen am 7. Oktober 1948, S. 197.

802 RGZ 109, 310 (323 f.); 112, 189 (191 f.); 128, 18 (31 f.).

803 Parlamentarischer Rat, Band 5/I, 8. Sitzung des Ausschusses für Grundsatzfragen am 7. Oktober 1948, S. 198; *Joachim Wieland*, in: Horst Dreier (Hrsg.), Kommentar zum Grundgesetz, Band 1, 3. Auflage, Tübingen 2013, Art. 14 Rn. 11.

auf der anderen Seite, entschied der Ausschuss schließlich auf Vorschlag von *Schmid*, auch entschädigungslose Enteignungen zuzulassen[804].

Der Vorschlag *Richard Thomas*, den Satz „Eigentum verpflichtet.“ – wie er in der Fassung von Art. 17 Abs. 3 GG in der ersten Lesung vom Grundsatzausschuss angenommenen wurde[805] – zu streichen sowie auf die Erwähnung von Schranken des Eigentumsgebrauchs in den Lebensbedürfnissen der Allgemeinheit und der öffentlichen Ordnung des Gemeinwesens zu verzichten, fand im Ausschuss für Grundsatzfragen keine Mehrheit[806]. Vielmehr einigte man sich nach einer heftigen Debatte auf die Formulierung, dass der Eigentumsgebrauch zugleich dem Wohl der Allgemeinheit dienen solle[807]. Schließlich verständigte sich der Ausschuss auf eine Regelung der Enteignung, die weitestgehend der endgültigen Fassung von Art. 14 Abs. 3 GG entsprach[808]. Danach sollte die Höhe der Entschädigung bewusst unter gerechter Abwägung der Interessen der Allgemeinheit und der Betroffenen festgesetzt werden, um einerseits eine entschädigungslose Enteignung auszuschließen, andererseits aber auch eine Nominalentschädigung zuzulassen[809]. Auf eine „angemessene“ Enteignungsentschädigung“ – in Anlehnung an Art. 153 Abs. 2 S. 2 WRV – wurde bewusst verzichtet[810]. *Carlo Schmid* hatte sich somit durchgesetzt[811]. Andererseits setzte sich die CDU/CSU hinsichtlich der zunächst vorgesehenen Möglichkeit einer

---

804 Parlamentarischer Rat, Band 5/I, 8. Sitzung des Ausschusses für Grundsatzfragen am 7. Oktober 1948, S. 213; *Joachim Wieland*, in: Horst Dreier (Hrsg.), Kommentar zum Grundgesetz, Band 1, 3. Auflage, Tübingen 2013, Art. 14 Rn. 11.

805 Parlamentarischer Rat, Band 5/I, 8. Sitzung des Ausschusses für Grundsatzfragen am 7. Oktober 1948, S. 198.

806 Parlamentarischer Rat, Band 5/II, 26. Sitzung des Ausschusses für Grundsatzfragen am 30. November 1948, S. 725, 733; *Joachim Wieland*, in: Horst Dreier (Hrsg.), Kommentar zum Grundgesetz, Band 1, 3. Auflage, Tübingen 2013, Art. 14 Rn. 12.

807 Parlamentarischer Rat, Band 5/II, 26. Sitzung des Ausschusses für Grundsatzfragen am 30. November 1948, S. 733; *Joachim Wieland*, in: Horst Dreier (Hrsg.), Kommentar zum Grundgesetz, Band 1, 3. Auflage, Tübingen 2013, Art. 14 Rn. 12.

808 Siehe *Joachim Wieland*, in: Horst Dreier (Hrsg.), Kommentar zum Grundgesetz, Band 1, 3. Auflage, Tübingen 2013, Art. 14 Rn. 12.

809 *Joachim Wieland*, in: Horst Dreier (Hrsg.), Kommentar zum Grundgesetz, Band 1, 3. Auflage, Tübingen 2013, Art. 14 Rn. 12.

810 *Joachim Wieland*, in: Horst Dreier (Hrsg.), Kommentar zum Grundgesetz, Band 1, 3. Auflage, Tübingen 2013, Art. 14 Rn. 12.

811 → Fn. 802.

entschädigungslosen Enteignung durch[812]. So verzichtete der Ausschuss für Grundsatzfragen am 30. November 1948 auf die Möglichkeit einer solchen entschädigungslosen Enteignung[813].

Der Hauptausschuss hielt im Nachgang an dem im Ausschuss für Grundsatzfragen gefundenen Kompromiss, insbesondere hinsichtlich des Verzichts auf eine grundsätzliche Vollentschädigung von der nur abgewichen werden sollte, wenn das „unter gerechter Abwägung der Interessen der Allgemeinheit und der Betroffenen" dringend geboten erschiene[814], fest[815].

Im Schriftlichen Bericht zum Entwurf des Grundgesetzes für die Bundesrepublik Deutschland wurde betont, dass „die nunmehr gewählte Formulierung ‚unter gerechter Abwägung der Interessen der Allgemeinheit und der Beteiligten' […], wie es die Gerechtigkeit fordert, freien Spielraum von einer bloß nominellen bis zur vollen Entschädigung [lasse]"[816].

dd) Landesverfassungsrechtlicher Schutz durch Art. 14 GG i. V. m. Art. 4 Abs. 1 LV NW

Die Eigentumsgewährleistung findet heute in Art. 14 Abs. 1 GG i. V. m. Art. 4 Abs. 1 LV NW ihren Ausdruck. Damit wird das Eigentum auch landesverfassungsrechtlich garantiert.

Nach Art. 14 Abs. 1 GG i. V. m. Art. 4 Abs. 1 LV NW werden Inhalt und Schranken des verfassungsrechtlich gewährleisteten Eigentums durch die Gesetze bestimmt. Nach Absatz 3 ist eine Enteignung nach Vorgenanntem nur

---

812 Parlamentarischer Rat, Band 5/II, 26. Sitzung des Ausschusses für Grundsatzfragen am 30. November 1948, S. 735.

813 Parlamentarischer Rat, Band 5/II, 26. Sitzung des Ausschusses für Grundsatzfragen am 30. November 1948, S. 735 ff.

814 Zum Versuch des Abgeordneten *Dr. Hans-Christoph Seebohm* (DP) während der zweiten Lesung am 19. Januar 1949, den Grundsatz der Vollentschädigung im Grundgesetz zu verankert, vgl. Parlamentarischer Rat, Band 14/2, 44. Sitzung des Hauptausschusses am 19. Januar 1949, S. 1403 ff.

815 Parlamentarischer Rat, Band 14/1, 18. Sitzung des Hauptausschusses am 4. Dezember 1948, S. 535 f.; Band 14/2, 44. Sitzung des Hauptausschusses am 19. Januar 1949, S. 1403 ff.; 47. Sitzung des Hauptausschusses am 8. Februar 1949, S. 1495; 57. Sitzung des Hauptausschusses am 5. Mai 1949, S. 1789 f. Eingehend hierzu auch *Joachim Wieland*, in: Horst Dreier (Hrsg.), Kommentar zum Grundgesetz, Band 1, 3. Auflage, Tübingen 2013, Art. 14 Rn. 13.

816 Parlamentarischer Rat, Schriftlicher Bericht zum Entwurf des Grundgesetzes für die Bundesrepublik Deutschland (Drs. Nr. 850, 854), S. 12.

zum Wohle der Allgemeinheit zulässig. Sie darf nur „durch oder aufgrund eines Gesetzes erfolgen, das Art und Ausmaß der Entschädigung regelt“[817]. Die Entschädigung ist dabei „unter gerechter Abwägung der Interessen der Allgemeinheit und der Beteiligten zu bestimmen“[818].

(1) Allgemeines

Die Gewährleistung des Eigentums begründet in erster Linie ein subjektives Abwehrrecht. Als Abwehrrecht steht die Eigentumsgewährleistung mit der Garantie der persönlichen Freiheit in einem inneren Zusammenhang: Freiheit ist ohne Eigentum nicht vorstellbar, und Eigentum ist ohne die Garantie der persönlichen Freiheit wertlos[819]. Die Eigentumsgewährleistung ist der persönlichen Freiheitsgarantie komplementär[820]. So hat das Bundesverfassungsgericht diesen Zusammenhang auch in das Zentrum der grundgesetzlichen Eigentumsdogmatik gestellt und die Eigentumsgewährleistung konsequent als Freiheitsrecht ausgestaltet[821]. In diesem Sinne erklärt das Bundesverfassungsgericht auch in ständiger Rechtsprechung, dass der Eigentumsgarantie im Gesamtgefüge der Grundrechte die Aufgabe zukomme, dem Grundrechtsträger „einen Freiheitsraum im vermögensrechtlichen Bereich“ zu sichern und ihm damit die Entfaltung und eigenverantwortliche Gestaltung des Lebens zu ermöglichen[822].

---

817 Art. 14 Abs. 3 S. 1 GG i. V. m. Art. 4 Abs. 1 LV NW.

818 Art. 14 Abs. 3 S. 1 GG i. V. m. Art. 4 Abs. 1 LV NW.

819 BVerfGE 53, 257 (290); siehe hierzu auch *Walter Leisner*: Eigentum, in: Josef Isensee/Paul Kirchhof (Hrsg.), Handbuch des Staatsrechts der Bundesrepublik Deutschland, Band 8, 3. Auflage, Heidelberg 2010, § 173 Rn. 2, 110; *Joachim Wieland*, in: Horst Dreier (Hrsg.), Kommentar zum Grundgesetz, Band 1, 3. Auflage, Tübingen 2013, Art. 14 Rn. 32, 87; *Otto Depenheuer*, in: Hermann von Mangoldt/Friedrich Klein/Christian Starck, Grundgesetz-Kommentar, Band 3, 7. Auflage, München 2018, Art. 14 Rn. 28; *Rudolf Wendt*, in: Michael Sachs (Hrsg.), Grundgesetz-Kommentar, 8. Auflage, München 2018, Art. 14 Rn. 5.

820 So *Walter Leisner*: Eigentum. Schriften zu Eigentumsgrundrecht und Wirtschaftsverfassung 1970-1996, Berlin 1996, S. 7 ff.; *Otto Depenheuer*, in: Hermann von Mangoldt/Friedrich Klein/Christian Starck, Grundgesetz-Kommentar, Band 3, 7. Auflage, München 2018, Art. 14 Rn. 11.

821 Siehe *Walter Leisner*: Eigentum, in: Josef Isensee/Paul Kirchhof (Hrsg.), Handbuch des Staatsrechts der Bundesrepublik Deutschland, Band 8, 3. Auflage, Heidelberg 2010, § 173 Rn. 2; *Otto Depenheuer*, in: Hermann von Mangoldt/Friedrich Klein/Christian Starck, Grundgesetz-Kommentar, Band 3, 7. Auflage, München 2018, Art. 14 Rn. 11.

822 BVerfGE 24, 367 (389); 50, 290 (339); 102, 1 (15); 104, 1 (8 f.); 115, 97 (110); siehe hierzu auch *Walter Leisner*: Eigentum, in: Josef Isensee/Paul Kirchhof (Hrsg.),

(2) Der verfassungsrechtliche Eigentumsbegriff

Dabei stellt der in der Verfassung verankerte Eigentumsschutz vorrangig ein subjektiv-öffentliches Abwehrrecht des Bürgers gegen staatliche Eingriffe dar[823]. Wobei der Schutzbereich der Eigentumsgewährleistung erst normativ geschaffen werden muss[824]: Aufgabe des parlamentarischen Gesetzgebers ist es, zu bestimmen, was als Eigentum im Sinne des Grundgesetzes geschützt werden soll (vgl. Art. 14 Abs. 1 S. 2 GG). Der verfassungsrechtliche Eigentumsbegriff ist dabei nicht identisch mit dem Eigentumsbegriff im Sinne des § 903 S. 1 BGB[825], der dem Eigentümer einer Sache nur insoweit das Recht gewährt, mit der Sache nach Belieben zu verfahren und andere von jeder Einwirkung auszuschließen, „soweit nicht das Gesetz oder Rechte Dritter entgegenstehen"[826]. Der verfassungsrechtliche Eigentumsbegriff reicht wesentlich weiter als der zivilrechtliche und umfasst alle zivilrechtlichen und öffentlich-rechtlichen Regelungen, welche

---

Handbuch des Staatsrechts der Bundesrepublik Deutschland, Band 8, 3. Auflage, Heidelberg 2010, § 173 Rn. 110 ff.; *Otto Depenheuer*, in: Hermann von Mangoldt/Friedrich Klein/Christian Starck, Grundgesetz-Kommentar, Band 3, 7. Auflage, München 2018, Art. 14 Rn. 11 ff; *Rudolf Wendt*, in: Michael Sachs (Hrsg.), Grundgesetz-Kommentar, 8. Auflage, München 2018, Art. 14 Rn. 4.

823 *Walter Leisner*: Eigentum, in: Josef Isensee/Paul Kirchhof (Hrsg.), Handbuch des Staatsrechts der Bundesrepublik Deutschland, Band 8, 3. Auflage, Heidelberg 2010, § 173 Rn. 38, 47; *Joachim Wieland*, in: Horst Dreier (Hrsg.), Kommentar zum Grundgesetz, Band 1, 3. Auflage, Tübingen 2013, Art. 14 Rn. 27; *Otto Depenheuer*, in: Hermann von Mangoldt/Friedrich Klein/Christian Starck, Grundgesetz-Kommentar, Band 3, 7. Auflage, München 2018, Art. 14 Rn. 28.

824 *Walter Leisner*: Eigentum, in: Josef Isensee/Paul Kirchhof (Hrsg.), Handbuch des Staatsrechts der Bundesrepublik Deutschland, Band 8, 3. Auflage, Heidelberg 2010, § 173 Rn. 11, 12; *Joachim Wieland*, in: Horst Dreier (Hrsg.), Kommentar zum Grundgesetz, Band 1, 3. Auflage, Tübingen 2013, Art. 14 Rn. 27, 48; *Rudolf Wendt*, in: Michael Sachs (Hrsg.), Grundgesetz-Kommentar, 8. Auflage, München 2018, Art. 14 Rn. 54.

825 *Christian Dästner*: Die Verfassung des Landes Nordrhein-Westfalen. Kommentar, 2. Auflage, Stuttgart 2002, Art. 4 Rn. 67; *Joachim Wieland*, in: Horst Dreier (Hrsg.), Kommentar zum Grundgesetz, Band 1, 3. Auflage, Tübingen 2013, Art. 14 Rn. 27, 29, 48; *Otto Depenheuer*, in: Hermann von Mangoldt/Friedrich Klein/Christian Starck, Grundgesetz-Kommentar, Band 3, 7. Auflage, München 2018, Art. 14 Rn. 112.

826 Das bürgerliche Recht bezieht die gesetzlichen Schranken von Anfang an mit ein und versteht sie nicht als nachträgliche Beschränkungen. Hierzu *Walter Leisner*: Eigentum, in: Josef Isensee/Paul Kirchhof (Hrsg.), Handbuch des Staatsrechts der Bundesrepublik Deutschland, Band 8, 3. Auflage, Heidelberg 2010, § 173 Rn. 10; *Joachim Wieland*, in: Horst Dreier (Hrsg.), Kommentar zum Grundgesetz, Band 1, 3. Auflage, Tübingen 2013, Art. 14 Rn. 55.

die Rechtsstellung des Eigentümers ausgestalten und gegenüber anderen Individuen oder zur Allgemeinheit abgrenzen[827]. Erst aus der Zusammenschau aller zivilrechtlichen und öffentlich-rechtlichen Bestimmungen ergibt sich also der Inhalt des Eigentums[828].

So fallen in den Schutzbereich der Eigentumsgewährleistung nicht nur Grund- und Sacheigentum, sondern auch andere vermögenswerte private und sogar (subjektiv-) öffentliche Rechte, soweit sie ebenso ausschließlich wie Sacheigentum zur privaten Nutzung und zur eigenen Verfügung zugeordnet sind[829].

(3) Abwehrcharakter

Die Eigentumsgewährleistung begründet wie bereits erwähnt in erster Linie ein Abwehrrecht des Bürgers gegen staatliche Beeinträchtigungen[830].

(a) Beeinträchtigungen der Eigentumsgarantie

Das Eigentum kann insbesondere durch Regelungen in Form der Inhalts- und Schrankenbestimmung oder der Enteignung beeinträchtigt werden[831]. Im Einzelfall kann das Eigentum aber auch durch Realakte beeinträchtigt werden[832].

---

827 *Joachim Wieland*, in: Horst Dreier (Hrsg.), Kommentar zum Grundgesetz, Band 1, 3. Auflage, Tübingen 2013, Art. 14 Rn. 27, 29.

828 BVerfGE 58, 300 (336); siehe hierzu *Walter Leisner*: Eigentum, in: Josef Isensee/Paul Kirchhof (Hrsg.), Handbuch des Staatsrechts der Bundesrepublik Deutschland, Band 8, 3. Auflage, Heidelberg 2010, § 173 Rn. 10; *Joachim Wieland*, in: Horst Dreier (Hrsg.), Kommentar zum Grundgesetz, Band 1, 3. Auflage, Tübingen 2013, Art. 14 Rn. 28, 48.

829 BVerfGE 98, 17 (35); st. Rspr. Eingehend zur Einbeziehung der vermögenswerten privaten und subjektiv öffentlichen Rechte *Walter Leisner*: Eigentum, in: Josef Isensee/Paul Kirchhof (Hrsg.), Handbuch des Staatsrechts der Bundesrepublik Deutschland, Band 8, 3. Auflage, Heidelberg 2010, § 173 Rn. 10, 24 ff.; *Joachim Wieland*, in: Horst Dreier (Hrsg.), Kommentar zum Grundgesetz, Band 1, 3. Auflage, Tübingen 2013, Art. 14 Rn. 57 ff., 73 ff.; *Rudolf Wendt*, in: Michael Sachs (Hrsg.), Grundgesetz-Kommentar, 8. Auflage, München 2018, Art. 14 Rn. 21 ff.

830 → Fn. 822.

831 Eingehend hierzu *Joachim Wieland*, in: Horst Dreier (Hrsg.), Kommentar zum Grundgesetz, Band 1, 3. Auflage, Tübingen 2013, Art. 14 Rn. 89 ff.

832 Eingehend hierzu *Joachim Wieland*, in: Horst Dreier (Hrsg.), Kommentar zum Grundgesetz, Band 1, 3. Auflage, Tübingen 2013, Art. 14 Rn. 98, 102.

Die Enteignung nach Art. 14 Abs. 3 GG i. V. m. Art. 4 Abs. 1 LV NW unterscheidet sich kategorial von der Inhalts- und Schrankenbestimmung im Sinne von Art. 14 Abs. 1 S. 2 GG[833].

(aa) Inhalts- und Schrankenbestimmung

Art. 14 Abs. 1 S. 2 GG i. V. m. Art. 4 Abs. 1 LV NW weist dem parlamentarischen Gesetzgeber die Aufgabe zu, den Inhalt und die Schranken des Eigentums festzulegen, also generell und abstrakt die Rechte und Pflichten des Eigentums zu bestimmen[834]. Dabei hat der Gesetzgeber die grundgesetzlich vorgegebene Garantie des Rechtsinstituts Privateigentum und die Sozialbindung nach Art. 14 Abs. 2 GG zu beachten[835]. Denn das Privateigentum ist verfassungsrechtlich nicht nur als individuelles Abwehrrecht, sondern auch als Rechtsinstitut gewährleistet[836]. So muss das Parlament seine normative Bestimmung von Inhalt und

833 *Joachim Wieland*, in: Horst Dreier (Hrsg.), Kommentar zum Grundgesetz, Band 1, 3. Auflage, Tübingen 2013, Art. 14 Rn. 35; siehe auch *Rudolf Wendt*, in: Michael Sachs (Hrsg.), Grundgesetz-Kommentar, 8. Auflage, München 2018, Art. 14 Rn. 148.

834 BVerfGE 52, 1 (27); 58, 137 (144 f.); 58, 300 (330); 72, 66 (76); siehe auch *Otto Depenheuer*, in: Hermann von Mangoldt/Friedrich Klein/Christian Starck, Grundgesetz-Kommentar, Band 3, 7. Auflage, München 2018, Art. 14 Rn. 203; *Joachim Wieland*, in: Horst Dreier (Hrsg.), Kommentar zum Grundgesetz, Band 1, 3. Auflage, Tübingen 2013, Art. 14 Rn. 89; *Rudolf Wendt*, in: Michael Sachs (Hrsg.), Grundgesetz-Kommentar, 8. Auflage, München 2018, Art. 14 Rn. 54. Da eine gesetzliche Bestimmung, die Eigentum im Sinne der Verfassung erst konstituiert, nicht gleichzeitig eine Beeinträchtigung des Eigentums sein kann, handelt es sich bei der Inhalts- und Schrankenbestimmung eigentlich nicht um eine Inhalts- und Schrankenbestimmung. Nachdem die gesetzliche Regelung aber auch die grundgesetzlich vorgegebenen Grenzen überschreiten und deshalb unwirksam sein kann, besteht die Möglichkeit einer (rechtswidrigen) Beeinträchtigung des Eigentums. Eingehend hierzu *Bernhard Kempen*: Der Eingriff des Staates in das Eigentum. Voraussetzung, Ausgleich und Abwehr durch den Bürger, Köln 1991, S. 139 ff.; *Walter Leisner*: Eigentum, in: Josef Isensee/Paul Kirchhof (Hrsg.), Handbuch des Staatsrechts der Bundesrepublik Deutschland, Band 8, 3. Auflage, Heidelberg 2010, § 173 Rn. 14; *Joachim Wieland*, in: Horst Dreier (Hrsg.), Kommentar zum Grundgesetz, Band 1, 3. Auflage, Tübingen 2013, Art. 14 Rn. 90.

835 *Joachim Wieland*, in: Horst Dreier (Hrsg.), Kommentar zum Grundgesetz, Band 1, 3. Auflage, Tübingen 2013, Art. 14 Rn. 31; *Rudolf Wendt*, in: Michael Sachs (Hrsg.), Grundgesetz-Kommentar, 8. Auflage, München 2018, Art. 14 Rn. 70 ff.

836 So *Otto Depenheuer*, in: Hermann von Mangoldt/Friedrich Klein/Christian Starck, Grundgesetz-Kommentar, Band 3, 7. Auflage, München 2018, Art. 14 Rn. 28; siehe auch *Walter Leisner*: Eigentum, in: Josef Isensee/Paul Kirchhof (Hrsg.), Handbuch des

Schranken des Eigentums (vgl. Art. 14 Abs. 1 S. 2 GG) auf die Herstellung von Privatnützigkeit und Verfügungsbefugnis ausrichten[837] und darüber hinaus die Sozialbindung des Eigentums (vgl. Art. 14 Abs. 2 GG) verwirklichen[838]. Die Interessen des Eigentümers an einer seinen Vorstellungen entsprechenden Nutzung der ihm zugeordneten Sachen, insbesondere auch an der Möglichkeit über die Sache zu verfügen, müssen also mit den Interessen der Allgemeinheit in einen gerechten Ausgleich und ein ausgewogenes Verhältnis gebracht werden[839].

(bb) Enteignung

Darüber hinaus gestattet Art. 14 Abs. 3 GG i. V. m. Art. 4 Abs. 1 LV NW dem Gesetzgeber durch Gesetz einem bestimmten oder bestimmbaren Personenkreis konkrete Eigentumsrechte im Interesse der Allgemeinheit zu entziehen (Legalenteignung)[840]; weiter kann der Gesetzgeber nach selbiger Regelung der

---

Staatsrechts der Bundesrepublik Deutschland, Band 8, 3. Auflage, Heidelberg 2010, § 173 Rn. 65; *Joachim Wieland*, in: Horst Dreier (Hrsg.), Kommentar zum Grundgesetz, Band 1, 3. Auflage, Tübingen 2013, Art. 14 Rn. 31.

837 *Walter Leisner*: Eigentum, in: Josef Isensee/Paul Kirchhof (Hrsg.), Handbuch des Staatsrechts der Bundesrepublik Deutschland, Band 8, 3. Auflage, Heidelberg 2010, § 173 Rn. 41-46; *Joachim Wieland*, in: Horst Dreier (Hrsg.), Kommentar zum Grundgesetz, Band 1, 3. Auflage, Tübingen 2013, Art. 14 Rn. 31; *Otto Depenheuer*, in: Hermann von Mangoldt/Friedrich Klein/Christian Starck, Grundgesetz-Kommentar, Band 3, 7. Auflage, München 2018, Art. 14 Rn. 203.

838 *Walter Leisner*: Eigentum, in: Josef Isensee/Paul Kirchhof (Hrsg.), Handbuch des Staatsrechts der Bundesrepublik Deutschland, Band 8, 3. Auflage, Heidelberg 2010, § 173 Rn. 143; *Joachim Wieland*, in: Horst Dreier (Hrsg.), Kommentar zum Grundgesetz, Band 1, 3. Auflage, Tübingen 2013, Art. 14 Rn. 31; *Otto Depenheuer*, in: Hermann von Mangoldt/Friedrich Klein/Christian Starck, Grundgesetz-Kommentar, Band 3, 7. Auflage, München 2018, Art. 14 Rn. 203; *Rudolf Wendt*, in: Michael Sachs (Hrsg.), Grundgesetz-Kommentar, 8. Auflage, München 2018, Art. 14 Rn. 70 ff.

839 BVerfGE 52, 1 (49); *Joachim Wieland*, in: Horst Dreier (Hrsg.), Kommentar zum Grundgesetz, Band 1, 3. Auflage, Tübingen 2013, Art. 14 Rn. 31, 90 f.; *Otto Depenheuer*, in: Hermann von Mangoldt/Friedrich Klein/Christian Starck, Grundgesetz-Kommentar, Band 3, 7. Auflage, München 2018, Art. 14 Rn. 203; *Rudolf Wendt*, in: Michael Sachs (Hrsg.), Grundgesetz-Kommentar, 8. Auflage, München 2018, Art. 14 Rn. 70, 73.

840 BVerfGE 24, 367 (394); 102, 1 (15 f.); 104, 1 (9); st. Rspr. Aus der Literatur eingehend *Joachim Wieland*, in: Horst Dreier (Hrsg.), Kommentar zum Grundgesetz, Band 1, 3. Auflage, Tübingen 2013, Art. 14 Rn. 91, 93; *Otto Depenheuer*, in: Hermann von Mangoldt/Friedrich Klein/Christian Starck, Grundgesetz-Kommentar, Band 3,

Exekutive die Ermächtigung erteilen, konkretes Eigentum einzelner zu entziehen (Administrativenteignung)[841]. Enteignungen sind dabei nach Absatz 3 der Regelung nur zum Wohle der Allgemeinheit zulässig[842]. Der vom Gesetzgeber bestimmte Enteignungszweck muss von derartigem Gewicht sein, dass es gerechtfertigt ist, um seiner Erfüllung willen die betroffenen Eigentumsrechte zu entziehen, wenn anders die öffentliche Aufgabe nicht verwirklicht werden kann[843]. Die Enteignung ist also regelmäßig auf die hoheitliche Beschaffung von Gütern beschränkt, mit denen ein konkretes, der Erfüllung öffentlicher Aufgaben dienendes Vorhaben durchgeführt werden soll[844].

---

7. Auflage, München 2018, Art. 14 Rn. 415; *Rudolf Wendt*, in: Michael Sachs (Hrsg.), Grundgesetz-Kommentar, 8. Auflage, München 2018, Art. 14 Rn. 159.

841 *Friedrich Schoch:* Die Eigentumsgarantie des Art. 14 GG, in: Jura 1989, S. 113 (120); *Joachim Wieland*, in: Horst Dreier (Hrsg.), Kommentar zum Grundgesetz, Band 1, 3. Auflage, Tübingen 2013, Art. 14 Rn. 91, 93, 96; *Hartmut Maurer*: Allgemeines Verwaltungsrecht, 19. Auflage, München 2017, § 27 Rn. 49 ff.; *Otto Depenheuer*, in: Hermann von Mangoldt/Friedrich Klein/Christian Starck, Grundgesetz-Kommentar, Band 3, 7. Auflage, München 2018, Art. 14 Rn. 415; *Rudolf Wendt*, in: Michael Sachs (Hrsg.), Grundgesetz-Kommentar, 8. Auflage, München 2018, Art. 14 Rn. 159.

842 *Rudolf Wendt*, in: Michael Sachs (Hrsg.), Grundgesetz-Kommentar, 8. Auflage, München 2018, Art. 14 Rn. 160.

843 BVerfGE 70, 191 (199 f.), 104, 1 (9 f.); siehe hierzu auch *Walter Leisner*: Eigentum, in: Josef Isensee/Paul Kirchhof (Hrsg.), Handbuch des Staatsrechts der Bundesrepublik Deutschland, Band 8, 3. Auflage, Heidelberg 2010, § 173 Rn. 213; *Otto Depenheuer*, in: Hermann von Mangoldt/Friedrich Klein/Christian Starck, Grundgesetz-Kommentar, Band 3, 7. Auflage, München 2018, Art. 14 Rn. 203; *Rudolf Wendt*, in: Michael Sachs (Hrsg.), Grundgesetz-Kommentar, 8. Auflage, München 2018, Art. 14 Rn. 160.

844 BVerfGE 104, 1 (9 f.); vgl. hierzu *Walter Leisner*: Eigentum, in: Josef Isensee/Paul Kirchhof (Hrsg.), Handbuch des Staatsrechts der Bundesrepublik Deutschland, Band 8, 3. Auflage, Heidelberg 2010, § 173 Rn. 213; *Joachim Wieland*, in: Horst Dreier (Hrsg.), Kommentar zum Grundgesetz, Band 1, 3. Auflage, Tübingen 2013, Art. 14 Rn. 93, 101; *Otto Depenheuer*, in: Hermann von Mangoldt/Friedrich Klein/Christian Starck, Grundgesetz-Kommentar, Band 3, 7. Auflage, München 2018, Art. 14 Rn. 204, 423; *Rudolf Wendt*, in: Michael Sachs (Hrsg.), Grundgesetz-Kommentar, 8. Auflage, München 2018, Art. 14 Rn. 160.

(b) Schranken

Indem Art. 14 Abs. 1 S. 2 GG dem Gesetzgeber die Aufgabe zuweist, Inhalt und Schranken zu bestimmen, kann die Eigentumsgarantie an zukünftige gesellschaftliche Entwicklungen angepasst werden[845].

(aa) Inhalts- und Schrankenbestimmung

Art. 14 Abs. 1 S. 2 GG i. V. m. Art. 4 Abs. 1 LV NW verlangt die Bestimmung von Inhalt und Schranken des Eigentums durch Gesetz. Die Inhalts- und Schrankenbestimmung ist dabei nach Bevorstehendem an der Bestandsgarantie des Art. 14 Abs. 1 S. 1 GG und der Sozialpflichtigkeit nach Art. 14 Abs. 2 GG auszurichten[846]. Der Gesetzgeber ist in seiner Gestaltungsbefugnis also dahingehend begrenzt, dass er die Inhalts- und Schrankenbestimmung am Wohl der Allgemeinheit zu orientieren hat, das sowohl Grund als auch Grenze für die Beschränkung des Eigentümers ist[847]. Das Grundgesetz gebietet so ein „sozial gebundene[s] Privateigentum", das ein ausgewogenes Verhältnis zwischen den Belangen der Gemeinschaft und den Individualinteressen voraussetzt[848].

Die vom Gesetzgeber anzustellende Abwägung zwischen den Belangen der Gemeinschaft und den Individualinteressen muss dabei die Bedeutung der

---

845 Zum aktuellen Befund *Joachim Wieland*, in: Horst Dreier (Hrsg.), Kommentar zum Grundgesetz, Band 1, 3. Auflage, Tübingen 2013, Art. 14 Rn. 33 ff.

846 BVerfGE 50, 290 (340); *Joachim Wieland*, in: Horst Dreier (Hrsg.), Kommentar zum Grundgesetz, Band 1, 3. Auflage, Tübingen 2013, Art. 14 Rn. 104; *Otto Depenheuer*, in: Hermann von Mangoldt/Friedrich Klein/Christian Starck, Grundgesetz-Kommentar, Band 3, 7. Auflage, München 2018, Art. 14 Rn. 203; *Rudolf Wendt*, in: Michael Sachs (Hrsg.), Grundgesetz-Kommentar, 8. Auflage, München 2018, Art. 14 Rn. 71, 73.

847 So *Walter Leisner*: Eigentum, in: Josef Isensee/Paul Kirchhof (Hrsg.), Handbuch des Staatsrechts der Bundesrepublik Deutschland, Band 8, 3. Auflage, Heidelberg 2010, § 173 Rn. 146; *Joachim Wieland*, in: Horst Dreier (Hrsg.), Kommentar zum Grundgesetz, Band 1, 3. Auflage, Tübingen 2013, Art. 14 Rn. 104; *Otto Depenheuer*, in: Hermann von Mangoldt/Friedrich Klein/Christian Starck, Grundgesetz-Kommentar, Band 3, 7. Auflage, München 2018, Art. 14 Rn. 203.

848 BVerfGE 25, 112 (118); 95, 64 (84); siehe auch *Walter Leisner*: Eigentum, in: Josef Isensee/Paul Kirchhof (Hrsg.), Handbuch des Staatsrechts der Bundesrepublik Deutschland, Band 8, 3. Auflage, Heidelberg 2010, § 173 Rn. 154-158; *Joachim Wieland*, in: Horst Dreier (Hrsg.), Kommentar zum Grundgesetz, Band 1, 3. Auflage, Tübingen 2013, Art. 14 Rn. 104; *Rudolf Wendt*, in: Michael Sachs (Hrsg.), Grundgesetz-Kommentar, 8. Auflage, München 2018, Art. 14 Rn. 70 ff.

vermögenswerten Rechtsposition für den Eigentümer mitberücksichtigen[849]. Da „Grund und Boden unvermehrbar und unentbehrlich ist, [darf] seine Nutzung [nicht] dem unübersehbaren Spiel der freien Kräfte und dem Belieben des Einzelnen vollständig überlassen werden; [vielmehr müssen] die Interessen der Allgemeinheit beim Boden in weit stärkerem Maße zur Geltung [kommen] als bei anderen Vermögensgütern“[850].

Ist das Eigentum Ausdruck der Sicherung der persönlichen Freiheit, so genießt es einen besonders ausgeprägten Schutz[851]. Dementsprechend sind dem parlamentarischen Gesetzgeber bei seiner Gestaltungsbefugnis zur Inhalts- und Schrankenbestimmung enge Grenzen gezogen, „soweit es um die Funktion des Eigentums als Element der Sicherung der persönlichen Freiheit des Einzelnen geht“[852]. Andererseits ist der Gestaltungsspielraum zur Inhalts- und Schrankenbestimmung aber um so weitreichender, „je mehr das Eigentumsobjekt in einem sozialen Bezug und einer sozialen Funktion steht“[853]. Die Sozialbindung des Art. 14 Abs. 2 GG untersagt einen rein privatnützigen Eigentumsgebrauch und verpflichtet den Eigentümer, die Eigentumsverwendung so zu gestalten, dass sie zugleich dem Wohl der Allgemeinheit dient. Der Eigentümer ist also verpflichtet, auf den Nichteigentümer Rücksicht zu nehmen, soweit er auf die Nutzung des vermögenswerten Rechts zu seiner persönlichen Freiheitssicherung und eigenverantwortlichen Lebensgestaltung angewiesen ist[854].

Für das Eigentum an beweglichen Sachen haben öffentliche Inhalts- und Schrankenbestimmungen jedoch eine eher untergeordnete Bedeutung[855]. Zumal der Gesetzgeber nach Bevorstehendem seine normative Bestimmung von Inhalt und Schranken des Eigentums (vgl. Art. 14 Abs. 1 S. 2 GG) auf die Herstellung

---

849 *Walter Leisner*: Eigentum, in: Josef Isensee/Paul Kirchhof (Hrsg.), Handbuch des Staatsrechts der Bundesrepublik Deutschland, Band 8, 3. Auflage, Heidelberg 2010, § 173 Rn. 159-163; *Joachim Wieland*, in: Horst Dreier (Hrsg.), Kommentar zum Grundgesetz, Band 1, 3. Auflage, Tübingen 2013, Art. 14 Rn. 105, 106.

850 BVerfGE 21, 73 (82 f.); 52, 1 (32 f.).

851 BVerfGE 14, 288 (293 f.); 42, 64 (77); 42, 263 (293 ff.); 50, 290 (340).

852 BVerfGE 53, 257 (292).

853 BVerfGE 50, 290 (340); 53, 257 (292); siehe auch BVerfGE 95, 64 (84); 101, 54 (75 f.).

854 So *Joachim Wieland*, in: Horst Dreier (Hrsg.), Kommentar zum Grundgesetz, Band 1, 3. Auflage, Tübingen 2013, Art. 14 Rn. 106. Ein Beispiel hierfür ist die Begründung von Wegerechten für die Telekommunikationsleitungen.

855 *Joachim Wieland*, in: Horst Dreier (Hrsg.), Kommentar zum Grundgesetz, Band 1, 3. Auflage, Tübingen 2013, Art. 14 Rn. 106.

von Privatnützigkeit und freier Verfügbarkeit über die beweglichen Sachen ausrichten muss[856].

(bb) Enteignung

Beide oben unter D. II. 2. c) dd) (3) (a) (bb) dargestellte Formen der Enteignung unterliegen dem Parlamentsvorbehalt. Die Bestimmung, für welche Vorhaben, unter welchen Voraussetzungen und für welche Zwecke eine Enteignung zulässig sein soll, obliegt damit der Entscheidung des parlamentarischen Gesetzgebers[857]. Der Parlamentsvorbehalt ist somit letztlich auch Ausdruck der persönlichen Freiheitssicherung[858].

Die Legislativenteignung wurde dagegen erst unter der Weimarer Reichsverfassung entwickelt, nicht um die Befugnisse des Gesetzgebers zu erweitern, sondern um sie zu begrenzen[859]. Denn die Eigentumsgewährleistungen der Verfassungen des 19. Jahrhunderts verstanden zunächst nur die Eingriffe der Verwaltung als Enteignungen im technischen Sinne[860]. Erst die Rechtsprechung des Reichsgerichts zu Art. 153 Abs. 2 WRV, der für eine Enteignung eine gesetzliche Grundlage voraussetzte, begründete die Auffassung, dass Eingriffe durch den Gesetzgeber als Enteignungen qualifiziert werden könnten[861]. Das Grundgesetz hat diese zum Ende der Weimarer Republik gefestigte Auffassung dann in Art. 14 Abs. 3 S. 2 GG übernommen und damit auch den Gesetzgeber an die

---

856 *Otto Depenheuer*, in: Hermann von Mangoldt/Friedrich Klein/Christian Starck, Grundgesetz-Kommentar, Band 3, 7. Auflage, München 2018, Art. 14 Rn. 203; *Joachim Wieland*, in: Horst Dreier (Hrsg.), Kommentar zum Grundgesetz, Band 1, 3. Auflage, Tübingen 2013, Art. 14 Rn. 31, 55.

857 Statt aller *Joachim Wieland*, in: Horst Dreier (Hrsg.), Kommentar zum Grundgesetz, Band 1, 3. Auflage, Tübingen 2013, Art. 14 Rn. 109; *Otto Depenheuer*, in: Hermann von Mangoldt/Friedrich Klein/Christian Starck, Grundgesetz-Kommentar, Band 3, 7. Auflage, München 2018, Art. 14 Rn. 415; *Rudolf Wendt*, in: Michael Sachs (Hrsg.), Grundgesetz-Kommentar, 8. Auflage, München 2018, Art. 14 Rn. 158.

858 So *Joachim Wieland*, in: Horst Dreier (Hrsg.), Kommentar zum Grundgesetz, Band 1, 3. Auflage, Tübingen 2013, Art. 14 Rn. 109.

859 *Joachim Wieland*, in: Horst Dreier (Hrsg.), Kommentar zum Grundgesetz, Band 1, 3. Auflage, Tübingen 2013, Art. 14 Rn. 110; *Otto Depenheuer*, in: Hermann von Mangoldt/Friedrich Klein/Christian Starck, Grundgesetz-Kommentar, Band 3, 7. Auflage, München 2018, Art. 14 Rn. 419.

860 *Joachim Wieland*, in: Horst Dreier (Hrsg.), Kommentar zum Grundgesetz, Band 1, 3. Auflage, Tübingen 2013, Art. 14 Rn. 110.

861 RGZ 105, 253; 108, 252; 111, 262; 112, 191; eingehend dazu siehe hierzu auch BVerfGE 45, 297 (330).

verfassungsrechtlichen Anforderungen einer Enteignung gebunden (vgl. Art. 14 Abs. 3 GG)[862].

Nach Art. 14 Abs. 3 S. 1 GG i. V. m. Art. 4 Abs. 1 LV NW sind Enteignungen nur zum Wohle der Allgemeinheit zulässig. Rechtsprechung und Literatur stellen hinsichtlich der Anforderung an das Wohl der Allgemeinheit vor allem darauf ab, dass jedenfalls bloße Fiskalinteressen des Staates nicht unter die Regelung „Wohl der Allgemeinheit" zu fassen seien[863]. Die Enteignung müsse einem konkreten Zweck dienen[864]. Sie müsse auf die hoheitliche Güterbeschaffung zur Durchführung eines konkreten, der Erfüllung öffentlicher Aufgaben dienenden Vorhabens zielen[865]. Dabei gehe es nicht um das Wohl einzelner, sondern um das Wohl einer unbestimmten Vielzahl von Menschen[866]. Art. 14 Abs. 3 S. 2 GG i. V. m. Art. 4 Abs. 1 LV NW weist dem Gesetzgeber die Aufgabe zu, das Wohl der Allgemeinheit zu konkretisieren. So muss der parlamentarische Gesetzgeber in Enteignungsgesetzen bestimmen, unter welchen Voraussetzungen eine Enteignung zulässig sein soll[867]. Ferner hat er in solchen Gesetzen auch Regelungen

---

862 BVerfGE 45, 297 (330); *Joachim Wieland*, in: Horst Dreier (Hrsg.), Kommentar zum Grundgesetz, Band 1, 3. Auflage, Tübingen 2013, Art. 14 Rn. 110; *Otto Depenheuer*, in: Hermann von Mangoldt/Friedrich Klein/Christian Starck, Grundgesetz-Kommentar, Band 3, 7. Auflage, München 2018, Art. 14 Rn. 419.

863 *Walter Leisner*: Eigentum, in: Josef Isensee/Paul Kirchhof (Hrsg.), Handbuch des Staatsrechts der Bundesrepublik Deutschland, Band 8, 3. Auflage, Heidelberg 2010, § 173 Rn. 220; *Joachim Wieland*, in: Horst Dreier (Hrsg.), Kommentar zum Grundgesetz, Band 1, 3. Auflage, Tübingen 2013, Art. 14 Rn. 117; *Rudolf Wendt*, in: Michael Sachs (Hrsg.), Grundgesetz-Kommentar, 8. Auflage, München 2018, Art. 14 Rn. 163; *Hans-Jürgen Papier*, in: Theodor Maunz/Günter Dürig (Begr.), Grundgesetz. Kommentar, München, Art. 14 (2019), Rn. 576.

864 *Joachim Wieland*, in: Horst Dreier (Hrsg.), Kommentar zum Grundgesetz, Band 1, 3. Auflage, Tübingen 2013, Art. 14 Rn. 117.

865 BVerwGE 104, 1 (10); siehe auch *Joachim Wieland*, in: Horst Dreier (Hrsg.), Kommentar zum Grundgesetz, Band 1, 3. Auflage, Tübingen 2013, Art. 14 Rn. 117; *Rudolf Wendt*, in: Michael Sachs (Hrsg.), Grundgesetz-Kommentar, 8. Auflage, München 2018, Art. 14 Rn. 160.

866 *Walter Leisner*: Eigentum, in: Josef Isensee/Paul Kirchhof (Hrsg.), Handbuch des Staatsrechts der Bundesrepublik Deutschland, Band 8, 3. Auflage, Heidelberg 2010, § 173 Rn. 221; *Joachim Wieland*, in: Horst Dreier (Hrsg.), Kommentar zum Grundgesetz, Band 1, 3. Auflage, Tübingen 2013, Art. 14 Rn. 118.

867 Eingehend hierzu *Joachim Wieland*, in: Horst Dreier (Hrsg.), Kommentar zum Grundgesetz, Band 1, 3. Auflage, Tübingen 2013, Art. 14 Rn. 118; *Rudolf Wendt*, in: Michael Sachs (Hrsg.), Grundgesetz-Kommentar, 8. Auflage, München 2018, Art. 14 Rn. 158.

hinsichtlich Art und Ausmaß der Entschädigung zu treffen (vgl. Art. 14 Abs. 3 S. 2 GG: sog. Junktimklausel)[868]. Satz 3 dieser Bestimmung verpflichtet den Gesetzgeber, die Entschädigung „unter gerechter Abwägung der Interessen der Allgemeinheit und der Beteiligten zu bestimmen". Mit diesem Gebot ist der Verfassunggeber bewusst von Art. 153 Abs. 2 S. 2 WRV abgewichen, der eine „angemessene" Entschädigung vorsah[869].

(c) Grenzen der Einschränkbarkeit

Der Gesetzgeber ist in seiner Regelungsbefugnis zur Inhalts- und Schrankenbestimmung sowie zur Anordnung von Enteignungen insbesondere durch die Gewährleistung des Eigentums als Institutionsgarantie[870], den Verhältnismäßigkeitsgrundsatz[871] und das Prinzip des Vertrauensschutzes[872] beschränkt.

„Die Institutionsgarantie sichert einen Grundbestand von Normen", die den Gesetzgeber verpflichten, einen Mindeststandard an freiheitssichernden

868 Hierzu *Walter Leisner*: Eigentum, in: Josef Isensee/Paul Kirchhof (Hrsg.), Handbuch des Staatsrechts der Bundesrepublik Deutschland, Band 8, 3. Auflage, Heidelberg 2010, § 173 Rn. 224, 225; *Rudolf Wendt*, in: Michael Sachs (Hrsg.), Grundgesetz-Kommentar, 8. Auflage, München 2018, Art. 14 Rn. 166 ff.

869 Hierzu wird auf die Ausführungen unter D. II. 2. c) cc) Entstehung des Art. 14 GG verwiesen; siehe auch *Joachim Wieland*, in: Horst Dreier (Hrsg.), Kommentar zum Grundgesetz, Band 1, 3. Auflage, Tübingen 2013, Art. 14 Rn. 129.

870 Zur Institutionsgarantie eingehend *Walter Leisner*: Eigentum, in: Josef Isensee/Paul Kirchhof (Hrsg.), Handbuch des Staatsrechts der Bundesrepublik Deutschland, Band 8, 3. Auflage, Heidelberg 2010, § 173 Rn. 65-68; *Joachim Wieland*, in: Horst Dreier (Hrsg.), Kommentar zum Grundgesetz, Band 1, 3. Auflage, Tübingen 2013, Art. 14 Rn. 143; *Otto Depenheuer*, in: Hermann von Mangoldt/Friedrich Klein/Christian Starck, Grundgesetz-Kommentar, Band 3, 7. Auflage, München 2018, Art. 14 Rn. 222 ff.

871 Zum Verhältnismäßigkeitsgrundsatz *Joachim Wieland*, in: Horst Dreier (Hrsg.), Kommentar zum Grundgesetz, Band 1, 3. Auflage, Tübingen 2013, Art. 14 Rn. 144 ff.; *Otto Depenheuer*, in: Hermann von Mangoldt/Friedrich Klein/Christian Starck, Grundgesetz-Kommentar, Band 3, 7. Auflage, München 2018, Art. 14 Rn. 226 f.; *Rudolf Wendt*, in: Michael Sachs (Hrsg.), Grundgesetz-Kommentar, 8. Auflage, München 2018, Art. 14 Rn. 164a.

872 Zum Prinzip des Vertrauensschutzes *Joachim Wieland*, in: Horst Dreier (Hrsg.), Kommentar zum Grundgesetz, Band 1, 3. Auflage, Tübingen 2013, Art. 14 Rn. 148 ff.; *Otto Depenheuer*, in: Hermann von Mangoldt/Friedrich Klein/Christian Starck, Grundgesetz-Kommentar, Band 3, 7. Auflage, München 2018, Art. 14 Rn. 228 ff.

Vermögensrechten zur Verfügung zu stellen[873]. Sie sichert einerseits die Privatnützigkeit und andererseits die grundsätzliche Verfügungsbefugnis über das Eigentumsobjekt[874].

d) *Synopse: Spuren des Diebstahlverbotes in Art. 14 Abs. 1 GG i. V. m. Art. 4 Abs. 1 LV NW*

Damals wie heute gilt der Gedanke, dass alles was jemandem gehört oder was jemand besitzt zunächst geschützt werden soll: Zur Zeit der Entstehung des dekalogischen Diebstahlverbotes haben die Ackerbauern und Viehzüchter die Lebensweisen der umherziehenden Jäger und Sammler vielleicht gerade abgelöst[875]. Es herrschte ein Umbruch vom nomadischen Zeitalter zur Zeit der Sesshaftigkeit, in der die Menschen zunehmend privates Eigentum an Grund und Boden erlangten[876]. Die Viehzucht gewann an Bedeutung, da das Vieh den Menschen sowohl Nahrung als auch Arbeitskraft für die Bewirtschaftung der Ackerbauflächen gewährte und so letztlich eine Art Existenzgrundlage bildete[877]. Mit dem Umbruch zur Sesshaftigkeit ging das Bedürfnis nach gegenseitiger Respektierung der vermehrt erlangten Besitz- und Eigentumsrechte einher. Denn in den stetig wachsenden Bevölkerungsgruppen wurde die gegenseitige Respektierung von Besitz- und Eigentumsgrundrechten für ein friedliches Zusammenleben unerlässlich.

---

873 BVerwGE 24, 367 (389); *Otto Depenheuer*, in: Hermann von Mangoldt/Friedrich Klein/Christian Starck, Grundgesetz-Kommentar, Band 3, 7. Auflage, München 2018, Art. 14 Rn. 222.

874 BVerfGE 53, 257 (290). Zur letztlich aber geringen praktischen Bedeutung der Institutionsgarantie des Eigentums *Walter Leisner*: Eigentum, in: Josef Isensee/Paul Kirchhof (Hrsg.), Handbuch des Staatsrechts der Bundesrepublik Deutschland, Band 8, 3. Auflage, Heidelberg 2010, § 173 Rn. 68; *Joachim Wieland*, in: Horst Dreier (Hrsg.), Kommentar zum Grundgesetz, Band 1, 3. Auflage, Tübingen 2013, Art. 14 Rn. 143; *Otto Depenheuer*, in: Hermann von Mangoldt/Friedrich Klein/Christian Starck, Grundgesetz-Kommentar, Band 3, 7. Auflage, München 2018, Art. 14 Rn. 223.

875 *Mathias Schreiber*: Die Zehn Gebote. Eine Ethik für heute, München 2010, S. 59; *Joachim Wiemeyer*: Art. Eigentum, I. Kulturgeschichtlich, in: Walter Kasper/Michael Buchberger (Hrsg.), Lexikon für Theologie und Kirche, Band 3, 3. Auflage, Freiburg im Breisgau 1995 (Neudruck 2017), Sp. 530 (530).

876 *Mathias Schreiber*: Die Zehn Gebote. Eine Ethik für heute, München 2010, S. 59.

877 *Matthias Köckert*: Die zehn Gebote, 2. Auflage, München 2013, S. 80 f.

So rückte auch der Diebstahl von mobilen Sachwerten, insbesondere der von Vieh, zunehmend in den Vordergrund des dekalogischen Diebstahlverbotes[878].

Zwar gab es im Alten Testament noch keinen solchen dogmatischen Eigentumsbegriff – wie wir ihn heute kennen –, doch kamen auch bereits hier Besitz- und Eigentumsrechte vielfach zur Sprache[879]. So sollten alle Sachen, die sich im Besitz oder Eigentum von jemandem befanden, vor unrechtmäßigen Zugriffen geschützt werden.

Das 9. Gebot, das dann ausdrücklich das „Haus deines Nächsten" vor dem begehrlichen Zugriff des Fremden schützt, wurde offenbar erst später, zu einer Zeit der endgültigen Sesshaftigkeit, als die immobilen Sachen – wie Haus und Grund – bedeutsamer geworden sind, in den Dekalog aufgenommen:[880].

Eine Parallele findet sich heute in Art. 14 Abs. 1 i. V. m. Art. 4 Abs. 1 LV NW: „Das Eigentum [...] w[i]rd gewährleistet." Damit wird das Eigentum verfassungsrechtlich garantiert. Während sich das dekalogische Diebstahlverbot aber an den Menschen richtet, ist „Eigentumsgegner" nach Verfassungsrecht der Staat[881]. Denn das Eigentumsrecht als subjektiv-rechtliches Abwehrrecht gewährt dem einzelnen Bürger in erster Linie „nur" einen Anspruch gegen den Staat auf Achtung der Eigentumsfreiheit[882]: Der parlamentarische Gesetzgeber kann zwar Inhalt und Schranken des Eigentums bestimmen, er kann es aber nicht abschaffen oder in seinem Kernbereich antasten[883]. Der Gesetzgeber ist vielmehr sogar verpflichtet, die normative Bestimmung von Inhalt und Schranken des Eigentums (vgl. Art. 14 Abs. 1 S. 2 GG) auf die Herstellung von Privatnützigkeit und Verfügungsbefugnis auszurichten[884].

Das durch Art. 4 Abs. 1 LV NW rezipierte Eigentumsgrundrecht gewährt dem einzelnen Bürger also nicht „nur" ein Abwehrrecht gegen staatliche Eingriffe, sondern verpflichtet den Gesetzgeber zugleich, die Rechte des Einzelnen

---

878 *Günter Meckenstock*: Wirtschaftsethik, Berlin u. a. 1997, S. 97; *Matthias Köckert*: Die zehn Gebote, 2. Auflage, München 2013, S. 81.

879 → Fn. 741.

880 Diese Auffassung bei *Mathias Schreiber*: Die Zehn Gebote. Eine Ethik für heute, München 2010, S. 59.

881 → Fn. 822.

882 → Fn. 822.

883 *Christian Dästner*: Die Verfassung des Landes Nordrhein-Westfalen. Kommentar, 2. Auflage, Stuttgart 2002, Art. 4 Rn. 66; *Walter Leisner*: Eigentum, in: Josef Isensee/Paul Kirchhof (Hrsg.), Handbuch des Staatsrechts der Bundesrepublik Deutschland, Band 8, 3. Auflage, Heidelberg 2010, § 173 Rn. 50-52, 70.

884 → Fn. 837.

an Vermögen und Eigentum zu stärken und zu gewährleisten. Die Gewährleistung des Eigentums verwirklicht der Staat dabei u. a. durch das Strafrecht. So ist der Diebstahl in den §§ 242 ff. StGB unter Strafe gestellt.

Auf das horizontale Verhältnis der Bürger untereinander entfaltet das rezipierte Eigentumsgrundrecht nur über die Privatrechtsgesetzgebung sog. Drittwirkung[885]. So hat der private Eigentümer ein subjektiv-öffentliches Recht gegen den Gesetzgeber auf verfassungsgemäße Normierung subjektiv-privater Rechte, welche er wiederum im Wege eines privatrechtlichen Rechtsstreits verwirklichen kann[886].

Die dekalogischen Diebstahls- und Begehrensverbote schützen die Besitz- und Eigentumsrechte einer Person sowie alle weiteren ihr angehörenden Menschen und Tiere[887]. Während das Eigentumsverständnis im Dekalog also einem jeden die Unverletzlichkeit des Eigentums sicherzustellen bemüht ist und der Freiheit eines jeden, ein selbstbestimmtes Leben zu führen, dient[888], steht auch die verfassungsrechtliche Eigentumsgarantie in einem engen Zusammenhang mit der persönlichen Freiheit[889]. So kommt der Eigentumsgarantie im Gesamtgefüge der Grundrechte die Aufgabe zu, dem Grundrechtsträger „einen Freiheitsraum im vermögensrechtlichen Bereich“ zu sichern und ihm damit die Entfaltung und eigenverantwortliche Gestaltung des Lebens zu ermöglichen[890].

Weiter lässt sich im Dekalog ein Gedanke erkennen, der auch für die weitere Auslegungsgeschichte wesentlich war[891]: Nach dem Eigentumsverständnis im Dekalog, wie im Alten Testament überhaupt, darf die Erweiterung des eigenen Vermögens der eigenen Existenz nicht zu Lasten eines anderen gehen[892]. Diese

885 Statt aller *Walter Leisner*: Eigentum, in: Josef Isensee/Paul Kirchhof (Hrsg.), Handbuch des Staatsrechts der Bundesrepublik Deutschland, Band 8, 3. Auflage, Heidelberg 2010, § 173 Rn. 38.

886 So *Walter Leisner*: Eigentum, in: Josef Isensee/Paul Kirchhof (Hrsg.), Handbuch des Staatsrechts der Bundesrepublik Deutschland, Band 8, 3. Auflage, Heidelberg 2010, § 173 Rn. 38.

887 *Mathias Schreiber*: Die Zehn Gebote. Eine Ethik für heute, München 2010, S. 59.

888 Hierzu *Gerhard Wallis*: Art. ḥāmaḏ, in: Johannes Botterweck/Helmer Ringgren (Hrsg.), Theologisches Wörterbuch zum Alten Testament, Band 2, Bonn u. a. 1977, Sp. 1031 f.; *Mathias Schreiber*: Die Zehn Gebote. Eine Ethik für heute, München 2010, S. 59.

889 → Fn. 818.

890 → Fn. 821.

891 *Günter Meckenstock*: Wirtschaftsethik, Berlin u. a. 1997, S. 97.

892 So *Gerhard Wallis*: Art. ḥāmaḏ, in: Johannes Botterweck/Helmer Ringgren (Hrsg.), Theologisches Wörterbuch zum Alten Testament, Band 2, Bonn u. a. 1977, Sp. 1031 f.

alttestamentliche Forderung letztlich nach gegenseitiger Respektierung findet bis heute uneingeschränkt Geltung[893]. So hat der Gesetzgeber bei der Inhalts- und Schrankenbestimmung auch die Sozialbindung des Eigentums (vgl. Art. 14 Abs. 2 GG) zu verwirklichen[894]. Das grundrechtlich vorgegebene Gebot einer am Gemeinwohl orientierten Eigentumsnutzung umfasst dabei das Gebot der Rücksichtnahme auf die Belange der Allgemeinheit, so auch der Mitbürgerinnen und Mitbürger[895]. In diesem Sinne kann im Einzelfall ausnahmsweise sogar ein Enteignungsbegriff gegen verfassungsmäßige Entschädigung in Betracht kommen, sofern eine öffentliche Aufgabe zum Wohle der Allgemeinheit nicht anders verwirklicht werden kann[896]. Die Entscheidung hierfür obliegt jedoch stets dem parlamentarischen Gesetzgeber, niemals einem privaten Dritten[897]. Das Verständnis des Diebstahlverbotes als Verbot unsolidarischen Handelns und als Verpflichtung zu sozialer Verantwortung auch gegenüber unseren Mitmenschen[898] findet sich somit heute in der grundgesetzlich vorgegebenen Sozialbindung des Eigentums in Art. 14 Abs. 2 GG i. V. m. Art. 4 Abs. 1 LV NW wieder.

Der Dekalog ist ethisch allerdings noch tiefgründiger: So geht es in den Begehrensverboten in erster Linie nicht lediglich darum, den Nachbarn der ökonomischen Grundlage seines Lebens nicht zu berauben[899]. Verboten ist insofern nicht nur die widerrechtliche Aneignung oder die unrechtmäßige Nutzung[900]. Die Dekaloggebote zielen vielmehr darauf ab, alles, was dem Nachbarn „gehört" – so auch die Menschen und Tiere in seinem Haus – erst gar nicht zu begehren[901]. Dem liegt der Gedanke der gegenseitigen Respektierung rechtmäßig erlangter Besitz- und Eigentumspositionen zugrunde, die für ein funktionierendes, friedliches Zusammenleben unerlässlich ist. Es gilt der Verletzung aller Sachen, die einer Person gehören, sowie der Menschen und Tiere in ihrem Haus zuvorzukommen.

---

893 *Joachim Wiemeyer*: Art. Eigentum, III. Theologisch-ethisch, in: Walter Kasper/Michael Buchberger (Hrsg.), Lexikon für Theologie und Kirche, Band 3, 3. Auflage, Freiburg im Breisgau 1995 (Neudruck 2017), Sp. 532 (532).

894 → Fn. 838.

895 → Fn. 839.

896 → Fn. 842.

897 → Fn. 856.

898 *Günter Meckenstock*: Wirtschaftsethik, Berlin u. a. 1997, S. 97.

899 → Fn. 767.

900 → Fn. 771.

901 → Fn. 769.

III. Dissonanz

Abschließend verdienen drei Gebote des Dekalogs Aufmerksamkeit, die sich von dem modernen freiheitlichen Staatsdenken, wie es in der Landesverfassung verankert ist, kritisch distanzieren. Das Fremdgötterverbot, das Namensmissbrauchsverbot sowie das Falschzeugnisverbot wenden sich zwar nicht explizit gegen dieses freiheitliche Staatsdenken, gleichwohl stehen jedenfalls die beiden erstgenannten Gebote im Widerspruch zur weltanschaulichen Neutralität des Staates. Letztgenanntes ist mit unserer freiheitlichen demokratischen Staatsordnung ebenfalls unvereinbar.

1. Fremdgötterverbot (1. Gebot)

Bei dem dekalogischen Fremdgötterverbot handelt es sich sehr deutlich um ein solches Gebot, das dem modernen freiheitlichen Staatsdenken nicht entspricht.

Um die Dissonanz zwischen dem Fremdgötterverbot des Dekalogs und der im Grundgesetz statuierten Glaubens- und Bekenntnisfreiheit (Art. 4 Abs. 1 GG i. V. m. Art. 4 Abs. 1 LV NW) zu beleuchten, wird im Folgenden der ursprüngliche Sinn des ersten Dekaloggebotes [a)] untersucht, sodann wird die entgegenstehende verfassungsrechtlich garantierte Glaubens- und Religionsfreiheit [b)] dargestellt.

a) Ursprünglicher Sinn

Im Horebdekalog werden – im Gegensatz zum Sinaidekalog in Ex 20,2-6 – das Fremdgötterverbot und das Bilderverbot zusammen mit der vorangestellten Präambel in Dtn 5,6-10 als ein Gebot gezählt[902].

aa) Die Präambel

Die Präambel wird mit der Vergegenwärtigungsformel „Ich bin Jahwe, dein Gott“ eingeleitet, gefolgt von der Herausführungsformel „der dich aus Ägypten geführt hat, aus dem Sklavenhaus“.

Mit der formelhaften Wendung „Ich bin Jahwe, […]“ wendet sich die Gottheit mit dem Dekalog erstmals direkt und ausdrücklich an Israel[903]. Die Formel dient jedoch nicht der „Selbstvorstellung“ eines bislang unbekannten Gottes, sondern

---

902 Statt aller *Eckart Otto*: Deuteronomium 1-11. Zweiter Teilband 4,44-11, Freiburg im Breisgau u. a. 2012, S. 715 f.

903 *Matthias Köckert*: Die zehn Gebote, 2. Auflage, München 2013, S. 45.

identifiziert unter einer Vielzahl von Göttern das sprechende Subjekt „ich" als Jahwe, was voraussetzt, dass den anderen Göttern nicht die Existenz abgesprochen wird (sog. monolatrische Interpretation[904])[905]. Denn das syntaktische Gefälle verläuft – entsprechend dem Verständnis der Gattung in den altorientalischen Königsinschriften – vom Personalpronomen „ich" zum Gottesnamen „Jahwe"[906]. Durch die Apposition „Ich bin Jahwe, dein Gott" erscheint Gott nicht als der allein in der Geschichte der Schöpfung wirksame Gott, sondern als Gott der Adressaten des Dekalogs, zu denen er sich in ein besonderes Verhältnis setzt und als Gegenzug die Loyalität der Alleinverehrung fordert[907]. Der sich anschließende Relativsatz begründet dies mit dem Hinweis auf die Befreiung der Angeredeten aus der Sklaverei im Land Ägypten: „der dich aus Ägypten geführt hat, aus dem Sklavenhaus"[908].

bb) Fremdgötterverbot

Das Fremdgötterverbot des deuteronomischen Dekalogs hatte literarische Vorläufer im „Bundesbuch" in Ex 22,19a und daran anknüpfend im spätvorexilischen Deuteronomium in Dtn 6,4-5 und Dtn 13,2-13[909]. So findet sich die

904 Zum Begriff der Monolatrie *Friedrich Schleiermacher*: Der christliche Glaube, Berlin 1835, S. 43; vgl. ferner im Anschluss an *Alfred Bertholet/Kurt Goldammer*: Wörterbuch der Religionen, 4. Auflage, Marburg 1985, S. 403; *Werner H. Schmidt/Holger Delkurt/Axel Graupner*: Die Zehn Gebote im Rahmen alttestamentlicher Ethik, Darmstadt 1993, S. 41.

905 *Eckart Otto*: Deuteronomium 1-11. Zweiter Teilband 4,44-11, Freiburg im Breisgau u. a. 2012, S. 716 f.; *Matthias Köckert*: Die zehn Gebote, 2. Auflage, München 2013, S. 46.

906 *Arno Poebel*: Das appositionell bestimmte Pronomen der 1. Pers. Sing. in den westsemitischen Inschriften und im Alten Testament, Chicago 1932, S. 12 ff.; *Eckart Otto*: Deuteronomium 1-11. Zweiter Teilband 4,44-11, Freiburg im Breisgau u. a. 2012, S. 716 f.

907 So *Eckart Otto*: Deuteronomium 1-11. Zweiter Teilband 4,44-11, Freiburg im Breisgau u. a. 2012, S. 716 f.; *Matthias Köckert*: Die zehn Gebote, 2. Auflage, München 2013, S. 46.

908 *Matthias Köckert*: Die zehn Gebote, 2. Auflage, München 2013, S. 46.

909 Eingehend hierzu *Eckart Otto*: Deuteronomium 1-11. Zweiter Teilband 4,44-11, Freiburg im Breisgau u. a. 2012, S. 720 f.; so ferner auch *Werner H. Schmidt/Holger Delkurt/Axel Graupner*: Die Zehn Gebote im Rahmen alttestamentlicher Ethik, Darmstadt 1993, S. 49; anders *Timo Veijola:* Wahrheit und Intoleranz nach Deuteronomium 13, in: ZThK 92 (1995), S. 287 (287 ff.): Er vertritt eine nachexilische Datierung von Dtn 13.

älteste Formulierung des Verbots, fremden Göttern zu opfern, im „Bundesbuch“ in Ex 22,19a wieder[910]. Anknüpfend an Ex 22,19a[911] beinhaltete sodann bereits Dtn 13,2-10 das Gebot absoluter Loyalität gegenüber Jahwe, verbunden mit dem Verbot, hinter anderen Göttern herzugehen[912]. Mit dem Bekenntnis in Dtn 6,4 wurde die Einzigkeit eines Gottes mit der Bindung an eine Gruppe („unser Gott“) ausgelegt, mithin die Bindung an andere Götter – jedenfalls für die Gruppe, die sich diesem Bekenntnis unterstellt – ausgeschlossen[913]. Ferner drückte Dtn 6,5 die Loyalität Gottes bereits mit dem Motiv der Liebe aus[914].

Das Fremdgötterverbot des Dekalogs setzt nach Bevorstehendem die Existenz einer Vielzahl von Göttern, ihre Macht und Verehrung voraus[915]. Es leugnet also nicht die Existenz anderer Götter und bestreitet auch nicht deren Macht, wohl aber richtet es sich gegen die kultische Verehrung anderer Götter[916]. Denn das Verhältnis Jahwes zu denen, die er aus dem Sklavenhaus herausgeführt hat, ist einzigartig[917]: Während in Dtn 5,6 die „Solidarität“ Jahwes mit den Adressaten des Dekalogs als Befreiung aus dem Sklavenhaus betont wird, erscheint Jahwe in Dtn 5,9-10 als „eifernder Gott“[918]: als leidenschaftlich Liebender, der eifersüchtig auf Treue besteht[919]. Die Eifersucht Jahwes richtet sich dabei aber nicht gegen „andere Götter“, sondern gegen die Adressaten des Dekalogs im Falle der Nichtbeachtung des ersten Gebots[920].

---

910 Vgl. ferner auch *Cornelis Houtman*: Das Bundesbuch. Ein Kommentar, Leiden u. a. 1997, S. 223 f.

911 Hierzu Lohfink, Norbert: Opferzentralisation, Säkularisierungsthese und mimetische Theorie, in: ders. (Hrsg.), Studien zum Deuteronomium und zur deuteronomistischen Literatur III, Stuttgart 1995, S. 219 (251).

912 So *Eckart Otto*: Deuteronomium 1-11. Zweiter Teilband 4,44-11, Freiburg im Breisgau u. a. 2012, S. 721.

913 *Matthias Köckert*: Die zehn Gebote, 2. Auflage, München 2013, S. 54.

914 *Eckart Otto*: Deuteronomium 1-11. Zweiter Teilband 4,44-11, Freiburg im Breisgau u. a. 2012, S. 722.

915 *Eckart Otto*: Deuteronomium 1-11. Zweiter Teilband 4,44-11, Freiburg im Breisgau u. a. 2012, S. 717; *Matthias Köckert*: Die zehn Gebote, 2. Auflage, München 2013, S. 49.

916 *Eckart Otto*: Deuteronomium 1-11. Zweiter Teilband 4,44-11, Freiburg im Breisgau u. a. 2012, S. 726; *Matthias Köckert*: Die zehn Gebote, 2. Auflage, München 2013, S. 49.

917 *Matthias Köckert*: Die zehn Gebote, 2. Auflage, München 2013, S. 51.

918 *Eckart Otto*: Deuteronomium 1-11. Zweiter Teilband 4,44-11, Freiburg im Breisgau u. a. 2012, S. 726.

919 *Matthias Köckert*: Die zehn Gebote, 2. Auflage, München 2013, S. 51.

920 Statt aller *Eckart Otto*: Deuteronomium 1-11. Zweiter Teilband 4,44-11, Freiburg im Breisgau u. a. 2012, S. 726; *Matthias Köckert*: Die zehn Gebote, 2. Auflage, München 2013, S. 51.

Somit setzten sowohl die Präambel als auch das Fremdgötterverbot in Dtn 5,7.9 noch[921] eine Mehrzahl von Göttern voraus[922].

cc) Bilderverbot

Im Horebdekalog wird das Bilderverbot in Dtn 5,8 durch das Fremdgötterverbot in Dtn 5,7.9 gerahmt und im Gegensatz zum Sinaidekalog nicht als eigenständiges Gebot gezählt[923], sondern „als Funktion des Fremdgötterverbotes" verstanden[924]. Es zielt auf die Kulturreinheit des Jahwe-Kultes ab, indem es Kultbilder anderer Götter untersagt[925]. Damit spiegelt es, wie auch das Fremdgötterverbot in Dtn 5,7, das monolatrische Verhältnis zu Jahwe wider[926].

Da das Bilderverbot „als praktische Seite"[927] dem Fremdgötterverbot zugeordnet wurde, übernahm es in monotheistischen Kontexten in

---

921 Die Autoren der nachexilischen Fortschreibung des Deuteronomiums ordneten Dtn 5,9 in einen monotheistischen Kontext ein; siehe dazu *Rendtorff, Rolf*: Die Entstehung der israelitischen Religion als religionsgeschichtliches und theologisches Problem (1963), in: ders. (Hrsg.), Gesammelte Studien zum Alten Testament, 1975, S. 119 (113); siehe auch *Werner H. Schmidt/Holger Delkurt/Axel Graupner*: Die Zehn Gebote im Rahmen alttestamentlicher Ethik, Darmstadt 1993, S. 43; *Eckart Otto*: Deuteronomium 1-11. Zweiter Teilband 4,44-11, Freiburg im Breisgau u. a. 2012, S. 726.

922 *Eckart Otto*: Deuteronomium 1-11. Zweiter Teilband 4,44-11, Freiburg im Breisgau u. a. 2012, S. 717; *Matthias Köckert*: Die zehn Gebote, 2. Auflage, München 2013, S. 49.

923 Anders *Werner H. Schmidt/Holger Delkurt/Axel Graupner*: Die Zehn Gebote im Rahmen alttestamentlicher Ethik, Darmstadt 1993, S. 58 ff. sowie *Matthias Köckert*: Die zehn Gebote, 2. Auflage, München 2013, S. 55 ff., weil sie der Ex-Fassung gegenüber der Dtn-Fassung einen Vorrang einräumen.

924 Eingehend hierzu *Eckart Otto*: Deuteronomium 1-11. Zweiter Teilband 4,44-11, Freiburg im Breisgau u. a. 2012, S. 725, 732.

925 *Eckart Otto*: Deuteronomium 1-11. Zweiter Teilband 4,44-11, Freiburg im Breisgau u. a. 2012, S. 732; zum Begriff des Kultbildes *Christoph Dohmen*: Art. psl, in: Johannes Botterweck/Helmer Ringgren (Hrsg.), Theologisches Wörterbuch zum Alten Testament, Band 6, Bonn u. a. 1989, Sp. 692; vgl. ferner auch *Werner H. Schmidt/Holger Delkurt/Axel Graupner*: Die Zehn Gebote im Rahmen alttestamentlicher Ethik, Darmstadt 1993, S. 65 f.; anders *Matthias Köckert*: Die zehn Gebote, 2. Auflage, München 2013, S. 57: „das Bildverbot [habe] ursprünglich die Herstellung eines Kultbildes für Jahwe verbot[en]".

926 *Eckart Otto*: Deuteronomium 1-11. Zweiter Teilband 4,44-11, Freiburg im Breisgau u. a. 2012, S. 732.

927 *Christoph Dohmen*: Exodus 19-40. HThKAT, 2. Auflage, Freiburg im Breisgau u. a. 2012, S. 110; vgl. auch *Eckart Otto*: Deuteronomium 1-11. Zweiter Teilband 4,44-11, Freiburg im Breisgau u. a. 2012, S. 733.

späteren alttestamentlichen Texten auch die Funktion, das Fremdgötterverbot zu repräsentieren[928].

Die Autoren der nachexilischen Fortschreibung des ersten Gebots in Dtn 4,12-25 haben die Ergänzung in Dtn 5,8 dahingehend interpretiert, dass keine Gestalt dessen, was oben im Himmel und was darunter auf der Erde oder im Wasser unter der Erde ist, als Geschöpf die Gestalt des Schöpfers angemessen repräsentieren kann[929]. Während in der deuteronomischen Fassung des ersten Gebots das Fremdgötterverbot (Dtn 5,7) im Vordergrund stand, verlagerte sich der Schwerpunkt in nachexilischer Zeit vom Fremdgötterverbot auf das Bilderverbot. Die Existenz anderer Götter wurde dabei insgesamt verneint[930].

b) Entgegenstehen der Glaubens- und Bekenntnisfreiheit

Die Landesverfassung statuiert in dem durch Art. 4 Abs. 1 LV NW rezipierten Art. 4 Abs. 1 GG das Gegenteil: Glaubens- und Bekenntnisfreiheit. Die Vielfalt von Religionen und weltanschaulichen Bekenntnissen sowie die religiös-weltanschauliche Neutralität und Parität des Staates gehören zu den tragenden Elementen der freiheitlichen demokratischen Ordnung[931] und sind über Jahrhunderte durch den Blutzoll des Dreißigjährigen Krieges und der Revolutionen der Neuzeit hart erkämpft worden[932].

---

928 So *Eckart Otto*: Deuteronomium 1-11. Zweiter Teilband 4,44-11, Freiburg im Breisgau u. a. 2012, S. 733.

929 So *Eckart Otto*: Deuteronomium 1-11. Zweiter Teilband 4,44-11, Freiburg im Breisgau u. a. 2012, S. 734; eingehend hierzu auch *Werner H. Schmidt/Holger Delkurt/Axel Graupner*: Die Zehn Gebote im Rahmen alttestamentlicher Ethik, Darmstadt 1993, S. 73 f.; *Matthias Köckert*: Die zehn Gebote, 2. Auflage, München 2013, S. 60.

930 So *Eckart Otto*: Deuteronomium 1-11. Zweiter Teilband 4,44-11, Freiburg im Breisgau u. a. 2012, S. 734; vgl. zur Interpretation des Bilderverbots in Dtn 4,15-28 auch *Matthias Köckert*: Die zehn Gebote, 2. Auflage, München 2013, S. 57.

931 *Martin Morlok*, in: Horst Dreier (Hrsg.), Kommentar zum Grundgesetz, Band 1, 3. Auflage, Tübingen 2013, Art. 4 Rn. 161 ff.; *Gerhard Czermak*: Religions- und Weltanschauungsrecht, 2. Auflage, Berlin u. a. 2018, § 7 Rn. 120; *Martin Morlok*, in: Horst Dreier (Hrsg.), Kommentar zum Grundgesetz, Band 3, 3. Auflage, Tübingen 2018, Art. 140 Rn. 36 ff.

932 *Axel von Campenhausen*: Der heutige Verfassungsstaat und die Religion, in: Joseph Listl/Dietrich Pirson (Hrsg.), Handbuch des Staatskirchenrechts der Bundesrepublik Deutschland, Band 1, 2. Auflage, Berlin 1994, S. 47 (59); *Axel von Campenhausen/Heinrich de Wall*: Staatskirchenrecht, 4. Auflage, München 2006, S. 17; *Axel von Campenhausen*: Religion, Kirche, Gewissen, in: Josef Isensee/Paul Kirchhof (Hrsg.), Handbuch des Staatsrechts der Bundesrepublik Deutschland, Band 7, 3. Auflage, Heidelberg

Um die aktuelle Rechtsbeziehung von Staat und Kirche zu verstehen, wird zunächst die geschichtliche Entwicklung zur Herausbildung des religiös neutralen Staates und parallel hierzu die Entwicklung der sich ausweitenden Religionsfreiheit beleuchtet.

aa) Geschichtliche Entwicklung der Religionsfreiheit

Für den modernen Europäer mögen die Religionsfreiheit und das damit einhergehende Nebeneinander von Recht und Religion, verkörpert durch Staat und Kirche als selbstverständlich erscheinen. Doch zeigt der sich anschließende Rückblick, dass die Religionsfreiheit erst eine Errungenschaft der Neuzeit ist.

Die Initialzündung für die sich konsequent vollziehende Entwicklung bis zu modernen Religionsfreiheit lieferten insbesondere die sog. Religionskriege[933]. Die ersten Anklänge im Augsburger Religionsfriede (1) bis zur individuellen Religionsfreiheit im heutigen verfassungsrechtlichen Sinn vollzogen sich in mehreren Schritten über den Westfälischen Frieden von 1648 (2), das Preußische Allgemeinen Landrecht von 1794 (3) und das Religionsverfassungsrecht der Preußischen Verfassung von 1950 bis hin zur Weimarer Reichsverfassung von 1919 (4).

(1) Augsburger Religionsfriede

Für die Entwicklung des Verhältnisses von Staat und Religion in Deutschland in der Folgezeit ist der Augsburger Religionsfriede von 1555 maßgeblich[934]. Seine grundlegende Bedeutung bestand in der Schaffung einer

---

2009, § 157 Rn. 16; *Martin Morlok*, in: Horst Dreier (Hrsg.), Kommentar zum Grundgesetz, Band 1, 3. Auflage, Tübingen 2013, Art. 4 Rn. 4; *Peter Unruh*: Religionsverfassungsrecht, 4. Auflage, Baden-Baden 2018, § 2 Rn. 24.

933 Zur Entwicklung der Religionsfreiheit insgesamt *Ansgar Hense*: Zwischen Kollektivität und Individualität. Einige geschichtliche Aspekte der Religionsfreiheit, in: Hans Michael Heinig/Christian Walter (Hrsg.), Staatskirchenrecht oder Religionsverfassungsrecht? Ein begriffspolitischer Grundsatzstreit, Tübingen 2007, S. 7 (14 ff.).

934 Dazu etwa *Martin Heckel*: Der Augsburger Religionsfriede, in: JZ 2005, S. 961 (961 ff.); *Axel von Campenhausen/Heinrich de Wall*: Staatskirchenrecht, 4. Auflage, München 2006, S. 11; *Axel von Campenhausen*: Religion, Kirche, Gewissen, in: Josef Isensee/Paul Kirchhof (Hrsg.), Handbuch des Staatsrechts der Bundesrepublik Deutschland, Band 7, 3. Auflage, Heidelberg 2009, § 157 Rn. 14; *Martin Morlok*, in: Horst Dreier (Hrsg.), Kommentar zum Grundgesetz, Band 1, 3. Auflage, Tübingen 2013, Art. 4 Rn. 3; *Peter Unruh*: Religionsverfassungsrecht, 4. Auflage, Baden-Baden 2018, § 2 Rn. 22.

rechtlichen Koexistenzordnung der sich gegenseitig ausschließenden – evangelisch-lutherischen und römisch-katholischen – Konfessionen, die den Dreißigjährigen Krieg überdauert hat[935]. Die seither im Heiligen Römischen Reich existierende Glaubenszweiheit[936], beinhaltete jedoch nicht die Freiheit des Individuums, seinen Glauben frei zu wählen: Mit dem *ius reformandi*[937] wurde vielmehr nur den Reichsständen das Recht gewährt, ihre Konfession zu wechseln und den Bekenntnisstand sowie die Ordnung der Kirche in ihrem Territorium festzulegen, und zwar einheitlich für alle Untertanen mit geringfügigen Ausnahmen zum Schutz der Katholiken[938]. Das korrespondierende *ius emigrandi* eröffnete sodann aber allen Untertanen der jeweils anderen Konfession das Recht, ohne spürbaren Vermögensverlust abzuwandern[939]. Darin lag gewiss noch keine Anerkennung der individuellen Religionsfreiheit, wohl aber eine Vorstufe hierzu im Gewande der religiösen Freizügigkeit[940].

---

935 *Axel von Campenhausen/Heinrich de Wall*: Staatskirchenrecht, 4. Auflage, München 2006, S. 11 f.; *Axel von Campenhausen*: Religion, Kirche, Gewissen, in: Josef Isensee/ Paul Kirchhof (Hrsg.), Handbuch des Staatsrechts der Bundesrepublik Deutschland, Band 7, 3. Auflage, Heidelberg 2009, § 157 Rn. 15; *Martin Morlok*, in: Horst Dreier (Hrsg.), Kommentar zum Grundgesetz, Band 1, 3. Auflage, Tübingen 2013, Art. 4 Rn. 3; *Peter Unruh*: Religionsverfassungsrecht, 4. Auflage, Baden-Baden 2018, § 2 Rn. 22.

936 So *Gerhard Anschütz*: Die Religionsfreiheit, in: Gerhard Anschütz/Richard Thoma (Hrsg.), Handbuch des Deutschen Staatsrechts, Band 2, Tübingen 1932, S. 675 (676).

937 Dazu *Martin Heckel*: Ius reformandi. Auf dem Wege zum „modernen" Staatskirchenrecht im konfessionellen Zeitalter, in: Irene Dingel/Volker Leppin/Christoph Strohm (Hrsg.), Festschrift für Gottfried Seebaß, Gütersloh 2002, S. 75 (75 ff.).

938 *Axel von Campenhausen*: Religion, Kirche, Gewissen, in: Josef Isensee/Paul Kirchhof (Hrsg.), Handbuch des Staatsrechts der Bundesrepublik Deutschland, Band 7, 3. Auflage, Heidelberg 2009, § 157 Rn. 15; *Martin Morlok*, in: Horst Dreier (Hrsg.), Kommentar zum Grundgesetz, Band 1, 3. Auflage, Tübingen 2013, Art. 4 Rn. 3; *Peter Unruh*: Religionsverfassungsrecht, 4. Auflage, Baden-Baden 2018, § 2 Rn. 22.

939 Hierzu *Christoph Link*: Staat und Kirche in der neueren deutschen Geschichte, Frankfurt am Main 2000, S. 14 ff.; *Axel von Campenhausen*: Religion, Kirche, Gewissen, in: Josef Isensee/Paul Kirchhof (Hrsg.), Handbuch des Staatsrechts der Bundesrepublik Deutschland, Band 7, 3. Auflage, Heidelberg 2009, § 157 Rn. 15 f.; *Martin Morlok*, in: Horst Dreier (Hrsg.), Kommentar zum Grundgesetz, Band 1, 3. Auflage, Tübingen 2013, Art. 4 Rn. 3; *Peter Unruh*: Religionsverfassungsrecht, 4. Auflage, Baden-Baden 2018, § 2 Rn. 22.

940 *Axel von Campenhausen*: Religion, Kirche, Gewissen, in: Josef Isensee/Paul Kirchhof (Hrsg.), Handbuch des Staatsrechts der Bundesrepublik Deutschland, Band 7,

Der Augsburger Religionsfrieden hat zwar nicht auf gesamtstaatlicher Ebene, doch jedenfalls in den einzelnen Territorien eine religionsverfassungsrechtliche Neutralität und Parität bzgl. der beiden christlichen Hauptkonfessionen – der evangelisch-lutherischen und der römisch-katholischen – hergestellt[941].

(2) Westfälischer Friede

Der Augsburger Religionsfrieden vermochte den Konflikt zwischen den Konfessionen jedoch nicht dauerhaft zu lösen[942]. Das lag nicht zuletzt an der entgegengesetzten Interpretation des Vertrages durch die Religionsparteien. Während das Regelwerk für die Katholiken einen vorläufigen, notgedrungenen Kompromiss bedeutete, bis der alte Zustand wiederhergestellt werden konnte, verstanden die Protestanten es als Grundstein für eine dauerhafte und auszubauende religionsverfassungsrechtliche Grundordnung[943]. Der Widerstreit dieser Sichtweisen kulminierte mit dem Blutzoll des Dreißigjährigen Krieges, der durch den Westfälischen Frieden von 1648 beendet wurde[944]. Unter Einbeziehung der Reformierten als dritte Religionspartei wurde der Kompromiss von 1555 präzisiert und fortgeschrieben[945]. Insbesondere wurde erstmals ausdrücklich die – auf

---

3. Auflage, Heidelberg 2009, § 157 Rn. 14 f.; *Peter Unruh*: Religionsverfassungsrecht, 4. Auflage, Baden-Baden 2018, § 2 Rn. 22.

941 *Axel von Campenhausen/Heinrich de Wall*: Staatskirchenrecht, 4. Auflage, München 2006, S. 11; *Peter Unruh*: Religionsverfassungsrecht, 4. Auflage, Baden-Baden 2018, § 2 Rn. 23.

942 *Axel von Campenhausen/Heinrich de Wall*: Staatskirchenrecht, 4. Auflage, München 2006, S. 12; *Peter Unruh*: Religionsverfassungsrecht, 4. Auflage, Baden-Baden 2018, § 2 Rn. 24.

943 *Axel von Campenhausen/Heinrich de Wall*: Staatskirchenrecht, 4. Auflage, München 2006, S. 12; *Peter Unruh*: Religionsverfassungsrecht, 4. Auflage, Baden-Baden 2018, § 2 Rn. 24.

944 *Axel von Campenhausen/Heinrich de Wall*: Staatskirchenrecht, 4. Auflage, München 2006, S. 13 f.; *Axel von Campenhausen*: Religion, Kirche, Gewissen, in: Josef Isensee/ Paul Kirchhof (Hrsg.), Handbuch des Staatsrechts der Bundesrepublik Deutschland, Band 7, 3. Auflage, Heidelberg 2009, § 157 Rn. 16; *Martin Morlok*, in: Horst Dreier (Hrsg.), Kommentar zum Grundgesetz, Band 1, 3. Auflage, Tübingen 2013, Art. 4 Rn. 4; *Peter Unruh*: Religionsverfassungsrecht, 4. Auflage, Baden-Baden 2018, § 2 Rn. 24.

945 Eingehend *Axel von Campenhausen/Heinrich de Wall*: Staatskirchenrecht, 4. Auflage, München 2006, S. 13 f. m. w. N.; *Axel von Campenhausen*: Religion, Kirche, Gewissen, in: Josef Isensee/Paul Kirchhof (Hrsg.), Handbuch des Staatsrechts der Bundesrepublik Deutschland, Band 7, 3. Auflage, Heidelberg 2009, § 157 Rn. 17.; *Martin Morlok*, in: Horst Dreier (Hrsg.), Kommentar zum Grundgesetz, Band 1, 3. Auflage, Tübingen

die drei christlichen Bekenntnisse beschränkte – religionsrechtliche Parität festgeschrieben[946].

(3) Religionsfreiheit in Preußen

Preußen war dem übrigen Deutschland in der Gewährung von Religionsfreiheit weit vorausgeeilt. So wagte Brandenburg-Preußen als erstes größeres Territorium den Schritt zur „inneren konfessionellen Pluralität“[947].

Die drei reichsrechtlich anerkannten Konfessionen genossen gleichermaßen das Recht öffentlicher Religionsausübung, die im Reichsrecht nicht anerkannten kleinen christlichen Religionsgemeinschaften wurden toleriert[948]. Die zunächst in der Verwaltungspraxis faktisch gewährte Gleichstellung fand ihre positivrechtliche Umsetzung im Preußischen Allgemeinen Landrecht von 1794[949].

2013, Art. 4 Rn. 4; *Peter Unruh*: Religionsverfassungsrecht, 4. Auflage, Baden-Baden 2018, § 2 Rn. 24.

946 *Martin Heckel*: Die religionsrechtliche Parität, in: Joseph Listl/Dietrich Pirson (Hrsg.), Handbuch des Staatskirchenrechts der Bundesrepublik Deutschland, Band 1, 2. Auflage, Berlin 1994, S. 445 (451 ff.); *Axel von Campenhausen/Heinrich de Wall*: Staatskirchenrecht, 4. Auflage, München 2006, S. 14; *Axel von Campenhausen*: Religion, Kirche, Gewissen, in: Josef Isensee/Paul Kirchhof (Hrsg.), Handbuch des Staatsrechts der Bundesrepublik Deutschland, Band 7, 3. Auflage, Heidelberg 2009, § 157 Rn. 14 f.; *Peter Unruh*: Religionsverfassungsrecht, 4. Auflage, Baden-Baden 2018, § 2 Rn. 24.

947 Hierzu *Axel von Campenhausen*: Religion, Kirche, Gewissen, in: Josef Isensee/Paul Kirchhof (Hrsg.), Handbuch des Staatsrechts der Bundesrepublik Deutschland, Band 7, 3. Auflage, Heidelberg 2009, § 157 Rn. 21; vgl. hierzu auch *Martin Morlok*, in: Horst Dreier (Hrsg.), Kommentar zum Grundgesetz, Band 1, 3. Auflage, Tübingen 2013, Art. 4 Rn. 7.

948 *Axel von Campenhausen*: Religion, Kirche, Gewissen, in: Josef Isensee/Paul Kirchhof (Hrsg.), Handbuch des Staatsrechts der Bundesrepublik Deutschland, Band 7, 3. Auflage, Heidelberg 2009, § 157 Rn. 22; *Martin Morlok*, in: Horst Dreier (Hrsg.), Kommentar zum Grundgesetz, Band 1, 3. Auflage, Tübingen 2013, Art. 4 Rn. 7; *Gerhard Czermak*: Religions- und Weltanschauungsrecht, 2. Auflage, Berlin u. a. 2018, § 1 Rn. 7.

949 *Axel von Campenhausen*: Religion, Kirche, Gewissen, in: Josef Isensee/Paul Kirchhof (Hrsg.), Handbuch des Staatsrechts der Bundesrepublik Deutschland, Band 7, 3. Auflage, Heidelberg 2009, § 157 Rn. 22; *Martin Morlok*, in: Horst Dreier (Hrsg.), Kommentar zum Grundgesetz, Band 1, 3. Auflage, Tübingen 2013, Art. 4 Rn. 7; vgl. dazu insgesamt auch *Hermann von Fürstenau*: Das Grundrecht der Religionsfreiheit nach seiner geschichtlichen Entwickelung und heutigen Geltung in Deutschland, Leipzig 1891, S. 74 ff.

Abweichend von anderen deutschen und europäischen Staaten betrieb Preußen eine Politik der Neutralität gegenüber den drei Konfessionen[950]. Preußen entwickelte sich damit über den Westfälischen Frieden hinaus, der nur die drei Hauptkonfessionen zuließ und die weitergehende Duldung von Sekten verbot.

Allerdings herrschte noch keine Trennung von Staat und Kirche. Bis ins 19. Jahrhundert hinein übte auch der preußische Staat die staatliche Kirchenhoheit über die Religionsgemeinschaften aus[951]. Das Recht der öffentlichen Religionsausübung (*exercitium religionis publicum*) mit dem Anspruch auf „Turm und Glocken" stand nur den drei reichsrechtlich anerkannten Konfessionen zu[952].

(4) Religionsfreiheit im 19. und im frühen 20. Jahrhundert

Das 19. Jahrhundert brachte religionsrechtlich eine allmähliche Lockerung des staatlichen Zugriffs auf die Kirchen und eine wesentliche Erweiterung der individuellen Religionsfreiheit. So gewährten die Paulskirchenverfassung von 1849 und die revidierte Preußische Verfassung von 1850 nunmehr allen Religionsgemeinschaften – ohne Unterschied der Konfession – das Recht der freien öffentlichen Religionsausübung[953]. In diesem Umfang herrschte Religionsfreiheit bis zum Ende der Monarchie im Jahre 1918[954].

---

950 *Axel von Campenhausen*: Religion, Kirche, Gewissen, in: Josef Isensee/Paul Kirchhof (Hrsg.), Handbuch des Staatsrechts der Bundesrepublik Deutschland, Band 7, 3. Auflage, Heidelberg 2009, § 157 Rn. 22; *Martin Morlok*, in: Horst Dreier (Hrsg.), Kommentar zum Grundgesetz, Band 1, 3. Auflage, Tübingen 2013, Art. 4 Rn. 7.

951 *Axel von Campenhausen*: Religion, Kirche, Gewissen, in: Josef Isensee/Paul Kirchhof (Hrsg.), Handbuch des Staatsrechts der Bundesrepublik Deutschland, Band 7, 3. Auflage, Heidelberg 2009, § 157 Rn. 24; *Gerhard Czermak*: Religions- und Weltanschauungsrecht, 2. Auflage, Berlin u. a. 2018, § 1 Rn. 8.

952 So *Axel von Campenhausen*: Religion, Kirche, Gewissen, in: Josef Isensee/Paul Kirchhof (Hrsg.), Handbuch des Staatsrechts der Bundesrepublik Deutschland, Band 7, 3. Auflage, Heidelberg 2009, § 157 Rn. 24.

953 Vgl. hierzu *Christoph Link*: Staat und Kirche in der neueren deutschen Geschichte, Frankfurt am Main 2000, S. 54 ff.; *Axel von Campenhausen*: Religion, Kirche, Gewissen, in: Josef Isensee/Paul Kirchhof (Hrsg.), Handbuch des Staatsrechts der Bundesrepublik Deutschland, Band 7, 3. Auflage, Heidelberg 2009, § 157 Rn. 36; *Martin Morlok*, in: Horst Dreier (Hrsg.), Kommentar zum Grundgesetz, Band 1, 3. Auflage, Tübingen 2013, Art. 4 Rn. 9.

954 *Axel von Campenhausen*: Religion, Kirche, Gewissen, in: Josef Isensee/Paul Kirchhof (Hrsg.), Handbuch des Staatsrechts der Bundesrepublik Deutschland, Band 7, 3. Auflage, Heidelberg 2009, § 157 Rn. 36.

Nach dem Vorbild des preußischen Verfassungsrechts gestand sodann die Weimarer Reichsverfassung allen Bewohnern des Reichs die volle Glaubens- und Gewissensfreiheit zu: Art. 135 S. 2 WRV garantierte ausdrücklich die ungestörte Religionsausübung für jedermann[955]. Ferner proklamierte Art. 137 Abs. 1 WRV mit dem Verbot der Staatskirche die grundsätzliche Trennung von Staat und Kirche.[956].

(5) Religionsfreiheit im Nationalsozialismus

Die Reichsverfassung galt formal auch während des Nationalsozialismus. Jedoch entwickelte sich die Politik der Nationalsozialisten zunehmend auf die Zurückdrängung der Glaubens- und Gewissensfreiheit. So wurde unter den Stichworten der „Entpolitisierung der Kirchen" und der „Entkonfessionalisierung des öffentlichen Lebens" die Religionsfreiheit zielgerichtet in ihren verschiedenen Ausprägungen verletzt[957]. Art. 135 WRV wie auch die anderen Bestimmungen wurden alsbald von neuen Vorschriften überlagert und zeitweise verdrängt[958].

---

955 Hierzu *Gerhard Anschütz*: Die Verfassung des Deutschen Reichs vom 11. August 1919, 14. Auflage, Berlin 1933, Art. 135 Anm. 1 ff.; *Axel von Campenhausen/Heinrich de Wall*: Staatskirchenrecht, 4. Auflage, München 2006, S. 32 f.; *Axel von Campenhausen*: Religion, Kirche, Gewissen, in: Josef Isensee/Paul Kirchhof (Hrsg.), Handbuch des Staatsrechts der Bundesrepublik Deutschland, Band 7, 3. Auflage, Heidelberg 2009, § 157 Rn. 40; *Martin Morlok*, in: Horst Dreier (Hrsg.), Kommentar zum Grundgesetz, Band 1, 3. Auflage, Tübingen 2013, Art. 4 Rn. 10.

956 Eingehend hierzu *Gerhard Anschütz*: Die Verfassung des Deutschen Reichs vom 11. August 1919, 14. Auflage, Berlin 1933, Art. 137 Anm. 1; *Axel von Campenhausen/Heinrich de Wall*: Staatskirchenrecht, 4. Auflage, München 2006, S. 31 ff.; *Gerhard Czermak*: Religions- und Weltanschauungsrecht, 2. Auflage, Berlin u. a. 2018, § 1 Rn. 17; *Peter Unruh*: Religionsverfassungsrecht, 4. Auflage, Baden-Baden 2018, § 2 Rn. 38.

957 *Axel von Campenhausen*: Religion, Kirche, Gewissen, in: Josef Isensee/Paul Kirchhof (Hrsg.), Handbuch des Staatsrechts der Bundesrepublik Deutschland, Band 7, 3. Auflage, Heidelberg 2009, § 157 Rn. 43; *Martin Morlok*, in: Horst Dreier (Hrsg.), Kommentar zum Grundgesetz, Band 1, 3. Auflage, Tübingen 2013, Art. 4 Rn. 10; *Peter Unruh*: Religionsverfassungsrecht, 4. Auflage, Baden-Baden 2018, § 2 Rn. 42.

958 *Axel von Campenhausen*: Religion, Kirche, Gewissen, in: Josef Isensee/Paul Kirchhof (Hrsg.), Handbuch des Staatsrechts der Bundesrepublik Deutschland, Band 7, 3. Auflage, Heidelberg 2009, § 157 Rn. 43.

bb) Religionsfreiheit[959] in der Landesverfassung

(1) Entstehungsgeschichte der religionsverfassungsrechtlichen Vorschriften

Die Aufnahme der Glaubens- und Gewissensfreiheit in das Grundgesetz war in den Beratungen des Parlamentarischen Rates[960] unumstritten[961], eine kontroverse Diskussion entstand lediglich über die Regelung des institutionellen Verhältnisses von Staat und Kirche[962].

Nachdem der Herrenchiemseer Verfassungsentwurf auf jede institutionelle Regelung verzichtet hatte[963], wünschten sich die beiden großen Kirchen sowie die DP über die individuelle Religionsfreiheit hinausgehende Bestimmungen[964]. Das führte zu einem gemeinsamen Antrag der CDU/CSU, der DZP und der DP, der im Hauptausschuss von seiten der KPD, der SPD und der FDP abgelehnt wurde[965]. Ausschlaggebend für die Ablehnung war dabei nicht nur die Kirchenfeindlichkeit letztgenannter Parteien, sondern auch die Komplexität und Schwierigkeit der Materie[966]. Auf Vorschlag der Abgeordneten *Theodor Heuss*

---

959 Zur Religionsfreiheit als einheitliches Grundrecht und zur Struktur und Systematik der einzelnen Garantien eingehend *Martin Morlok*, in: Horst Dreier (Hrsg.), Kommentar zum Grundgesetz, Band 1, 3. Auflage, Tübingen 2013, Art. 4 Rn. 55 ff. sowie *Peter Unruh*: Religionsverfassungsrecht, 4. Auflage, Baden-Baden 2018, § 4 Rn. 78 f.

960 Zu Folgendem JöR 1 (1951), S. 73 ff.

961 *Martin Borowski*: Die Glaubens- und Gewissensfreiheit des Grundgesetzes, Tübingen 2006, S. 57 ff.; *Klaus Stern*: Das Staatsrecht der Bundesrepublik Deutschland, Band IV/ 2, München 2011, § 118 S. 917.

962 *Peter Unruh*: Religionsverfassungsrecht, 4. Auflage, Baden-Baden 2018, § 4 Rn. 65.

963 *Peter Badura*: Das Staatskirchenrecht als Gegenstand des Verfassungsrechts. Die verfassungsrechtlichen Grundlagen des Staatskirchenrechts, in: Joseph Listl/Dietrich Pirson (Hrsg.), Handbuch des Staatskirchenrechts der Bundesrepublik Deutschland, Band 1, 2. Auflage, Berlin 1994, S. 211 (236 f.).

964 *Axel von Campenhausen*: Religion, Kirche, Gewissen, in: Josef Isensee/Paul Kirchhof (Hrsg.), Handbuch des Staatsrechts der Bundesrepublik Deutschland, Band 7, 3. Auflage, Heidelberg 2009, § 157 Rn. 48.

965 *Parlamentarischer Rat:* Verhandlungen des Hauptausschusses, in: Sach- und Sprechregister zu den Verhandlungen des Parlamentarischen Rates und seines Hauptausschusses 1948-1949, S. 255 f.; vgl. ferner *Peter Badura:* Das Staatskirchenrecht als Gegenstand des Verfassungsrechts. Die verfassungsrechtlichen Grundlagen des Staatskirchenrechts, in: Joseph Listl/Dietrich Pirson (Hrsg.), Handbuch des Staatskirchenrechts der Bundesrepublik Deutschland, Band 1, 2. Auflage, Berlin 1994, S. 211 (237); *Axel von Campenhausen*: Religion, Kirche, Gewissen, in: Josef Isensee/Paul Kirchhof (Hrsg.), Handbuch des Staatsrechts der Bundesrepublik Deutschland, Band 7, 3. Auflage, Heidelberg 2009, § 157 Rn. 48.

966 → Fn. 964.

und *Hermann Höpker-Aschoff* wurde ein Kompromiss erzielt, auf Grund dessen die Kirchenartikel der Weimarer Reichsverfassung (Art. 136-139 und 141 WRV) durch Art. 140 GG zum Bestandteil des Grundgesetzes erklärt wurden[967]. Art. 22 LV NW hat diese dann durch Rezeption der grundgesetzlichen Bestimmungen auch zum Bestandteil der nordrhein-westfälischen Landesverfassung gemacht[968].

(2) Gewährleistung der Religionsfreiheit im Einzelnen

(a) Glaubensfreiheit

Die Glaubensfreiheit (Art. 4 Abs. 1, 1. Alt GG i. V. m. Art. 4 Abs. 1 LV NW) bildet den Kern der Religionsfreiheit[969]. Sie schützt die Bildung und Beibehaltung einer inneren religiösen Vorstellung über Glauben, Weltanschauung und Gewissen (*forum internum*)[970]. In diesem Sinne verbietet sie jede Art von staatlicher

---

967 *Peter Badura:* Das Staatskirchenrecht als Gegenstand des Verfassungsrechts. Die verfassungsrechtlichen Grundlagen des Staatskirchenrechts, in: Joseph Listl/Dietrich Pirson (Hrsg.), Handbuch des Staatskirchenrechts der Bundesrepublik Deutschland, Band 1, 2. Auflage, Berlin 1994, S. 211 (238 f.); *Axel von Campenhausen*: Religion, Kirche, Gewissen, in: Josef Isensee/Paul Kirchhof (Hrsg.), Handbuch des Staatsrechts der Bundesrepublik Deutschland, Band 7, 3. Auflage, Heidelberg 2009, § 157 Rn. 48; vgl. ferner *Peter Unruh*: Religionsverfassungsrecht, 4. Auflage, Baden-Baden 2018, § 4 Rn. 65, 67.

968 *Christian Dästner*: Die Verfassung des Landes Nordrhein-Westfalen. Kommentar, 2. Auflage, Stuttgart 2002, Art. 4 Rn. 32.

969 *Christian Starck*, in: Hermann von Mangoldt/Friedrich Klein/Christian Starck, Grundgesetz-Kommentar, Band 3, 7. Auflage, München 2018, Art. 4 Rn. 8; *Roman Herzog*, in: Theodor Maunz/Günter Dürig (Begr.), Grundgesetz. Kommentar, München, Art. 4 (2019), Rn. 27.

970 *Christian Dästner*: Die Verfassung des Landes Nordrhein-Westfalen. Kommentar, 2. Auflage, Stuttgart 2002, Art. 4 Rn. 31; *Axel von Campenhausen*: Religion, Kirche, Gewissen, in: Josef Isensee/Paul Kirchhof (Hrsg.), Handbuch des Staatsrechts der Bundesrepublik Deutschland, Band 7, 3. Auflage, Heidelberg 2009, § 157 Rn. 57; *Michael Kloepfer*: Verfassungsrecht: Grundrechte, Band 2, München 2010, § 60 Rn. 36; *Martin Morlok*, in: Horst Dreier (Hrsg.), Kommentar zum Grundgesetz, Band 1, 3. Auflage, Tübingen 2013, Art. 4 Rn. 63; *Christian Starck*, in: Hermann von Mangoldt/Friedrich Klein/Christian Starck, Grundgesetz-Kommentar, Band 3, 7. Auflage, München 2018, Art. 4 Rn. 34; *Peter Unruh*: Religionsverfassungsrecht, 4. Auflage, Baden-Baden 2018, § 4 Rn. 81. Zum Schutz der negativen Freiheit *Martin Borowski*: Die Glaubens- und Gewissensfreiheit des Grundgesetzes, Tübingen 2006, S. 437; *Axel von Campenhausen*: Religion, Kirche, Gewissen, in: Josef Isensee/Paul Kirchhof (Hrsg.), Handbuch des Staatsrechts der Bundesrepublik Deutschland, Band 7, 3. Auflage, Heidelberg 2009,

Einflussnahme auf die Bildung von Glaubensüberzeugungen etwa in Gestalt von (auch zwangsweisen) Indoktrinationen[971].

Geschützt sind dabei alle Formen von Religion und Weltanschauung; eine Beschränkung der freien Glaubensbetätigung auf „diejenigen, die sich bei den heutigen Kulturvölkern auf dem Boden gewisser übereinstimmender sittlicher Grundanschauungen im Laufe der geschichtlichen Entwicklung herausgebildet hat"[972] ist unzulässig[973].

Die innere Seite der Religionsfreiheit umfasst neben dem Recht, einen Glauben oder eine Weltanschauung zu bilden und zu haben, auch das Recht, diese zu wechseln oder aufzugeben[974].

Der rezipierte Art. 4 Abs. 1 GG hat die Glaubens- und Bekenntnisfreiheit um die Freiheit des weltanschaulichen Bekenntnisses (Art. 4 Abs. 1, 4. Alt GG i. V. m. Art. 4 Abs. 1 LV NW) erweitert[975]. Geschützt sind somit auch solche Gedankensysteme, „die nicht im herkömmlichen Sinne religiös sind und gerade keinen Gottesbegriff kennen, die also allein unter irdischen Aspekten eine wertende Stellungnahme zum Ganzen der Welt und zur Stellung des Menschen darin bieten und ohne transzendenten Bezug eine Antwort auf die letzten Fragen nach Ursprung, Sinn und Ziel der Welt zu geben versuchen"[976].

---

§ 157 Rn. 61; *Martin Morlok*, in: Horst Dreier (Hrsg.), Kommentar zum Grundgesetz, Band 1, 3. Auflage, Tübingen 2013, Art. 4 Rn. 69.

971 *Axel von Campenhausen*: Religion, Kirche, Gewissen, in: Josef Isensee/Paul Kirchhof (Hrsg.), Handbuch des Staatsrechts der Bundesrepublik Deutschland, Band 7, 3. Auflage, Heidelberg 2009, § 157 Rn. 57; *Martin Morlok*, in: Horst Dreier (Hrsg.), Kommentar zum Grundgesetz, Band 1, 3. Auflage, Tübingen 2013, Art. 4 Rn. 63, 115; *Peter Unruh*: Religionsverfassungsrecht, 4. Auflage, Baden-Baden 2018, § 4 Rn. 78 f.

972 BVerfGE 12, 1 (4).

973 Ebenso *Martin Morlok*, in: Horst Dreier (Hrsg.), Kommentar zum Grundgesetz, Band 1, 3. Auflage, Tübingen 2013, Art. 4 Rn. 72.

974 *Christian Dästner*: Die Verfassung des Landes Nordrhein-Westfalen. Kommentar, 2. Auflage, Stuttgart 2002, Art. 4 Rn. 31; *Axel von Campenhausen*: Religion, Kirche, Gewissen, in: Josef Isensee/Paul Kirchhof (Hrsg.), Handbuch des Staatsrechts der Bundesrepublik Deutschland, Band 7, 3. Auflage, Heidelberg 2009, § 157 Rn. 57; *Martin Morlok*, in: Horst Dreier (Hrsg.), Kommentar zum Grundgesetz, Band 1, 3. Auflage, Tübingen 2013, Art. 4 Rn. 76; *Peter Unruh*: Religionsverfassungsrecht, 4. Auflage, Baden-Baden 2018, § 4 Rn. 81.

975 Hierzu *Axel von Campenhausen*: Religion, Kirche, Gewissen, in: Josef Isensee/Paul Kirchhof (Hrsg.), Handbuch des Staatsrechts der Bundesrepublik Deutschland, Band 7, 3. Auflage, Heidelberg 2009, § 157 Rn. 59.

976 So *Axel von Campenhausen*: Religion, Kirche, Gewissen, in: Josef Isensee/Paul Kirchhof (Hrsg.), Handbuch des Staatsrechts der Bundesrepublik Deutschland, Band 7,

(b) Bekenntnisfreiheit

Die Bekenntnisfreiheit (Art. 4 Abs. 1, 2. Alt GG i. V. m. Art. 4 Abs. 1 LV NW) geht über den Bereich des *forum internum* hinaus und umfasst das Recht „auszusprechen und auch zu verschweigen, daß und was man glaubt oder nicht glaubt“[977]. Geschützt ist insofern die Äußerung der religiösen, areligiösen, antireligiösen und sonstigen weltanschaulichen Überzeugung in allen möglichen Formen, also etwa durch Wort, Schrift oder Bild (*forum externum*)[978]. Ferner umfasst die Ausübung der Bekenntnisfreiheit unzweifelhaft auch das Recht der Werbung für den eigenen Glauben in Form der Missionierung sowie die Abwerbung bislang Andersgläubiger[979].

---

3. Auflage, Heidelberg 2009, § 157 Rn. 59; vgl. ferner *Joseph Listl*: Das Grundrecht der Religionsfreiheit in der Rechtsprechung der Gerichte der Bundesrepublik Deutschland, Berlin 1971, S. 362 mit Fn. 35; *Jörg Müller-Volbehr*: Die sogenannten Jugendreligionen und die Grenzen der Religionsfreiheit, in: Essener Gespräche zum Thema Staat und Kirche 19 (1985), S. 111 (117 f.); *Christian Dästner*: Die Verfassung des Landes Nordrhein-Westfalen. Kommentar, 2. Auflage, Stuttgart 2002, Art. 4 Rn. 31; *Christian Starck*, in: Hermann von Mangoldt/Friedrich Klein/Christian Starck, Grundgesetz-Kommentar, Band 3, 7. Auflage, München 2018, Art. 4 Rn. 33.

977 BVerfGE 12, 1 (4); siehe hierzu auch *Axel von Campenhausen*: Religion, Kirche, Gewissen, in: Josef Isensee/Paul Kirchhof (Hrsg.), Handbuch des Staatsrechts der Bundesrepublik Deutschland, Band 7, 3. Auflage, Heidelberg 2009, § 157 Rn. 70; *Martin Morlok*, in: Horst Dreier (Hrsg.), Kommentar zum Grundgesetz, Band 1, 3. Auflage, Tübingen 2013, Art. 4 Rn. 65; *Christian Starck*, in: Hermann von Mangoldt/Friedrich Klein/Christian Starck, Grundgesetz-Kommentar, Band 3, 7. Auflage, München 2018, Art. 4 Rn. 36; *Peter Unruh*: Religionsverfassungsrecht, 4. Auflage, Baden-Baden 2018, § 4 Rn. 82.

978 *Christian Dästner*: Die Verfassung des Landes Nordrhein-Westfalen. Kommentar, 2. Auflage, Stuttgart 2002, Art. 4 Rn. 31; *Axel von Campenhausen*: Religion, Kirche, Gewissen, in: Josef Isensee/Paul Kirchhof (Hrsg.), Handbuch des Staatsrechts der Bundesrepublik Deutschland, Band 7, 3. Auflage, Heidelberg 2009, § 157 Rn. 75; *Martin Morlok*, in: Horst Dreier (Hrsg.), Kommentar zum Grundgesetz, Band 1, 3. Auflage, Tübingen 2013, Art. 4 Rn. 66; *Peter Unruh*: Religionsverfassungsrecht, 4. Auflage, Baden-Baden 2018, § 4 Rn. 82.

979 BVerfGE 12, 1 (3 f.); 105, 279 (294); siehe auch *Axel von Campenhausen*: Religion, Kirche, Gewissen, in: Josef Isensee/Paul Kirchhof (Hrsg.), Handbuch des Staatsrechts der Bundesrepublik Deutschland, Band 7, 3. Auflage, Heidelberg 2009, § 157 Rn. 75; *Martin Morlok*, in: Horst Dreier (Hrsg.), Kommentar zum Grundgesetz, Band 1, 3. Auflage, Tübingen 2013, Art. 4 Rn. 65, 84.

(c) *Ungestörte Religionsausübung*

Das Grundrecht der ungestörten Religionsausübung geht inhaltlich in der Glaubens- und Bekenntnisfreiheit auf (Art. 4 Abs. 1 GG i. V. m. Art. 4 Abs. 1 LV NW) auf, da diese bereits „– gleichgültig, ob es sich um ein religiöses Bekenntnis oder eine religionsfremde oder religionsfreie Weltanschauung handelt – nicht nur die innere Freiheit, zu glauben oder nicht zu glauben, [...], sondern ebenso die Freiheit des [...] Handeln[s], des Werbens [und] der Propaganda [umfasst]“[980]. Seine aktuelle Bedeutung liegt insofern vor allem in der gesonderten Klarstellung, dass das Recht auf ungestörte Religionsausübung nicht nur dem Einzelnen, sondern auch den Religions- und Weltanschauungsgemeinschaften als Verband zusteht[981].

(3) *Eingriffe in die Religionsfreiheit durch Konfrontation mit religiösen Symbolen*

Einen Eingriff in die negative Schutzbereichsdimension der Religionsfreiheit kann insbesondere die Konfrontation mit religiösen Symbolen bewirken. Eine Leitentscheidung hierfür ist das Kruzifix-Urteil des Bundesverfassungsgerichts[982] zu den Kreuzen in Unterrichtsräumen. Das Gericht nahm einen Eingriff in die negative Religionsfreiheit – der betroffenen Schülerinnen und Schüler – durch ein vom Staat in schulischen Unterrichtsräumen angebrachtes Kreuz an.

Die Eingriffsqualität begründete das Gericht damit, dass die Schülerinnen und Schüler wegen der Anbringung von Kreuzen in Unterrichtsräumen „von Staats wegen und ohne Ausweichmöglichkeit mit diesem Symbol konfrontiert [seien] und gezwungen [würden], ‚unter dem Kreuz‘ zu lernen“[983]. Ferner sei das Kreuz nicht etwa nur Ausdruck der christlich geprägten abendländischen Kultur, sondern auch Symbol einer bestimmten religiösen Überzeugung: „Das Kreuz gehör[e] nach wie vor zu den spezifischen Glaubenssymbolen des Christentums. Es [sei] geradezu sein Glaubenssymbol schlechthin.“[984] Schließlich

---

980 BVerfGE 12, 1 (3 f.); 24, 236 (245); *Christian Starck*, in: Hermann von Mangoldt/Friedrich Klein/Christian Starck, Grundgesetz-Kommentar, Band 3, 7. Auflage, München 2018, Art. 4 Rn. 57.

981 BVerfGE 24, 236 (245 f.); ebenso *Axel von Campenhausen*: Religion, Kirche, Gewissen, in: Josef Isensee/Paul Kirchhof (Hrsg.), Handbuch des Staatsrechts der Bundesrepublik Deutschland, Band 7, 3. Auflage, Heidelberg 2009, § 157 Rn. 83.

982 BVerfGE 93, 1.

983 BVerfGE 93, 1 (18).

984 BVerfGE 93, 1 (19).

könne dem Kreuz auch eine Einwirkung auf die (noch) beeinflussbaren jugendlichen Schülerinnen und Schüler nicht abgesprochen werden[985].

In der Literatur wird die Eingriffsqualität durch die Konfrontation mit Kreuzen und vergleichbaren religiösen Symbolen unterschiedlich bewertet. Zum Teil wird mit dem Bundesverfassungsgericht ein Eingriff bejaht[986]. Überwiegend wird jedoch vertreten, dass Kreuze in Gerichtssälen oder Unterrichtsräumen „keine die grundrechtliche Eingriffsschwelle überschreitende Zwangswirkung" entfalten[987]. So habe das Gericht verkannt, „daß das Kreuz als sinnvariierendes Symbol als Ausdruck kulturellen Erbes und als Glaubenssymbol verschiedenen Interpretationen zugänglich [sei], die den Grundrechtsträgern überlassen werden müssen und staatlicher Festlegung entzogen [seien]"[988]. Ferner übe das Kreuz als solches keinen unausweichlichen Einfluss auf die Schülerinnen und

985 BVerfGE 93, 1 (20).

986 *Gerhard Czermak*: Zur Unzulässigkeit des Kreuzes in der Schule aus verfassungsrechtlicher Sicht, in: Winfried Brugger/Stefan Huster (Hrsg.), Der Streit um das Kreuz in der Schule, Baden-Baden 1998, S. 13 (31 f.); *Martin Heckel*: Kontinuität und Wandlung des deutschen Staatskirchenrechts unter den Herausforderungen der Moderne, in: ZevKR 44 (1999), S. 340 (362); *Martin Morlok*, in: Horst Dreier (Hrsg.), Kommentar zum Grundgesetz, Band 1, 3. Auflage, Tübingen 2013, Art. 4 Rn. 136; *Stefan Huster*: Die ethische Neutralität des Staates. Eine liberale Interpretation der Verfassung, 2. Auflage, Tübingen 2017, S. 150 f., 159 f.; *Hans D. Jarass/Bodo Pieroth*: Grundgesetz für die Bundesrepublik Deutschland, 15. Auflage, München 2018, Rn. 22. *Peter Unruh*: Religionsverfassungsrecht, 4. Auflage, Baden-Baden 2018, § 4 Rn. 115 hat die Eingriffsqualität nach Maßgabe der Kriterien des modernen Eingriffsbegriffs ebenso bejaht.

987 So im Ergebnis – mit unterschiedlicher Begründung – *Christoph Link:* Stat Crux? – Die „Kruzifix"-Entscheidung des Bundesverfassungsgerichts, in: NJW 1995, S. 3353 (3353 ff.); *Jörg Müller-Volbehr:* Positive und negative Religionsfreiheit, in: JZ 1995, S. 996 (996 ff.); *Karl-Hermann Kästner:* Das Grundrecht auf Religions- und Weltanschauungsfreiheit in der neueren höchstrichterlichen Rechtsprechung, in: AöR 123 (1998), S. 408 (421 ff., 428 ff., 440 f.); *Dirk Ehlers*, in: Michael Sachs (Hrsg.), Grundgesetz-Kommentar, 8. Auflage, München 2018, Art. 140 GG/Art. 137 WRV Rn. 8 m. w. N. Ebenso wohl *Martin Heckel*: Religionsfreiheit. Eine säkulare Verfassungsgarantie (1997), in: Klaus Schlaich (Hrsg.), Gesammelte Schriften: Staat, Kirche, Recht, Geschichte, Band 4, Tübingen 1997, S. 647 (853 ff.).

988 *Axel von Campenhausen/Heinrich de Wall*: Staatskirchenrecht, 4. Auflage, München 2006, S. 74 f. *Martin Heckel:* Religionsfreiheit. Eine säkulare Verfassungsgarantie (1997), in: Klaus Schlaich (Hrsg.), Gesammelte Schriften: Staat, Kirche, Recht, Geschichte, Band 4, Tübingen 1997, S. 647 (836 f.) lehnt die eindimensionale Deutung des Kreuzes ebenso ab.

Schüler aus und schreibe insbesondere keinerlei Verhalten vor – weder Anerkennung und Verehrung noch Ablehnung; es provoziere durch seine Existenz nur eine geistige Reaktion beim Betrachter[989].

(4) Schranken der Religionsfreiheit

Sowohl die Freiheiten in Art. 4 Abs. 1 und 2 GG i. V. m. Art. 4 Abs. 1 LV NW als auch die in Art. 136 Abs. 1 WRV i. V. m. Art. 140 GG i. V. m. Art. 4 Abs. 1 LV NW sind zwar vorbehaltlos gewährleistet[990]. Doch ist die Religionsfreiheit nicht schrankenlos gewährleistet[991]: Nach dem Grundsatz der Einheit der Verfassung kann auch sie zum Schutze kollidierender Verfassungspositionen Dritter beschränkt werden (sog. verfassungsimmanente Schranke)[992]. Beispiele für eine relevante verfassungsimmanente Schranke, die ggfs. einen Eingriff in das Grundrecht der Religionsfreiheit rechtfertigen kann, sind nach Bevorstehendem die negative Religionsfreiheit Dritter (Art. 4 Abs. 1 und 2 i. V. m. Art. 4 Abs. 1 LV NW) sowie das Elternrecht aus Art. 6 Abs. 2 und 3 GG i. V. m. Art. 4 Abs. 1 LV NW[993].

(5) Entgegenstehen des modernen freiheitlichen Staatsdenkens: Die positive und negative Religionsausübungsfreiheit

Die verfassungsrechtlich garantierte Religionsfreiheit schützt das Recht zum Fernbleiben von religiöser Bindung und das Recht, seine religiöse Überzeugung

---

989 So *Karl-Hermann Kästner*: Lernen unter dem Kreuz? Zur Zulässigkeit religiöser Symbole in staatlichen Schulen nach der Entscheidung der BVerfG vom 16. Mai 1995, in: ZevKR 41 (1996), S. 241 (263).

990 Eingehend hierzu *Martin Morlok*, in: Horst Dreier (Hrsg.), Kommentar zum Grundgesetz, Band 1, 3. Auflage, Tübingen 2013, Art. 4 Rn. 124, 184 m. w. N.

991 Statt vieler *Martin Morlok*, in: Horst Dreier (Hrsg.), Kommentar zum Grundgesetz, Band 1, 3. Auflage, Tübingen 2013, Art. 4 Rn. 123 ff.; *Peter Unruh*: Religionsverfassungsrecht, 4. Auflage, Baden-Baden 2018, § 4 Rn. 131; kritisch *Ulrich Vosgerau*: Freiheit des Glaubens und Systematik des Grundgesetzes: Zum Gewährleistungsgehalt schrankenvorbehaltloser Grundrechte am Beispiel der Glaubens- und Gewissensfreiheit, Berlin 2007, S. 38 ff.

992 Std. Rspr. seit BVerfGE 28, 243 (261); siehe BVerfGE 93, 1 (21); 108, 282 (305 ff.). Eingehend hierzu *Martin Morlok*, in: Horst Dreier (Hrsg.), Kommentar zum Grundgesetz, Band 1, 3. Auflage, Tübingen 2013, Art. 4 Rn. 159 ff.

993 *Peter Unruh*: Religionsverfassungsrecht, 4. Auflage, Baden-Baden 2018, § 4 Rn. 132 m. w. N.

entsprechend zu leben gleichermaßen[994]. Ein genereller Anspruch gegen den Staat auf Freiheit von religiösen oder weltanschaulichen Konfrontationen in der Öffentlichkeit kann aus der negativen Religionsfreiheit aber nicht abgeleitet werden[995]. Dies hat folgenden Hintergrund: Ursprünglich ging es der Religionsfreiheit um die Abwehr kirchlicher und staatlicher Machtansprüche (negative Religionsfreiheit)[996]. So verbürgte die Religionsfreiheit das Recht, sich von einer geforderten religiösen Haltung zu befreien. Bis ins späte 18. Jahrhundert gestattete diese Freiheit jedoch nur die Wahl zwischen anerkannten Konfessionen[997]. Erst von da an umfasste die Religionsfreiheit auch die atheistische Ablehnung jedes religiösen Bekenntnisses[998]. Heute gewährleistet Art. 4 Abs. 1 und 2 GG i. V. m. Art. 4 Abs. 1 LV NW das Recht, nicht zu glauben, nicht zu bekennen und/oder religiöser Aktivität fernzubleiben[999].

Indem Art. 4 Abs. 1 GG i. V. m. Art. 4 Abs. 1 LV NW zugleich die Freiheit gewährleistet, ein Bekenntnis oder eine Weltanschauung auszubilden, zu

994 *Axel von Campenhausen*: Religion, Kirche, Gewissen, in: Josef Isensee/Paul Kirchhof (Hrsg.), Handbuch des Staatsrechts der Bundesrepublik Deutschland, Band 7, 3. Auflage, Heidelberg 2009, § 157 Rn. 127; *Peter Unruh*: Religionsverfassungsrecht, 4. Auflage, Baden-Baden 2018, § 4 Rn. 88.

995 *Axel von Campenhausen*: Religion, Kirche, Gewissen, in: Josef Isensee/Paul Kirchhof (Hrsg.), Handbuch des Staatsrechts der Bundesrepublik Deutschland, Band 7, 3. Auflage, Heidelberg 2009, § 157 Rn. 128, 131; *Peter Unruh*: Religionsverfassungsrecht, 4. Auflage, Baden-Baden 2018, § 4 Rn. 88.

996 *Axel von Campenhausen*: Religion, Kirche, Gewissen, in: Josef Isensee/Paul Kirchhof (Hrsg.), Handbuch des Staatsrechts der Bundesrepublik Deutschland, Band 7, 3. Auflage, Heidelberg 2009, § 157 Rn. 128; *Paul Mikat*: Staat, Kirchen und Religionsgemeinschaften, in: Ernst von Benda/Werner Maihofer/Hans-Jochen Vogel (Hrsg.), Handbuch des Verfassungsrechts der Bundesrepublik Deutschland, Teil 2, 2. Auflage, Berlin 1994 (Neudruck 2011), § 29 Rn. 16; vgl. ferner *Klaus Stern*: Das Staatsrecht der Bundesrepublik Deutschland, Band IV/2, München 2011, § 118 S. 956.

997 *Axel von Campenhausen*: Religion, Kirche, Gewissen, in: Josef Isensee/Paul Kirchhof (Hrsg.), Handbuch des Staatsrechts der Bundesrepublik Deutschland, Band 7, 3. Auflage, Heidelberg 2009, § 157 Rn. 128.

998 *Axel von Campenhausen*: Religion, Kirche, Gewissen, in: Josef Isensee/Paul Kirchhof (Hrsg.), Handbuch des Staatsrechts der Bundesrepublik Deutschland, Band 7, 3. Auflage, Heidelberg 2009, § 157 Rn. 128.

999 BVerfGE 93, 1 (15 f.); 108, 282 (301 f.); *Martin Borowski*: Die Glaubens- und Gewissensfreiheit des Grundgesetzes, Tübingen 2006, S. 437; *Klaus Stern*: Das Staatsrecht der Bundesrepublik Deutschland, Band IV/2, München 2011, § 118 S. 956 ff.; *Martin Morlok*, in: Horst Dreier (Hrsg.), Kommentar zum Grundgesetz, Band 1, 3. Auflage, Tübingen 2013, Art. 4 Rn. 69.

bekennen oder auszuüben (positive Religionsfreiheit), wird eine ständige geistige Auseinandersetzung verschiedener Glaubensrichtungen ermöglicht, die für den demokratischen öffentlichen Meinungsbildungsprozess auch unerlässlich ist[1000]. Lediglich dort, wo demokratische Mehrheiten ihre Überzahl für Zugriffe auf religiöse oder weltanschauliche Minderheiten missbrauchen begründet die Glaubens- und Bekenntnisfreiheit eine objektiv-rechtliche Schutzverpflichtung des Staates[1001].

c) Synopse: Dissonanz zwischen dem Fremdgötterverbot und der Glaubens- und Bekenntnisfreiheit in Art. 4 Abs. 1 GG i. V. m. Art. 4 Abs. 1 LV NW

Die über Art. 4 Abs. 1 LV NW rezipierte Glaubens- und Bekenntnisfreiheit (Art. 4 Abs. 1 GG) begründet als Grundelement der freiheitlichen demokratischen Ordnung die religiöse und weltanschauliche Neutralität und Parität des Staates. Sie verleiht allen Bürgern im Rahmen der Gemeinverträglichkeit das Recht, nach ihren individuellen religiösen und weltanschaulichen Wünschen und Vorstellungen zu leben[1002]. Die Vielfalt von Religionen und weltanschaulichen Bekenntnissen sowie die Neutralität des Staates sind dabei über die

1000 *Axel von Campenhausen/Heinrich de Wall*: Staatskirchenrecht, 4. Auflage, München 2006, S. 58; *Axel von Campenhausen*: Religion, Kirche, Gewissen, in: Josef Isensee/Paul Kirchhof (Hrsg.), Handbuch des Staatsrechts der Bundesrepublik Deutschland, Band 7, 3. Auflage, Heidelberg 2009, § 157 Rn. 131; zur positiven Religionsfreiheit ferner *Peter Unruh*: Religionsverfassungsrecht, 4. Auflage, Baden-Baden 2018, § 4 Rn. 80 ff., 88.

1001 *Konrad Hesse*: Freie Kirche im demokratischen Gemeinwesen. Zur Gegenwartslage des Verhältnisses von Staat und Kirche in der Bundesrepublik, in: ZevKR 11 (1964/65), S. 337 (359 ff.); *Axel von Campenhausen*: Religion, Kirche, Gewissen, in: Josef Isensee/Paul Kirchhof (Hrsg.), Handbuch des Staatsrechts der Bundesrepublik Deutschland, Band 7, 3. Auflage, Heidelberg 2009, § 157 Rn. 131; *Martin Morlok*, in: Horst Dreier (Hrsg.), Kommentar zum Grundgesetz, Band 1, 3. Auflage, Tübingen 2013, Art. 4 Rn. 168.

1002 *Axel von Campenhausen:* Der heutige Verfassungsstaat und die Religion, in: Joseph Listl/Dietrich Pirson (Hrsg.), Handbuch des Staatskirchenrechts der Bundesrepublik Deutschland, Band 1, 2. Auflage, Berlin 1994, S. 47 (59, 62, 75 ff., 77 ff.); *Axel von Campenhausen*: Religion, Kirche, Gewissen, in: Josef Isensee/Paul Kirchhof (Hrsg.), Handbuch des Staatsrechts der Bundesrepublik Deutschland, Band 7, 3. Auflage, Heidelberg 2009, § 157 Rn. 5; *Martin Morlok*, in: Horst Dreier (Hrsg.), Kommentar zum Grundgesetz, Band 1, 3. Auflage, Tübingen 2013, Art. 4 Rn. 49.

Jahrhunderte durch den Blutzoll des Dreißigjährigen Krieges und der Revolutionen der Neuzeit hart erkämpft worden[1003].

Bei dem Fremdgötterverbot des Dekalogs, das sich gegen die kultische Verehrung anderer Götter richtet[1004], handelt es sich somit eindeutig um ein Gebot, dass dem modernen offenen und freiheitlichen Staatsdenken widerspricht und als Verfassungsbestimmung allenfalls in altertümliche Gesellschaftsformen passt, in denen Staat und Religion in eins gehen, in denen der Staat sich mit einem bestimmten Glauben identifiziert und in denen die Staatsbürgerschaft an eine bestimmte Konfession gebunden wird. Der rezipierte Art. 4 Abs. 1 GG schützt das Recht zum Fernbleiben von religiöser Bindung und das Recht, seiner religiösen Überzeugung entsprechend in der Öffentlichkeit zu leben gleichermaßen, somit kann der Staat nicht gleichzeitig eine besondere Verbindung mit einer oder mehreren Konfessionen beibehalten[1005].

Die sich aus der Garantie der individuellen Glaubens- und Bekenntnisfreiheit (Art. 4 Abs. 1 GG i. V. m Art. 4 Abs. 1 LV NW), dem Verbot der Staatskirche (Art. 137 Abs. 1 WRV i. V. m. Art. 140 GG i. V. m Art. 4 Abs. 1 LV NW) und der (damit einhergehenden) Trennung von Staat und Kirche ergebende religiöse und weltanschauliche Neutralität[1006], schließt eine staatliche Identifizierung mit einer Religion vielmehr aus und verpflichtet den Staat zur Enthaltsamkeit: Er soll in religiösen und weltanschaulichen Dingen weder eingreifen noch Partei einnehmen[1007]. Somit kann von Rechts wegen grundsätzlich jeder Glaubenssymbole wie beispielsweise Götterfiguren anbeten, bei sich versammeln oder in öffentlichen Räumen wie beispielsweise in Unterrichtsräumen anbringen[1008].

1003 → Fn. 931.

1004 → Fn. 915.

1005 *Axel von Campenhausen:* Der heutige Verfassungsstaat und die Religion, in: Joseph Listl/Dietrich Pirson (Hrsg.), Handbuch des Staatskirchenrechts der Bundesrepublik Deutschland, Band 1, 2. Auflage, Berlin 1994, S. 47 (72).

1006 *Axel von Campenhausen:* Der heutige Verfassungsstaat und die Religion, in: Joseph Listl/Dietrich Pirson (Hrsg.), Handbuch des Staatskirchenrechts der Bundesrepublik Deutschland, Band 1, 2. Auflage, Berlin 1994, S. 47 (77).

1007 *Axel von Campenhausen:* Der heutige Verfassungsstaat und die Religion, in: Joseph Listl/Dietrich Pirson (Hrsg.), Handbuch des Staatskirchenrechts der Bundesrepublik Deutschland, Band 1, 2. Auflage, Berlin 1994, S. 47 (77); siehe auch *Andreas Heusch*, in: Andreas Heusch/Klaus Schönenbroicher (Hrsg.), Die Landesverfassung Nordrhein-Westfalen. Kommentar, 2. Auflage, Siegburg 2020, Präambel Rn. 12.

1008 Zur privaten Anbringung religiöser Symbole in öffentlichen Räumen *Martin Morlok*, in: Horst Dreier (Hrsg.), Kommentar zum Grundgesetz, Band 1, 3. Auflage, Tübingen 2013, Art. 4 Rn. 137.

Die Glaubens- und Bekenntnisfreiheit verpflichtet den Staat dabei, religiös oder weltanschauliche Minderheiten vor dem Zugriff von Minderheiten vor Beeinträchtigungen anderer Bürger zu schützen[1009]. Die Gewährleistung zur Entfaltung der Religion endet also ggfs. dort, wo andere Bürger in ihren Überzeugungen beeinträchtigt werden. Ein genereller Anspruch gegen den Staat vor religiösen und weltanschaulichen Konfrontationen anderer abgeschirmt zu werden, besteht aber nicht[1010].

Dennoch steckt etwas in diesem ersten Dekaloggebot, das sich mit dem modernen Verfassungsverständnis verbinden lässt. Es ist die Anerkennung der einen Autorität: Heute fordert der Staat, als Gewaltmonopol eine ebenso strikte Anerkennung, wie vor etlichen Zeiten die göttliche Satzung.

2. Namensmissbrauchsverbot (2. Gebot)

Das Namensmissbrauchsverbot untersagt die missbräuchliche Verwendung des Gottesnamens und zielt damit wie auch das erste Gebot auf die Kulturreinheit des Jahwe-Kultes ab[1011]. Unabhängig davon, ob man dem dekalogischen Gebot eine umfassende Deutung beimisst[1012], in dem Sinne, dass jede Art missbräuchlichen Umgangs mit dem Namen Gottes geschützt ist oder ob man es auf den konkreten Fall des Meineids bezieht[1013], widerspricht dieses Dekaloggebot ebenfalls dem modernen freiheitlichen Staatsdenken[1014].

1009 → Fn. 1000.

1010 → Fn. 994.

1011 Eingehend hierzu *Werner H. Schmidt/Holger Delkurt/Axel Graupner*: Die Zehn Gebote im Rahmen alttestamentlicher Ethik, Darmstadt 1993, S. 78 ff.; *Eckart Otto*: Deuteronomium 1-11. Zweiter Teilband 4,44-11, Freiburg im Breisgau u. a. 2012, S. 735.

1012 Eine umfassende Deutung zieht *Luther* vor, vgl. *Matthias Köckert*: Die zehn Gebote, 2. Auflage, München 2013, S. 65. Ferner eine umfassende Deutung bejahend *Werner H. Schmidt/Holger Delkurt/Axel Graupner*: Die Zehn Gebote im Rahmen alttestamentlicher Ethik, Darmstadt 1993, S. 82 f.

1013 Zum Zusammenhang des Meineidverbots mit dem dritten Gebot *Werner H. Schmidt/Holger Delkurt/Axel Graupner*: Die Zehn Gebote im Rahmen alttestamentlicher Ethik, Darmstadt 1993, S. 80 f.; vgl. auch *Eckart Otto*: Deuteronomium 1-11. Zweiter Teilband 4,44-11, Freiburg im Breisgau u. a. 2012, S. 737.

1014 Hierzu wird auf die Ausführungen unter D. III. 1. verwiesen.

3. Falschzeugnisverbot (8. Gebot)

Spuren des Falschzeugnisverbotes des Dekalogs sind im Landesverfassungstext kaum vorstellbar. Denn das ethische Gebot, nicht zu lügen, wahrhaftig zu reden, ist in der modernen Medienwelt kaum als verfassungsrechtliche Normierung denkbar[1015]. Insbesondere stünde einer solchen Normierung das rezipierte Recht auf freie Meinungsäußerung und -verbreitung nach Art. 5 Abs. 1 S. 1 GG i. V. m. Art. 4 Abs. 1 LV NW entgegen.

Um die insofern kritische Dissonanz zwischen dem dekalogischen Falschzeugnisverbot und dem durch Art. 4 Abs. 1 LV NW rezipierten Recht auf freie Meinungsäußerung und -verbreitung zu begründen, wird im Folgenden zunächst der ursprüngliche Sinn des Falschzeugnisverbotes [a)] dargestellt. Im Anschluss daran wird das verfassungsrechtlich geschützte Recht auf freie Meinungsäußerung und -verbreitung beleuchtet [] b)].

a) Ursprünglicher Sinn

aa) Prozessrechtlicher Ursprung

Die Formulierung des dekalogischen Falschzeugnisverbotes – das seinem Wortlaut nach die falsche Zeugenaussage vor Gericht verbietet[1016] – verweist eindeutig auf einen prozessrechtlichen Ursprung in Ex 21,1-3.6-8 und Dtn 19,15-21[1017]. Mit dem singulären Begriff *ʿed šāw* in Dtn 5,20, wörtlich „Zeuge des Trugs"[1018],

---

1015 Diese Auffassung bei *Mathias Schreiber*: Die Zehn Gebote. Eine Ethik für heute, München 2010, S. 61 f.

1016 *Werner H. Schmidt/Holger Delkurt/Axel Graupner*: Die Zehn Gebote im Rahmen alttestamentlicher Ethik, Darmstadt 1993, S. 125; *Martin Rösel*: Zwischen dem 8. Gebot und Abrahams Lüge. Das Alte Testament und die Frage nach der Lüge, in: Rochus Leonhardt/Martin Rösel (Hrsg.), Dürfen wir lügen? Beiträge zu einem aktuellen Thema, Rostock 2002, S. 1 (10).

1017 Statt aller *Werner H. Schmidt/Holger Delkurt/Axel Graupner*: Die Zehn Gebote im Rahmen alttestamentlicher Ethik, Darmstadt 1993, S. 125; *Martin Rösel*: Zwischen dem 8. Gebot und Abrahams Lüge. Das Alte Testament und die Frage nach der Lüge, in: Rochus Leonhardt/Martin Rösel (Hrsg.), Dürfen wir lügen? Beiträge zu einem aktuellen Thema, Rostock 2002, S. 1 (10); *Eckart Otto*: Deuteronomium 1-11. Zweiter Teilband 4,44-11, Freiburg im Breisgau u. a. 2012, S. 750; *Matthias Köckert*: Die zehn Gebote, 2. Auflage, München 2013, S. 81.

1018 Vgl. *John F. A. Sawyer*: Art. šāw, in: Ernst Jenni/Claus Westermann (Hrsg.), Theologisches Handwörterbuch zum Altes Testament, Band 2, München u. a. 1979, Sp. 882 (882).

d. h. der „Nichtigkeit", knüpften die Autoren des Horebdekalogs an Ex 23,1 an, indem sie *šema' šāw' und 'ed ḥāmās* zu *'ed šāw'* kontrahierten[1019]:

> *„Du sollst kein leeres Gerücht šema' šāw' verbreiten. Biete deine Hand nicht dem, der Unrecht hat, indem du als falscher Zeuge 'ed ḥāmās auftrittst." (Ex 23,1)*

Das Falschzeugnis stellte für das ursprüngliche Gerichtsverfahren eine grundlegende Gefahr dar[1020]. Denn der Zeugenbeweis war das wichtigste Beweismittel im damaligen Gerichtsverfahren[1021]. So wird der einzelne Prozessteilnehmer im „Bundesbuch" in Ex 23,2 auch aufgefordert, sich nicht von der „Mehrheit zum Bösen" beeinträchtigen zu lassen und jedwedes Bestechungsgeschenk abzulehnen (vgl. Ex 23,7-8)[1022].

Der verwendete Begriff *'nh b* bezeichnet dabei das Auftreten vor Gericht für oder gegen jemanden: „aussagen, zeugen"[1023]. Wer Zeuge eines Vergehens wurde, war verpflichtet, die Sache vorzutragen. In einem Prozess konnte der Zeuge also zugleich Kläger werden: „Er ist derjenige, der das Verüben eines Verbrechens gesehen oder davon gehört hat [Lev 5,1] und es anzeigt."[1024] Das

---

1019 So *Eckart Otto*: Deuteronomium 1-11. Zweiter Teilband 4,44-11, Freiburg im Breisgau u. a. 2012, S. 750; vgl. hierzu auch *Isaac Leo Seeligmann*: Zur Terminologie für das Gerichtsverfahren im Wortschatz des biblischen Hebräisch, in: Benedikt Hartmann (Hrsg.), Hebräische Wortforschung. Festschrift zum 80. Geburtstag von Walter Baumgartner, Leiden 1967, S. 251 (262-264).

1020 *Eckart Otto*: Deuteronomium 1-11. Zweiter Teilband 4,44-11, Freiburg im Breisgau u. a. 2012, S. 750.

1021 Eingehend hierzu *Isaac Leo Seeligmann*: Zur Terminologie für das Gerichtsverfahren im Wortschatz des biblischen Hebräisch, in: Benedikt Hartmann (Hrsg.), Hebräische Wortforschung. Festschrift zum 80. Geburtstag von Walter Baumgartner, Leiden 1967, S. 251 (261 ff.); *Eckart Otto*: Neue Aspekte zum keilschriftlichen Prozessrecht in Babylonien und Assyrien, in: ZAR 4 (1998), S. 263 (265); *Eckart Otto*: Deuteronomium 1-11. Zweiter Teilband 4,44-11, Freiburg im Breisgau u. a. 2012, S. 750.

1022 Vgl. hierzu auch *Eckart Otto*: Deuteronomium 1-11. Zweiter Teilband 4,44-11, Freiburg im Breisgau u. a. 2012, S. 750.

1023 Vgl. Dtn 19,16 u. a.; hierzu *Casper J. Labuschagne*: Art. 'nh, in: Ernst Jenni/Claus Westermann (Hrsg.), Theologisches Handwörterbuch zum Altes Testament, Band 2, München u. a. 1979, Sp. 335 (339); *F. J. Stendebach*: Art. 'anah, in: Johannes Botterweck/Helmer Ringgren (Hrsg.), Theologisches Wörterbuch zum Alten Testament, Band 6, Bonn u. a. 1989, Sp. 236 f.; *Werner H. Schmidt/Holger Delkurt/Axel Graupner*: Die Zehn Gebote im Rahmen alttestamentlicher Ethik, Darmstadt 1993, S. 125.

1024 So *Isaac Leo Seeligmann*: Zur Terminologie für das Gerichtsverfahren im Wortschatz des biblischen Hebräisch, in: Benedikt Hartmann (Hrsg.), Hebräische Wortforschung. Festschrift zum 80. Geburtstag von Walter Baumgartner, Leiden 1967,

im deuteronomischen Prozessrecht – welches an das des „Bundesbuches“ anknüpfte[1025] – geltende Verbot, als *šaeqaer* „Lügenzeuge“[1026] aufzutreten, meinte also zunächst nichts anderes als: „Du darfst gegen niemand eine falsche, fingierte Anklage erheben“[1027].

Da die Falschaussage in strafrechtlichen Verfahren lebensbedrohliche Folgen haben konnte, wurde der „Lügenzeuge“ in Dtn 19,16 auch als *ʿeḏ ḥāmās* „Zeuge der Gewalt“ bezeichnet[1028]. Der Begriff *ʿeḏ ḥāmās* wurde dabei aus Ex 23,1 übernommen[1029]. Um falsche Anzeigen, die „in der israelitischen Gesellschaft ein verbreitetes Übel“[1030] darstellten, in Grenzen zu halten, wurde eine Anklage (Dtn 19,15), jedenfalls bei drohender Todesstrafe, nur auf zwei sich deckende Zeugenaussagen hin erhoben[1031].

bb) Vom Recht zur Ethik

Die Autoren des Dekalogs drückten sodann durch die Formulierung *ʿed šāwʾ* in Dtn 5,20 eine Ausweitung des Sachverhalts aus, die über die Situation bei

---

S. 251 (262); siehe auch *Werner H. Schmidt/Holger Delkurt/Axel Graupner*: Die Zehn Gebote im Rahmen alttestamentlicher Ethik, Darmstadt 1993, S. 125 f.

1025 Hierzu *Eckart Otto*: Deuteronomium 1-11. Zweiter Teilband 4,44-11, Freiburg im Breisgau u. a. 2012, S. 750.

1026 Dtn 19,18.

1027 So *Isaac Leo Seeligmann*: Zur Terminologie für das Gerichtsverfahren im Wortschatz des biblischen Hebräisch, in: Benedikt Hartmann (Hrsg.), Hebräische Wortforschung. Festschrift zum 80. Geburtstag von Walter Baumgartner, Leiden 1967, S. 251 (262 f.); hierauf verweisend *Werner H. Schmidt/Holger Delkurt/Axel Graupner*: Die Zehn Gebote im Rahmen alttestamentlicher Ethik, Darmstadt 1993, S. 126.

1028 Hierzu *Reiterer*: Art. šāwʾ, in: Johannes Botterweck/Helmer Ringgren (Hrsg.), Theologisches Wörterbuch zum Alten Testament, Band 4, Bonn u. a. 1984, Sp. 1109; *Werner H. Schmidt/Holger Delkurt/Axel Graupner*: Die Zehn Gebote im Rahmen alttestamentlicher Ethik, Darmstadt 1993, S. 126; *Matthias Köckert*: Die zehn Gebote, 2. Auflage, München 2013, S. 82.

1029 *Eckart Otto*: Deuteronomium 1-11. Zweiter Teilband 4,44-11, Freiburg im Breisgau u. a. 2012, S. 750.

1030 *Isaac Leo Seeligmann*: Zur Terminologie für das Gerichtsverfahren im Wortschatz des biblischen Hebräisch, in: Benedikt Hartmann (Hrsg.), Hebräische Wortforschung. Festschrift zum 80. Geburtstag von Walter Baumgartner, Leiden 1967, S. 251 (263).

1031 *Werner H. Schmidt/Holger Delkurt/Axel Graupner*: Die Zehn Gebote im Rahmen alttestamentlicher Ethik, Darmstadt 1993, S. 126; vgl. auch *Eckart Otto*: Deuteronomium 1-11. Zweiter Teilband 4,44-11, Freiburg im Breisgau u. a. 2012, S. 750.

Gericht hinausging[1032]. So soll „jede falsche Aussage […] verboten sein, und keiner soll sich darauf berufen können, nicht geradezu gelogen zu haben.“[1033]

Aber auch das im „Bundesbuch“ enthaltene Gebot

„Du sollst kein leeres Gerücht šema' šāw' verbreiten.“ Ex 23,1

schien „mit der Warnung, ein ‚Gerücht' zu verbreiten, [bereits] über dessen Situation [vor Gericht] hinauszugreifen“[1034]. Die sich dann in Dtn 5,20 vermutlich fortentwickelte Tendenz zur Verallgemeinerung kommt in anderen Formulierungen noch stärker zum Ausdruck:

„Von einem unlauteren Verfahren sollst du dich fernhalten.“ (Ex 23,7)

Schließlich fordert das Gebot Lev 19,11 generell:

„Ihr sollt nicht belügen, ein jeder seinen Mitbürger.“

So hat man später „[m]öglicherweise […] auch das Dekaloggebot in einem solchem weiteren Sinn verstanden“[1035].

Die Autoren des Sinaidekalogs verwendeten anstelle der Formulierung *'ed šāw'* in Dtn 5,20 den Begriff *'ed šaeqaer* „Lügenzeuge“, der aus dem deuteronomischen Prozessrecht stammt (vgl. Dtn 19,18)[1036]. Das in Ex 20,16 für „Falschheit“ verwendete Wort *šaeqaer* bezeichnet dabei die gemeinschaftsschädigende Wirkung des Lügens im Unterschied zur Lüge im Sinne der Diskrepanz zwischen Aussage und tatsächlichem Sachverhalt[1037]. „Wer als Zeuge lügt (*kizzeb*),

---

1032 So *Martin Alfred Klopfenstein*: Die Lüge nach dem Alten Testament. Ihr Begriff, ihre Bedeutung und ihre Beurteilung, Zürich u. a. 1964, S. 20; zustimmend *Werner H. Schmidt/Holger Delkurt/Axel Graupner*: Die Zehn Gebote im Rahmen alttestamentlicher Ethik, Darmstadt 1993, S. 127; anders *Frank-Lothar Hossfeld*: Der Dekalog. Seine späten Fassungen, die originale Komposition und seine Vorstufen, Freiburg (Schweiz) 1982, S. 85: Die Ersetzung sei nur erfolgt, um die „Stichwortassoziation zwischen dem Verbot des Namensmißbrauches und dem des Falschzeugnisses zu unterbinden, ohne den Sinn des Falschzeugnisverbots zu ändern.“; vgl. auch *Frank-Lothar Hossfeld*: Vom Sinai zum Horeb, Würzburg 1989, S. 101 ff.

1033 *Johann Jakob Stamm*: Der Dekalog im Lichte der neueren Forschung, Bern 1962, S. 59 f.

1034 *Werner H. Schmidt/Holger Delkurt/Axel Graupner*: Die Zehn Gebote im Rahmen alttestamentlicher Ethik, Darmstadt 1993, S. 128.

1035 *Werner H. Schmidt/Holger Delkurt/Axel Graupner*: Die Zehn Gebote im Rahmen alttestamentlicher Ethik, Darmstadt 1993, S. 129.

1036 Zum deuteronomischen Prozessrecht in Dtn 19,15-21 *Eckart Otto*: Deuteronomium 1-11. Zweiter Teilband 4,44-11, Freiburg im Breisgau u. a. 2012, S. 751.

1037 *Matthias Köckert*: Die zehn Gebote, 2. Auflage, München 2013, S. 82.

indem er unrichtige Sachverhalte verbreitet und unzutreffende Anschuldigungen erhebt, begeht Treubruch (*šaeqaer*), weil er die Basis von Treu und Glauben verlassen hat, auf der jedes Zusammenleben in einer Gesellschaft beruht (Prv 14,5)“[1038]. Das Verbot, in einem Prozess als falscher Zeuge gegen seinen Nächsten auszusagen, hat im Sinaidekalog somit die gegen den Nächsten gerichtete, gemeinschaftsschädigende Wirkung des Lügens (*šaeqaer*) im Blick, nicht lediglich die unrichtige Aussage (*k^ezabim*) als Mittel der Falschaussage[1039].

cc) Verallgemeinernde Deutung bei Luther

Das Falschzeugnisverbot des Dekalogs hat nach Bevorstehendem unabhängig von seiner späteren Interpretation eindeutig zumindest einen prozessrechtlichen Ursprung. Insofern könnte man sagen, *Luther* habe mit seiner Formulierung „Du sollst nicht falsch Zeugnis reden“ und seiner Erläuterung, es komme darauf an, „dass wir unseren Nächsten nicht belügen, verraten, verleumden oder seinen Ruf verderben, sondern [...] ihn entschuldigen, Gutes von ihm reden und alles zum Besten kehren“[1040], Unrecht. Denn seine Formulierung und seine Erklärung haben das 8. Gebot häufig in die Richtung eines allgemeinen Lügenverbots - losgelöst von jeglichem prozessrechtlichen Ursprungs - gelenkt[1041]. Doch nimmt *Luther* das 8. Gebot - wie auch die anderen Gebote - als eine Art Stichwort, um in einer Assoziationskette ethische Maximen für seine christliche Gemeinde aufzustellen. Hermeneutisch ist das insofern sogar ein wenig legitim, weil schon der Dekalog selbst nach Bevorstehendem Tendenzen zur Ethisierung hat[1042]. Zwar gibt es nur wenige Rechtssätze, die das Lügen verbieten (am ehesten noch Ex 23,1.7 und Lev 19,11). Jedoch gibt es durchaus aber Beispiele (Ps 1,2), in denen das Lügen und die Lügner als ethisch schlecht abgelehnt werden.

1038 So *Matthias Köckert*: Die zehn Gebote, 2. Auflage, München 2013, S. 82.

1039 Statt aller *Matthias Köckert*: Die zehn Gebote, 2. Auflage, München 2013, S. 82.

1040 *Hans-Otto Schneider*: Der Kleine Katechismus, in: Vereinigte Evangelisch-Lutherische Kirche Deutschlands (VELKD) (Hrsg.), Unser Glaube. Die Bekenntnisschriften der evangelisch-lutherischen Kirche, 6. Auflage, Gütersloh 2013, S. 468.

1041 *Mathias Schreiber*: Die Zehn Gebote. Eine Ethik für heute, München 2010, S. 60; *Matthias Köckert*: Die zehn Gebote, 2. Auflage, München 2013, S. 81.

1042 Zustimmend *Werner H. Schmidt/Holger Delkurt/Axel Graupner*: Die Zehn Gebote im Rahmen alttestamentlicher Ethik, Darmstadt 1993, S. 129.

b) *Entgegenstehen des Rechts auf Meinungsäußerungs- und Meinungsverbreitungsfreiheit nach Art. 5 Abs. 1 S. 1 GG i. V. m. Art. 4 Abs. 1 LV NW*

Um die kritische Dissonanz zwischen dem dekalogischen Falschzeugnisverbot und der verfassungsrechtlich geschützten Meinungsäußerungs- und Meinungsverbreitungsfreiheit[1043] zu erkennen, wird im Folgenden das Recht auf Meinungsäußerungs- und Meinungsverbreitungsfreiheit betrachtet.

aa) *Landesverfassungsrechtlicher Schutz der Meinungsäußerungs- und Meinungsverbreitungsfreiheit durch Art. 5 Abs. 1 S. 1 GG i. V. m. Art. 4 Abs. 1 LV NW*

(1) *Allgemeines*

Als denkendes, emotionales und geselliges Wesen ist der Mensch zur Befriedigung von geistiger Neugier, Wissensdurst und Mitteilungsbedürfnis auf die mitmenschliche Kommunikation angewiesen[1044]. Die Mitteilung seiner Gedanken, Ansichten und Wünsche erweist sich als unverzichtbarere Bedingung seines Daseins[1045]. Das Grundrecht auf freie Meinungsäußerung ist – so das Bundesverfassungsgericht – „unmittelbarster Ausdruck der menschlichen Persönlichkeit in der Gesellschaft“[1046].

Doch für das Grundrecht ist neben der individuellen Persönlichkeitsentfaltung des Einzelnen noch eine zweite Komponente wesensbestimmend: Es schützt den politischen Diskurs der Bevölkerung, der fundamental für einen

---

1043 Art. 5 Abs. 1 S. 1 GG i. V. m. Art. 4 Abs. 1 LV NW schützt mindestens fünf Rechte zur Kommunikation: „(1.) die Meinungsäußerung und -verbreitung, (2.) die Information […] aus allgemein zugänglichen Quellen als eine Voraussetzung der Meinungsbildung und (3.-5.) verschiedene Formen der Meinungsverbreitung durch drei ausdrücklich genannte Massenmedien (Presse, Rundfunk und Film)“; so *Helmuth Schulze-Fielitz*, in: Horst Dreier (Hrsg.), Kommentar zum Grundgesetz, Band 1, 3. Auflage, Tübingen 2013, Art. 5 Abs. 1, 2 Rn. 39.

1044 *Helmuth Schulze-Fielitz*, in: Horst Dreier (Hrsg.), Kommentar zum Grundgesetz, Band 1, 3. Auflage, Tübingen 2013, Art. 5 Abs. 1, 2 Rn. 40; zur Gemeinschaftsbezogenheit des Menschen *Edzard Schmidt-Jortzig*: Meinungs- und Informationsfreiheit, in: Josef Isensee/Paul Kirchhof (Hrsg.), Handbuch des Staatsrechts der Bundesrepublik Deutschland, Band 7, 3. Auflage, Heidelberg 2009, § 162 Rn. 1, 6.

1045 *Edzard Schmidt-Jortzig*: Meinungs- und Informationsfreiheit, in: Josef Isensee/Paul Kirchhof (Hrsg.), Handbuch des Staatsrechts der Bundesrepublik Deutschland, Band 7, 3. Auflage, Heidelberg 2009, § 162 Rn. 1.

1046 BVerfGE 7, 189 (208).

demokratischen Verfassungsstaat ist[1047]. Denn „politische Willensbildung des Volkes" im Sinne des Art. 21 Abs. 1 S. 1 GG kann nur entstehen, wenn sich der Einzelne eine Meinung bildet über die öffentlichen Angelegenheiten und seine Auffassung in kritischen, zustimmenden, anregenden oder eigenständigen Äußerungen mitteilt und diskutiert[1048]. Die Freiheit des Einzelnen zur Meinungsbildung durch Information, zur Meinungsäußerung und Meinungsverbreitung ist daher – so das Bundesverfassungsgericht – „für eine freiheitliche demokratische Staatsordnung schlechthin konstituierend"[1049] und im Sinne der objektiven Gewährleistung einer demokratischen Öffentlichkeit als zentrale Kontrollinstanz der hoheitlichen Tätigkeit von grundlegender Bedeutung[1050]. Die Existenz und Aufrechterhaltung eines pluralistischen Widerstreits verschiedener Meinungen und Medien – die mit sozialer Breitenwirkung Tatsachen und Meinungen veröffentlichen[1051] – ist im Prozess der öffentlichen Meinungsbildung

---

1047 BVerfGE 27, 71 (81); *Edzard Schmidt-Jortzig*: Meinungs- und Informationsfreiheit, in: Josef Isensee/Paul Kirchhof (Hrsg.), Handbuch des Staatsrechts der Bundesrepublik Deutschland, Band 7, 3. Auflage, Heidelberg 2009, § 162 Rn. 9, 34; *Christoph Grabenwarter*, in: Theodor Maunz/Günter Dürig (Begr.), Grundgesetz. Kommentar, München, Art. 5 Abs. 1, 2 (2013), Rn. 6, 80 f.; *Helmuth Schulze-Fielitz*, in: Horst Dreier (Hrsg.), Kommentar zum Grundgesetz, Band 1, 3. Auflage, Tübingen 2013, Art. 5 Abs. 1, 2 Rn. 40.

1048 *Edzard Schmidt-Jortzig*: Meinungs- und Informationsfreiheit, in: Josef Isensee/Paul Kirchhof (Hrsg.), Handbuch des Staatsrechts der Bundesrepublik Deutschland, Band 7, 3. Auflage, Heidelberg 2009, § 162 Rn. 9.

1049 BVerfGE 7, 198 (208); 12, 113 (125); 20, 56 (97); 42, 163 (169); 69, 315 (344 f.); 102, 347 (363).

1050 BVerfGE 20, 162 (175); 35, 202 (222); *Christian Dästner*: Die Verfassung des Landes Nordrhein-Westfalen. Kommentar, 2. Auflage, Stuttgart 2002, Art. 4 Rn. 35; *Edzard Schmidt-Jortzig*: Meinungs- und Informationsfreiheit, in: Josef Isensee/Paul Kirchhof (Hrsg.), Handbuch des Staatsrechts der Bundesrepublik Deutschland, Band 7, 3. Auflage, Heidelberg 2009, § 162 Rn. 9; *Helmuth Schulze-Fielitz*, in: Horst Dreier (Hrsg.), Kommentar zum Grundgesetz, Band 1, 3. Auflage, Tübingen 2013, Art. 5 Abs. 1, 2 Rn. 40, 43; *Oliver Lepsius*: Art. Meinungsfreiheit, in: Albrecht Cordes/Hans-Peter Haferkamp/Heiner Lück u. a. (Hrsg.), Handwörterbuch zur deutschen Rechtsgeschichte, Band 3, 2. Auflage, Berlin 2016, Sp. 1426 (1428); *Herbert Bethge*, in: Michael Sachs (Hrsg.), Grundgesetz-Kommentar, 8. Auflage, München 2018, Art. 5 Rn. 11, 46a.

1051 *Helmuth Schulze-Fielitz*, in: Horst Dreier (Hrsg.), Kommentar zum Grundgesetz, Band 1, 3. Auflage, Tübingen 2013, Art. 5 Abs. 1, 2 Rn. 44.

also eine konstitutive Voraussetzung für die Funktionsfähigkeit der demokratischen Öffentlichkeit[1052]. Schon früh hat daher das Bundesverfassungsgericht dem Grundrecht auf Meinungsfreiheit einen hohen Rang beigemessen und es als „eines der vornehmsten Menschenrechte überhaupt" bezeichnet, das „in gewissem Sinn die Grundlage jeder Freiheit überhaupt" sei[1053].

Eine Folge des pluralistischen Widerstreits verschiedener Meinungen und Medien ist ein „Kommunikationsklima gesellschaftlicher Toleranz, das freimütige Meinungskundgabe [und] offene Auseinandersetzungen […] auch unter den Bedingungen einer wachsenden, multikulturellen Vielfalt der Bevölkerung und einer Vielzahl unterschiedlicher Wertewelten nicht nur zulässt, sondern auch als positiv erlebt und fördert"[1054].

Die inhaltlich als besonderes Freiheitsrecht ausgestaltete Meinungsfreiheit schließt dabei die allgemeine Handlungsfreiheit des Art. 2 Abs. 1 GG i. V. m. Art. 4 Abs. 1 LV NW von der Anwendung aus[1055].

(2) Schutzbereich der Meinungsäußerungs- und Meinungsverbreitungsfreiheit

Die Erschließung des Schutzbereichs wird in zwei Schritten dargestellt: Zunächst wird die zentrale Bezugsgröße der „Meinung" [(a)] durchleuchtet. Sodann wird dargestellt, was unter dem geschützten Sozialverhalten „frei äußern und verbreiten" [(b)] zu verstehen ist.

1052 BVerfGE 7, 198 (208); 12, 113 (125); *Herbert Bethge*, in: Michael Sachs (Hrsg.), Grundgesetz-Kommentar, 8. Auflage, München 2018, Art. 5 Rn. 17 f.; *Edzard Schmidt-Jortzig*: Meinungs- und Informationsfreiheit, in: Josef Isensee/Paul Kirchhof (Hrsg.), Handbuch des Staatsrechts der Bundesrepublik Deutschland, Band 7, 3. Auflage, Heidelberg 2009, § 162 Rn. 9; *Helmuth Schulze-Fielitz*, in: Horst Dreier (Hrsg.), Kommentar zum Grundgesetz, Band 1, 3. Auflage, Tübingen 2013, Art. 5 Abs. 1, 2 Rn. 43, 46.

1053 BVerfGE 7, 198 (208), vgl. hierzu auch *Matthias Jestaedt*: Meinungsfreiheit, in: Detlef Merten/Hans-Jürgen Papier (Hrsg.), Handbuch der Grundrechte in Deutschland und Europa, Band 4, Heidelberg 2011, § 102 Rn. 7; *Herbert Bethge*, in: Michael Sachs (Hrsg.), Grundgesetz-Kommentar, 8. Auflage, München 2018, Art. 5 Rn. 9.

1054 *Helmuth Schulze-Fielitz*, in: Horst Dreier (Hrsg.), Kommentar zum Grundgesetz, Band 1, 3. Auflage, Tübingen 2013, Art. 5 Abs. 1, 2 Rn. 47.

1055 Zur Spezialität des Art. 5 Abs. 1 S. 1 GG gegenüber Art. 2 Abs. 1 GG *Edzard Schmidt-Jortzig*: Meinungs- und Informationsfreiheit, in: Josef Isensee/Paul Kirchhof (Hrsg.), Handbuch des Staatsrechts der Bundesrepublik Deutschland, Band 7, 3. Auflage, Heidelberg 2009, § 162 Rn. 14.

(a) Meinung

Ausgangspunkt der Meinungsbildung ist die Wahrnehmung eines bestimmten Sachverhaltes (Abläufe, Zustände) oder der Empfang bestimmter Eindrücke[1056]. „Die Fähigkeit des Menschen zu geistiger Spiegelung der Impulse, das erkennende Bewußtwerden ebenso wie das speichernde Einordnen, aber auch der planmäßige Einsatz von Vernunft und Verstand lassen bei ihm dann eigene Orientierungen entstehen."[1057] Ergebnis dieses Vorgangs, auf den zahlreiche Faktoren („soziale Herkunft, emotionaler Zustand, religiöse oder weltanschauliche Überzeugung, realer Kenntnisstand") Einfluss nehmen können, ist sodann eine ganz subjektive Bewertung und Gewichtung der Zusammenhänge: die „Meinung"[1058]. So bedeutet „Meinung" „jede eigene Ansicht, Beurteilung, Auffassung, Einschätzung, die ein Individuum über einen Gegenstand gewinnt"[1059]; maßgeblich ist die subjektive Bewertung. Dabei kommt es nicht darauf an, ob die Meinungsäußerung wertvoll oder wertlos, richtig oder falsch, begründet oder grundlos, emotional oder rational ist[1060]. Denn alle Versuche zur tatbestandlichen Ausgrenzung bestimmter Meinungen führen zum „staatlichen Meinungsrichtertum", gegen das sich Art. 5 Abs. 1 S. 1 GG gerade verwehrt[1061].

1056 *Edzard Schmidt-Jortzig*: Meinungs- und Informationsfreiheit, in: Josef Isensee/Paul Kirchhof (Hrsg.), Handbuch des Staatsrechts der Bundesrepublik Deutschland, Band 7, 3. Auflage, Heidelberg 2009, § 162 Rn. 19.

1057 *Edzard Schmidt-Jortzig*: Meinungs- und Informationsfreiheit, in: Josef Isensee/Paul Kirchhof (Hrsg.), Handbuch des Staatsrechts der Bundesrepublik Deutschland, Band 7, 3. Auflage, Heidelberg 2009, § 162 Rn. 20.

1058 *Christian Dästner*: Die Verfassung des Landes Nordrhein-Westfalen. Kommentar, 2. Auflage, Stuttgart 2002, Art. 4 Abs. 35; *Edzard Schmidt-Jortzig*: Meinungs- und Informationsfreiheit, in: Josef Isensee/Paul Kirchhof (Hrsg.), Handbuch des Staatsrechts der Bundesrepublik Deutschland, Band 7, 3. Auflage, Heidelberg 2009, § 162 Rn. 20; *Matthias Jestaedt*: Meinungsfreiheit, in: Detlef Merten/Hans-Jürgen Papier (Hrsg.), Handbuch der Grundrechte in Deutschland und Europa, Band 4, Heidelberg 2011, § 102 Rn. 7, 34; *Helmuth Schulze-Fielitz*, in: Horst Dreier (Hrsg.), Kommentar zum Grundgesetz, Band 1, 3. Auflage, Tübingen 2013, Art. 5 Abs. 1, 2 Rn. 62.

1059 *Edzard Schmidt-Jortzig*: Meinungs- und Informationsfreiheit, in: Josef Isensee/Paul Kirchhof (Hrsg.), Handbuch des Staatsrechts der Bundesrepublik Deutschland, Band 7, 3. Auflage, Heidelberg 2009, § 162 Rn. 20.

1060 BVerfGE 33, 1 (14); 61, 1 (7); 85, 1 (15); *Helmuth Schulze-Fielitz*, in: Horst Dreier (Hrsg.), Kommentar zum Grundgesetz, Band 1, 3. Auflage, Tübingen 2013, Art. 5 Abs. 1, 2 Rn. 62; *Herbert Bethge*, in: Michael Sachs (Hrsg.), Grundgesetz-Kommentar, 8. Auflage, München 2018, Art. 5 Rn. 25.

1061 So *Helmuth Schulze-Fielitz*, in: Horst Dreier (Hrsg.), Kommentar zum Grundgesetz, Band 1, 3. Auflage, Tübingen 2013, Art. 5 Abs. 1, 2 Rn. 62.

Ferner fällt auch die Behauptung von Tatsachen – „weil und soweit sie Voraussetzung der Bildung von Meinungen sind"[1062] – in den Schutzbereich des Art. 5 Abs. 1 S. 1 GG i. V. m. Art. 4 Abs. 1 LV NW[1063]. Die erforderliche subjektive Bewertung ergibt sich dabei aus der Wiedergabe von Geschehnissen. Denn der Bericht einer Person über Geschehnisse erfolgt – sofern es sich nicht lediglich um die Angabe von Realdaten rein statistischer Art handele[1064] – unweigerlich durch den „Filter ihrer subjektiven Wertung"[1065]. So stellt eine Person allein durch die Auswahl und Präsentation der darzustellenden Tatsachen – durch die Ausführlichkeit und Akzentuierung der Mitteilung sowie durch das Fortlassen des für unbedeutend Gehaltenen – die Tatsachenmitteilung in einen wertenden Kontext[1066]. Nicht die mitgeteilten

---

1062 BVerfGE 61, 1 (8); 85, 1 (15); siehe ferner BVerfGE 65, 1 (41); 90, 241 (247); 90, 1 (15).

1063 BVerfGE 61, 1 (7 ff.); 65, 1 (41); 66, 116 (136, 149); 85, 1 (13 ff.); 94, 1 (7 f.); 99, 185 (196 f.); 114, 339 (352 f.); *Christian Dästner*: Die Verfassung des Landes Nordrhein-Westfalen. Kommentar, 2. Auflage, Stuttgart 2002, Art. 4 Rn. 35; *Edzard Schmidt-Jortzig*: Meinungs- und Informationsfreiheit, in: Josef Isensee/Paul Kirchhof (Hrsg.), Handbuch des Staatsrechts der Bundesrepublik Deutschland, Band 7, 3. Auflage, Heidelberg 2009, § 162 Rn. 21; *Rudolf Wendt*, in: Ingo von Münch/Philip Kunig (Hrsg.), Grundgesetz-Kommentar, Band 1, 6. Auflage, München 2012, Art. 5 Rn. 9; *Helmuth Schulze-Fielitz*, in: Horst Dreier (Hrsg.), Kommentar zum Grundgesetz, Band 1, 3. Auflage, Tübingen 2013, Art. 5 Rn. 65: „praktisch nicht zu trennen"; *Christian Starck*, in: Hermann von Mangoldt/Friedrich Klein/Christian Starck, Grundgesetz-Kommentar, Band 3, 7. Auflage, München 2018, Art. 5 Abs. 1, 2 Rn. 26; *Christoph Grabenwarter*, in: Theodor Maunz/Günter Dürig (Begr.), Grundgesetz. Kommentar, München, Art. 5 Abs. 1, 2 (2019), Rn. 48.

1064 BVerfGE 65, 1 (40 f.); *Christian Starck*, in: Hermann von Mangoldt/Friedrich Klein/Christian Starck, Grundgesetz-Kommentar, Band 3, 7. Auflage, München 2018, Art. 5 Abs. 1, 2 Rn. 26.

1065 Statt aller *Edzard Schmidt-Jortzig*: Meinungs- und Informationsfreiheit, in: Josef Isensee/Paul Kirchhof (Hrsg.), Handbuch des Staatsrechts der Bundesrepublik Deutschland, Band 7, 3. Auflage, Heidelberg 2009, § 162 Rn. 21; vgl. hierzu auch *Rudolf Wendt*, in: Ingo von Münch/Philip Kunig (Hrsg.), Grundgesetz-Kommentar, Band 1, 6. Auflage, München 2012, Art. 5 Rn. 9; *Helmuth Schulze-Fielitz*, in: Horst Dreier (Hrsg.), Kommentar zum Grundgesetz, Band 1, 3. Auflage, Tübingen 2013, Art. 5 Rn. 63.

1066 *Edzard Schmidt-Jortzig*: Meinungs- und Informationsfreiheit, in: Josef Isensee/Paul Kirchhof (Hrsg.), Handbuch des Staatsrechts der Bundesrepublik Deutschland, Band 7, 3. Auflage, Heidelberg 2009, § 162 Rn. 21; *Rudolf Wendt*, in: Ingo von Münch/Philip Kunig (Hrsg.), Grundgesetz-Kommentar, Band 1, 6. Auflage, München 2012,

Realdaten sind also die „Meinung“, sondern die subjektiv-selektive Form ihrer Darstellung[1067].

Die vom Bundesverfassungsgericht[1068] vertretene Doktrin, unwahre Tatsachenmitteilungen fielen nicht in den Schutzbereich des Art. 5 Abs. 1 S. 1 GG i. V. m. Art. 4 Abs. 1 LV NW, weil „unrichtige Informationen [...] unter dem Blickwinkel der Meinungsfreiheit kein schützenswertes Gut“ seien, gerät nach Auffassung im Schrifttum[1069] in Begründungsschwierigkeiten. Von der Schwierigkeit, wahr und falsch zu unterscheiden sowie objektive Wahrheit und subjektive Wahrhaftigkeit gegeneinander abzugrenzen, ganz abgesehen, dürfe es schließlich zur Vermeidung einer Aushöhlung des Grundrechtsschutzes „nicht auf den Inhalt, einen speziellen Wert der Meinung, oder den Zweck ihrer Formung und Kundgabe [...] ankommen“[1070]. Unwahre Tatsachenwiedergaben sowie unrichtige Meinungen seien daher prinzipiell in den Schutzbereich einzubeziehen[1071]. Erst bei der Abwägung mit kollidierenden Rechten

---

Art. 5 Rn. 9; *Helmuth Schulze-Fielitz*, in: Horst Dreier (Hrsg.), Kommentar zum Grundgesetz, Band 1, 3. Auflage, Tübingen 2013, Art. 5 Rn. 63.

1067 *Edzard Schmidt-Jortzig*: Meinungs- und Informationsfreiheit, in: Josef Isensee/Paul Kirchhof (Hrsg.), Handbuch des Staatsrechts der Bundesrepublik Deutschland, Band 7, 3. Auflage, Heidelberg 2009, § 162 Rn. 21.

1068 BVerfGE 54, 208 (219 f.); 61, 1 (8).

1069 *Edzard Schmidt-Jortzig*: Meinungs- und Informationsfreiheit, in: Josef Isensee/Paul Kirchhof (Hrsg.), Handbuch des Staatsrechts der Bundesrepublik Deutschland, Band 7, 3. Auflage, Heidelberg 2009, § 162 Rn. 22; *Christoph Grabenwarter*, in: Theodor Maunz/Günter Dürig (Begr.), Grundgesetz. Kommentar, München, Art. 5 Abs. 1, 2 (2013), Rn. 51; *Helmuth Schulze-Fielitz*, in: Horst Dreier (Hrsg.), Kommentar zum Grundgesetz, Band 1, 3. Auflage, Tübingen 2013, Art. 5 Rn. 65; *Christian Starck*, in: Hermann von Mangoldt/Friedrich Klein/Christian Starck, Grundgesetz-Kommentar, Band 3, 7. Auflage, München 2018, Art. 5 Abs. 1, 2 Rn. 26.

1070 So *Edzard Schmidt-Jortzig*: Meinungs- und Informationsfreiheit, in: Josef Isensee/Paul Kirchhof (Hrsg.), Handbuch des Staatsrechts der Bundesrepublik Deutschland, Band 7, 3. Auflage, Heidelberg 2009, § 162 Rn. 22.

1071 Eingehend *Edzard Schmidt-Jortzig*: Meinungs- und Informationsfreiheit, in: Josef Isensee/Paul Kirchhof (Hrsg.), Handbuch des Staatsrechts der Bundesrepublik Deutschland, Band 7, 3. Auflage, Heidelberg 2009, § 162 Rn. 22. Ähnlich die Kritik bei *Hans-Uwe Erichsen:* Das Grundrecht der Meinungsfreiheit, in: Jura 1996, S. 84 (85); *Rudolf Wendt*, in: Ingo von Münch/Philip Kunig (Hrsg.), Grundgesetz-Kommentar, Band 1, 6. Auflage, München 2012, Art. 5 Rn. 9; *Helmuth Schulze-Fielitz*, in: Horst Dreier (Hrsg.), Kommentar zum Grundgesetz, Band 1, 3. Auflage, Tübingen 2013, Art. 5 Abs. 1, 2 Rn. 65 f., 285; *Christoph Grabenwarter*, in: Theodor Maunz/

Dritter (praktische Konkordanz) sollte ihnen sodann ein gegen Null tendierendes Gewicht beigemessen werden[1072].

Ebenso unerheblich wie der Befund, „ob jene Meinung richtig oder falsch, überzeugend oder töricht, grundsätzlich oder belanglos [ist]", sei darüber hinaus auch die Frage, „worüber man eine Meinung hat und sie verbreiten will, ob über rein fachliche, wirtschaftliche, politische, kulturelle, oder personale Zusammenhänge"[1073]. Denn ein umfassender Freiheitsschutz müsse die Menschen „in ihrer ureigenen Identität und Unvollkommenheit annehmen und sie nach ihren Vorstellungen und Eigenschaften [...] entfalten lassen"[1074].

(b) Geschützte Verhaltensweisen

Art. 5 Abs. 1 S. 1 GG i. V. m. Art. 4 Abs. 1 LV NW schützt das Recht, die Meinung in Wort, Schrift und Bild zu äußern und zu verbreiten.

Geschützt ist nicht nur die Abgabe der Meinung im Sinne des bloßen Artikulierens einer Meinung ohne Rücksicht darauf, ob jemand zugegen ist, der hiervon Kenntnis nehmen kann („äußern"), sondern auch die Möglichkeit, mit einer Meinung auf andere geistig wirken zu können („verbreiten"). „Verbreiten" meint also die auf Drittwirkung angelegte Kundgabe und umfasst somit die erstgenannte Möglichkeit des „Äußerns".

Geschützt sind alle Kommunikationsmittel, durch die eine Meinung geäußert und verbreitet wird, insbesondere die beispielhaft aufgeführten[1075] bzw. nach

Günter Dürig (Begr.), Grundgesetz. Kommentar, München, Art. 5 Abs. 1, 2 (2019), Rn. 55.

1072 *Edzard Schmidt-Jortzig*: Meinungs- und Informationsfreiheit, in: Josef Isensee/Paul Kirchhof (Hrsg.), Handbuch des Staatsrechts der Bundesrepublik Deutschland, Band 7, 3. Auflage, Heidelberg 2009, § 162 Rn. 22.

1073 So *Edzard Schmidt-Jortzig*: Meinungs- und Informationsfreiheit, in: Josef Isensee/Paul Kirchhof (Hrsg.), Handbuch des Staatsrechts der Bundesrepublik Deutschland, Band 7, 3. Auflage, Heidelberg 2009, § 162 Rn. 24.

1074 So *Edzard Schmidt-Jortzig*: Meinungs- und Informationsfreiheit, in: Josef Isensee/Paul Kirchhof (Hrsg.), Handbuch des Staatsrechts der Bundesrepublik Deutschland, Band 7, 3. Auflage, Heidelberg 2009, § 162 Rn. 24.

1075 *Edzard Schmidt-Jortzig*: Meinungs- und Informationsfreiheit, in: Josef Isensee/Paul Kirchhof (Hrsg.), Handbuch des Staatsrechts der Bundesrepublik Deutschland, Band 7, 3. Auflage, Heidelberg 2009, § 162 Rn. 25; *Matthias Jestaedt*: Meinungsfreiheit, in: Detlef Merten/Hans-Jürgen Papier (Hrsg.), Handbuch der Grundrechte in Deutschland und Europa, Band 4, Heidelberg 2011, § 102 Rn. 41; *Helmuth Schulze-Fielitz*, in: Horst Dreier (Hrsg.), Kommentar zum Grundgesetz, Band 1, 3. Auflage, Tübingen 2013, Art. 5 Abs. 1, 2 Rn. 67.

anderer Auffassung abschließend aufgezählten, aber weitest möglich auszulegenden[1076] Kommunikationsmittel „Wort, Schrift und Bild". So ist die Kundgabe durch Brief, Zeitung oder Telefon genauso geschützt wie die in einem persönlichen Gespräch[1077]. Auch alle Mittel der elektronischen Technik, d. h. jede E-Mail-Kommunikation, Übermittlungen durch Onlinedienste, Meldungen im Internet und in Chat-Foren etc. sind verfassungsrechtlich geschützt[1078]. Als Ausdrucksformen kommen darüber hinaus aber auch Gesten[1079], das Tragen und Verwenden von Symbolen[1080] sowie sonstige konkludente Meinungsäußerungen[1081] in Betracht.

1076 *Rudolf Wendt*, in: Ingo von Münch/Philip Kunig (Hrsg.), Grundgesetz-Kommentar, Band 1, 6. Auflage, München 2012, Art. 5 Rn. 16; *Christian Starck*, in: Hermann von Mangoldt/Friedrich Klein/Christian Starck, Grundgesetz-Kommentar, Band 3, 7. Auflage, München 2018, Art. 5 Abs. 1, 2 Rn. 28.

1077 *Edzard Schmidt-Jortzig*: Meinungs- und Informationsfreiheit, in: Josef Isensee/Paul Kirchhof (Hrsg.), Handbuch des Staatsrechts der Bundesrepublik Deutschland, Band 7, 3. Auflage, Heidelberg 2009, § 162 Rn. 25; eingehend hierzu auch *Helmuth Schulze-Fielitz*, in: Horst Dreier (Hrsg.), Kommentar zum Grundgesetz, Band 1, 3. Auflage, Tübingen 2013, Art. 5 Abs. 1, 2 Rn. 75.

1078 *Edzard Schmidt-Jortzig*: Meinungs- und Informationsfreiheit, in: Josef Isensee/Paul Kirchhof (Hrsg.), Handbuch des Staatsrechts der Bundesrepublik Deutschland, Band 7, 3. Auflage, Heidelberg 2009, § 162 Rn. 25; *Helmuth Schulze-Fielitz*, in: Horst Dreier (Hrsg.), Kommentar zum Grundgesetz, Band 1, 3. Auflage, Tübingen 2013, Art. 5 Abs. 1, 2 Rn. 75.

1079 *Edzard Schmidt-Jortzig*: Meinungs- und Informationsfreiheit, in: Josef Isensee/Paul Kirchhof (Hrsg.), Handbuch des Staatsrechts der Bundesrepublik Deutschland, Band 7, 3. Auflage, Heidelberg 2009, § 162 Rn. 25; *Helmuth Schulze-Fielitz*, in: Horst Dreier (Hrsg.), Kommentar zum Grundgesetz, Band 1, 3. Auflage, Tübingen 2013, Art. 5 Abs. 1, 2 Rn. 75.

1080 Zum Tragen studentischer Farbbänder *Edzard Schmidt-Jortzig*: Meinungs- und Informationsfreiheit, in: Josef Isensee/Paul Kirchhof (Hrsg.), Handbuch des Staatsrechts der Bundesrepublik Deutschland, Band 7, 3. Auflage, Heidelberg 2009, § 162 Rn. 25; *Rudolf Wendt*, in: Ingo von Münch/Philip Kunig (Hrsg.), Grundgesetz-Kommentar, Band 1, 6. Auflage, München 2012, Art. 5 Rn. 15; *Helmuth Schulze-Fielitz*, in: Horst Dreier (Hrsg.), Kommentar zum Grundgesetz, Band 1, 3. Auflage, Tübingen 2013, Art. 5 Abs. 1, 2 Rn. 75 einerseits; BVerwGE 7,125 (131 ff.) andererseits.

1081 *Helmuth Schulze-Fielitz*, in: Horst Dreier (Hrsg.), Kommentar zum Grundgesetz, Band 1, 3. Auflage, Tübingen 2013, Art. 5 Abs. 1, 2 Rn. 75.

(3) Abwehrrecht und Teilhaberecht

Die Verbürgung in Art. 5 Abs. 1 S. 1 GG i. V. m. Art. 4 Abs. 1 LV NW vermittelt ein subjektives Abwehrrecht des Bürgers gegen Staat, das den Einzelnen vor hoheitlichen Eingriffen schützt und ihm die Teilhabe am politischen Meinungsbildungsprozess garantiert[1082]. Eine Geltung der Meinungsfreiheit auf horizontaler Ebene, d. h. zwischen Privatpersonen („Drittwirkung"), kommt lediglich bei der Ausfüllung zivilrechtlicher Wertmaßstäbe in Betracht[1083].

Aus der Verbindung der in Art. 1 Abs. 1 GG i. V. m. Art. 4 Abs. 1 LV NW garantierten Menschenwürde als oberstes Gebot mit der freien Persönlichkeitsentfaltung des Menschen (Art. 2 Abs. 1 GG) ergibt sich das Verständnis, dass vor der Entfaltung der individuellen Persönlichkeit des Menschen grundsätzlich jede andere Interessenlage zurücktreten muss[1084]. Das Bundesverfassungsgericht unterstreicht diese Auffassung noch, wenn es aus den Art. 2 Abs. 1 i. V. m. Art. 1 Abs. 1 GG i. V. m. Art. 4 Abs. 1 LV NW für jeden Einzelnen „einen autonomen Bereich privater Lebensgestaltung [skizziert], in dem er seine Individualität entwickeln und wahren kann"[1085].

Für das Verständnis der grundrechtlichen Freiheiten und damit insbesondere des Art. 5 Abs. 1 S. 1 GG i. V. m. Art. 4 Abs. 1 LV NW folgt daraus, dass

---

1082 *Edzard Schmidt-Jortzig*: Meinungs- und Informationsfreiheit, in: Josef Isensee/Paul Kirchhof (Hrsg.), Handbuch des Staatsrechts der Bundesrepublik Deutschland, Band 7, 3. Auflage, Heidelberg 2009, § 162 Rn. 10, 18; *Oliver Lepsius*: Art. Meinungsfreiheit, in: Albrecht Cordes/Hans-Peter Haferkamp/Heiner Lück u. a. (Hrsg.), Handwörterbuch zur deutschen Rechtsgeschichte, Band 3, 2. Auflage, Berlin 2016, Sp. 1426 (1426); *Helmuth Schulze-Fielitz*, in: Horst Dreier (Hrsg.), Kommentar zum Grundgesetz, Band 1, 3. Auflage, Tübingen 2013, Art. 5 Rn. 121.

1083 Eingehend hierzu *Helmuth Schulze-Fielitz*, in: Horst Dreier (Hrsg.), Kommentar zum Grundgesetz, Band 1, 3. Auflage, Tübingen 2013, Art. 5 Abs. 1, 2 Rn. 123, 277 ff.; zum Problem der „Drittwirkung" allgemein *Hans-Jürgen Papier*: Drittwirkung, in: Detlef Merten/Hans-Jürgen Papier (Hrsg.), Handbuch der Grundrechte in Deutschland und Europa, Band 2, Heidelberg 2006, § 55.

1084 Hierzu *Edzard Schmidt-Jortzig*: Meinungs- und Informationsfreiheit, in: Josef Isensee/Paul Kirchhof (Hrsg.), Handbuch des Staatsrechts der Bundesrepublik Deutschland, Band 7, 3. Auflage, Heidelberg 2009, § 162 Rn. 5.

1085 BVerfGE 35, 202 (220); siehe hierzu auch *Rupert Scholz:* Das Grundrecht der freien Entfaltung der Persönlichkeit in der Rechtsprechung des Bundesverfassungsgerichts, in: AöR 100 (1975), S. 80 (89); *Edzard Schmidt-Jortzig*: Meinungs- und Informationsfreiheit, in: Josef Isensee/Paul Kirchhof (Hrsg.), Handbuch des Staatsrechts der Bundesrepublik Deutschland, Band 7, 3. Auflage, Heidelberg 2009, § 162 Rn. 5.

grundsätzlich jede Meinungsäußerung geschützt ist[1086]. Denn „die Verfassung ist für alle da, und ihre Freiheitlichkeit zeigt sich gerade daran, dass dem Individuum die Möglichkeit gegeben wird, sich seinen Anlagen gemäß zu entfalten, ohne wie ein Zögling in eine bestimmte Schablone gepreßt und auf ein gemeinschaftsförderliches Optimum zurechtgesetzt zu werden"[1087]. So kann es für die Inanspruchnahme des Grundrechts der Meinungsäußerungs- und Meinungsverbreitungsfreiheit auch nicht darauf ankommen, ob der Gebrauch „sinnvoll, sozial verantwortlich oder förderlich" sei[1088]. Nach Auffassung des Bundesverfassungsgerichts könne nicht einmal „die Gefahr, daß […] Meinungskundgaben demagogisch mißbraucht und in fragwürdiger Weise emotionalisiert werden […], […] maßgebend für die grundsätzliche Einschätzung […] der Meinungsfreiheit"[1089] sein. So kann „nicht alles für den demokratischen Staat Gute und Wichtige […] über Verfassungsinterpretation zur Geltung gebracht und verpflichtend gemacht werden; wenn die Verfassung vieles dem Engagement, der Überzeugungskraft der Bürger und der Konkurrenz unter den Bürgern überläßt, ist dies keine sittliche Schwäche des Rechts, sondern notwendige Zurückhaltung zugunsten der Freiheit und Selbstverantwortung"[1090].

(a) Beeinträchtigung der Meinungsäußerungs- und Meinungsverbreitungsfreiheit

Die Meinungsäußerungs- und Meinungsverbreitungsfreiheit wird durch jede staatliche Maßnahme beeinträchtigt, die final in den Schutzbereich des Art. 5

1086 Eingehend hierzu *Edzard Schmidt-Jortzig*: Meinungs- und Informationsfreiheit, in: Josef Isensee/Paul Kirchhof (Hrsg.), Handbuch des Staatsrechts der Bundesrepublik Deutschland, Band 7, 3. Auflage, Heidelberg 2009, § 162 Rn. 7.

1087 *Christian Tomuschat*: Der staatlich geplante Bürger, in: Jost Delbrück/Knut Ipsen/Dietrich Rauschning (Hrsg.), Recht im Dienst des Friedens. Festschrift für Eberhard Menzel zum 65. Geburtstag am 21. Januar 1976, Berlin 1975, S. 21 (33); *Ekkehart Stein*: Das Recht des Kindes auf Selbstentfaltung in der Schule, München 1976, S. 21 f.; *Edzard Schmidt-Jortzig*: Meinungs- und Informationsfreiheit, in: Josef Isensee/Paul Kirchhof (Hrsg.), Handbuch des Staatsrechts der Bundesrepublik Deutschland, Band 7, 3. Auflage, Heidelberg 2009, § 162 Rn. 7.

1088 *Edzard Schmidt-Jortzig*: Meinungs- und Informationsfreiheit, in: Josef Isensee/Paul Kirchhof (Hrsg.), Handbuch des Staatsrechts der Bundesrepublik Deutschland, Band 7, 3. Auflage, Heidelberg 2009, § 162 Rn. 7.

1089 BVerfGE 69, 315 (345).

1090 *Christian Starck*, in: Hermann von Mangoldt/Friedrich Klein/Christian Starck, Grundgesetz-Kommentar, Band 3, 7. Auflage, München 2018, Art. 5 Abs. 1, 2 Rn. 7.

Abs. 1 S. 1 GG i. V. m. Art. 4 Abs. 1 LV NW regelnd eingreift, also beispielsweise die Meinungsäußerungs- und Meinungsverbreitungsfreiheit verbietet, behindert oder gebietet[1091]. Nicht rechtlich regelnde staatliche Maßnahmen („faktische Beeinträchtigungen) werden rechtlich regelnden Eingriffen gleichgestellt, wenn sie von besonderem Gewicht für die Meinungsfreiheit sind[1092].

(b) Rechtfertigung der Beschränkung (Art. 5 Abs. 2 GG i. V. m. Art. 4 Abs. 1 LV NW)

Durch Gesetze im Sinne von Art. 5 Abs. 2 GG i. V. m. Art. 4 Abs. 1 LV NW, also durch allgemeine Gesetze, Gesetze zum Schutze der Jugend und/oder durch Gesetze zum Schutz der persönlichen Ehre, kann die Meinungsäußerungs- und Meinungsverbreitungsfreiheit eingeschränkt werden.

Die praktisch wichtigste Schranke findet sich dabei in den „Vorschriften der allgemeinen Gesetze". Ein allgemeines Gesetz – so die Ansicht des Bundesverfassungsgerichts – „[richte] sich nicht gegen die Äußerung der Meinung als solche", sondern „[diene] dem Schutze eines schlechthin, ohne Rücksicht auf eine bestimmte Meinung, zu schützenden Rechtsguts"[1093]. Dagegen werden Beschränkungen der Meinungsfreiheit durch Strafgesetze, die an eine bestimmte Meinung als solche knüpfen, von der Rechtsprechung regelmäßig auch als zulässige allgemeine Gesetze angesehen[1094]. Vorausgesetzt, eine solche strafrechtliche Einschränkung sei zum Schutze anderer verfassungsrechtlich geschützten Güter unerlässlich[1095]. So sind namentlich die Beleidigungsdelikte (§§ 185 ff. StGB)

1091 So *Helmuth Schulze-Fielitz*, in: Horst Dreier (Hrsg.), Kommentar zum Grundgesetz, Band 1, 3. Auflage, Tübingen 2013, Art. 5 Abs. 1, 2 Rn. 124.

1092 BVerfGE 113, 63 (76); *Helmuth Schulze-Fielitz*, in: Horst Dreier (Hrsg.), Kommentar zum Grundgesetz, Band 1, 3. Auflage, Tübingen 2013, Art. 5 Abs. 1, 2 Rn. 128; *Herbert Bethge*, in: Michael Sachs (Hrsg.), Grundgesetz-Kommentar, 8. Auflage, München 2018, Art. 5 Rn. 158c.

1093 BVerfGE 7, 198 (209); seither std. Rspr. 62, 230 (243 f.); 64, 108 (115); 66, 116 (150); 69, 257 (268 f.); 71, 162 (175); 93, 266 (290 f.); 97, 125 (146); 124, 300 (322 f.); siehe auch *Edzard Schmidt-Jortzig*: Meinungs- und Informationsfreiheit, in: Josef Isensee/ Paul Kirchhof (Hrsg.), Handbuch des Staatsrechts der Bundesrepublik Deutschland, Band 7, 3. Auflage, Heidelberg 2009, § 162 Rn. 50; ausführlich *Helmuth Schulze-Fielitz*, in: Horst Dreier (Hrsg.), Kommentar zum Grundgesetz, Band 1, 3. Auflage, Tübingen 2013, Art. 5 Abs. 1, 2 Rn. 136-146.

1094 So *Helmuth Schulze-Fielitz*, in: Horst Dreier (Hrsg.), Kommentar zum Grundgesetz, Band 1, 3. Auflage, Tübingen 2013, Art. 5 Abs. 1, 2 Rn. 177.

1095 So z. B. *Rudolf Wendt*, in: Ingo von Münch/Philip Kunig (Hrsg.), Grundgesetz-Kommentar, Band 1, 6. Auflage, München 2012, Art. 5 Rn. 74.

als Ausdruck des Schutzes der Persönlichkeit und der Ehre[1096] zulässige „allgemeine" strafrechtliche Einschränkungen der Meinungsfreiheit im Sinne des Art. 5 Abs. 2 GG i. V. m. Art. 4 Abs. 1 LV NW[1097].

Die Erwähnung des Jugend- und Ehrenschutzes ist durch die Rechtsprechung des Bundesverfassungsgerichts hingegen praktisch bedeutungslos geworden[1098]. Denn „allgemeine Gesetze" liegen regelmäßig bereits dann vor, wenn deren Beschränkungen „dem Schutze eines schlechthin, ohne Rücksicht auf eine bestimmte Meinung, zu schützenden Rechtsguts dienen"[1099]. Da Jugend- und Ehrenschutz solche Rechtsgüter sind, handelt es sich bei den Jugendschutz- und Ehrenschutzbestimmungen regelmäßig auch um „allgemeine Gesetze"[1100].

Darüber hinaus können aber auch Gesetze, die weder allgemein sind noch dem Jugend- oder Ehrenschutz dienen, die Meinungsäußerungs- und Meinungsverbreitungsfreiheit beschränken, wenn sie nur Konfliktfälle mit kollidierenden Grundrechten Dritter oder andere mit Verfassungsrang ausgestatte Rechtswerte ausgleichen wollen („praktische Konkordanz")[1101]. Denn solche

1096 BVerfGE 93, 266 (290 f.); *Helmuth Schulze-Fielitz*, in: Horst Dreier (Hrsg.), Kommentar zum Grundgesetz, Band 1, 3. Auflage, Tübingen 2013, Art. 5 Abs. 1, 2 Rn. 177.

1097 BVerfGE 124, 300 (326 f.); siehe auch *Helmuth Schulze-Fielitz*, in: Horst Dreier (Hrsg.), Kommentar zum Grundgesetz, Band 1, 3. Auflage, Tübingen 2013, Art. 5 Abs. 1, 2 Rn. 177.

1098 *Helmuth Schulze-Fielitz*, in: Horst Dreier (Hrsg.), Kommentar zum Grundgesetz, Band 1, 3. Auflage, Tübingen 2013, Art. 5 Abs. 1, 2 Rn. 151; kritisch *Matthias Jestaedt*: Meinungsfreiheit, in: Detlef Merten/Hans-Jürgen Papier (Hrsg.), Handbuch der Grundrechte in Deutschland und Europa, Band 4, Heidelberg 2011, § 102 Rn. 57 ff.

1099 BVerfGE 7, 198 (209).

1100 BVerfGE 124, 300 (326 f.); ferner betreffend den Ehrenschutz auch BVerfGE 11, 234 (238); 34, 269 (282); *Matthias Jestaedt*: Meinungsfreiheit, in: Detlef Merten/Hans-Jürgen Papier (Hrsg.), Handbuch der Grundrechte in Deutschland und Europa, Band 4, Heidelberg 2011, § 102 Rn. 58, 64; *Helmuth Schulze-Fielitz*, in: Horst Dreier (Hrsg.), Kommentar zum Grundgesetz, Band 1, 3. Auflage, Tübingen 2013, Art. 5 Abs. 1, 2 Rn. 151; kritisch *Rudolf Wendt*, in: Ingo von Münch/Philip Kunig (Hrsg.), Grundgesetz-Kommentar, Band 1, 6. Auflage, München 2012, Art. 5 Rn. 83.

1101 BVerfGE 66, 116 (136); 111, 147 (157); *Edzard Schmidt-Jortzig*: Meinungs- und Informationsfreiheit, in: Josef Isensee/Paul Kirchhof (Hrsg.), Handbuch des Staatsrechts der Bundesrepublik Deutschland, Band 7, 3. Auflage, Heidelberg 2009, § 162 Rn. 57; *Helmuth Schulze-Fielitz*, in: Horst Dreier (Hrsg.), Kommentar zum Grundgesetz, Band 1, 3. Auflage, Tübingen 2013, Art. 5 Abs. 1, 2 Rn. 152-156; a. A. etwa *Herbert Bethge*, in: Michael Sachs (Hrsg.), Grundgesetz-Kommentar, 8. Auflage, München 2018, Art. 5 Rn. 176.

verfassungseigenen Schranken, denen selbst uneinschränkbare Grundrechte unterliegen, müssen *a maiore ad minus* ebenso für einschränkbare Grundreche – wie der Meinungsäußerungs- und Meinungsverbreitungsfreiheit – gelten, sofern sie nicht mit Gesetzen im Sinne von Art. 5 Abs. 2 i. V. m. Art. 4 Abs. 1 LV NW deckungsgleich sind[1102].

(c) Verfassungsrechtliche Grenzen („Schranken-Schranken")

Um dem objektiven Sicherungsbedürfnis der Meinungsfreiheit auch gegenüber den allgemeinen Gesetzen Rechnung zu tragen, hat das Bundesverfassungsgericht die sog. Wechselwirkungslehre entwickelt: Die allgemeinen Gesetze müssen einerseits „im Lichte der Bedeutung dieses Grundrechts gesehen und so interpretiert werden, daß der besondere Wertgehalt dieses Rechts [...] auf jeden Fall gewahrt bleibt"; andererseits „findet [...] eine Wechselwirkung in dem Sinne statt, daß die ‚allgemeinen Gesetze' [...] in ihrer [...] begrenzenden Wirkung selbst wieder eingeschränkt werden müssen"[1103]. So muss das Recht zur Meinungsäußerungsfreiheit nur dann „zurücktreten, wenn schutzwürdige Interessen eines anderen von höherem Rang [...] verletzt würden"; das wiederum „auf Grund aller Umstände des Falles zu ermitteln" ist[1104]. Es ist also eine einzelfallbezogene Güterabwägung anzustellen, innerhalb derer unterschiedlich gewichtige entgegenstehende Verfassungsgüter zu berücksichtigen sind. So sind beispielsweise „Einschränkungen des für eine freiheitliche demokratische Staatsordnung unverzichtbaren Rechts der freien Meinungsäußerung" – wie etwa bei politischen Auseinandersetzungen in der Öffentlichkeit – nur „durch

---

1102 *Edzard Schmidt-Jortzig*: Meinungs- und Informationsfreiheit, in: Josef Isensee/Paul Kirchhof (Hrsg.), Handbuch des Staatsrechts der Bundesrepublik Deutschland, Band 7, 3. Auflage, Heidelberg 2009, § 162 Rn. 57; *Helmuth Schulze-Fielitz*, in: Horst Dreier (Hrsg.), Kommentar zum Grundgesetz, Band 1, 3. Auflage, Tübingen 2013, Art. 5 Abs. 1, 2 Rn. 135.

1103 BVerfGE 7, 198 (208 f.), st. Rspr.; ferner etwa 34, 384 (401); 66, 116 (150); 71, 206 (214); 85, 1 (16); 94, 1 (8); 107, 299 (331 f.); 124, 300 (332, 342); *Edzard Schmidt-Jortzig*: Meinungs- und Informationsfreiheit, in: Josef Isensee/Paul Kirchhof (Hrsg.), Handbuch des Staatsrechts der Bundesrepublik Deutschland, Band 7, 3. Auflage, Heidelberg 2009, § 162 Rn. 52; *Helmuth Schulze-Fielitz*, in: Horst Dreier (Hrsg.), Kommentar zum Grundgesetz, Band 1, 3. Auflage, Tübingen 2013, Art. 5 Abs. 1, 2 Rn. 158.

1104 BVerfGE 7, 198 (210 f.); 35, 202 (223 f.), st. Rspr.; BVerwGE 43, 9 (24); 64, 55 (62 ff.); siehe auch *Helmuth Schulze-Fielitz*, in: Horst Dreier (Hrsg.), Kommentar zum Grundgesetz, Band 1, 3. Auflage, Tübingen 2013, Art. 5 Abs. 1, 2 Rn. 158.

hinreichend gewichtige Gemeinwohlbelange oder schutzwürdige Rechte und Interessen Dritter" zu rechtfertigen[1105].

Bei der Anwendung der strafrechtlichen Beleidigungsdelikten (§§ 185 ff. StGB) ist im Einzelfall gemäß der Wechselwirkungslehre der besondere Rang der Meinungsfreiheit zu berücksichtigen, indem der Tatbestand grundrechtsadäquat restriktiv interpretiert[1106] oder im Rahmen des § 193 StGB die Wahrnehmung berechtigter Interessen im Lichte der Bedeutung der Meinungsfreiheit gesehen und interpretiert wird[1107]. Speziell der Ehrenschutz bei Beleidigungsdelikten hat – so das Bundesverfassungsgericht – der großen Bedeutung der Meinungsfreiheit Rechnung zu tragen, da sie für eine demokratische Lebensweise unerlässlich ist[1108]. Allerdings haben solche Meinungsäußerungen, die den Kern der menschlichen Ehre und damit einhergehend das allgemeine Persönlichkeitsrecht verletzten, hinter dem Persönlichkeitsschutz des Betroffenen stets zurückzutreten[1109]. Dies gilt insbesondere für die sog. Schmähkritik, die unabhängig vom Kontext primär auf die „Herabsetzung der Person", nicht auf eine „Auseinandersetzung in der Sache" zielt[1110].

Eine weitere verfassungsrechtliche Schranke für die Einschränkung der Meinungsäußerungsfreiheit enthält Art. 5 Abs. 1 S. 3 GG i. V. m. Art. 4 Abs. 1

1105 BVerfGE 107, 275 (281); *Helmuth Schulze-Fielitz*, in: Horst Dreier (Hrsg.), Kommentar zum Grundgesetz, Band 1, 3. Auflage, Tübingen 2013, Art. 5 Abs. 1, 2 Rn. 162.

1106 BVerfGE 93, 266 (292); *Helmuth Schulze-Fielitz*, in: Horst Dreier (Hrsg.), Kommentar zum Grundgesetz, Band 1, 3. Auflage, Tübingen 2013, Art. 5 Abs. 1, 2 Rn. 178.

1107 BVerfGE 42, 143 (152); siehe auch BVerfGE 12, 113 (125); 54, 129 (134); 93, 266 (292 ff.); *Klaus Stern*: Das Staatsrecht der Bundesrepublik Deutschland, Band IV/1, München 2006, § 109 S. 1563 f.; *Helmuth Schulze-Fielitz*, in: Horst Dreier (Hrsg.), Kommentar zum Grundgesetz, Band 1, 3. Auflage, Tübingen 2013, Art. 5 Abs. 1, 2 Rn. 178.

1108 BVerfGE 93, 266 (294); *Helmuth Schulze-Fielitz*, in: Horst Dreier (Hrsg.), Kommentar zum Grundgesetz, Band 1, 3. Auflage, Tübingen 2013, Art. 5 Abs. 1, 2 Rn. 179.

1109 BVerfGE 75, 369 (380); 93, 266 (293); *Helmuth Schulze-Fielitz*, in: Horst Dreier (Hrsg.), Kommentar zum Grundgesetz, Band 1, 3. Auflage, Tübingen 2013, Art. 5 Abs. 1, 2 Rn. 179; *Christian Starck*, in: Hermann von Mangoldt/Friedrich Klein/Christian Starck, Grundgesetz-Kommentar, Band 3, 7. Auflage, München 2018, Art. 5 Abs. 1, 2 Rn. 335.

1110 BVerfGE 82, 272 (283 f.); 85, 1 (16); 93, 266 (294, 303); *Wolfgang Hoffmann-Riem*: Kommunikationsfreiheiten. Kommentierungen zu Art. 5 Abs. 1 und 2 sowie Art. 8 GG Baden-Baden u. a. 2002, Art. 5 Abs. 1, 2 Rn. 65; *Helmuth Schulze-Fielitz*, in: Horst Dreier (Hrsg.), Kommentar zum Grundgesetz, Band 1, 3. Auflage, Tübingen 2013, Art. 5 Abs. 1, 2 Rn. 179.

LV NW: das Zensurverbot[1111]. Dabei ist mit Zensur nur die Vorzensur gemeint, d. h. die Verpflichtung, vor der Herstellung oder Verbreitung eines Werks dieses einer behördlichen Stelle zur vorherigen Genehmigung seines Inhalts vorzulegen[1112]. Ein nachträgliches Verbot bestimmter Medienprodukte nach ihrer Veröffentlichung bleibt hiervon unberührt[1113].

(4) Objektiv-rechtliche Gehalte

Das Grundgesetz sichert in Art. 5 Abs. 1 S. 1 GG, um des demokratischen Aufbaus des Staates willen, nicht nur die subjektive Meinungsfreiheit des Einzelnen, sondern „normiert [mithin] die Meinungsfreiheit als objektives Prinzip der Gesamtrechtsordnung"[1114]. So garantiert Art. 5 Abs. 1 S. 1 GG i. V. m. Art. 4 Abs. 1 LV NW die Freiheit der Bildung einer individuellen und öffentlichen Meinung in der Demokratie[1115] und verpflichtet den Gesetzgeber, diese Meinungsfreiheit „aktiv zu schützen, zu sichern und zu festigen"[1116].

1111 *Rudolf Wendt*, in: Ingo von Münch/Philip Kunig (Hrsg.), Grundgesetz-Kommentar, Band 1, 6. Auflage, München 2012, Art. 5 Rn. 66; *Helmuth Schulze-Fielitz*, in: Horst Dreier (Hrsg.), Kommentar zum Grundgesetz, Band 1, 3. Auflage, Tübingen 2013, Art. 5 Abs. 1, 2 Rn. 170.

1112 BVerfGE 33, 52 (71 ff.); 73, 118 (166); 83, 130 (155); 87, 209 (230); *Helmuth Schulze-Fielitz*, in: Horst Dreier (Hrsg.), Kommentar zum Grundgesetz, Band 1, 3. Auflage, Tübingen 2013, Art. 5 Abs. 1, 2 Rn. 171.

1113 BVerfGE 33, 52 (72); *Helmuth Schulze-Fielitz*, in: Horst Dreier (Hrsg.), Kommentar zum Grundgesetz, Band 1, 3. Auflage, Tübingen 2013, Art. 5 Abs. 1, 2 Rn. 171; siehe auch *Rudolf Wendt*, in: Ingo von Münch/Philip Kunig (Hrsg.), Grundgesetz-Kommentar, Band 1, 6. Auflage, München 2012, Art. 5 Rn. 62.

1114 BVerfGE 57, 295 (319 f.); siehe zum objektiven Gehalt der Meinungsäußerungs- und Meinungsverbreitungsfreiheit *Edzard Schmidt-Jortzig*: Meinungs- und Informationsfreiheit, in: Josef Isensee/Paul Kirchhof (Hrsg.), Handbuch des Staatsrechts der Bundesrepublik Deutschland, Band 7, 3. Auflage, Heidelberg 2009, § 162 Rn. 9, 11.

1115 So BVerfGE 85, 1 (12); *Helmuth Schulze-Fielitz*, in: Horst Dreier (Hrsg.), Kommentar zum Grundgesetz, Band 1, 3. Auflage, Tübingen 2013, Art. 5 Abs. 1, 2 Rn. 214.

1116 *Hans Heinrich Rupp*: Vom Wandel der Grundrechte, in: AöR 101 (1976), S. 161 (173); siehe ferner *Wolfgang Hoffmann-Riem*: Kommunikationsfreiheiten. Kommentierungen zu Art. 5 Abs. 1 und 2 sowie Art. 8 GG Baden-Baden u. a. 2002, Art. 5 Abs. 1, 2 Rn. 9; *Helmuth Schulze-Fielitz*, in: Horst Dreier (Hrsg.), Kommentar zum Grundgesetz, Band 1, 3. Auflage, Tübingen 2013, Art. 5 Abs. 1, 2 Rn. 213.

c) *Synopse: Dissonanz zwischen dem Falschzeugnisverbot und der Meinungsäußerungs- und Meinungsverbreitungsfreiheit in Art. 5 Abs. 1 S. 1 GG i. V. m. Art. 4 Abs. 1 LV NW*

Während das Falschzeugnisverbot im Strafrecht – namentlich in den §§ 153 StGB – Spuren hinterlassen hat, auf die aus thematischen Gründen an dieser Stelle aber nicht weiter eingegangen werden kann, ist das ethische Gebot, nicht zu lügen, wahrhaftig zu reden, wie eingangs angedeutet in unserer modernen Medienwelt kaum als verfassungsrechtliche Normierung denkbar[1117].

Das Falschzeugnisverbot ist trotz seines prozessrechtlichen Hintergrunds in einem weiteren Sinne zu verstehen[1118]. So erlaubt seine Formulierung erlaubt eine Ausweitung des Anwendungsbereichs auch über die Situation bei Gericht hinaus[1119] und bringt so eine Tendenz zur Ethisierung zum Ausdruck. Von diesem Geiste geleitet, lehnt das Dekaloggebot also auch die gemeinschaftsschädigende Wirkung des Lügens als ethisch schlecht ab[1120]. Denn wer „unrichtige Sachverhalte verbreitet und unzutreffende Anschuldigungen erhebt, begeht Treubruch […], weil er die Basis von Treu und Glauben verlassen hat, auf der jedes Zusammenleben in einer Gesellschaft beruht“[1121].

Dem steht jedoch die als subjektives Abwehrrecht ausgestaltete Meinungsäußerungs- und Meinungsverbreitungsfreiheit entgegen: Durch Art. 5 Abs. 1 S. 1 GG i. V. m. Art. 4 Abs. 1 LV NW werden nicht nur Meinungen, d. h. Äußerungen mit subjektiver Bewertung[1122], geschützt, sondern auch Tatsachenbehauptungen, „weil und soweit sie Voraussetzung der Bildung von Meinungen sind“[1123]. Im Sinne eines umfassenden Freiheitsschutzes ist es dabei auch unerheblich, „worüber man eine Meinung hat und sie verbreiten will, über rein fachliche, wirtschaftliche, politische, kulturelle oder personale Zusammenhänge“.[1124] Geschützt ist dabei sowohl die Abgabe einer Meinung im Sinne des bloßen Artikulierens einer Meinung, ungeachtet dessen, ob jemand hiervon Kenntnis erlangt („äußern“), als auch die Möglichkeit, mit einer Meinung auf andere geistig wirken zu können („verbreiten“).

1117 → Fn. 1014.
1118 → Fn. 1034.
1119 → Fn. 1031.
1120 → Fn. 1036.
1121 → Fn. 1037.
1122 → Fn. 1054.
1123 → Fn. 1059.
1124 → Fn. 1069.

Nach überwiegender Auffassung im Schrifttum[1125] sind zur Vermeidung einer Aushöhlung des Grundrechtsschutzes aber eben auch unwahre Tatsachenbehauptungen sowie unrichtige Meinungen in den Schutzbereich der Meinungsfreiheit einzubeziehen. Denn alle Versuche zur tatbestandlichen Ausgrenzung bestimmter Meinungen oder Tatsachenbehauptungen führen zum „staatlichen Meinungsrichtertum", gegen das sich Art. 5 Abs. 1 S. 1 GG i. V. m. Art. 4 Abs. 1 LV NW ausdrücklich verwehrt[1126]. Erst bei der Abwägung mit kollidierenden Rechten Dritter sollte ihnen – so die überwiegende Auffassung im Schrifttum – ein gegen Null tendierendes Gewicht beigemessen werden.

Eingeschränkt werden kann die Meinungsfreiheit praktisch nur durch allgemeine Gesetze[1127] oder durch kollidierende Grundrechte Dritter oder andere mit Verfassungsrang ausgestaltete Rechtswerte. Jedoch muss das Recht auf Meinungsfreiheit infolge der Wechselwirkungslehre aber wiederum nur dann zurücktreten, wenn schutzwürdige Interessen eines anderen von höherrangigem Recht tatsächlich verletzt sind[1128]. In diesem Sinne sind etwa bei politischen Auseinandersetzungen in der Öffentlichkeit Einschränkungen des für eine freiheitliche demokratische Staatsordnung schlechthin konstituierenden Rechts der Meinungsfreiheit[1129] nur „durch hinreichend gewichtige Gemeinwohlbelange oder schutzwürdige Rechte und Interessen Dritter" zu rechtfertigen[1130].

Folge dieser umfassend garantierten Meinungsfreiheit ist ein pluralistischer Widerstreit verschiedener Meinungen und Medien. Mit diesem Widerstreit, der im Prozess der öffentlichen Meinungsbildung eine konstitutive Voraussetzung für die Funktionsfähigkeit der demokratischen Öffentlichkeit darstellt[1131], geht aber eben auch die Gefahr einher, dass Meinungsäußerungen demagogisch missbraucht und in fragwürdiger Weise emotionalisiert werden. So steht die Verleumdung politischer Gegner auf der Tagesordnung, und die modernen Medien verkaufen sie als Nachrichten[1132]. „Zwar gilt Ehrlichkeit als werbewirksames Etikett, aber nur der unprofessionelle Journalist beherzigt sie. Denn nur

---

1125 → Fn. 1070.
1126 → Fn. 783.
1127 → Fn. 1099.
1128 → Fn. 1103.
1129 → Fn. 1048.
1130 → Fn. 1100.
1131 → Fn. 1048.
1132 *Mathias Schreiber*: Die Zehn Gebote. Eine Ethik für heute, München 2010, S. 60.

wer – unehrlich – zuspitzt und übertreibt, bekommt Aufmerksamkeit im unaufhaltsamen Strom der Neuigkeiten und Aufgeregtheiten“[1133].

Aber auch wenn bestimmte Äußerungen keinen verfassungsrechtlichen Schutz genießen, weil sie durch allgemeine Gesetze eingeschränkt werden oder im Rahmen der Abwägung gegenüber kollidierenden Grundrechten Dritter zurücktreten, heißt das noch lange nicht, dass sie *verboten* sind. Die Meinungsfreiheit kann zwar durch allgemeine Gesetze im Sinne von Strafgesetzen beschränkt werden[1134], doch sanktioniert die Rechtsordnung unwahre Tatsachenbehauptungen oder unrichtige Meinungen nur dann, wenn dadurch beispielsweise konkrete Rechtsgüter eines Dritten verletzt werden und diese Verletzung ein gewisses Gewicht hat oder gar das öffentliche Interesse an einer wahrheitsgemäßen Tatsachenfeststellung in gerichtlichen und sonstigen Verfahren beeinträchtigt werden[1135]. So wird die Lüge auch strafrechtlich nur dann relevant, wenn sie wie beispielsweise bei Verleumdung oder Beleidigung die persönliche Ehre beeinträchtigt, im Falle des Betruges zu Vermögensschäden führt oder etwa die prozessuale Wahrheitspflicht verletzt. Dies ist aber gewiss nicht bei jeder Lüge der Fall. Somit lässt sich feststellen, dass sich die moderne Verfassungsordnung nicht jede moralisch-ethische Forderung des Dekalogs zu eigen gemacht hat.

1133 *Mathias Schreiber*: Die Zehn Gebote. Eine Ethik für heute, München 2010, S. 60.

1134 → Fn. 1096.

1135 → Fn. 1094.

E. Ausblick: Zukunft der Einbeziehung der Zehn Gebote in die landesverfassungsrechtliche Ordnung?

Zwar ist die nordrhein-westfälische Landesverfassung als säkulare Ordnung zu verstehen, die grundsätzlich nicht auf eine konkrete religiöse Tradition als Legitimationsgrundlage zurückgreift. Gleichwohl wurde erforscht, dass sich an einigen Stellen im Landesverfassungstext Spuren der Zehn Gebote des Dekalogs – namentlich des Sabbatgebotes, des Elterngebotes und des Ehebruchsverbotes – wiederfinden lassen und sich die Landesverfassung insoweit zumindest affirmativ zur (christlichen) Religion verhält. Die vorstehende Untersuchung zeigt dabei insbesondere, auf welch schmalen Grat sich die Verfassungsväter befinden, wenn es darum geht, christlichen Kulturwerten einerseits ausreichend Raum zu geben und andererseits so neutral zu bleiben, wie es die staatliche Neutralitätsverpflichtung und das Verbot der Staatskirche fordern.

Trotz der zunehmenden Säkularisierung und Pluralisierung[1136] der Gesellschaft ist zu beobachten, dass sich die Kultur in Nordrhein-Westfalen weiterhin im Wesentlichen an der vom christlichen Glauben geprägten Überlieferung orientiert. Vor dem Hintergrund, dass die Verankerung der Menschen im christlichen Glauben in Nordrhein-Westfalen jedoch mehr und mehr abnimmt[1137],

1136 Zu den Begriffen „Säkularisierung“ und „Pluralisierung“ eingehend *Ino Augsberg:* Landesbericht Deutschland: Religiöses Recht und religiöse Gerichte als Herausforderung des Staates, in: Uwe Kischel (Hrsg.), Religiöses Recht und religiöse Gerichte als Herausforderung des Staates, Tübingen 2016, S. 1 (3). Im Zuge der Pluralisierung entwickelte sich eine heterogene Gesellschaft verschiedener Grundüberzeugungen; siehe *Peter Unruh*: Religionsverfassungsrecht, 4. Auflage, Baden-Baden 2018, § 2 Rn. 48; *Ino Augsberg:* Landesbericht Deutschland: Religiöses Recht und religiöse Gerichte als Herausforderung des Staates, in: Uwe Kischel (Hrsg.), Religiöses Recht und religiöse Gerichte als Herausforderung des Staates, Tübingen 2016, S. 1 (5).*Augsberg, Ino*: Landesbericht Deutschland: Religiöses Recht und religiöse Gerichte als Herausforderung des Staates, ebda., S. 1 (5).

1137 Hierzu wird auf die Statistiken des Statistischen Jahrbuchs Nordrhein-Westfalens – 2018, S. 195 f. verwiesen. Die Statistik ist abrufbar unter https://webshop.it.nrw.de/gratis/Z026%20201800.pdf. Zugriff am 18. September 2019. Seit den 1960er Jahren sei ein „konstanter Rückgang des aktiven religiösen Lebens“ zu verzeichnen; so *Ino Augsberg:* Landesbericht Deutschland: Religiöses Recht und religiöse Gerichte als

wird sich zeigen, ob und wie die Rechtsprechung und die praktische Politik zukünftig christlich geprägte Kulturwerte in die verfassungsrechtliche Ordnung weiterhin einbeziehen werden. Auch vor dem Hintergrund, dass die bisher nicht heimischen Religionen – allen voran der Islam – von großer Vitalität zu sein scheinen[1138], stellt sich mit Blick auf die christlich geprägte Sonntagskultur, die durch den Sonntagsschutz verfassungsrechtlich garantiert ist, an dieser Stelle beispielsweise die Frage, wie lange das Bundesverfassungsgericht die damit einhergehende faktische Benachteiligung gegenüber Angehörigen anderer Religionen mit der Konfessionszugehörigkeit der Bevölkerungsmehrheit und deren entsprechenden Tradition sinnvoll rechtfertigen kann[1139].

An anderer Stelle hat der gesellschaftliche Wandel bereits seine Spuren hinterlassen: Die bis vor wenigen Jahren vorherrschende Idee, unter der Ehe im Rechtssinne könne nur eine Verbindung zwischen Mann und Frau verstanden werden, ist inzwischen weitgehend – wenn auch nicht ganz offiziell[1140] – zugunsten der Akzeptanz auch homosexueller Verbindungen aufgegeben worden[1141]. Eine gewisse Vorbildfunktion des Christentums ist jedoch noch dahingehend

---

Herausforderung des Staates, in: Uwe Kischel (Hrsg.), Religiöses Recht und religiöse Gerichte als Herausforderung des Staates, Tübingen 2016, S. 1 (4).

1138 *Christian Waldhoff*: Die Zukunft des Staatskirchenrechts, in: Essener Gespräche zum Thema Staat und Kirche 42 (2008), S. 55 (65); *Ino Augsberg*: Landesbericht Deutschland: Religiöses Recht und religiöse Gerichte als Herausforderung des Staates, in: Uwe Kischel (Hrsg.), Religiöses Recht und religiöse Gerichte als Herausforderung des Staates, Tübingen 2016, S. 1 (6).

1139 Es wird auszugsweise die Statistik des Statistischen Bundesamtes „Religionszugehörigkeit der Deutschen nach Bundesländern im Jahr 2011" herangezogen. Danach ergeben sich für das Land Nordrhein-Westfalen folgende Zahlen: Katholiken: 42%; Protestanten: 28%; Muslime: 8%; Konfessionslose, andere Religionen: 23%. Die Statistik ist abrufbar unter https://de.statista.com/statistik/daten/studie/201622/umfrage/religionszugehoerigkeit-der-deutschen-nach-bundeslaendern/. Zugriff am 19. September 2019.

1140 Zum Streit- und Meinungsstand wird auf die Ausführungen in Fn. 598 verwiesen.

1141 Am 1. Oktober 2017 ist das Gesetz zur Einführung des Rechts auf Eheschließung für Personen gleichen Geschlechts (Eheöffnungsgesetz) in Kraft getreten. Siehe dazu ferner *Ino Augsberg:* Landesbericht Deutschland: Religiöses Recht und religiöse Gerichte als Herausforderung des Staates, in: Uwe Kischel (Hrsg.), Religiöses Recht und religiöse Gerichte als Herausforderung des Staates, Tübingen 2016, S. 1 (17 mit Fn. 62).

spürbar, als dass die Institution Ehe eine monogame Form der Partnerschaft voraussetzt[1142].

Es bleibt zu konstatieren, dass auch in Zeiten einer pluralisierten und religionsentkleideten Gesellschaft ein bestimmtes Wertesystem bestehend aus freiheitlichen, sozialen und religiösen Komponenten für eine menschliche Ordnung unerlässlich ist. Die materielle Orientierung der Medienwelt, die Konsumordnung und die menschlichen Erziehung führen zu einem schleichenden Schwinden der Stellenwerte von Glaube, Spiritualität und Menschlichkeit. Um diesem Phänomen entgegenzuwirken, ist das Land dort gefragt, wo es nicht um Glaubensvermittlung, sondern um Vermittlung religiösen Wissens geht. Unabhängig von Bekenntnis und Glaube ist insoweit der Religions- oder Ethikunterricht unerlässlich, um den Schülern die Geschichte und die Grundlage der Religion zu vermitteln. Denn das Wissen um sie ist Teil unseres Kulturerbes, das wir weitergeben sollten auch und gerade im Grundkonflikt von überlieferter Kultur und der schnelllebigen, kulturblinden Gesellschaft. Als Wurzel insbesondere des Christentums sollte den Zehn Geboten im Rahmen einer solchen Kultur- und Wissensvermittlung eine zentrale Stellung zuteil werden.

1142 *Ino Augsberg*: Landesbericht Deutschland: Religiöses Recht und religiöse Gerichte als Herausforderung des Staates, in: Uwe Kischel (Hrsg.), Religiöses Recht und religiöse Gerichte als Herausforderung des Staates, Tübingen 2016, S. 1 (17 mit Fn. 63).

F. Schluss: Ergebnisse im Überblick

1. Ungeachtet der Verabschiedung der Landesverfassung Nordrhein-Westfalens erst im Jahre 1950 begannen die ersten offiziellen Verfassunggebungsarbeiten bereits im Winter 1946/1947. Daher waren die Verfassungsarbeiten, ähnlich wie die früheren Nachkriegslandesverfassungen des süddeutschen Typs, von der Naturrechtsrenaissance der ersten Nachkriegsjahre sowie der katholischen Soziallehre geprägt. Im politischen Prozess der Gründungszeit des Landes und seiner Verfassung spielte dabei die katholische Kirche – deren verfassungspolitische Ziele dem Grunde nach auch für die evangelische Kirche galten – eine besondere Rolle.

   Die Einflussnahme der Kirche auf den Verfassunggebungsprozess war dem Umstand geschuldet, dass die Kirche den Untergang des nationalsozialistischen Regimes und das Kriegsende als funktionsfähige und intakte Organisation überstanden hatte. Nach dem Zusammenbruch des totalitären „gottlosen" Regimes und der hinterlassenen Sinn- und Wertkrise in der Bevölkerung formulierten die vier nordrhein-westfälischen Ordinarien die ersten offiziellen-kirchlichen Forderungen aus und trugen den Landesverfassunggebern auf, mit Hilfe dieses Katalogs bestimmte ethische, moralische und religiöse Werte – selbstverständlich unter Berücksichtigung religiöser Toleranz – im Landesverfassungstext zu berücksichtigen. Ihr Augenmerk richteten sie dabei insbesondere auf Bestimmungen über Ehe und Familie, den Sonn- und Feiertagsschutz sowie auf das Verhältnis von Kirche und Staat.

   Um der totalitären Staatsideologie und dem wertentleerten Gesetzespositivismus eine Absage zu erteilen, setzten vor allem die Abgeordneten der CDU und der DZP – letztlich auch um aufgrund von Interessensidentität ihren eigenen Forderungen Ausdruck zu verleihen – in wichtigen Verfassungsfragen jene kirchliche Forderungen durch, welche die vier Ordinarien in ihrem Forderungskatalog formuliert hatten. Auf diese Weise erhielt die Landesverfassung eine kirchen- und religionsfreundliche Akzentuierung. Durch die Übernahme des Art. 140 GG mitsamt seinem Verweis auf Art. 136-139, 140 WRV (Art. 22 LV NW) statuieren die Regelungen der Weimarer Reichsverfassung zusammen mit der durch Art. 4 Abs. 1 und 2 GG i. V. m. Art. 4 Abs. 1 LV NW garantierten Religionsfreiheit eine „positiv" verstandene religiös-weltanschauliche Neutralität des Staates, die bis heute Geltung findet.

2. In dem durch die Landesverfassung garantierten Sonn- und Feiertagsschutz (Art. 25 LV NW bzw. Art. 139 WRV i. V. m. Art. 140 GG i. V. m. Art. 22 LV NW) sind Spuren des Sabbatgebots zu finden.

   Das Sabbatgebot (drittes Gebot) wandelte den Sabbat durch die Verbindung des Sabbats mit dem bis dahin getrennt auftretenden Arbeitstabu des Siebten Tages zu einem wöchentlichen Feiertag um. Die daraus folgende Sabbatheiligung wurde sodann durch das Christentum zur heutigen Sonn- und Feiertagsheiligung abgewandelt und fortentwickelt. Somit ist der christlich fundierte Sonntagsschutz und der auf der Ebene des einfachen Rechts überwiegend christlich fundierte Feiertagsschutz auf die Feiertagsheiligung des Alten Testaments zurückzuführen.

   Dieser in der Landesverfassung verankerte Sonn- und Feiertagsschutz knüpft bewusst an die bestehende christliche Tradition an, ohne diese aber paritätswidrig zu exklusivieren. Ganz im Geiste ihrer geschichtlichen Wurzeln schützen die verfassungsrechtlich gewährleisteten Sonn- und Feiertage – wie damals das Sabbatgebot – vor der Totalvereinnahmung des Lebens durch die materielle Komponente, indem sie die Menschen zur physischen und psychischen Regeneration auffordern.

3. Das dekalogische Elterngebot hat im Landesverfassungstext insoweit Spuren hinterlassen, als dass das Land durch Art. 5 Abs. 1 LV NW aufgefordert wird, die Familie als Ganzes, also auch das Verhältnis von Kindern zu ihren Eltern, zu schützen.

   Ein ethisches Gebot, die Eltern zu ehren, wie es im dekalogischen Elterngebot angeordnet wird, ist dem Landesverfassungstext zwar nicht zu entnehmen. Das Gebot der Sicherung der Altersversorgung der nicht mehr arbeitsfähigen Eltern, wie es der Dekalog ursprünglich zum Ziel hatte, ist heute eher noch im Familienrecht konstituiert (vgl. § 1601 BGB). Gleichwohl bleibt zu konstatieren, dass die Familie seit jeher als „Keimzelle" des Landes verstanden wurde.

   Da die Eltern mit Geburt, Pflege und Erziehung von Kindern den Fortbestand der Gesellschaft und des Landes sichern, haben die Verfassunggeber die Familien und damit einhergehend auch das Verhältnis der Kinder zu ihren Eltern mit besonderem Schutz versehen. Aufgrund der besonderen Funktion, die die Eltern für das Gemeinwesen erfüllen, wurde der Stellung der Eltern daneben über Art. 6 GG i. V. m. Art. 4 Abs. 1 LV NW Verfassungsrang zugesprochen.

4. Indem das dekalogische Ehebruchverbot in Art. 5 Abs. 1 LV NW positiv konnotiert wird, wurde die These begründet, dass auch das Ehebruchverbot Spuren im Landesverfassungstext hinterlassen hat. Das alttestamentliche Verständnis einer grundsätzlich unauflöslichen Ehe hat die Landesverfassung stark geprägt. Zwar wurde das bis zur Hälfte des 20. Jahrhunderts dominierende traditionelle Ehebild, das noch stark durch die katholische Naturrechtslehre geprägt war, in den letzten Jahrzehnten stark aufgeweicht. Doch erkennt die Landesverfassung die Ehe bis heute jedenfalls im Sinne einer auf Dauer angelegten, grundsätzlich unauflöslichen Lebensgemeinschaft als Grundlage der menschlichen Gesellschaft an und stellt sie in Art. 5 Abs. 1 LV NW unter den besonderen Schutz des Landes.

   Indem die Autoren des Dekaloggebotes auf eine Definition des familienrechtlichen Standes verzichtete, untersagt es jede Form des Ehebruchs und kommt damit an unser heutiges Verständnis eines auf Gegenseitigkeit der Ehepartner beruhenden Verhältnisses sehr nahe heran.

   Durch die im Dekalog erfolgte Transformation des Eherechts in Ethos wurde der Ehebruch vor dem Hintergrund der ehelichen Treue im moralischen Sinne verstanden. Von diesem alttestamentlichen Geiste der ehelichen Treue geleitet, versteht die Landesverfassung die Ehe auch heute als ein von zwei Partnern getragenes Grundverhältnis zur konkreten Geschlechtergemeinschaft, zu ihren Lebens- und Entfaltungsbedingungen.

5. Spuren des dekalogischen Tötungsverbots sind in dem über Art. 4 Abs. 1 LV NW rezipierten Art. 2 Abs. 2 S. 1 Alt. 1 GG zu finden. Das alttestamentliche Verständnis eines umfassenden Lebensschutzes, wie es das Tötungsverbot des Dekalogs vorsah, ist auch in dem rezipierten Art. 2 Abs. 2 S. 1 Alt. 1 GG verankert. Demnach hat jeder das Recht auf Leben.

   Anders als das dekalogische Tötungsverbot hat der verfassungsrechtlich garantierte Lebensschutz zwar in erster Linie als Adressaten den Staat im Visier: Während sich das Tötungsverbot an den Menschen als Folge des Verständnisses von Leben als göttliche Gabe und Geschenk richtet, normiert der rezipierte Art. 2 Abs. 2 S. 1 Alt. 1 GG ein subjektives Abwehrrecht des Bürgers gegen den Staat. Doch können die (rezipierten) Grundrechte durch die Auslegung der einfachen Gesetze auch auf das horizontale Verhältnis der Staatsbürger zueinander Wirkung entfalten.

   Die technisch-naturwissenschaftlichen Entwicklungen der vergangenen Jahrzehnte zeigen, dass die Bestimmung ihre fundamentale Bedeutung – über die Gräueltaten des Nationalsozialismus hinaus – nicht verloren hat. Das bereits im Alten Testament vorherrschende Verständnis eines umfassenden Lebensschutzes wird durch die technischen-naturwissenschaftlichen Entwicklungen also nicht nur vor dem strafrechtlichen, sondern auch vor dem verfassungsrechtlichen Hintergrund in lebhaftem Diskus gehalten.

6. Eine Parallele zum dekalogischen Diebstahlverbot findet sich heute in der Eigentumsgewährleistung durch den über Art. 4 Abs. 1 LV NW rezipierten Art. 14 Abs. 1 GG. Damals wie heute gilt der Gedanke, dass alles was jemandem gehört oder was jemand besitzt zunächst geschützt werden soll.

   Zur Zeit der Entstehung des dekalogischen Diebstahlverbots ging mit dem Umbruch zur Sesshaftigkeit das Bedürfnis nach gegenseitiger Respektierung der vermehrt erlangten Besitz- und Eigentumsrechte einher. Durch die stetig wachsende Bevölkerung wurde die gegenseitige Respektierung von Besitz- und Eigentumsrechten für ein friedliches Zusammenleben unerlässlich. Vor diesem Hintergrund rückte auch der Diebstahl von Sachwerten, insbesondere der von Vieh, zunehmend in den Vordergrund des einst ausschließlich als Menschendiebstahlverbot verstandenen Dekaloggebotes. Zwar gab es im Alten Testament noch keinen dogmatischen Eigentumsbegriff im heutigen Sinne, doch kamen auch hier bereits Besitz- und Eigentumsrechte vielfach zur Sprache. So sollten alle Sachen, die sich im Besitz oder Eigentum von jemandem befanden, vor unrechtmäßigen Zugriffen geschützt werden. Heute wird das Eigentum durch den über Art. 4 Abs. 1 LV NW rezipierten Art. 14 Abs. 1 GG garantiert. Anders als das dekalogische Diebstahlsverbot richtet sich der rezipierte Art. 14 Abs. 1 GG zwar in erster Linie nicht an den Bürger, sondern an den Staat. Der wiederum die Gewährleistung des Eigentums durch das Strafrecht – namentlich durch §§ 242 ff. StGB – verwirklicht. Doch entfaltet das rezipierte Eigentumsgrundrecht über die Privatrechtsgesetzgebung auch auf das horizontale Verhältnis der Bürger untereinander sog. Drittwirkung.

   Weiter lässt sich im Dekalog ein Gedanke erkennen, der auch für die weitere Auslegungsgeschichte wesentlich war: Während das Dekaloggebot die Unverletzlichkeit der Besitz- und Eigentumsrechte sicherstellte und der Freiheit, ein selbstbestimmtes Leben zu führen, diente, steht auch die verfassungsrechtliche Eigentumsgarantie in einem engen Zusammenhang mit der persönlichen Freiheit. So kommt der Eigentumsgarantie im Gesamtgefüge der Grundrechte die Aufgabe zu, dem Grundrechtsträger einen Freiheitsraum im vermögensrechtlichen Bereich zu sichern. Darüber hinaus konnotiert die grundrechtlich vorgegebene Sozialbindung des Eigentums in Art. 14 Abs. 2 GG i. V. m. Art. 4 Abs. 1 LV NW das Verständnis des Diebstahlverbots als Verbot unsolidarischen Handelns und als Verpflichtung zu sozialer Verantwortung auch gegenüber unseren Mitmenschen.

7. Bei dem dekalogischen Fremdgötterverbot handelt es sich um ein Gebot, das dem modernen freiheitlichen Staatsdenken nicht entspricht. Die über Art. 4 Abs. 1 LV NW rezipierte Glaubens- und Bekenntnisfreiheit (Art. 4 Abs. 1 GG) distanziert sich kritisch von dem Fremdgötterverbot des Dekalogs.

   Zwar setzten das Fremdgötterverbot und das Bilderverbot, die zusammen mit der vorangestellten Präambel im Horndekalog als ein Gebot gezählt werden, die Existenz einer Vielzahl von Göttern voraus. Sie leugnen also nicht die Existenz anderer Götter und bestreitet auch nicht deren Macht, wohl aber richten sie sich gegen die kultische Verehrung anderer Götter.

   Die Landesverfassung statuiert mit der Glaubens- und Bekenntnisfreiheit das Gegenteil. Die Vielfalt von Religionen und weltanschaulichen Bekenntnissen sowie die religiös-weltanschauliche Neutralität des Landes gehören zu den tragenden Elementen der freiheitlichen demokratischen Ordnung und sind über Jahrhunderte durch den Blutzoll des Dreißigjährigen Krieges und der Revolution der Neuzeit hart erkämpft worden. Der rezipierte Art. 4 Abs. 1, 2 GG schützt das Recht zum Fernbleiben von religiöser Bindung und das Recht, seiner Überzeugung entsprechend in der Öffentlichkeit zu leben, gleichermaßen. Das Verbot der Staatskirche und die damit einhergehende Trennung von Staat und Kirche verpflichten den Staat zur Enthaltsamkeit hinsichtlich einer besonderen Verbindung mit einer oder mehreren Konfessionen. Somit kann von Rechts wegen zunächst grundsätzlich jeder Glaubenssymbole wie beispielsweise Götterfiguren anbeten, bei sich versammeln oder in öffentlichen Räumen wie beispielsweise in Unterrichtsräumen anbringen.

8. Das Namensmissbrauchsverbot, das die missbräuchliche Verwendung des Gottesnamen untersagt und damit auf die Kulturreinheit des Jahwe-Kultes abzielt, widerspricht ebenfalls dem modernen offenen und freiheitlichen Staatsdenken.

9. Das ethische Gebot, nicht zu lügen und wahrhaftig zu reden ist in unserer modernen Medienwelt kaum als verfassungsrechtliche Normierung denkbar. Denn alle Versuche zur tatbestandlichen Ausgrenzung bestimmter Meinungen oder Tatsachenbehauptungen führen zum „staatlichen Meinungsrichtertum" gegen das sich Art. 5 Abs. 1 GG i. V. m. Art. 4 Abs. 1 LV NW ausdrücklich verwehrt.

   Einschränkungen des für eine freiheitliche demokratische Staatsordnung schlechthin konstituierenden Rechts der Meinungsfreiheit sind etwa bei politischen Auseinandersetzungen in der Öffentlichkeit nur durch gewichtige Gemeinwohlbelange oder schutzwürdige Rechte und Interessen Dritter zu rechtfertigen. Folge dieser umfassend garantierten Meinungsfreiheit ist ein pluralistischer Widerstreit verschiedener Meinungen und Medien. Mit diesem Widerstreit, der im Prozess der öffentlichen Meinungsbildung aber eine konstitutive Voraussetzung für die Funktionsfähigkeit der demokratischen Öffentlichkeit darstellt, geht gewiss auch die Gefahr einher, dass Meinungsäußerungen demagogisch missbraucht und in fragwürdiger Weise emotionalisiert werden. Gleichwohl bleibt zu konstatieren, dass auch solche Äußerungen, die keinen verfassungsrechtlichen Schutz genießen, nicht auch zugleich verboten sind. So wird die Lüge strafrechtlich nur dann sanktioniert, wenn sie wie beispielsweise bei Verleumdung oder Beleidigung, die persönliche Ehre beeinträchtigt, im Falle des Betruges zu Vermögensschäden führt oder etwa die prozessuale Wahrheitspflicht verletzt. Dies ist jedoch zweifellos nicht bei jeder Lüge der Fall.

10. Vor dem Hintergrund, dass die Verankerung der Menschen im christlichen Glauben in Nordrhein-Westfalen mehr und mehr abnimmt, wird sich zeigen, ob und wie die Rechtsprechung und die praktische Politik zukünftig christlich geprägte Kulturwerte in die verfassungsrechtliche Ordnung weiterhin einbeziehen werden. Mit Blick auf die christlich geprägte Sonntagskultur, die durch den Sonntagsschutz verfassungsrechtlich garantiert ist, stellt sich die Frage, wie lange das Bundesverfassungsgericht die damit einhergehende faktische Benachteiligung gegenüber Angehörigen anderer Religionen mit der Konfessionszugehörigkeit der Bevölkerungsmehrheit und deren entsprechenden Tradition rechtfertigen kann.

    An anderer Stelle hat der Wandel hin zu einer pluralisierten und religionsentkleideten Gesellschaft bereits seine Spuren hinterlassen: Die bis vor wenigen Jahren vorherrschende Idee, unter der Ehe im Rechtssinne könne nur eine Verbindung zwischen Mann und Frau verstanden werden, ist inzwischen weitgehend zugunsten der Akzeptanz auch homosexueller Verbindungen aufgegeben worden. Eine gewisse Vorbildfunktion des Christentums ist jedoch noch dahingehend spürbar, als dass die Institution Ehe eine monogame Form der Partnerschaft voraussetzt.

Literaturverzeichnis

Aka, Christine: Art. Sonntag, VI. Brauch, in: Walter Kasper/Michael Buchberger (Hrsg.), Lexikon für Theologie und Kirche, Band 9, 3. Auflage, Freiburg im Breisgau 2000 (Neudruck 2017), Sp. 731.

Albertz, Rainer: Hintergrund und Bedeutung des Elterngebots im Dekalog, in: ZATW 1978, S. 348-374.

Alt, Albrecht: Das Verbot des Diebstahls im Dekalog, in: Albrecht Alt (Hrsg.), Kleine Schriften zur Geschichte des Volkes Israel, Band 1, 1953, S. 333-340.

Anschütz, Gerhard: Die Religionsfreiheit, in: Gerhard Anschütz/Richard Thoma (Hrsg.), Handbuch des Deutschen Staatsrechts, Band 2, Tübingen 1932, S. 675-689.

Anschütz, Gerhard: Die Verfassung des Deutschen Reichs vom 11. August 1919. Ein Kommentar für Wissenschaft und Praxis, 14. Auflage, Berlin 1933.

Anschütz, Gerhard: Die Verfassungsurkunde für den Preußischen Staat vom 31.Januar 1850. Ein Kommentar für Wissenschaft und Praxis, Band 1, Berlin 1912.

Auer, Alfons/Kaufmann, Franz-Xaver: Art. Ehe und Familie, in: Görres-Gesellschaft (Hrsg.), Staatslexikon, Band 2, 7. Auflage, Freiburg im Breisgau u. a. 1986, Sp. 86-118.

Augsberg, Ino: Landesbericht Deutschland: Religiöses Recht und religiöse Gerichte als Herausforderung des Staates, in: Uwe Kischel (Hrsg.), Religiöses Recht und religiöse Gerichte als Herausforderung des Staates, Tübingen 2016, S. 1-36.

Badura, Peter: Das Staatskirchenrecht als Gegenstand des Verfassungsrechts. Die verfassungsrechtlichen Grundlagen des Staatskirchenrechts, in: Joseph Listl/Dietrich Pirson (Hrsg.), Handbuch des Staatskirchenrechts der Bundesrepublik Deutschland, Band 1, 2. Auflage, Berlin 1994, S. 211-251.

Badura, Peter: Eigentum, in: Ernst von Benda/Werner Maihofer/Hans-Jochen Vogel (Hrsg.), Handbuch des Verfassungsrechts der Bundesrepublik Deutschland, 2. Auflage, Berlin 1994 (Neudruck 2011), S. 327-390.

Baumgartner, Konrad: Art. Sonntag, V. Praktisch-theologisch, in: Walter Kasper/Michael Buchberger (Hrsg.), Lexikon für Theologie und Kirche, Band 9, 3. Auflage, Freiburg im Breisgau 2000 (Neudruck 2017), Sp. 730-731.

Beck-Gernsheim, Elisabeth: Die Kinderfrage heute. Über Frauenleben, Kinderwunsch und Geburtenrückgang, München 2006.

Bertholet, Alfred/Goldammer, Kurt: Wörterbuch der Religionen, 4. Auflage, Marburg 1985.

Böckle, Franz: Ehe und Ehescheidung, in: Anselm Hertz/Günter Altner (Hrsg.), Handbuch der christlichen Ethik, Band 2, Freiburg im Breisgau 1978, S. 117-135.

Bons, Eberhard: Art. Ehe, Ehesakrament, IV. Altes Testament, in: Walter Kasper/Michael Buchberger (Hrsg.), Lexikon für Theologie und Kirche, Band 3, 3. Auflage, Freiburg im Breisgau 1995 (Neudruck 2017), Sp. 469-470.

Borowski, Martin: Die Glaubens- und Gewissensfreiheit des Grundgesetzes, Tübingen 2006.

Brosius-Gersdorf, Frauke: Demografischer Wandel und Familienförderung, Tübingen 2011.

von Brünneck, Alexander: Die Eigentumsordnung im Nationalsozialismus, in: KJ 2 (1979), S. 151-172.

Buchholz, Stephan: Art. Ehe, in: Albrecht Cordes/Heiner Lück/Dieter Werkmüller (Hrsg.), Handwörterbuch zur deutschen Rechtsgeschichte, Band 1, 2. Auflage, Berlin 2008, Sp. 1192-1213.

Bullmann, Boris: Sonn- und Feiertagsschutz in Deutschland – Ein Überblick, in: KuR 2008, S. 249-269.

Burtscheidt, Franz: Der Sonn- und Feiertagsschutz nach der Reichsverfassung vom 11. August 1919, Köln 1932.

von Campenhausen, Axel: Der heutige Verfassungsstaat und die Religion, in: Joseph Listl/Dietrich Pirson (Hrsg.), Handbuch des Staatskirchenrechts der Bundesrepublik Deutschland, Band 1, 2. Auflage, Berlin 1994, S. 47-84.

von Campenhausen, Axel: Christentum und Recht, in: Peter Antes (Hrsg.), Christentum und europäische Kultur. Eine Geschichte und ihre Gegenwart, Freiburg im Breisgau u. a. 2002, S. 96-115.

von Campenhausen, Axel/de Wall, Heinrich: Staatskirchenrecht, 4. Auflage, München 2006.

von Campenhausen, Axel: Religion, Kirche, Gewissen, in: Josef Isensee/Paul Kirchhof (Hrsg.), Handbuch des Staatsrechts der Bundesrepublik Deutschland, Band 7, 3. Auflage, Heidelberg 2009, § 157, S. 597-662.

Caspari, Wilhelm: Die Bedeutungen der Wortsippe Kbd im Hebräischen, Leipzig 1908.

Classen, Claus Dieter: Religionsrecht, 2. Auflage, Tübingen 2015.

Conrad, Hermann: Historische Einleitung, in: Wilhelm Loschelder/Jürgen Salzwedel (Hrsg.), Verfassungs- und Verwaltungsrecht des Landes Nordrhein-Westfalen, Köln u. a. 1964, S. 3-26.

Dietrich Creutzburg, Wer zahlt künftig für die Pflege?, FAZ vom 15. August 2019, S. 15.

Czermak, Gerhard: Zur Unzulässigkeit des Kreuzes in der Schule aus verfassungsrechtlicher Sicht, in: Winfried Brugger/Stefan Huster (Hrsg.), Der Streit um das Kreuz in der Schule, Baden-Baden 1998, S. 13-40.

Czermak, Gerhard: Religions- und Weltanschauungsrecht. Eine Einführung, 2. Auflage, Berlin u. a. 2018.

Dästner, Christian: Die Verfassung des Landes Nordrhein-Westfalen. Kommentar 2. Auflage, Stuttgart 2002.

Dautzenberg, Gerhard: Art. Eigentum, II. Biblisch, in: Walter Kasper/Michael Buchberger (Hrsg.), Lexikon für Theologie und Kirche, Band 3, 3. Auflage, Freiburg im Breisgau 1995 (Neudruck 2017), Sp. 531-532.

Dederer, Hans-Georg: Menschenwürde des Embryo in vitro?, in: AöR 127 (2002), S. 1-26.

Derschka, Harald Rainer: Art. Kulturkampf, in: Axel von Campenhausen/Ilona Riedel-Spangenberger/P. Reinhold Sebott SJ (Hrsg.), Lexikon für Kirchen- und Staatskirchenrecht, Band 2, Paderborn u. a. 2002, S. 655-657.

Dietlein, Johannes: Landesgrundrechte in Nordrhein-Westfalen, in: Detlef Merten/Hans-Jürgen Papier (Hrsg.), Handbuch der Grundrechte in Deutschland und Europa, Band 8, Heidelberg 2017, § 254, S. 1025-1065.

Dohmen, Christoph: Art. psl, in: Johannes Botterweck/Helmer Ringgren (Hrsg.), Theologisches Wörterbuch zum Alten Testament, Band 6, Bonn u. a. 1989, Sp. 688-697.

Dohmen, Christoph: Exodus 19-40. Herders Theologischer Kommentar zum Alten Testament, 2. Auflage, Freiburg im Breisgau u. a. 2012.

Drecoll, Volker Henning: Art. Kulturkampf, in: Werner Heun/Martin Honecker u. a. (Hrsg.), Evangelisches Staatslexikon, Stuttgart 1966 (Neudruck 2006), Sp. 1363-1367.

Dreier, Horst (Hrsg.): Kommentar zum Grundgesetz, 3. Auflage, Tübingen, Band I 2013, Band III 2018.

Dreier, Horst: Staat ohne Gott. Religion in der säkularen Moderne, München 2018.

Wolfgang Durner: Freiheit der Person, Leben und Unversehrtheit, Freizügigkeit, in: Detlef Merten/Hans-Jürgen Papier (Hrsg.), Handbuch der Grundrechte in Deutschland und Europa, Band 8, Heidelberg 2017, § 234, S. 299-320.

Erichsen, Hans-Uwe: Das Grundrecht der Meinungsfreiheit, in: Jura 1996, S. 84-89.

Falkmann, August: Das Staatsrecht des Fürstentums Lippe, in: Heinrich Marquardsen (Hrsg.), Handbuch des oeffentlichen Rechts der Gegenwart in

Monographie, Band 3, Halbband 2, Abteilung 1, Freiburg im Breisgau 1884, S. 177-186.

Fink, Udo: Selbstbestimmung und Selbsttötung. Verfassungsrechtliche Fragestellungen im Zusammenhang mit Selbsttötungen, Köln 1992.

Fink, Udo: Recht auf Leben und körperliche Unversehrtheit, in: Detlef Merten/Hans-Jürgen Papier (Hrsg.), Handbuch der Grundrechte in Deutschland und Europa, Band 4, Heidelberg 2011, § 88, S. 137-157.

Friedrich, Lutz: Die einschränkende Auslegung des § 6 LÖG NRW n. F. durch das OVG NRW als fragwürdige Konterjudikatur. Zugleich Anmerkung zum Beschl. v. 02.11.2018 – 4 B 1580/18, in: NWVBl. 2019, S. 185-190.

von Fürstenau, Hermann: Das Grundrecht der Religionsfreiheit nach seiner geschichtlichen Entwickelung und heutigen Geltung in Deutschland, Leipzig 1891.

Geller, Gregor/Kleinrahm, Kurt/Dickersbach, Alfred u. a. (Hrsg.), Die Verfassung des Landes Nordrhein-Westfalen. Kommentar, 3. Auflage, Loseblattsammlung, Göttingen 1994.

Gerstenberger, Erhard: Wesen und Herkunft des Apodiktischen Rechts, Neukirchen 1965.

Graf, Friedrich Wilhelm: Moses Vermächtnis. Über göttliche und menschliche Gesetze, München 2006.

Grawert, Rolf: Verfassung für das Land Nordrhein-Westfalen. Kommentar, 3. Auflage, Wiesbaden 2012.

Grebing, Helga/Pozorski, Peter u. a.: Die Nachkriegsentwicklung in Westdeutschland 1945-1949. Politik und Gesellschaft, Band 2, Stuttgart 1980.

Haag, Ernst: Art. Sabbat, I. Altes Testament, in: Walter Kasper/Michael Buchberger (Hrsg.), Lexikon für Theologie und Kirche, Band 8, 3. Auflage, Freiburg im Breisgau 1999 (Neudruck 2017), Sp. 1401-1403.

Häberle, Peter: Der Sonntag als Verfassungsprinzip, 2. Auflage, Berlin 2006.

Ham, Rüdiger: Die Constitution für das Königreich Westphalen von 1807, in: ZNR 26 (2004), S. 227-245.

Hamburger, Käte: Thomas Mann: Das Gesetz. Dichtung und Wirklichkeit, Frankfurt am Main u. a. 1964.

Haneke, Alexander: Religion oder Tradition?, FAZ vom 30. April 2018, S. 8.

Heckel, Martin: Gleichheit oder Privilegien?, Tübingen 1993.

Heckel, Martin: Die religionsrechtliche Parität, in: Joseph Listl/Dietrich Pirson (Hrsg.), Handbuch des Staatskirchenrechts der Bundesrepublik Deutschland, 2. Auflage, Berlin 1994, S. 445-544.

Heckel, Martin: Religionsfreiheit. Eine säkulare Verfassungsgarantie (1997), in: Klaus Schlaich (Hrsg.), Gesammelte Schriften: Staat, Kirche, Recht, Geschichte, Tübingen 1997, S. 647-859.

Heckel, Martin: Kontinuität und Wandlung des deutschen Staatskirchenrechts unter den Herausforderungen der Moderne, in: ZevKR 44 (1999), S. 340-384.

Heckel, Martin: Ius reformandi. Auf dem Wege zum „modernen" Staatskirchenrecht im konfessionellen Zeitalter, in: Irene Dingel/Volker Leppin u. a. (Hrsg.), Festschrift für Gottfried Seebaß, Gütersloh 2002, S. 75-126.

Heckel, Martin: Der Augsburger Religionsfriede, in: JZ 2005, S. 961-970.

Heine, Matthias: Karneval der Antiwestler, Die Welt vom 08.06.2016, S. 21.

Heinig, Hans Michael: Verschärfung oder Abschied von der Neutralität?, in: JZ 2009, S. 1136-1140.

Hense, Ansgar: Zwischen Kollektivität und Individualität. Einige geschichtliche Aspekte der Religionsfreiheit, in: Hans Michael Heinig/Christian Walter (Hrsg.), Staatskirchenrecht oder Religionsverfassungsrecht? Ein begriffspolitischer Grundsatzstreit, Tübingen 2007, S. 7-38.

Hermann, Rainer: Religion sichtbar lassen, FAZ vom 22. Juli 2016, S. 1.

Hesse, Konrad: Freie Kirche im demokratischen Gemeinwesen. Zur Gegenwartslage des Verhältnisses von Staat und Kirche in der Bundesrepublik, in: ZevKR 11 (1964/65), S. 337-362.

Hesse, Konrad: Grundzüge des Verfassungsrechts der Bundesrepublik Deutschland, Heidelberg, 20. Auflage 1995 (Neudruck 1999).

Heusch, Andreas/Schönenbroicher, Klaus (Hrsg.), Die Landesverfassung Nordrhein-Westfalen. Kommentar, 2. Auflage, Siegburg 2020.

Hilscher, Eberhard: Thomas Mann, 4. Auflage, Berlin 1971.

Hoeren, Thomas: Feiertagsgesetze der Bundesländer. Synoptischer Kommentar, Köln 1989.

Hoffmann-Riem, Wolfgang: Kommunikationsfreiheiten. Kommentierungen zu Art. 5 Abs. 1 und 2 sowie Art. 8 GG, Baden-Baden u. a. 2002.

Höfling, Wolfram: Die Abtreibungsproblematik und das Grundrecht auf Leben, in: Hans Thomas/Winfried Kluth (Hrsg.), Das zumutbare Kind. Die zweite Bonner Fristenregelung vor dem Bundesverfassungsgericht, Köln 1993, S. 119-144.

Höfling, Wolfram: Um Leben und Tod: Transplantationsgesetzgebung und Grundrecht auf Leben, in: JZ 1995, S. 26-33.

Höfling, Wolfram: Wer definiert des Menschen Leben und Würde?, in: Otto Depenheuer (Hrsg.), Staat im Wort. Festschrift für Josef Isensee, Heidelberg 2007, S. 525-533.

Höfling, Wolfram: Elternrecht, in: Josef Isensee/Paul Kirchhof (Hrsg.), Handbuch des Staatsrechts der Bundesrepublik Deutschland, Band 7, 3. Auflage, Heidelberg 2009, § 155, S. 477-520.

Hoheisel, Karl: Art. Ehe, Ehesakrament, III. Religions- und kulturgeschichtlich, in: Walter Kasper/Michael Buchberger (Hrsg.), Lexikon für Theologie und Kirche, Band 3, 3. Auflage, Freiburg im Breisgau 1995 (Neudruck 2017), Sp. 468-469.

Hollerbach, Alexander: Neutralität, Pluralismus und Toleranz in der heutigen Verfassung, in: Joseph Sauer (Hrsg.), Zum Verhältnis von Staat und Kirche, Karlsruhe 1976, S. 9-24.

Hollerbach, Alexander: Grundlagen des Staatskirchenrechts, in: Josef Isensee/Paul Kirchhof (Hrsg.), Handbuch des Staatsrechts der Bundesrepublik Deutschland, Band 6, 3. Auflage, Heidelberg 2009, § 138, S. 471-555.

Hossfeld, Frank-Lothar: Der Dekalog. Seine späten Fassungen, die originale Komposition und seine Vorstufen, Freiburg (Schweiz) 1982.

Hossfeld, Frank-Lothar: Vom Sinai zum Horeb, Würzburg 1989.

Houtman, Cornelis: Das Bundesbuch. Ein Kommentar, Leiden u. a. 1997.

Höver, Gerhard: Art. Ehe I. Theologisch, in: Görres-Gesellschaft (Hrsg.), Staatslexikon, Band 2, 8. Auflage, Freiburg im Breisgau u. a. 2018, Sp. 593-598.

Huber, Ernst Rudolf: Verfassungsrecht des Großdeutschen Reiches, Hamburg 1939.

Hübner, Hans-Peter: Art. Zivilehe, in: Axel von Campenhausen/Ilona Riedel-Spangenberger/P. Reinhold Sebott SJ (Hrsg.), Lexikon für Kirchen- und Staatskirchenrecht, Band 3, Paderborn u. a. 2004, S. 906-907.

Hufen, Friedrich: Präimplantationsdiagnostik aus verfassungsrechtlicher Sicht, in: MedR 2001, S. 440-451.

Huster, Stefan: Die ethische Neutralität des Staates. Eine liberale Interpretation der Verfassung, 2. Auflage, Tübingen 2017.

Hüttenberger, Peter: Nordrhein-Westfalen und die Entstehung seiner parlamentarischen Demokratie Bonn 1973.

Ipsen, Jörn: Ehe und Familie, in: Josef Isensee/Paul Kirchhof (Hrsg.), Handbuch des Staatsrechts der Bundesrepublik Deutschland, Band 7, 3. Auflage, Heidelberg 2009, § 154, S. 431-476.

Isensee, Josef: Die alten Grundrechte und die biotechnische Revolution, in: Joachim Bohnert/Christof Gramm/Urs Kindhäuser/Joachim Lege/Alfred Rinken/Gerhard Robbers (Hrsg.), Verfassung – Philosophie – Kirche. Festschrift für Alexander Hollerbach zum 70. Geburtstag, Berlin 2001, S. 246-269.

Isensee, Josef: Legitimation des Grundgesetzes, in: Josef Isensee/Paul Kirchhof (Hrsg.), Handbuch des Staatsrechts der Bundesrepublik Deutschland, Band 12, 3. Auflage, Heidelberg 2014, § 254, S. 3-52.

Jarass, Hans D./Pieroth, Bodo: Grundgesetz für die Bundesrepublik Deutschland, 15. Auflage, München 2018.

Jeand´Heur, Bernd/Korioth, Stefan: Grundzüge des Staatskirchenrechts, Stuttgart u. a. 2000.

Jestaedt, Matthias: Meinungsfreiheit, in: Detlef Merten/Hans-Jürgen Papier (Hrsg.), Handbuch der Grundrechte in Deutschland und Europa, Band 4, Heidelberg 2011, § 102, S. 875-963.

Kaiser, Günther: Art. Tötung, Tötung auf Verlangen, in: Walter Kasper/Michael Buchberger (Hrsg.), Lexikon für Theologie und Kirche, Band 10, 3. Auflage, Freiburg im Breisgau 2001 (Neudruck 2017), Sp. 134.

Kästner, Karl-Hermann: Lernen unter dem Kreuz? Zur Zulässigkeit religiöser Symbole in staatlichen Schulen nach der Entscheidung der BVerfG vom 16. Mai 1995, in: ZevKR 41 (1996), S. 241-272.

Kästner, Karl-Hermann: Das Grundrecht auf Religions- und Weltanschauungsfreiheit in der neueren höchstrichterlichen Rechtsprechung, in: AöR 123 (1998), S. 408-443.

Kaufmann, Franz-Xaver: Art. Ehe, Ehesakrament, I. Anthropologisch, in: Walter Kasper/Michael Buchberger (Hrsg.), Lexikon für Theologie und Kirche, Band 3, 3. Auflage, Freiburg im Breisgau 1995 (Neudruck 2017), Sp. 467.

Kempen, Bernhard: Der Eingriff des Staates in das Eigentum. Voraussetzung, Ausgleich und Abwehr durch den Bürger, Köln 1991.

Kingreen, Thorsten: Das Grundrecht von Ehe und Familie (Art. 6 I GG), in: Jura 1997, S. 401-408.

Kingreen, Thorsten/Pieroth, Bodo: Verfassungsrechtliche Grenzen einer Aufhebung der Ladenschlusszeiten, in: NVwZ 2006, S. 1221-1226.

Kleßmann, Christoph: Die doppelte Staatsgründung. Deutsche Geschichte 1945-1955, 5. Auflage, Göttingen 1991.

Klopfenstein, Martin Alfred: Die Lüge nach dem Alten Testament. Ihr Begriff, ihre Bedeutung und ihre Beurteilung, Zürich u. a. 1964.

Koch, Elisabeth: Art. Familie, Familienrecht, in: Albrecht Cordes/Heiner Lück/Dieter Werkmüller (Hrsg.), Handwörterbuch zur deutschen Rechtsgeschichte, Band 1, 2. Auflage, Berlin 2008, Sp. 1497-1502.

Köckert, Matthias: Leben in Gottes Gegenwart, Tübingen 2004.

Köckert, Matthias: Die zehn Gebote, 2. Auflage, München 2013.

Korioth, Stefan: Religiöse und weltanschauliche Freiheiten, in: Detlef Merten/Hans-Jürgen Papier (Hrsg.), Handbuch der Grundrechte in Deutschland und Europa, Band 8, Heidelberg 2017, § 236, S. 357-388.

Koselleck, Reinhart: Preußen zwischen Reform und Revolution: Allgemeines Landrecht, Verwaltung und soziale Bewegung von 1791 bis 1848, 3. Auflage, Stuttgart 1981.

Kotulla, Michael: Das konstitutionelle Verfassungswerk Preußens (1848-1918). Eine Quellensammlung mit historischer Einführung, Berlin 2003.

Kringe, Wolfgang: Machtfragen. Die Entstehung der Verfassung für das Land Nordrhein-Westfalen 1946-1950, Frankfurt am Main u. a. 1988.

Kühne, Jörg-Detlef: Die Genese des Eigentumsschutzes in der Weimarer Reichsverfassung, in: Franz-Joseph Peine/Heinrich Wolff (Hrsg.), Nachdenken über Eigentum. Festschrift für Alexander von Brünneck zur Vollendung seines siebzigsten Lebensjahres, Baden-Baden 2011, S. 37-51.

Kuller, Christiane: Familienpolitik im föderativen Sozialstaat. Die Formierung eines Politikfeldes in der Bundesrepublik 1949-1975, Oldenbourg 2004.

Kutscher, Hans: Die Enteignung. Ein Beitrag zur Lehre von der Enteignung und vom Eigentum, Stuttgart 1937.

Labuschagne, Casper J.: Art. ʿnh, in: Ernst Jenni/Claus Westermann (Hrsg.), Theologisches Handwörterbuch zum Altes Testament, Band 2, München u. a. 1979, Sp. 335-341.

Ladenthin, Volker: Der Erziehungsauftrag der Familie, in: Anton Rauscher/Jörg Althammer (Hrsg.), Handbuch der katholischen Soziallehre, Berlin 2008, S. 331-339.

Langer, Wolfgang: Art. Dekalog, V. Praktisch-theologisch, in: Walter Kasper/Michael Buchberger (Hrsg.), Lexikon für Theologie und Kirche, Band 3, 3. Auflage, Freiburg im Breisgau 1995 (Neudruck 2017), Sp. 68.

Leisner, Walter: Eigentum, in: Josef Isensee/Paul Kirchhof (Hrsg.), Handbuch des Staatsrechts der Bundesrepublik Deutschland, Band 8, 3. Auflage, Heidelberg 2010, § 173, S. 301-392.

Leisner, Walter: Eigentum. Schriften zu Eigentumsgrundrecht und Wirtschaftsverfassung 1970-1996, Berlin 1996.

Link, Christoph: Stat Crux? – Die „Kruzifix"-Entscheidung des Bundesverfassungsgerichts, in: NJW 1995, S. 3353-3357.

Link, Christoph: Staat und Kirche in der neueren deutschen Geschichte, Frankfurt am Main 2000.

Link, Christoph: Kirchliche Rechtsgeschichte, 2. Auflage, München 2010.

Listl, Joseph: Das Grundrecht der Religionsfreiheit in der Rechtsprechung der Gerichte der Bundesrepublik Deutschland, Berlin 1971.

Lohfink, Norbert: Opferzentralisation, Säkularisierungsthese und mimetische Theorie, in: ders. (Hrsg.), Studien zum Deuteronomium und zur deuteronomistischen Literatur III, Stuttgart 1995, S. 210-260.

Lorenz, Dieter: Recht auf Leben und körperliche Unversehrtheit, in: Josef Isensee/Paul Kirchhof (Hrsg.), Handbuch des Staatsrechts der Bundesrepublik Deutschland, Band 6, 3. Auflage, Heidelberg 2009, § 128, S. 3-39.

Lotzenburger, Markus: Die Grundrechte in den deutschen Verfassungen des 19. Jahrhunderts, Düsseldorf 2015.

zu Löwenstein, Clara: Christliche Werte im Bürgerlichen Recht. Exemplarisch illustriert anhand ausgewählter Einzelnormen, Berlin 2018.

Löwer, Wolfgang/Tettinger, Peter J. (Hrsg.): Kommentar zur Verfassung des Landes Nordrhein-Westfalen, Stuttgart u. a. 2002.

Lüdicke, Klaus (Hrsg.): Münsterischer Kommentar zum Codex Iuris Canonici, Loseblattsammlung, 57. Ergänzungslieferung, Essen 2019.

von Mangoldt, Hermann/Klein, Friedrich/Starck, Christian, Grundgesetz-Kommentar, 7. Auflage, München, Band I 2018, Band III 2018.

Mann, Thomas: Das Gesetz, Stockholm 1944.

Mann, Thomas: Politische Schriften und Reden, Band 3, Frankfurt am Main 1968.

Mattner, Andreas: Sonn- und Feiertagsrecht, 2. Auflage, Köln u. a. 1991.

Maunz, Theodor/Dürig, Günter (Begr.): Grundgesetz. Kommentar, Loseblattsammlung, 88. Ergänzungslieferung, München 2019.

Maurer, Alfons: Art. Ehebruch, Ehesakrament, XI. Theologisch-ethisch, in: Walter Kasper/Michael Buchberger (Hrsg.), Lexikon für Theologie und Kirche, Band 3, 3. Auflage, Freiburg im Breisgau 1995 (Neudruck 2017), Sp. 482-487.

Maurer, Hartmut: Allgemeines Verwaltungsrecht, 19. Auflage, München 2017.

Mayer, Otto: Die Trennung von Kirche und Staat. Was sie bedeutet und was sie zur Folge hat, Leipzig u. a. 1919.

Meckenstock, Günter: Wirtschaftsethik, Berlin u. a. 1997.

Meyendorff, John: Die Ehe in orthodoxer Sicht, Gersau (Schweiz) 1992.

Meyer, Georg/Anschütz, Gerhard: Lehrbuch des deutschen Staatsrechts 7. Auflage, Berlin 1919 (Neudruck 2005).

Mikat, Paul: Art. Polygamie, in: Adalbert Erler/Ekkehard Kaufmann (Hrsg.), Handwörterbuch zur deutschen Rechtsgeschichte, Band 3, 1. Auflage, Berlin 1984, Sp. 1813-1820.

Mikat, Paul: Staat, Kirchen und Religionsgemeinschaften, in: Ernst von Benda/Werner Maihofer/Hans-Jochen Vogel (Hrsg.), Handbuch des Verfassungsrechts der Bundesrepublik Deutschland, Teil 2, 2. Auflage, Berlin 1994 (Neudruck 2011), § 29, S. 1425-1455.

Morlok, Martin/Heinig, Hans Michael: Feiertag! Freier Tag? Die Garantie des Sonn- und Feiertagsschutzes als subjektives Recht im Lichte des Art. 139 WRV, in: NVwZ 2001, S. 846-851.

Mosbacher, Wolfgang: Sonntagsschutz und Ladenschluss. Der verfassungsrechtliche Rahmen für den Ladenschluss an Sonn- und Feiertagen und seine subjektiv-rechtliche Dimension, Berlin 2007.

Müller-Terpitz, Ralf: Der Schutz des pränatalen Lebens, Heidelberg 2007.

Müller-Terpitz, Ralf: Recht auf Leben und körperliche Unversehrtheit, in: Josef Isensee/Paul Kirchhof (Hrsg.), Handbuch des Staatsrechts der Bundesrepublik Deutschland, Band 7, 3. Auflage, Heidelberg 2009, § 147, S. 3-77.

Müller-Volbehr, Jörg: Die sogenannten Jugendreligionen und die Grenzen der Religionsfreiheit, in: Essener Gespräche zum Thema Staat und Kirche 19 (1985), S. 111-140.

Müller-Volbehr, Jörg: Positive und negative Religionsfreiheit, in: JZ 1995, S. 996-1000.

von Münch, Ingo/Kunig, Philip (Hrsg.): Grundgesetz-Kommentar, 6. Auflage, München, Band I 2012.

Nesselrode, Friederike: Das Spannungsverhältnis zwischen Ehe und Familie in Artikel 6 des Grundgesetzes, Berlin 2007.

Neusser, Gerold: Feiertage, in: Albrecht Cordes/Heiner Lück/Dieter Werkmüller (Hrsg.), Handwörterbuch zur deutschen Rechtsgeschichte, Band 1, 2. Auflage, Berlin 2008, Sp. 1527-1529.

Otto, Eckart: Theologische Ethik des Alten Testaments, Band 3/2, Stuttgart u. a. 1994.

Otto, Eckart: Neue Aspekte zum keilschriftlichen Prozessrecht in Babylonien und Assyrien, in: ZAR 4 (1998), S. 263-283.

Otto, Eckart: Das Deuteronomium. Politische Theologie und Rechtsreform in Juda und Assyrien, Berlin u. a. 1999.

Otto, Eckart: Gottes Recht als Menschenrecht, Wiesbaden 2002.

Otto, Eckart: Mose. Geschichte und Legende, München 2006.

Otto, Eckart: Die Dekaloge in der Rechtshermeneutik der Tora. Zu einem Buch von Dominik Markl SJ, in: ZAR 7 (2007), S. 277-283.

Otto, Eckart: Deuteronomium 1-11. Zweiter Teilband 4,44-11, Freiburg im Breisgau u. a. 2012.

Pahlke, Armin: Sonn- und Feiertagsschutz als Verfassungsgut, in: Essener Gespräche zum Thema Staat und Kirche 24 (1990), S. 53-115.

Papier, Hans-Jürgen: Drittwirkung, in: Detlef Merten/Hans-Jürgen Papier (Hrsg.), Handbuch der Grundrechte in Deutschland und Europa, Band 2, Heidelberg 2006, § 55, S. 1331-1362.

Pius XI.: Rundschreiben „Divini illius Magistri“, in: Emile Marmy (Hrsg.), Mensch und Gemeinschaft in christlicher Schau, Freiburg im Breisgau 1929, S. 303-348.

Poebel, Arno: Das appositionell bestimmte Pronomen der 1. Pers. Sing. in den westsemitischen Inschriften und im Alten Testament, Chicago 1932.

Reicke, Bo: Die zehn Worte in Geschichte und Gegenwart. Zählung und Bedeutung der Gebote in den verschiedenen Konfessionen, Tübingen 1973.

Reiterer: Art. šāwʾ, in: Johannes Botterweck/Helmer Ringgren (Hrsg.), Theologisches Wörterbuch zum Alten Testament, Band 4, Bonn u. a. 1984, Sp. 1104-1117.

Rendtorff, Rolf: Die Entstehung der israelitischen Religion als religionsgeschichtliches und theologisches Problem (1963), in: ders. (Hrsg.), Gesammelte Studien zum Alten Testament, München 1975, S. 119-136.

Ribhegge, Wilhelm: Preußen im Westen. Kampf um den Parlamentarismus in Rheinland und Westfalen 1789-1947, Münster 2008.

Rordorf, Willy: Der Sonntag. Geschichte des Ruhe- und Gottesdiensttage im ältesten Christentum, Zürich 1962.

Rordorf, Willy: Lex orandi. Lex credendi. Gesammelte Aufsätze zum 60. Geburtstag, Freiburg (Schweiz) 1993.

Rordorf, Willy: Art. Sonntag, II. Historisch-theologisch, in: Walter Kasper/ Michael Buchberger (Hrsg.), Lexikon für Theologie und Kirche, Band 9, 3. Auflage, Freiburg im Breisgau 2000 (Neudruck 2017), Sp. 727-728.

Rösel, Martin: Zwischen dem 8. Gebot und Abrahams Lüge. Das Alte Testament und die Frage nach der Lüge, in: Rochus Leonhardt/Martin Rösel (Hrsg.), Dürfen wir lügen? Beiträge zu einem aktuellen Thema, Rostock 2002, S. 1-20.

Roth, Andreas: Art. Ehebruch, in: Albrecht Cordes/Heiner Lück/Dieter Werkmüller (Hrsg.), Handwörterbuch zur deutschen Rechtsgeschichte, Band 1, 2. Auflage, Berlin 2008, Sp. 1213-1215.

Rupp, Hans Heinrich: Vom Wandel der Grundrechte, in: AöR 101 (1976), S. 161-170.

Sachs, Michael (Hrsg.): Grundgesetz-Kommentar, 8. Auflage, München 2018.

Sawyer, John F. A.: Art. šāw, in: Ernst Jenni/Claus Westermann (Hrsg.), Theologisches Handwörterbuch zum Altes Testament, Band 2, München u. a. 1979, Sp. 882-884.

Schaletzki, Anika: Pragmatismus und Beständigkeit. Die Verfassung des Freistaates Lippe, Diss. jur. Würzburg 2008.

van Schewick, Burkhard: Die katholische Kirche und die Entstehung der Verfassungen in Westdeutschland 1945-1950, Mainz 1980.

Schiepek, Hubert: Der Sonntag und kirchlich gebotene Feiertage nach kirchlichem und weltlichem Recht. Eine rechtshistorische Untersuchung, Frankfurt am Main u. a. 2003.

Schleiermacher, Friedrich: Der christliche Glaube, Berlin 1835.

von Schmid, Viola: Die Familie in Artikel 6 des Grundgesetzes, Berlin 1989.

Schmidt-Jortzig, Edzard: Meinungs- und Informationsfreiheit, in: Josef Isensee/Paul Kirchhof (Hrsg.), Handbuch des Staatsrechts der Bundesrepublik Deutschland, Band 7, 3. Auflage, Heidelberg 2009, § 162, S. 875-907.

Schmidt, Werner H./Delkurt, Holger/Graupner, Axel: Die Zehn Gebote im Rahmen alttestamentlicher Ethik, Darmstadt 1993.

Schmitz, Holger: Die Ladenöffnung nach der Föderalismusreform, in: NVwZ 2008, S. 18-24.

Schneider, Hans-Otto: Der Kleine Katechismus, in: Vereinigte Evangelisch-Lutherische Kirche Deutschlands (VELKD) (Hrsg.), Unser Glaube. Die Bekenntnisschriften der evangelisch-lutherischen Kirche, 6. Auflage, Gütersloh 2013, S. 455-500.

Schneider, Hans-Peter: „Eigentum verpflichtet." – Zur Entstehung von Art. 14 Absatz 2 Grundgesetz, in: Franz-Joseph Peine/Heinrich Wolff (Hrsg.), Nachdenken über Eigentum. Festschrift für Alexander von Brünneck zur Vollendung seines siebzigsten Lebensjahres, Baden-Baden 2011, S. 67-82.

Schnitker, Thaddäus A.: Art. Sonntag, IV. Liturgisch, in: Walter Kasper/Michael Buchberger (Hrsg.), Lexikon für Theologie und Kirche, Band 9, 3. Auflage, Freiburg im Breisgau 2000 (Neudruck 2017), Sp. 729-730.

Schoch, Friedrich: Die Eigentumsgarantie des Art. 14 GG, in: Jura 1989, S. 113-121.

Scholz, Rupert: Das Grundrecht der freien Entfaltung der Persönlichkeit in der Rechtsprechung des Bundesverfassungsgerichts, in: AöR 100 (1975), S. 80-130.

Schreiber, Mathias: Die Zehn Gebote. Eine Ethik für heute, München 2010.

Schwab, Dieter: Art. Ehe- und Familienrecht, in: Görres-Gesellschaft (Hrsg.), Staatslexikon, Band 2, 7. Auflage, Freiburg im Breisgau u. a. 1986, Sp. 118-141.

Seeligmann, Isaac Leo: Zur Terminologie für das Gerichtsverfahren im Wortschatz des biblischen Hebräisch, in: Benedikt Hartmann (Hrsg.), Hebräische Wortforschung. Festschrift zum 80. Geburtstag von Walter Baumgartner, Leiden 1967, S. 251-278.

Splett, Jörg: Fest – Feier – Sonntäglichkeit, in: Essener Gespräche zum Thema Staat und Kirche 24 (1990), S. 7-51.

Stamm, Johann Jakob: Der Dekalog im Lichte der neueren Forschung, Bern 1962.

Stammler, Philipp: Grundrecht auf Einkaufen am Sonntag, in: NVwZ 2008, S. 1313-1316.

Stein, Ekkehart: Das Recht des Kindes auf Selbstentfaltung in der Schule, München 1976.

Steininger, Rolf: Ein neues Land an Rhein und Ruhr. Die Entstehungsgeschichte Nordrhein-Westfalens 1945/46, Stuttgart 2016.

Stendebach, F. J.: Art. ʿanah, in: Johannes Botterweck/Helmer Ringgren (Hrsg.), Theologisches Wörterbuch zum Alten Testament, Band 6, Bonn u. a. 1989, Sp. 233-247.

Stern, Klaus: Das Staatsrecht der Bundesrepublik Deutschland, Band IV/1, München 2006.

Stern, Klaus: Das Staatsrecht der Bundesrepublik Deutschland, Band IV/2, München 2011.

Stolleis, Michael: Art. Kulturkampf, in: Albrecht Cordes/Heiner Lück/Hans-Peter Haferkamp u. a. (Hrsg.), rner Band 3, 2. Auflage, Tübingen 2016, Sp. 311-313.

Strätz, Hans-Wolfgang: Art. Ehe, Ehesakrament, VIII. Rechtshistorisch, in: Walter Kasper/Michael Buchberger (Hrsg.), Lexikon für Theologie und Kirche, Band 3, 3. Auflage, Freiburg im Breisgau 1995 (Neudruck 2017), Sp. 475-478.

Stutz, Ulrich: Die päpstliche Diplomatie unter Leo XIII. nach den Denkwürdigkeiten des Kardinals Domenico Ferrata, Berlin 1926.

Thiel, Markus: Der Tag des Herrn – Ein Stein des Anstoßes? Aktuelle Rechtsfragen der Ladenöffnung am Sonntag, in: NWVBl. 2009, S. 134-140.

Tomuschat, Christian: Der staatlich geplante Bürger, in: Jost Delbrück/Knut Ipsen/Dietrich Rauschning (Hrsg.), Recht im Dienst des Friedens. Festschrift für Eberhard Menzel zum 65. Geburtstag am 21. Januar 1976, Berlin 1975, S. 21-40.

Unruh, Peter: Religionsverfassungsrecht, 4. Auflage, Baden-Baden 2018.

Veijola, Timo: Wahrheit und Intoleranz nach Deuteronomium 13, in: ZThK 92 (1995), S. 287-314.

Vogels, Alois: Die Verfassung für das Land Nordrhein-Westfalen. Handkommentar Stuttgart 1951.

Vogt, Markus/Marinkovic, Peter: Die Gliederungsbedeutung des Dekalogs in Ansehnung der Tora, in: Markus Vogt/Wilhelm Korff (Hrsg.), Gliederungssysteme angewandter Ethik: Ein Handbuch. Nach einem Projekt von Wilhelm Korff, Freiburg im Breisgau 2016, S. 117-147.

Voll, Otto J./Störle, Johann: Handbuch des Bayerischen Staatskirchenrechts, Stuttgart u. a. 1985.

Vosgerau, Ulrich: Freiheit des Glaubens und Systematik des Grundgesetzes: Zum Gewährleistungsgehalt schrankenvorbehaltloser Grundrechte am Beispiel der Glaubens- und Gewissensfreiheit, Berlin 2007.

Waldhoff, Christian: Die Zukunft des Staatskirchenrechts, in: Essener Gespräche zum Thema Staat und Kirche 42 (2008), S. 55-101.

Waldhoff, Christian: Art. Kulturkampf, in: Hans Michael Heinig/Hendrik Munsonius (Hrsg.), 100 Begriffe aus dem Staatskirchenrecht, Tübingen 2012, S. 148-151.

de Wall, Heinrich/Wagner, Roland: Die sogenannte Drittwirkung der Grundrechte, in: JA 2011, S. 734-740.

Wallis, Gerhard: Art. ḥāmaḏ, in: Johannes Botterweck/Helmer Ringgren (Hrsg.), Theologisches Wörterbuch zum Alten Testament, Band 2, Bonn u. a. 1977, Sp. 1020-1032.

Waschke, Ernst-Joachim: Der Gesalbte. Studien zur alttestamentlichen Theologie, Berlin u. a. 2001.

Wehner, Markus/Lohse, Eckart: Betrifft: Abendland, FAZ vom 29. Mai 2016, S. 6.

Wiemeyer, Joachim: Art. Eigentum, III. Theologisch-ethisch, in: Walter Kasper/Michael Buchberger (Hrsg.), Lexikon für Theologie und Kirche, Band 3, 3. Auflage, Freiburg im Breisgau 1995 (Neudruck 2017), Sp. 532-534.

Wiemeyer, Joachim: Art. Eigentum, I. Kulturgeschichtlich, in: Walter Kasper/Michael Buchberger (Hrsg.), Lexikon für Theologie und Kirche, Band 3, 3. Auflage, Freiburg im Breisgau 1995 (Neudruck 2017), Sp. 530-531.

Wittreck, Fabian: Geld als Instrument der Gerechtigkeit. Die Geldrechtslehre des Hl. Thomas von Aquin in ihrem interkulturellen Kontext, Diss. jur. Paderborn u. a. 2002.

Wittreck, Fabian (Hrsg.): Weimarer Landesverfassungen. Die Verfassungsurkunden der deutschen Freistaaten 1918-1933, Tübingen 2004.

Wittreck, Fabian: Bonn ist doch Weimar. Die Religionsfreiheit im Grundgesetz als Resultat von Konflikt und Kontroverse, in: Astrid Reuter/Hans G. Kippenberg (Hrsg.), Religionskonflikte im Verfassungsstaat, Göttingen 2009, S. 66-92.

Wittreck, Fabian: Verfassunggebende Landesversammlung und Preußische Verfassung von 1920, in: Detlef Lehnert (Hrsg.), Hugo Preuß 1860-1925. Genealogie eines modernen Preußen, Köln u. a. 2011, S. 317-337.

Wittreck, Fabian: Christentum und Menschenrechte, Tübingen 2013.

Wittreck, Fabian: Die „Ordnung der Wirtschaft" in den früheren Landesverfassungen: Weimarer Reminiszenz oder neuscholastisches Naturrecht?, in: Matthias Casper/Karl Gabriel/Hans-Richard Reuter (Hrsg.), Kapitalismuskritik im Christentum. Positionen und Diskurse in der Weimarer Republik und der frühen Bundesrepublik, Frankfurt am Main u. a. 2016, S. 300-333.

Wittreck, Fabian: Verfassungsrecht, in: Sabine Schlacke/Fabian Wittreck (Hrsg.), Landesrecht Nordrhein-Westfalen: Studienbuch, Münster 2017, § 1, S. 25-78.

Wittreck, Fabian: Zur Bedeutung einzelstaatlicher Grundrechte für die deutsche Grundrechtsentwicklung. Vom Frühkonstitutionalismus bis zur Gründung der Bundesrepublik Deutschland, in: Detlef Merten/Hans-Jürgen Papier (Hrsg.), Handbuch der Grundrechte in Deutschland und Europa, Band 8, Heidelberg 2017, § 231, S. 3-112.

Wittreck, Fabian: Das Christentum als Fundament des Grundgesetzes?, in: Fabian Wittreck (Hrsg.), Grundlagen des Grundgesetzes: Geburtstagssymposium für Horst Dreier, Berlin 2018, S. 13-65.

www.ingramcontent.com/pod-product-compliance
Ingram Content Group UK Ltd.
Pitfield, Milton Keynes, MK11 3LW, UK
UKHW021932290926
8980IPUK00016B/1586

9 783631 846841